PROCÉDURE PÉNALE CONGOLAISE

Notes de cours

Dirigée par Benjamin Mulamba Mbuyi

L'objet de la collection est de susciter les publications dont la vocation est double : d'une part offrir aux professeurs d'universités l'opportunité de publier leurs notes de cours, utilisées tout au long de leur carrière, et d'autre part offrir aux étudiants et chercheurs les outils de travail dont ils ont grandement besoin.

La collection s'adresse principalement aux étudiants et se propose d'envisager toutes les questions qui touchent tous les aspects de droit, de science politique et de relations internationales qui font l'objet d'un enseignement universitaire autonome.

Nous privilégierons la publication de manuels de grande qualité scientifique qui seront mis à la disposition des étudiants, régulièrement révisés comme des outils pédagogiques et utilisés dans un grand nombre d'institutions universitaires à travers le monde.

Déjà parus :

Jean-Louis ESAMBO KANGASHE, *Le droit congolais des marchés publics,* 2016.
Marcel WETSH'OKONDA KOSO, *La protection des droits de l'Homme par le juge constitutionnel congolais, Analyse critique et jurisprudence (2003-2013),* 2016.
Richard LUKUNDA VAKALA-MFUMU, *Le développement intégré de l'Afrique par les bassins fluviaux, Cas des bassins du Congo et du Nil,* 2016.
Hubert MUKENDI MPINGA, *Pauvreté et résilience des enfants dans les mines de diamants (Kasaï-Oriental)*, 2016.
Hilaire KABUYA KABEYA TSHILOBO, *La gestion des forêts en RDC, Étude écologique, économique et juridique*, 2016.
Dieudonné KALINDYE BYANJIRA, *Droit international humanitaire*, 2015.
Blaise SARY NGOY, *La politique étrangère de Joseph Kabila, Les politiques étrangères des Etats menacés de décomposition*, 2014.
Zacharie NTUMBA MUSUKA, *Le rôle du juge administratif congolais dans l'émergence de l'état de droit*, 2014.
Stanislas BOGOY NANGAMA, *La pédagogie générale*, 2014.
Stanislas BOGOY NANGAMA, *La pédagogie comparée, Historique, Théories et Méthodes*, 2013.
Floribert Nzuzi MAKAYA, *Les finances publiques dans les constitutions de la République démocratique du Congo*, 2012.
Kazumba K. TSHITEYA, *Introduction aux théories et doctrines politiques et sociales*, 2012.
Benjamin MULAMBA MBUYI, *Droit International Public, Les sources*, 2012.
Benjamin MULAMBA MBUYI, *Droit des Organisations Internationales*, 2012.

José-Marie TASOKI MANZELE

PROCÉDURE PÉNALE CONGOLAISE

Préface de Léon KENGO wa DONDO

L'Harmattan

5-7, rue de l'École-Polytechnique, 75005 Paris

http://www.editions-harmattan.fr

ISBN : 978-2-343-11080-6
EAN : 9782343110806

A mes enfants, pour le réconfort, la fierté et la dignité.

Aux plus faibles, pour la reconquête de la justice.

Le présent ouvrage est le fruit de longues recherches qui ont débuté à la fin de l'année 2011. Rédigé en vue de constituer un document de base pour l'enseignement de procédure pénale destiné aux étudiants de la deuxième année de droit, cet ouvrage a subi des modifications à la suite de l'intérêt que ces derniers ont témoigné au cours de mes différentes conférences. Que ces étudiants de droit trouvent ici un grand merci comme je le leur envoie, plein de gratitude et d'amitié.

J'ai beaucoup apprécié l'environnement dans lequel j'ai travaillé pour l'aboutissement heureux de cet ouvrage. J'entends par là mon entourage le plus immédiat, qui est constitué de mes assistants, dont la présence et les simples regards avaient suffi pour encourager mon engagement. J'ai mis à leur disposition un document qui leur servira de modèle pour l'avenir, leur avenir. Il s'agit de Baby AKWAMBA, Pascal KISAKA, Didier NDANGI, Serge BUNGA, Espoir MASAMANKI, MANDEFU MUELA, Roger ETSHIKUDI et Jacks BOMBAKA.

L'auteur

PREFACE

J'ai reçu du Professeur TASOKI MANZELE l'honneur et l'avantage de préfacer son ouvrage de procédure pénale, le premier qu'il vient de publier dans sa carrière d'enseignant. Je ne pouvais pas lui refuser cette marque de sympathie, tant ma carrière à moi-même, en tant que Procureur général de la République, a été marquée par un questionnement sur la justice pénale, mais bien au-delà, sur l'institution judiciaire elle-même ; institution judiciaire pour laquelle j'éprouve une grande considération, prenant racine au cœur de mes convictions républicaines.

Conçu au départ pour répondre à un besoin didactique, et ce dans le cadre de l'enseignement de procédure pénale à l'Université de Kinshasa, l'ouvrage a connu un autre virage dans son développement. Profitant de son statut d'Avocat - qui lui a permis de se pénétrer de la pratique des cours et tribunaux - l'auteur a amélioré et enrichi son ouvrage dans le souci de répondre au besoin quotidien des praticiens du droit (magistrats et avocats spécialement). D'où l'apport de la jurisprudence qui rend vivant l'enseignement théorique qu'il professe.

La question de la justice est une préoccupation quotidienne de tous les Etats modernes. La République démocratique du Congo n'est pas en reste. En instituant un « Pouvoir judiciaire » auquel elle reconnaît des prérogatives propres, assorties de la garantie de l'indépendance vis-à-vis des autres Pouvoirs classiques de l'Etat, la Constitution du 18 février 2006 a inscrit, au cœur même de la théorie de la séparation des pouvoirs, l'existence de la fonction de juger. Elle infère ainsi que le magistrat, lorsqu'il dit le droit au prétoire, est dans une position comparable à celle du député ou du sénateur à l'hémicycle ou à celle du ministre ou du vice-ministre au Conseil des ministres. L'égalité de statut constitutionnel entre ces différents serviteurs de l'Etat – qui n'exclut pas la hiérarchie des pouvoirs – n'appelle-t-elle pas aussi une égalité de traitement ? Une justice crédible ne s'observe-t-elle pas d'abord au niveau de son décorum ?

Qu'est-ce que, en effet, une justice si ce n'est avant tout une affaire d'hommes ? La justice est rendue par des hommes et pour des hommes. Le besoin de justice existe dans tout homme. En tant que fonction immanente, elle met en avant-plan autant l'humanité de celui qui la rend que celle de celui qui la reçoit. D'où la nécessité du traitement en humanité tant du magistrat que du justiciable.

C'est pour répondre à cette préoccupation que des règles de procédure judiciaire existent. Ici, l'auteur ordonne son ouvrage autour des questions majeures qui se posent dans le cadre de la gouvernance de la justice pénale. La première question qu'il soulève est celle du rassemblement des preuves de l'infraction. Quel est l'auteur de l'infraction ? Cette question fait appel à l'intervention de deux organes étatiques ayant reçu mission d'enquêter et d'instruire : officiers de police judiciaire et officiers du ministère public. Ces deux maillons de la chaîne pénale sont institués pour transformer les soupçons et les charges en une certitude suffisante, avant d'engager les poursuites. Ils aident ainsi le juge à découvrir ce qu'on appelle la « vérité judiciaire ». Car, la vérité vraie, la vérité en soi n'est qu'un idéal en justice. Elle est « mystérieuse », « fuyante », « toujours à conquérir », selon les mots d'Albert Camus.

Par la suite intervient la phase du jugement. Juger est la phase centrale du processus judiciaire. Cette phase appelle la constitution d'une instance de traitement institutionnel du phénomène criminel en vue de la détermination de la responsabilité pénale et de la production d'une décision d'acquittement ou de condamnation. Cette instance, c'est ce qu'on appelle le tribunal ou la cour. C'est le siège du juge. Par sa décision, la légitimité du juge est tout à la fois engagée et ressentie. Il ne s'agit plus de s'interroger sur l'origine de sa nomination, mais plutôt sur ce qu'il a fait de sa mission de dire le droit. C'est ici où joue, avec la plus grande acuité, l'intime conviction du juge, nourrie par des textes juridiques à sa disposition.

Le procès pénal est un terrain judiciaire privilégié où peuvent s'entrecroiser d'autres questions majeures de société et de politique. L'auteur a essayé d'y poser ses marques. C'est le cas dans cette problématique des immunités et des inviolabilités des autorités politiques de l'Etat, particulièrement le Président de la République et le Premier ministre. Après avoir rapporté la distinction entre les infractions politiques et celles de droit commun commises par ces autorités à l'occasion ou en dehors de l'exercice de leurs fonctions, l'auteur en est arrivé à conclure que, au contraire de ce que pensent certains, ces deux autorités ne bénéficient pas d'immunités absolues, pas plus que les Ministres, les Députés et les Sénateurs.

Sur la question de la place et de la nature de la Cour constitutionnelle, l'auteur s'interroge comment une juridiction qui n'est pas inscrite dans l'ordre judiciaire peut-elle disposer des pouvoirs judiciaires sans, par ailleurs, se soumettre au contrôle de la Cour de cassation ? Pour lui, il faut trancher cette question, notamment celle de savoir si la Cour constitutionnelle est une juridiction d'exception ou de droit commun, étant entendu que la Constitution elle-même a interdit l'institution des tribunaux extraordinaires ou d'exception sous quelque dénomination que ce soit.

Voilà une question qui ne manquera pas d'en susciter d'autres. Toute juridiction dotée des compétences pénales est-elle nécessairement de nature « judiciaire » ? Plus précisément, la Cour constitutionnelle congolaise qui, aux termes de l'article 149 de la Constitution, fait partie du « Pouvoir judiciaire », serait-elle nécessairement condamnée à se placer dans l'ordre des juridictions judiciaires, sous le contrôle de la Cour de cassation, et ce uniquement parce qu'elle dispose des compétences pénales ? La question reste posée.

J'encourage le professeur TASOKI Manzele dans ses prises de position courageuses. Je le remercie surtout pour l'important ouvrage de *Procédure pénale* qu'il met à la disposition des chercheurs et des praticiens, auquel je souhaite bon accueil et plein succès.

Léon KENGO wa DONDO

Président du Sénat

Procureur général de la République honoraire et émérite.

SIGLES ET ABREVIATIONS

- 1ère Inst. : Tribunal de première instance.
- App. : Appel ou instance d'appel.
- Art. : Article.
- Boma : Cour d'appel de Boma.
- Bxl. : Bruxelles.
- C.G. : Conseil de guerre.
- C.P.I. : Cour pénale internationale.
- C.S.J. : Cour suprême de justice.
- Cass. : Cour de cassation belge, qui faisait office de cour de cassation pour le Congo Belge.
- Chr. : Chroniques.
- Coq. : Coquilhatville.
- Cour Eur. D. H. : Cour européenne de droits de l'homme.
- Dir. : Sous la direction de.
- District : Tribunal de district.
- Doc. Jur. Col. : Doctrine et Jurisprudence coloniales.
- Ed. : Edition.
- Eds. : Sous la direction de (en anglais).
- Elis. : Elisabethville ou Cour d'appel d'Elisabethville.
- Et al. : Et les autres.
- H.C.M. : Haute cour militaire.
- J.O. : Journal officiel.
- J.T. : Journal de tribunaux.
- J.T.O. : Journal de tribunaux d'outre-mer.
- Jur. Congo : Jurisprudence du Congo.
- Jur. Katanga : Jurisprudence du Katanga.
- Jur. : Jurisprudence.
- Kin. : Kinshasa ou Cour d'appel de Kinshasa.
- L.G.D.J. : Librairie générale de droit et de jurisprudence.
- Léo. : Léopoldville ou Cour d'appel de Léopoldville.
- Loc. cit. : Dans le lieu déjà cité.
- M.C. : Moniteur congolais.
- O.D.F. : Observatoire du droit de la famille.
- Op. cit. : Oeuvre déjà citée.

- P. : Page.
- P.U.F. : Presse universitaire de France.
- Pas. : Pasicrisie belge.
- PUC : Presses universitaires du Congo.
- R.C.A. : Rôle civil en appel.
- R.D.C. : République démocratique du Congo.
- R.I.D.C. : Revue internationale de droit comparé.
- R.J.C.B. : Revue juridique du Congo Belge.
- R.P. : Rôle pénal.
- R.P.A. : Rôle pénal en appel.
- R.U. : Cour d'appel de Rwanda-Urundi.
- Stan. : Stanleyville.
- T. : Tome.
- T.P.I.R. : Tribunal pénal international pour le Rwanda.
- Vol. : Volume.

« La Justice est l'asymptote de la vérité. Approcher toujours et n'atteindre jamais tout à fait, tel est son devoir incessant. Elle le remplit, comme s'accomplissent les devoirs, sans bruit et sans passion ».

Vincent Lamanda, Audience solennelle de début d'année de la Cour de cassation française, Paris, 7 janvier 2009.

PLAN SOMMAIRE

INTRODUCTION GENERALE

A. Objet de la procédure pénale

1. La procédure pénale a pour objet le procès pénal

La procédure pénale, entendue comme étant un ensemble des règles juridiques qui organisent la manière de procéder pour la constatation des infractions, l'instruction préparatoire, la poursuite et le jugement des délinquants[1], a pour objet le procès pénal[2].

Le procès pénal est un long processus qui commence dès les premières constatations des faits infractionnels et se termine par l'exécution de la condamnation par la personne condamnée. Entre ces deux moments extrêmes s'articulent plusieurs étapes allant de la recherche de la preuve au jugement du coupable. En fin de compte, le procès pénal vise à dégager la responsabilité pénale de l'auteur de l'infraction et à fixer la sanction appropriée. Cette dialectique du procès pénal demeure la même et se retrouve nécessairement, sous diverses formes, avec des conditions différentes d'application, au fond de toutes les lois de procédure[3].

2. Le procès pénal conduit du fait au droit

Le procès pénal conduit donc du fait au droit, c'est à dire de l'appréhension d'une situation de fait présentant les apparences d'un manquement à la loi pénale à la constatation judiciaire de l'existence (ou non) d'une infraction et de son imputabilité (ou non) à une personne avec les conséquences de droit[4].

---

[1] Denis ALLAND et Stéphane RIALS (dir.), *Dictionnaire de la culture juridique*, Paris, PUF, 2003, p. 1230.

[2] Jean PRADEL, *Procédure pénale*, Paris, 14ème éd., Cujas, 2008, p. 11 ; Fréderic DESPORTES, Laurence LAZERGES-COUSQUER, *Traité de procédure pénale*, Paris, Economica, 2009, p. 1.

[3] Faustin HELIE, *Traité de l'instruction criminelle ou théorie du code d'instruction criminelle*, T.I, Paris, 2ème éd., Henri Plon, 1866, p. 7 ; SAAS Claire, *L'ajournement du prononcé de la peine. Césure et recomposition du procès pénal*, Thèse pour le doctorat en droit, Paris, Dalloz, 2004, p. 1.

[4] Mireille DELMAS-MARTY, Serge LAVIGNES *et al.*, La mise en état des affaires pénales, Rapport, Commission justice pénale et droits de l'homme, *Documentation française*, Paris, 1991, p. 11

3. Le procès pénal est un enjeu majeur du droit pénal

L'enjeu majeur du droit pénal ne réside pas dans l'infraction, encore moins dans la condamnation pénale. La première est déjà commise, la seconde demeure encore hypothétique. Cet enjeu réside précisément dans le procès, parce que le procès permet la découverte et la manifestation de la vérité sur l'enchaînement dramatique qui a conduit à l'infraction. Davantage encore, l'enjeu du droit pénal réside dans cette ultime occasion accordée aux protagonistes du drame pénal de s'exprimer, surtout lorsque l'auteur des faits parle[5]. Car, en effet, juger c'est d'abord écouter et non appliquer un tarif ; juger c'est aussi comprendre sans excuser ; juger c'est encore sanctionner sans blâmer ; juger c'est enfin libérer sans pardonner[6]. C'est pourquoi, un procès pénal s'affadit et s'enlaidit lorsqu'il poursuit son cours sans la présence de la personne mise en cause[7]. Justement, le procès pénal vient s'intercaler

---

[5] Derrière la clameur de la victime se trouve une souffrance qui crie moins vengeance que récit (Christine LAZERGES et Geneviève GIUDICELLI DELAGE, *La victime sur la scène pénale en Europe*, Paris, P.U.F., 2008, p. 21). Au travers de cette citation, Christine LAZERGES et Geneviève GIUDICELLI DELAGE ont fait allusion au philosophe Paul RICOEUR qui disait : « (…) Pourquoi faut-il entendre les victimes ? Parce que quand elles viennent au tribunal, ce n'est pas une plainte nue qui est entendue. C'est déjà le cri de l'indignation : c'est injuste ! Et ce cri comporte plusieurs demandes. D'abord celle de comprendre, de recevoir une narration intelligible et acceptable de ce qui s'est passé (…) C'est seulement en dernier lieu que vient leur demande d'indemnisation (…) » (Paul RICOEUR, *Le Juste 2*, Paris, Esprit, 2001, p. 297).

[6] Thierry S. RENOUX, « La justice dans la constitution », in *Cahier du Conseil Constitutionnel*, n° 14, 2003, p. 100.

[7] La personne mise en cause peut être dénommée « accusé », parce qu'elle fait l'objet d'une accusation pénale, et ceci en référence d'une part au Pacte international relatif aux droits civils et politiques [adopté et ouvert à la signature, à la ratification et à l'adhésion par l'Assemblée générale des Nations Unies dans sa résolution 2200 (XXI) du 16 décembre 1966. Date d'entrée en vigueur : le 23 mars 1976] et d'autre part, aux différents arrêts de la Cour européenne des droits de l'homme qui considère qu'une personne tombe sous le coup d'une accusation pénale lorsque les autorités l'ont officiellement informée de ce qu'elle est soupçonnée d'avoir commis une infraction pénale ou lorsqu'elles ont pris à son égard des mesures qui impliquent un tel reproche et entraînent des répercussions importantes sur la situation (Cour Eur. D. H., arrêt TEJEDOR Garcia c/ Espagne, 16 décembre 1997, § 27 ; Cour Eur. D. H., arrêt Serves c/ France, 20 octobre 1997, § 42 ; Cour Eur. D. H., arrêt OZTURK c/ Allemagne, 21 février 1984, § 55). Lire aussi Franklin KUTY, *Justice pénale et procès équitable*, Vol. I, Bxl., Larcier, 2006, p. 151.

entre l'infraction et la sanction pénale[8], de telle sorte qu'il contraint le juge, pendant ce temps, à considérer que toute personne mise en cause est présumée innocente jusqu'à ce que sa culpabilité soit légalement établie par un jugement définitif rendu sur le fond et coulé en force de chose jugée[9]. L'enjeu est là, le jeu aussi.

4. Le procès pénal présente à tous égards un avantage certain

En tant qu'il constitue un enjeu majeur du droit pénal, le procès pénal présente un avantage certain. En effet, le principe même des droits de l'homme, impliquant par nécessité que tout accusé doit se voir octroyer un procès équitable avant d'être éventuellement condamné, impose à l'Etat l'obligation d'instituer un tribunal compétent et indépendant pour assurer l'œuvre de justice et non de vengeance arbitraire : "*Justice must not only be done, but be seen to be done*". En d'autres termes, l'Etat a le devoir d'établir des règles qui rendent possible la découverte rapide et la condamnation certaine de ceux qui ont enfreint la loi pénale, car l'intérêt de la société exige une répression rapide et certaine des infractions[10]. L'intérêt de la société va de pair avec celui de l'individu. Le procès pénal garantit à l'individu poursuivi toute possibilité de se défendre, de sorte qu'il ne peut être privé de sa liberté ou sanctionné que si sa culpabilité est démontrée. La procédure pénale qui doit défendre l'intérêt de la société doit donc également garantir les libertés de l'individu, la présomption d'innocence et les droits de la défense sans le respect desquels il ne saurait y avoir une vraie justice répressive[11]. Le procès pénal devient une vertu éducative pour l'opinion publique face à l'infraction et permet de constituer un dossier complet pour la postérité, les générations futures et l'histoire.

---

[8] Jean PRADEL, *op. cit.*, p. 1s4 : « (...) On observera que la procédure pénale est indispensable à l'application du droit pénal. Le procès est en effet le lien nécessaire, l'inévitable trait d'union entre l'infraction et la sanction (...) »

[9] Art. 11, Déclaration universelle des droits de l'homme, 10 décembre 1948 ; art. 66, Statut de Rome portant création de la Cour pénale internationale ; art. 17, al. 9, Constitution de la R.D.C., 18 février 2006, *J.O.*, 47ème année, n° spécial, 18 février 2006.

[10] Bernard BOULOC, *Procédure pénale*, Paris, 20ème éd., Dalloz, 2006, p. 2.

[11] Bernard BOULOC, op. cit., p. 3.

5. Le procès pénal est une réaction sociale à la commission d'une infraction

La commission d'une infraction *brise le pacte social conclu implicitement entre les citoyens et l'Etat*[12]. Il faut à tout prix rétablir l'équilibre social par l'application d'une sanction pénale au coupable. Qui doit prendre l'initiative de la répression ? Est-ce la victime de l'infraction ? Est-ce tout témoin de la commission de l'infraction ? Non ! Le principe est que le délinquant ne subit la peine que lorsqu'il a été condamné après avoir été jugé par les juridictions instituées à cette fin.

6. A l'occasion du procès pénal, deux actions sont possibles

Le procès pénal est ordonné autour de l'*action publique*, sur laquelle vient se greffer l'*action civile.*

a. Action publique

a.1. Définition.

L'action publique est celle qui est portée devant une juridiction répressive en vue de l'application des peines à l'auteur d'une infraction[13]. Il s'agit concrètement de la mise en œuvre du droit et du devoir de l'Etat de poursuivre en justice l'inculpé pour l'en convaincre et l'en punir ; c'est l'accomplissement de tous les actes qui sont nécessaires pour obtenir la prononciation d'une peine contre l'auteur d'une infraction.

a. 2. Titulaire et objet de l'action publique.

L'action publique appartient au ministère public, qui l'exerce en sa qualité de représentant du pouvoir exécutif[14]. Elle a pour vertu principale d'assurer la défense des intérêts de la société dont l'équilibre a été rompu par l'infraction. A cet effet, le ministère public se présente devant le juge en demandeur. Il est la partie principale au procès pénal, à l'occasion duquel il est opposé à l'auteur (co-auteur ou complice) de l'infraction,

---

[12] Gérard LOPEZ et Stamatios TZITZIS, *Dictionnaire des sciences criminelles,* Paris, Dalloz, 2004, p. 542.

[13] Serge GUINCHARD et Thierry DEBARD (dir.), *Lexique des termes juridiques*, Paris, Dalloz, 2012, p. 31.

[14] Le parquet est un Janus. Il est à la fois intégré dans une hiérarchie et doit suivre la politique pénale fixée par le pouvoir exécutif, sous réserve des adaptations propres aux exigences de son ressort, mais dispose aussi d'un rôle d'initiative dans la définition de cette politique pénale.

autrement appelé défendeur. Aussi, lorsque le ministère public décide d'exercer l'action publique, il communique toutes les pièces au juge compétent pour en connaître[15].

b. Action civile

b. 1. Titulaire et objet de l'action civile.

L'action civile occupe une place accessoire dans un procès pénal. Au demeurant, la jurisprudence ne lui permet pas de faire subir ses influences négatives ou positives sur l'action publique[16]. L'action civile appartient à la victime d'une infraction, c'est-à-dire la partie lésée, puisqu'elle a personnellement souffert du dommage causé directement par l'infraction. La victime peut être aussi la personne susceptible d'être lésée par l'infraction sans que cette personne ne puisse rapporter la preuve du dommage, la simple apparence du préjudice étant suffisante[17].

L'article 69 du code de procédure pénale reconnaît à la partie lésée le droit à agir devant la juridiction de jugement. Concrètement, la partie lésée a le droit à saisir la juridiction de jugement de l'action en réparation du dommage en se constituant partie civile au procès pénal. Cette action n'est possible que si le juge pénal est saisi de l'action publique, car les dommages-intérêts ne peuvent être prononcés par une juridiction répressive que comme accessoire à une condamnation pénale[18]. La constitution de partie civile se fait à tout moment depuis la saisine du tribunal jusqu'à la clôture des débats au premier degré[19], par une déclaration de la partie lésée reçue au greffe ou faite à l'audience, et dont il lui est donné acte. La constitution de partie civile permet à la victime d'une infraction de participer à l'action publique ; son action civile est recevable pour tous chefs de dommages, aussi bien matériels que corporels ou moraux, qui découlent directement des faits, objet de la poursuite. Cependant, la constitution de partie civile n'est pas recevable dans l'hypothèse d'un dommage éventuel, c'est-à-dire celui qui dépend

15 Art. 53, code de procédure pénale.

16 C.S.J., R.P.A. 5, App., matière répressive, Tuluka Désiré c/ Ministère public et Boekwa Jean et csrts, *Arrêt*, 22 juin 1972, *Bulletin des Arrêts de la cour suprême de justice* (1972), Kin., 1973, pp. 100-1100.

17 C.S.J., R.P.A. 115, App., matière répressive, *Arrêt*, 20 mars 1985, in *KATUALA KABA KASHALA, Code judiciaire zaïrois annoté*, Kin., éd. Asyst s.p.r.l., 1995, p. 176.

18 Elis., 31 août 1912, *Jur. Congo*, 1914-1919, p. 65.

19 Ière Inst., Stan., 21 février 1928, *R.J.C.B.*, 1930, p. 114.

d'une condition dont la réalisation est incertaine[20]. Elle n'est pas non plus recevable lorsque la partie civile postule une condamnation au profit d'un tiers, qui n'a subi aucun préjudice. C'est le cas lorsque la victime demande que des sommes postulées à titre des dommages-intérêts soient affectées à une œuvre de bienfaisance[21]. La jurisprudence interdit également la constitution de partie civile en instance d'appel, parce qu'elle enlèverait au prévenu le bénéfice du double degré de juridiction[22].

b.2. Comment exercer l'action civile.

Le droit congolais a prévu trois procédés pour exercer l'action civile :

- **La victime peut recourir à la citation directe.-** La victime peut agir par voie d'action, en mettant elle-même en mouvement l'action publique. Elle agit sur fond de l'article 54 du code de procédure pénale, auquel cas la juridiction de jugement est saisie par citation directe.

- **La victime peut agir par voie d'intervention ou de conclusions.-** Lorsque, au contraire, l'action publique a déjà été engagée par le fait du Ministère Public (citation à prévenu), la partie lésée agit par voie d'intervention et associe son action à celle du Ministère public. La loi reconnaît à la partie lésée le droit d'agir à tout moment depuis la saisine du tribunal jusqu'à la clôture des débats, par une déclaration reçue au greffe ou faite à l'audience, et dont il lui est donné acte[23]. Il faut et il suffit dans ce cas que la partie lésée consigne entre les mains du greffier la somme nécessaire pour le paiement des frais de constitution de la partie civile pour avoir droit de prétendre à une réparation civile[24]. Le défaut de consigner les frais de justice entraîne l'irrecevabilité de l'action de la partie civile[25]. Les deux actions coexistent et sont

---

[20] Léo., 16 mai 1940, *R.J.C.B.*, 1943, p. 105.

[21] Léo., 16 mai 1940, *R.J.C.B.*, 1943, p. 105.

[22] Ière Inst., Stan., 21 février 1928, *R.J.C.B.*, 1930, p. 113.

[23] Art. 69, code de procédure pénale.

[24] Art. 122, code de procédure pénale. Actuellement, les frais pour la constitution de la partie civile s'élèvent à 10$ US (arrêté interministériel n° 243/CAB/MIN/J&DH/2010 et n°043/CAB/MIN/FINANCES/10 du 04 mai 2010 portant fixation des taux des droits, taxes et redevances à percevoir à l'initiative du Ministère de la Justice et Droits Humains, *J.O.*, 51ème année, n° spécial, 29 mai 2010).

[25] C.S.J., R.P. 184/185, Cass., matière répressive, Ets. Simis c/ Tshefu, Lukubu et Ministère public, et Jean Lukubu c/Ets Simis, Tshefu et Ministère public, *Arrêt*, 2 février 1978, *Bulletin des Arrêts de la cour suprême de justice* (1978), Kin., 1979, pp. 22-28.

poursuivies concomitamment devant le juge pénal[26], l'une, l'action civile, étant l'accessoire de l'autre, l'action publique.

- **La victime peut se contenter de l'allocation d'office des dommages-intérêts.-** Dans une certaine mesure, la victime d'une infraction peut ne pas vouloir associer son action à celle du Ministère public, ni se porter elle-même auteur de toutes les deux actions. Dans ce cas, la juridiction répressive saisie de l'action publique prononce d'office les dommages-intérêts et réparations, qui peuvent être dus en vertu de la loi, de la coutume ou des usages locaux[27].

Au risque d'exposer son œuvre à la cassation de la haute cour, le juge pénal qui accorde d'office les dommages-intérêts a la charge de préciser l'identité des personnes bénéficiaires de ces indemnités et de déterminer la base légale, coutumière ou d'usage de ces indemnités[28]. Néanmoins, le tribunal répressif n'est pas fondé à prononcer d'office des dommages-intérêts en faveur d'une partie lésée qui, présente à la cause, y renonce d'une façon formelle[29]. De même, la constitution de partie civile par la partie lésée implique que le juge est aussi mal fondé à accorder les dommages-intérêts d'office à cette partie civile, qui doit prendre en charge et assumer son action[30]. Il n'en va pas de même dans l'hypothèse d'une condamnation pour infraction de détournement de deniers publics. Dans ce cas, le juge qui prononce cette condamnation a la charge d'allouer d'office des dommages-intérêts à l'Etat congolais, alors même que l'Etat n'est partie au procès[31].

---

26 Art. 107, Loi organique n° 13/11-B du 11 avril 2013 portant organisation, fonctionnement et compétences des juridictions de l'ordre judiciaire.

27 Art. 108, Loi organique n° 13/11-B du 11 avril 2013 portant organisation, fonctionnement et compétences des juridictions de l'ordre judiciaire.

28 C.S.J., R.P. 24, matière répressive, Matutu et csrts c/Ministère public, *Arrêt*, 2 juin 1971, in *Nimy Mayidika Ngimbi, Essai Critique de la Jurisprudence. Analyse d'arrêts de la Cour Suprême de Justice 1969-1972*, Kin., 1973, p. 276, cité par Odon NSUMBU Kabu, *Cour Suprême de Justice. Héritage de demi-siècle de jurisprudence*, éd. Les Analyses Juridiques, Kin., 2015, p. 188.

29 Ière Inst., Kas., 09 mai 1951, *R.J.C.B.*, 1951, p. 184.

30 C.S.J., RP 1269, Cass., Kabengele Nsenda c/ MP et Kalonji Nsenda, 29 mai 1990, *Bulletin des arrêts de la Cour Suprême de Justice, Années 1990-1999*, Kin., Service de Documentation et d'Etudes du Ministère de la Justice, 2003, p. 19.

31 C.S.J., R.P. 66, cass., matière répressive, Kibwe Jean-Baptiste c/le ministère public, la Gecomin et l'Etat congolais, *Arrêt*, 08 mai 1974, *Bulletin des Arrêts de la cour suprême de justice* (1974), Kin., 1975, p. 113.

Dans toutes ces différentes hypothèses et lorsque le juge est appelé à statuer sur l'action civile, il lui appartient en dernier ressort d'évaluer librement -et *ex aequo et bono*- le montant à allouer à la victime, en considération du préjudice tant matériel que moral causé par l'infraction[32]. Sauf circonstances propres à la cause, l'évaluation du préjudice est déterminée par la même juridiction de jugement au moment où elle rend sa décision. Le préjudice ainsi évalué mériterait d'être réparé intégralement par l'auteur de l'infraction.

b.3. L'action civile au parquet.

La constitution de partie civile est-elle concevable et, partant, recevable devant un magistrat du parquet pendant l'instruction préparatoire ?

Une question éminemment pratique.

Bien avant l'accession de la République démocratique du Congo à la souveraineté nationale et internationale, cette question avait été posée et fait l'objet d'une étude approfondie par E. Fortemaison[33]. Dans cette étude, l'auteur relève dès l'entame que la question de la constitution de partie civile devant le magistrat instructeur n'est pas une simple question d'école, se prêtant à des raisonnements d'ordre spéculatif, mais plutôt une question éminemment pratique. Car, a-t-il estimé, les justiciables ont un intérêt évident à être fixés sur l'étendue de leurs prérogatives.

La législation en la matière.

Pour répondre à la question qu'il s'est lui-même posé, Fortemaison interroge la législation congolaise en vigueur à cette époque[34]. A ce propos, l'auteur constate d'une part, que l'action pour la réparation du dommage causé par une infraction peut être poursuivie en même temps que l'action publique et devant le même juge, et d'autre part, que la partie lésée peut se constituer partie civile en tout état de cause, jusqu'à la clôture des débats. Relevons dès à présent que les deux dispositions

---

32 C.S.J., R.P.R./C.003, Cass., matière répressive, le ministère public, Bimasha Mbuyi et Boma Wa Boma c/ Matezo Mavakala, *Arrêt*, 12 avril 1991, *Bulletin des Arrêts de la cour suprême de justice* (1990-1999), Kin., 2003, p. 47.

33 E. FORTEMAISON, « La constitution de partie civile est-elle recevable au Congo Belge devant le magistrat-Instructeur ? », *R.J.C.B.*, n° 2, Mars-Avril, 1939, pp. 41-47.

34 C'est-à-dire l'article 84, al. 1er des décrets coordonnés sur l'organisation judiciaire et la compétence et l'article 83 du code de procédure pénale.

légales sont encore d'actualité et, malgré le changement des textes, elles ont conservé leur teneur[35].

Deux thèses s'affrontent.

S'appuyant sur les deux dispositions, Fortemaison relève qu'il existe deux thèses opposées en la matière. La première est celle qu'il a qualifiée de libérale. Pour les tenants de cette thèse, l'instruction préparatoire marque le commencement de la mise en exercice de l'action publique ; et dans la mesure où la loi permet que l'action civile soit poursuivie en même temps que l'action publique, la solution libérale estime qu'il est de bon droit que la partie lésée se constitue partie civile même au parquet.

Par contre, poussant la méthode exégétique jusqu'à son excès, les tenants de la thèse restrictive pensent que le législateur n'a autorisé la constitution de partie civile que devant un juge et que celui-ci doit être entendu de manière restrictive. Dans ce cas, l'on ne saurait y faire rentrer le magistrat instructeur, qui n'est pas un juge. Les tenants de cette thèse pensent que les dispositions qui attribuent compétence aux tribunaux répressifs pour connaître de l'action civile sont exorbitantes du droit commun et par conséquent de stricte interprétation.

Au regard de ces deux thèses en présence, l'auteur conclut néanmoins que la construction phraséologique du législateur n'a pas suffi à dissimuler son inconsistance ou sa vacuité. C'est ainsi que l'auteur recourt aux principes généraux pour répondre à la question.

Les principes généraux à la rescousse de la législation.

A cet égard, l'auteur relève trois principes fondamentaux de procédure pénale qui n'offrent aucune faveur à la constitution de partie civile pendant l'instruction préparatoire.

Le premier principe est celui l'indépendance du Ministère public dans l'exercice de l'action publique. Au regard de ce principe, le magistrat du parquet n'admet aucun contrôle que sa conscience, ni d'immixtion d'une tierce personne pendant l'enquête.

---

35 L'alinéa 1er de l'article 84 des décrets coordonnés sur l'organisation judiciaire et la compétence est remplacé par l'alinéa 1er de l'article 107 de la loi organique sur l'organisation, le fonctionnement et les compétences des juridictions de l'ordre judiciaire ; l'article 83 du code de procédure pénale de 1923 est remplacé par l'alinéa 2 de l'article 69 de l'actuel code de procédure pénale.

Le deuxième principe est celui qui consacre la concentration entre les mains du même magistrat du parquet des fonctions de poursuites et d'instruction et qui donne à l'instruction préparatoire un caractère unilatéral, si bien que le droit de la partie lésée de se constituer partie civile pendant l'enquête devient illusoire.

Le troisième principe est celui du secret de l'instruction préparatoire, qui impose au magistrat du parquet les règles à suivre pour l'accomplissement des diverses mesures tendant à faciliter la recherche des preuves. Ce principe ne fait aucunement allusion à une intervention quelconque de la partie lésée, qui est complètement ignorée par la loi dans toute cette phase de la procédure.

Conclusion.

Pour autant, l'auteur conclut que la constitution de partie civile pendant l'instruction préparatoire n'est pas concevable en République démocratique du Congo. Cette position est toujours d'actualité et mérite d'être adoptée comme telle. D'ailleurs, le rapport du Conseil de législation indique qu'en précisant que la constitution de partie civile a lieu auprès de la juridiction de jugement, l'alinéa 1er de l'article 69 du code de procédure pénale écarte implicitement la constitution de partie civile devant le ministère public à l'instruction[36].

Toutefois, il ne faut pas perdre de vue que l'article 9 du code de procédure pénale donne pouvoir au magistrat instructeur de fixer, à charge de l'inculpé qui a satisfait aux invitations dans le cadre de l'amende transactionnelle, une somme d'argent au titre de dommages-intérêts à allouer à la partie lésée. L'exposé des motifs sous l'article 9 du code de procédure pénale renseigne qu'en cas de refus par la partie lésée d'accepter les dommages-intérêts qui lui sont alloués, cette somme pourra faire l'objet de consignation équivalent à paiement. Aussi, il paraît juridiquement logique d'affirmer que le magistrat instructeur qui vide toute la question de l'action publique par le paiement d'une amende transactionnelle, soit fondé en même temps à trouver une solution définitive à l'action civile de la partie lésée.

---

[36] Rapport du Conseil de législation sous l'article 69 du code de procédure pénale, Pierre PIRON et Jacques DEVOS, op. cit., p. 52.

b.4. L'action civile devant la cour de cassation : incompétence ou irrecevabilité ?

La loi prescrit que la constitution de partie civile n'est pas recevable devant la cour de cassation[37]. Pour sa part, la cour suprême de justice avait jugé que l'action civile résultant d'une infraction, ne peut être examinée par la cour suprême de justice qui statue sur le fond en matière répressive en premier et dernier ressort. Selon cette jurisprudence, la cour suprême de justice devra à cet effet se déclarer incompétente. Il revient à la victime de poursuivre son action devant les juridictions civiles ordinaires après l'arrêt définitif de la cour de cassation[38].

Au regard de ces deux positions, légale et jurisprudentielle, deux sanctions contradictoires sont proposées, et le juge inférieur s'en trouve embarrassé : l'irrecevabilité et l'incompétence. Les deux sanctions envisagées ne tendent pas à un même résultat. La compétence, si elle est envisagée de manière générale, est une notion essentiellement fonctionnelle, qui permet de désigner parmi plusieurs organes celui qui va exercer le pouvoir identique dont sont investis ces différents organes. En matière judiciaire, la compétence est d'attribution. Cela revient à dire que l'incompétence est le défaut d'aptitude d'un juge à connaître d'une demande. La recevabilité, par contre, est le caractère d'une demande en justice qui rend possible son examen au fond par la juridiction saisie, parce que les conditions de l'action sont remplies et qu'il n'existe aucune fin de non-recevoir[39].

L'on comprend donc que sur le plan pratique, un juge a le devoir de vérifier d'abord sa compétence avant de s'engager avec effort dans l'examen de la recevabilité de l'affaire. Un juge qui se déclare incompétent ne clôture pas l'action, mais ouvre la possibilité pour un autre de s'en saisir ; mais celui qui déclare l'action irrecevable la clôture et empêche un autre juge de s'y prononcer. Au demeurant, et de mon point de vue, le législateur aurait mieux fait de parler de l'incompétence plutôt que de l'irrecevabilité.

---

[37] Art. 78, Loi organique n° 13/010 du 19 février 2013 relative à la procédure devant la cour de cassation.

[38] C.S.J., RP 2, 10 juin 1972, *Bulletin des arrêts de la Cour suprême de justice,* 1973, p. 88 ; *Revue Juridique du Zaïre*, 1972, p. 135, in DIBUNDA KABUINJI MPUMBUAMBUJI, *Répertoire général de jurisprudence de la cour suprême de justice, 1969-1985*, Kin., éd. CPDZ, 1990, p. 3.

[39] Serge GUINCHARD et Thierry DEBARD (dir.), op. cit., p. 719.

Par ailleurs, et quoi qu'il en soit, point à redire, sinon rappeler que l'interdiction jurisprudentielle ne concerne pas l'action civile initiée devant la cour de cassation agissant comme juridiction de fond au second degré, conformément à l'article 94 de la loi organique n° 13/011-B du 11 avril 2013 portant organisation, fonctionnement et compétences des juridictions de l'ordre judiciaire. Dans cette hypothèse, la cour suprême de justice ou la cour de cassation peut valablement statuer sur l'action civile. L'interdiction jurisprudentielle ne concerne pas non plus l'action civile qui serait initiée par une victime en matière de pourvoi en révision conformément aux articles 70 et 71 de la loi organique n° 13/010 du 19 février 2013 relative à la procédure devant la cour de cassation. Dans cette hypothèse aussi, la cour de cassation peut toujours se prononcer sur l'action civile de la victime.

b.5. Qu'en est-il de l'action à fins civiles ?

Une action à fins civiles est une action de droit civil qui a l'infraction pour cause mais dont le but ne tend pas, comme l'action civile, à la réparation du préjudice entraîné par cette infraction[40]. Tel est le cas de l'action en divorce initiée à la suite d'un adultère ou des violences volontaires commis par un conjoint. L'action à fins civiles n'a pas pour objet la réparation du dommage né de l'infraction, mais tend à tirer certaines conséquences civiles d'une situation que cette infraction a manifestée ou à ramener à exécution un droit que l'infraction a pu troubler[41]. L'action à fins civiles ne peut pas être exercée devant le juge pénal[42].

c. Conséquence de la coexistence de ces deux actions : le pénal tient le civil en état et l'autorité de la chose jugée au pénal sur le civil

L'action civile est l'accessoire de l'action publique et ne peut s'exercer que concurremment avec elle, car la victime n'est pas le personnage principal au prétoire pénal et elle n'est que tolérée en ce lieu de justice. Il est de principe que le fait d'intenter la première a pour conséquence d'entraîner la seconde[43]. Il découle de cette considération que le pénal tient le civil en état. En effet, il est de principe en procédure pénale que lorsque le juge civil est saisi de l'action en réparation d'une infraction, il

---

[40] Frédéric DESPORTES et Laurence LAZERGES-COUSQUER, op. cit., p. 810
[41] MERLE et VITU, n° 104.
[42] Frédéric DESPORTES et Laurence LAZERGES-COUSQUER, loc. cit.
[43] Lire HAUSS, *Principes généraux du droit pénal*, T. II, n° 1400.

doit surseoir à statuer jusqu'à ce que le juge pénal se soit lui-même définitivement prononcé sur l'action publique.

Le pénal tient le civil en état impose un autre principe, celui de l'autorité de la chose jugée au pénal sur le civil. En effet, la décision d'une juridiction pénale -acquittement ou condamnation- établit au regard de tous l'existence ou non de l'infraction. De la sorte, l'autorité de la chose jugée au pénal sur le civil vient affirmer la prééminence du juge pénal sur le juge civil puisque les états d'âme du premier s'imposent au second.

Néanmoins, il n'est pas interdit au juge civil, malgré ce principe, de donner satisfaction à une demande en réparation d'un dommage qui n'est apparu qu'après l'instance pénale. C'est le cas de coups et blessures involontaires jugés au pénal avec allocation des dommages-intérêts. Par la suite, la victime de ces coups vient à décéder. Une réparation civile à la suite de ce décès est possible devant le juge civil.

7. Le procès pénal et le procès civil

a. Divergences

Le procès pénal et le procès civil ne peuvent pas être confondus, car les enjeux qui sont dans les deux procès sont totalement différents. Si le procès pénal tend à la découverte et à la manifestation de la vérité sur l'enchainement dramatique qui a conduit à la commission de l'infraction, l'on comprend que les problèmes auxquels touche la procédure pénale visent l'ordre public troublé et les intérêts qui sont en jeu : la vie, la liberté de la personne poursuivie, son patrimoine, son honneur et sa considération. Combien de fois n'a-t-on pas désigné un individu gardé à vue ou placé sous mandat d'arrêt provisoire comme auteur d'une infraction alors que sa condamnation n'est pas encore intervenue ? Pendant ce temps, un déshonneur humiliant couvre cet individu, peut-être aussi sa famille. Dans un procès civil, qui oppose les particuliers entre eux, ce sont les intérêts privés qui sont en cause, le plus souvent d'ordre pécuniaire. L'on comprend donc que si le juge civil peut s'en tenir à la seule technique du droit pour résoudre un différend civil, il doit être exigé du juge pénal, au-delà de la technique du droit, le sens de l'humain et du social. Dans un procès pénal, dit Bernard Bouloc, c'est moins l'infraction que la personne qui l'a commise que l'on juge. Le juge répressif considère plus le délinquant que l'infraction commise. A l'occasion du procès, le juge découvre et pénètre la personnalité du délinquant afin de mieux apprécier sa culpabilité et d'adapter la sanction à sa personne[44].

b. Convergences

Néanmoins, l'on ne peut s'empêcher de relever des points de convergence entre les deux procès. Le procès pénal et le procès civil sont soumis à un seul ordre de juridiction, l'ordre judiciaire. Ils sont tous deux placés sous le contrôle de la cour de cassation. Les deux procès obéissent à la règle de la collégialité et à celle du double degré de juridiction.

b.1. L'appartenance à l'ordre judiciaire.

L'ordre judiciaire s'oppose à l'ordre administratif, forcément aussi à l'ordre constitutionnel institué par la constitution. L'article 153 de la constitution a institué un ordre judiciaire, qui comprend un ensemble des organes juridictionnels qui ont pour juridiction suprême de contrôle la cour de cassation, et dont la particularité est d'assurer le respect des libertés individuelles et des droits fondamentaux des citoyens[45]. Pour ce faire, l'autorité judiciaire doit demeurer indépendante[46] pour être à même d'appliquer ce principe. La soumission des libertés individuelles à l'autorité judiciaire et à son contrôle a une valeur constitutionnelle[47] et s'impose au législateur ainsi qu'à toute autorité qui agit dans le cadre du pouvoir de l'Etat.

C'est ainsi qu'il faut fustiger toute décision qui attribuerait compétence à une autorité autre qu'une autorité judiciaire de connaître des atteintes à la vie privée et à la liberté individuelle. Une telle décision serait inconstitutionnelle. Tel est le cas de l'ordonnance n°16/065 du 14 juillet 2016 portant organisation et fonctionnement des services du conseiller spécial du chef de l'Etat en matière de bonne gouvernance et de lutte contre la corruption, le blanchiment des capitaux et le financement du terrorisme[48]. L'article 2 de cette ordonnance donne compétence au conseiller spécial du chef de l'Etat de faire mener toutes les investigations, enquêtes et instructions susceptibles d'identifier, interpeller et sanctionner toute personne ou groupe des personnes, organisations, organismes, entreprises ou autres services impliqués dans

---

44 Bernard BOULOC, loc. cit.

45 Art. 150, constitution du 18 février 2006.

46 Art. 149, al. 1er, constitution du 18 février 2006.

47 Art. 150, constitution du 18 février 2006.

48 *J.O.*, n°15, 57ème année, 1er août 2016, col. 23.

les actes de corruption, de blanchiment des capitaux et de financement du terrorisme. L'article 3 de la même ordonnance reconnaît au conseiller spécial du chef de l'Etat le pouvoir de requérir toute personne ou service public susceptible de lui apporter son expertise pour l'établissement des faits dans les dossiers soumis à son examen.

A n'en pas douter, tous les pouvoirs ci-dessus énumérés rentrent dans le cadre du pouvoir judiciaire qui ne peuvent revenir qu'aux seuls magistrats revêtus par la constitution et par la loi du pouvoir de porter atteinte à la liberté individuelle, en ce compris toute forme d'arrestation, la perquisition, la visite domiciliaire ou la saisie. Il en découle que n'étant pas une autorité judiciaire, le conseiller spécial du chef de l'Etat ne peut disposer de ces pouvoirs. L'ordonnance du chef de l'Etat qui lui a attribué ce pouvoir judiciaire est inconstitutionnelle. Elle l'est davantage encore dans la mesure où elle a remis en cause le principe constitutionnel de séparation des pouvoirs, qui tient en particulier à la mission de gardienne de la liberté individuelle confiée à l'autorité judiciaire, mission qui permet à cette autorité d'assurer, dans les conditions prévues par la loi, le respect du principe selon lequel nul ne peut être arbitrairement détenu[49]. Cette ordonnance a conféré à une autorité faisant partie de l'exécutif des pouvoirs judiciaires. L'unique voie d'issue demeure le recours en inconstitutionnalité devant la cour constitutionnelle pour violation de la constitution.

L'ordre judiciaire est placé sous le contrôle de la cour de cassation.

La cour de cassation contrôle toutes les juridictions judiciaires instituées par la loi. Le contrôle que la cour de cassation exerce sur les juridictions de l'ordre judiciaire se matérialise par les pourvois en cassation formés contre les arrêts et jugements rendus en dernier ressort par ces juridictions. L'objectif poursuivi dans ce contrôle est d'assurer et garantir une interprétation uniforme de la loi. A ce titre, la cour de cassation régule le droit en veillant au respect de la loi par les juges. Elle contrôle le « bien juger » du droit compris comme une exacte interprétation de la loi de procédure, mais aussi comme la mise en œuvre correcte d'une méthode de jugement normalisée par la jurisprudence. L'interprétation que la cour de cassation donne à la loi lui permet d'affirmer sa fonction normative, pour imposer la jurisprudence comme

---

[49] Jean-Louis DEBRE, Justice et séparation des pouvoirs en droit constitutionnel français, 2ème conférence régionale du monde arabe, Doha, Qatar, 27-28 avril 2008.

source de droit[50] et en assurer l'unité, car ses décisions s'imposent aux juridictions inférieures[51].

b.2. La règle de la collégialité.

Le procès pénal et le procès civil obéissent à la règle de la collégialité. En effet, les décisions prises en matière civile et en matière pénale émanent, en principe, de trois juges qui composent le siège du tribunal. La loi organique portant organisation, fonctionnement et compétences des juridictions de l'ordre judiciaire du 11 avril 2013 a rendu obligatoire la présence de trois juges dans la composition du tribunal de paix lorsque celui-ci siège en matière répressive. Par contre, le siège à juge unique est maintenu en matière civile. Toutefois, le tribunal de paix siégeant en matière civile adopte la collégialité lorsqu'il y a lieu de faire application de la coutume locale[52]. Par ailleurs, l'article 22 de la loi organique du 11 avril 2013 a renforcé la collégialité devant la cour d'appel. Cette disposition légale a imposé une composition à cinq juges lorsque la cour d'appel siège pour connaître des infractions de l'article 91 de la loi organique, c'est-à-dire des infractions du statut de Rome de la cour pénale internationale (génocide, crime contre l'humanité et crime de guerre).

La collégialité offre une justice de meilleure qualité, c'est-à-dire mieux éclairée, plus impartiale, plus indépendante ; elle ajoute au débat externe entre le juge et les parties, un débat interne à la formation du jugement[53].

b.3. La règle du double degré de juridiction.

L'article 21 de la constitution dispose que le droit de former un recours contre un jugement est garanti à tous. Il est exercé dans les conditions fixées par la loi. La règle du double degré de juridiction donne la possibilité d'un examen successif, au fond, de la même affaire par deux juridictions d'un degré différent. Ce double examen du même procès par des juges différents permet d'éviter les erreurs judiciaires et d'obtenir plus surement une décision conforme à la vérité[54].

---

50 Guy CANIVET, *Vision prospective de la cour de cassation*, Conférence à l'Académie des sciences morales et politiques, 13 novembre 2006, p. 2.

51 Exposé des motifs, loi organique n°13/010 du 19 février 2013 relative à la procédure devant la cour de cassation.

52 Art. 10.

53 F. BUSSY, L'erreur judiciaire, *Dalloz*, 2005, p. 2561, n° 43.

54 Bernard BOULOC, op. cit., p. 23.

Posé par la constitution, le principe du double degré de juridiction est mis en œuvre par la loi organique portant organisation, fonctionnement et compétences des juridictions de l'ordre judiciaire. C'est ainsi que les jugements du tribunal de paix peuvent faire l'objet d'un appel devant le tribunal de grande instance[55]. Ceux rendus au premier degré par tribunal de grande instance sont appelables devant la cour d'appel[56]. La cour d'appel connaît également des appels formés contre les jugements rendus par les tribunaux de commerce[57]. Les arrêts rendus par la cour d'appel peuvent être attaqués en appel devant la cour de cassation[58]. La loi du 10 janvier 2009 portant protection de l'enfant a prévu la possibilité de former appel contre une décision rendue par la chambre de première instance du tribunal pour enfants. La chambre d'appel dudit tribunal statue sur cet appel[59]. De son côté, le code de procédure pénale a prévu la possibilité de former appel contre des ordonnances rendues en matière de détention préventive[60]. Le tribunal de grande instance est compétent pour ce faire[61].

La loi n'a pas prévu la possibilité de former un recours contre les arrêts rendus par la cour de cassation. Il en découle que ces arrêts sont rendus en premier et dernier ressort[62]. Il en est ainsi aussi le cas des arrêts rendus par la cour constitutionnelle en matière répressive[63].

c. Particularités ou spécificités du procès pénal

L'importance, la gravité et la complexité du procès pénal ont déterminé le législateur à consacrer des règles particulières qui doivent régir le procès pénal.

---

55 Art. 89, Loi organique du 11 avril 2013 portant organisation, fonctionnement et compétences des juridictions de l'ordre judiciaire.

56 Art. 91, Loi organique du 11 avril 2013 portant organisation, fonctionnement et compétences des juridictions de l'ordre judiciaire.

57 Art. 91, Loi organique du 11 avril 2013 portant organisation, fonctionnement et compétences des juridictions de l'ordre judiciaire ; art. 39, loi du 3 juillet 2001 portant création, organisation et fonctionnement des tribunaux de commerce.

58 Art. 94, Loi organique du 11 avril 2013 portant organisation, fonctionnement et compétences des juridictions de l'ordre judiciaire.

59 Art. 87 et 123, loi du 10 janvier 2009 portant protection de l'enfant.

60 Art. 37, code de procédure pénale.

61 Art. 38, code de procédure pénale.

62 Art. 93, Loi organique du 11 avril 2013 portant organisation, fonctionnement et compétences des juridictions de l'ordre judiciaire.

63 Art. 168, constitution du 18 février 2006.

c.1. En matière de preuves

Le procès pénal étant complexe et grave compte tenu des enjeux sur la vie, le patrimoine, l'honneur de la personne mise en cause, il nécessite, au niveau préparatoire, la mise à contribution de deux organes dans la recherche de la preuve. Ces organes sont nantis des pouvoirs exorbitants de droit commun. Il s'agit de la police judiciaire et du magistrat du parquet. Leurs interventions permettent d'aller à la découverte de la vérité au travers des obstacles qui peuvent être érigés par la personne poursuivie, sans toutefois perdre de vue que les droits de cette personne sont sacrés. C'est ainsi que d'une part la charge de la preuve de l'infraction incombe au ministère public[64], et d'autre part, la preuve d'une infraction peut être apportée par tout mode de preuve, et le juge dispose de la liberté de se prononcer sur la valeur démonstrative de la preuve et de décider, d'après son intime conviction, si un fait est tenu ou non pour établi. La liberté de la preuve induit l'absence de hiérarchisation formelle des preuves pénales. Ce principe se cantonne par ailleurs dans la phase d'exploitation de la preuve et exige transparence et loyauté dans la recherche de la preuve.

c.2. En matière de procédure

Le procès pénal, contrairement au procès civil, comprend une phase préparatoire et une phase de jugement. La première phase, qualifiée d'avant procès, est animée par deux organes : la police judiciaire (enquête préliminaire) et le ministère public (instruction et poursuite). L'étude de la phase préparatoire du procès pénal présente une importance capitale. C'est en effet au cours de cette phase que se pose avec acuité la question de la conciliation entre la protection des droits et libertés de la personne mise en cause et la défense des intérêts de la société. Alors que la vérité est en construction, que la personne mise en cause est présumée innocente, certaines mesures de contrainte sont décidées contre elle par la police judiciaire et le ministère public[65]. Il en est ainsi de la garde à vue, du mandat d'arrêt provisoire, des saisies et perquisitions… Compte tenu de son importance, la phase préparatoire peut permettre, si elle est bien conduite, d'étouffer toute malfaçon qui affecterait un procès pénal et empêcher ainsi l'éclosion de la phase du jugement. La phase de jugement

---

64 Ière Inst., Léo., 22 mai 1939, *R.J.C.B.*, 1940, p. 116 ; C.S.J., R.P.A. 26, App., matière répressive, le ministère public c/ Boji Ntole et csrts, *Arrêt*, 04 mai 1974, *Bulletin des Arrêts de la cour suprême de justice* (1974), Kin., 1975, p. 74.

65 Frédéric DESPORTES et Laurence LAZERGES-COUSQUER, op. cit., p. 20.

relève de la compétence des cours et tribunaux. L'organisation, le fonctionnement et la compétence de ces trois organes de justice sont régis par la loi organique du 11 avril 2013 ainsi que par d'autres lois particulières intervenant dans le même domaine. Comme on le verra, les organes de justice énumérés limitativement par ces différentes lois obéissent au principe de séparation des fonctions judiciaires.

c.3. En matière d'effet suspensif des voies de recours

En matière pénale, les délais prévus par la loi pour former un recours suspendent l'exécution du jugement. Il en est ainsi aussi de l'exercice effectif d'une voie de recours. En matière civile par contre, le simple délai d'une voie de recours ne se suffit pas pour suspendre l'exécution d'un jugement. La partie condamnée a intérêt à exercer effectivement une voie de recours pour que l'exécution d'un jugement soit suspendue. Dans certaines hypothèses d'ailleurs, le juge civil qui a rendu le jugement peut en ordonner l'exécution provisoire nonobstant tout recours[66].

c.4. En matière d'exécution des peines : diversité des organes

La loi de procédure pénale a désigné plusieurs organes à la diligence desquels une condamnation pénale peut être exécutée[67]. En matière civile par contre, il appartient au demandeur qui a gagné le procès de suivre l'exécution de son jugement.

B. L'Etat et le procès pénal

1. L'Etat dispose du monopole de la répression

Le temps de la vengeance privée est révolu, celui de la justice privée aussi. Désormais, place à la justice publique, parce qu'elle appartient à l'Etat. La souveraineté de l'Etat dans une société organisée impose à ce dernier un certain nombre d'obligations, entre autres celle d'assurer le maintien de l'ordre public et du bien commun. Aussi, face à une infraction qui vient de se commettre, l'Etat a l'obligation d'apporter la sanction, soit à l'intérieur du territoire national, soit même en dehors de ce territoire. La sauvegarde de la paix sociale l'exige.

---

66 Art. 21, code de procédure civile.

67 Art. 109, code de procédure pénale.

2. Les organes de l'Etat chargés de la répression

La justice répressive remplit trois fonctions :

1° L'enquête (et l'instruction).

L'enquête consiste en une activité judiciaire de recherche des preuves, activité qui permet de dégager la responsabilité pénale de l'auteur de l'infraction. Elle est un moyen efficace et rationnel de transformation des soupçons et charges en une certitude suffisante[68]. Elle en élucide les faits, établit la vérité, préserve la preuve pour la justice, identifie les personnes responsables et permet de les traduire en justice. Autant les éléments recueillis pendant l'enquête permettent au juge de fixer son intime conviction sur la responsabilité pénale individuelle, autant ils le déterminent à se prononcer sur la condamnation ou l'acquittement de la personne accusée. Ainsi, en déterminant le cadre dans lequel l'infraction sera examinée au procès[69], une enquête bien conduite anticipe l'audience et aboutit à une décision pénale éclairée.

2° La poursuite.

Le Ministère public est chargé des poursuites. A ce titre, il déclenche et exerce l'action publique et veille à l'exécution des jugements. Il soutient l'accusation et accomplit tous actes dans le but de saisir les juridictions répressives compétentes et d'aboutir à la condamnation de la personne coupable. Dans une certaine mesure, la loi reconnaît à certaines administrations ou à la victime d'une infraction le pouvoir d'exercer des poursuites contre les délinquants.

3° Le jugement.

A l'occasion du jugement, le tribunal compétent examine le bien fondé des accusations portées contre la personne coupable et se prononce sur sa responsabilité pénale ou non. Cette étape se matérialise par une décision au fond[70].

A ces trois fonctions correspondent trois organes, qui concourent à une même fin :

---

[68] Roger MERLE et André VITU, *Traité de droit criminel, vol. 2, Procédure pénale*, Paris, 2ème éd., Cujas, 1973, p. 132.
[69] Franklin KUTY, op. cit., p. 60.
[70] Jean PRADEL, op. cit., p. 23.

- La police judiciaire
- Le parquet
- Les cours et tribunaux

L'Etat a confié à ces différents organes des pouvoirs redoutables. Mais la loi a posé en même temps le principe de séparation des fonctions. Techniquement, la séparation des fonctions judiciaires vise à permettre une plus grande spécialisation des autorités judiciaires, tout en organisant une meilleure répartition des tâches dans une perspective d'efficacité procédurale[71]. Politiquement, la séparation des fonctions permet d'éviter la concentration sur une seule et même autorité des prérogatives dont la réunion pourrait être attentatoire aux libertés individuelles.

La séparation des fonctions judiciaires assure et protège l'impartialité des autorités judiciaires. C'est ainsi que l'article 49.8 de la loi organique portant organisation, fonctionnement et compétences des juridictions de l'ordre judiciaire permet de récuser un juge qui connaît d'une même affaire en des qualités différentes. C'est le cas lorsque ce juge est déjà intervenu dans une affaire en qualité d'officier de police judiciaire ou d'officier du ministère public. C'est aussi le cas d'un conseiller à la Cour d'appel qui prend part à une composition au second degré alors qu'il avait déjà siégé dans la même affaire quand il était juge au premier degré[72]. Le cumul des fonctions est donc interdit et le principe de séparation des fonctions judiciaires répressives est donc bien établi en droit congolais. Il est donc de maxime constante que les fonctions de ministère public sont incompatibles avec celles de juge. Cette incompatibilité résulte de la nature de ces fonctions et des principes qui ne permettent pas qu'un magistrat puisse être, dans la même affaire, juge et partie poursuivante[73]. Le cumul présente en effet un danger pour l'indépendance du magistrat.

Cependant, l'on relèverait des situations exceptionnelles qui consacrent une atteinte au principe de séparation des fonctions judiciaires. Dans un cas, les officiers du ministère public peuvent exercer

---

[71] Denis ALLAND et Stéphane RIALS (dir.), op. cit., p. 1233.

[72] C.S.J., Cass., R.P. 60, Panzu Clément c/ M.P., 2 février 1972, *Bulletin des Arrêts de la Cour Suprême de Justice,* 1973, p. 16.

[73] Jean PRADEL et André VARINARD, *Les grands arrêts de la procédure pénale*, Paris, 6ème éd., Dalloz, 2009, p. 8.

eux-mêmes toutes les attributions des officiers de police judiciaire[74]. L'on ne manquerait pas d'affirmer qu'un magistrat du parquet est aussi un officier de police judiciaire. La loi reconnaît aussi à toute autre juridiction de jugement la faculté de se saisir elle-même en cas d'infraction d'audience et de juger le coupable séance tenante[75]. Parfois aussi, la loi reconnaît au magistrat du parquet le pouvoir de prononcer une condamnation pénale contre un inculpé[76] ou même contre un témoin récalcitrant[77] alors même que le juge n'est pas encore saisi des faits.

2. Le but poursuivi par l'Etat dans l'œuvre de la répression

La fonction d'intégration sociale de la sanction est généralement considérée par la littérature sociologique et anthropologique comme la fonction essentielle du droit pénal[78]. Durkheim défend la même idée, la reprenant cependant dans un sens très restrictif : « [...] Si la vraie fonction de la peine est de maintenir intacte la cohésion sociale en maintenant toute sa vitalité à la conscience commune, la correction du coupable et l'intimidation de ses imitateurs possibles sont secondaires, et leur efficacité douteuse [...] »[79].

Ainsi donc, l'œuvre de la répression marque une réprobation sociale à l'endroit du coupable ; elle frappe l'auteur de l'acte à raison de ce qu'il a fait, et lui inflige une souffrance ou tout au moins une gêne plus ou moins prononcée[80]. Ainsi, lorsque le législateur édicte des peines et organise leur application, il poursuit deux buts : la rétribution et la prévention générale et spéciale.

1° La rétribution

La peine consiste en une riposte sociale contre l'auteur d'une infraction. La société lui inflige un mal en compensation du mal qu'elle-

---

[74] Art. 11, code de procédure pénale.

[75] Art. 1er, ordonnance-loi n° 70-012 du 10 mars 1970 relative aux infractions d'audience, *M.C.*, n° 10, 15 mai 1970, p. 289.

[76] C'est l'amende transactionnelle, art. 9, code de procédure pénale.

[77] Art. 19, code de procédure pénale.

[78] Radcliffe-Brown A. R., *Structure and Function in Primitive Society*, London, Cohen and West, 1952 ; Antoinette CHAUVENET, « Les longues peines : le « principe » de la peur », *Champ pénal / Penal field, nouvelle revue internationale de criminologie*, Vol. VI-2009, p. 4.

[79] Emile Durkheim, *De la division du travail social*, Paris, PUF, 1902.

[80] Gaston STEFANI, Georges LEVASSEUR et Bernard BOULOC, *Droit pénal général*, Paris, 18ème éd., Dalloz, 2003, p. 21.

même a pu subir[81]. La rétribution est donc un processus externe qui met en relation deux termes qu'il s'agit d'équilibrer. D'un côté la faute commise et de l'autre la sanction infligée.

2° La prévention spéciale

Essentiellement utilitaire, la peine permet la neutralisation et/ou l'amélioration de l'individu qui a commis une infraction.

3° La prévention générale

Cette fonction consiste d'une part en l'intimidation, et d'autre part en l'information et l'éducation de la collectivité. La prévention générale n'est qu'un effet souhaitable de la sanction.

1. L'Etat, les droits de l'homme et le procès pénal

La Déclaration universelle des droits de l'homme est la charte des droits de l'homme dans un procès pénal.

La Déclaration universelle des droits de l'homme a permis aux Etats Membres des Nations Unies de considérer que la reconnaissance de la dignité inhérente à tous les membres de la famille humaine et de leurs droits égaux et inaliénables constitue le fondement de la liberté, de la justice et de la paix dans le monde ; et que la méconnaissance et le mépris des droits de l'homme conduisent à des actes de barbarie qui révoltent la conscience de l'humanité. Aussi est-il recommandé à tout régime de droit d'assurer la protection des droits de l'homme en vue d'éviter que l'homme ne soit contraint, en suprême recours, à la révolte contre la tyrannie et l'oppression. C'est ainsi que les Etats Membres des Nations Unies ont pris l'engagement d'assurer le respect universel et effectif des droits de l'homme et des libertés fondamentales[82].

Il découle de cet engagement universel que la redevabilité légale des droits de l'homme appartient au premier chef à l'Etat[83], qui répond de

---

[81] CUSSON, Le sens de la peine et la rétribution, *RI Crim. Et pol. techn.* 1985, p. 286 ; Gaston STEFANI, Georges LEVASSEUR et Bernard BOULOC, op. cit., p. 22.

[82] Déclaration universelle des droits de l'homme, 10 décembre 1948, préambule.

[83] Pierre AKELE ADAU, « Partenariat entre les initiatives publiques et privées et participation citoyenne pour les droits de l'homme », *Séminaire international sur la gestion de la transition en République démocratique du Congo*, Kinshasa, 26-28 avril 2004, p. 184 : « (...) Les droits de l'homme sont avant tout et quasi exclusivement affaire des pouvoirs publics qui se doivent de les mettre en œuvre, de les respecter et

toutes les violations des droits de l'homme commises sur son territoire[84]. Cela détermine tout Etat démocratique à instituer des mécanismes juridiques et judiciaires de reconnaissance et d'application effective des droits de l'homme sur tout territoire placé sous sa juridiction. La redevabilité légale de l'Etat en matière des droits de l'homme trouve son fondement dans l'idée de l'organisation constitutionnelle des pouvoirs publics qui suggère que seul l'Etat dispose du monopole de la puissance publique et de la contrainte physique légitime[85]. Il s'agit là d'une marque de souveraineté de l'Etat qui s'exerce nécessairement par le jeu de sanctions pénales, à l'occasion du procès pénal.

Le procès pénal devient ainsi la traduction de l'engagement de l'Etat au respect des droits de l'homme ; la Déclaration universelle des droits de l'homme devient elle-même une véritable charte des droits de l'homme en procès, avec comme objet spécifique la défense des droits de l'individu[86]. C'est ce qui fait dire à certains auteurs que la procédure pénale est le *thermomètre de la température démocratique d'un Etat*[87].

Cette affirmation n'est pas anecdotique, les articles 8, 9, 10 et 11 de la Déclaration universelle des droits de l'homme en constituent une meilleure illustration. Ces dispositions posent en effet le principe du droit à un recours effectif devant les juridictions nationales compétentes contre les actes violant les droits fondamentaux reconnus par la constitution ou par la loi à un individu (art. 8), celui de l'interdiction de

---

donc de prendre toute initiative pour leur protection et leur promotion au bénéfice des particuliers (...) ».

84 Le Conseil des Droits de l'Homme des Nations Unies évalue chaque année les efforts réalisés par les Etats en matière de promotion et de protection des droits de l'homme. C'est dans ce cadre précis que le Conseil des Droits de l'Homme des Nations Unies a, en date du 25 mars 2011, pris la résolution A/HRC/RES/16/L.36 sur la situation des droits de l'homme en République démocratique du Congo et le renforcement de l'assistance technique et des services consultatifs. Cette résolution a félicité les efforts du gouvernement congolais dans la lutte contre l'impunité, notamment les condamnations prononcées dans l'affaire des viols commis à Fizi et poursuites à Walikale, le recrutement de 2000 nouveaux magistrats et la désignation des juges pour enfants, ainsi que le processus de création des chambres spécialisées au sein des juridictions congolaises (Ministère de la justice et des droits humains de la République démocratique du Congo, *Rapport sur la situation des droits de l'homme en République démocratique du Congo*, Juin 2010-Juin 2011, Kinshasa, 30 juin 2011, p. 3).

85 Max Weber,

86 Mireille DELMAS-MARTY, Serge LASVIGNES *et al.*, op. cit., p. 66.

87 LUZOLO Bambi Lessa EJ et BAYONA Ba Meya Nicolas Abel, *Manuel de procédure pénale*, Kinshasa, PUC, 2011, p. 27.

l'arrestation arbitraire et de la détention illégale (art. 9), celui du procès équitable, de l'indépendance et l'impartialité du juge (art. 10) et enfin celui de la présomption d'innocence (art. 11).

Les droits de l'homme sont mis à mal par la pratique judiciaire.

Cependant, il existe dans le concret une longue distance qui sépare l'affirmation théorique de la pratique judiciaire congolaise, le plus souvent en marge de la loi[88]. L'environnement délétère dans lequel fonctionne notre justice conforte cette dernière thèse. La question de l'existence d'une justice équitable, indépendante et impartiale est donc posée. Les populations congolaises désavouent de plus en plus la justice de l'Etat[89] pour se tourner vers une justice informelle, qui (...) semble procéder d'un sentiment de sécurité frustré et qui cherche ses nouvelles marques ou de nouveaux repères soit dans la résurgence de modes de règlement traditionnels, soit dans la création de nouveaux mécanismes de règlement de conflits, répondant apparemment mieux aux attentes et aux besoins des bénéficiaires (...)[90]. Il s'agit là des différents modes alternatifs de règlement des conflits qui constituent un ensemble de procédés visant à résoudre des conflits ou des litiges, sans recourir à un juge, notamment par la voie de la conciliation ou de la médiation conduite par un tiers. Ces modes alternatifs présentent l'avantage de réduire au strict minimum les procès qui sont souvent l'expression d'une culture de l'affrontement et favoriser l'émergence de solutions globales et équitables susceptibles de recréer ou d'aménager des liens distendus ou rompus[91].

Le paradigme de droits l'homme en concurrence avec celui de la sécurité.

Par ailleurs, il importe de relever un fait marquant. C'est que, sous la menace du terrorisme et de la criminalité organisée, certains Etats

---

88 BAYONA Ba MEYA, « Les pratiques judiciaires en marge de la loi ».

89 Le désaveu de la justice par les usagers n'est pas une situation singulière, caractéristique de la seule justice congolaise. Certains Etats de vieille démocratie constatent également l'ébranlement de la confiance du citoyen dans la justice et proposent comme solution la restauration de cette confiance par la performance et la participation des citoyens dans la plus grande transparence (Fred ERDMAN et Georges de LEVAL, « Les dialogues Justice », *Rapport de synthèse*, à la demande de Laurette ONKELINX, Vice-Première Ministre et Ministre de la Justice, Bxl., Juillet 2004, p. 23).

90 Pierre AKELE ADAU, op. cit., p. 194.

91 Fred ERDMAN et Georges de LEVAL, op. cit., p. 59.

modernes[92], de vieille démocratie pourtant, ont développé, sur fond du paradigme d'insécurité[93], des réflexes autoritaires les conduisant parfois à l'élaboration d'une procédure pénale « bison futée », c'est-à-dire une procédure pénale dédoublée[94]. Il est en effet observé la montée en puissance d'une procédure pénale parallèle dont les règles se démarquent de plus en plus des principes directeurs de la procédure pénale générale fondée sur le respect des droits de l'homme. Cette démarcation tire son origine dans la lutte contre l'insécurité, laquelle semble peser de plus en plus lourdement sur l'esprit des lois pénales et devenir à la fois la carte et la boussole autour de laquelle doivent se dessiner les questions et les réponses dont le droit pénal et la procédure pénale sont en charge. Tel dispositif procédural nouveau, telle aggravation de la peine d'une infraction, la création d'une circonstance aggravante ou l'émergence de nouvelles notions apparaissent, *a posteriori*, comme autant d'anticipations d'un mouvement aujourd'hui plus général qu'il est désormais possible d'analyser et d'identifier plus nettement. Le droit à la sécurité est promu au rang de droit fondamental et apparaît bien comme le cadre théorique explicite dans lequel le législateur pense les textes relatifs à l'organisation des forces de police. Ce nouveau paradigme -la sécurité- modifie profondément l'équilibre entre les libertés individuelles et les contraintes de la répression, les représentations de la gravité des infractions, leurs traductions, comme les équilibres institutionnels au sein de la justice pénale[95].

La sécurité et la lutte contre le terrorisme au niveau mondial.

La lutte contre le terrorisme est apparue dans toute sa splendeur au lendemain des épouvantables attentats terroristes qui ont eu lieu le 11 septembre 2001 aux Etats-Unis d'Amérique[96]. La gravité de ces attentats a déterminé la communauté internationale à redoubler d'efforts pour lutter contre le terrorisme international, considéré à juste titre comme une menace à la paix et à la sécurité internationales. Les résolutions prises par le Conseil de Sécurité des Nations Unies immédiatement après

---

92 La France ou, plus exactement, tous les pays occidentaux en proie au terrorisme et à la criminalité organisée.

93 Jean DANET, « Le droit pénal et la procédure pénale sous le paradigme de l'insécurité », *Archives de politique criminelle*, Paris, éd. Pedone, n°25, 2003, pp.37-39.

94 Christine LAZERGES, « La dérive de la procédure pénale », *Revue de science criminelle*, n°3, 2003, pp. 644-654.

95 Jean DANET, loc. cit.

96 Précisément à New York, à Washington (DC) et à Pennsylvanie.

ces attentats terroristes[97] ont démontré la volonté de la communauté internationale à s'attaquer avec fermeté et efficacité au problème du terrorisme. Ces résolutions, ainsi que tant d'autres instruments internationaux, antérieurs et postérieurs, constituent le cadre juridique de lutte contre le terrorisme au niveau international.

Aussi, par ses différentes résolutions, le Conseil de Sécurité a-t-il réaffirmé la nécessité de lutter contre les menaces à la paix et à la sécurité internationales que font peser les actes de terrorisme et a demandé entre autres aux Etats de prévenir et réprimer le financement des actes de terrorisme, d'incriminer dans leur législation interne les actes de terrorisme ainsi que la fourniture ou la collecte délibérée de fonds pour perpétrer ces actes, et de geler les fonds et autres avoirs financiers ou ressources économiques des auteurs et complices d'actes de terrorisme, ainsi que des entités leur appartenant ou sous leur contrôle. Le conseil de Sécurité a également décidé que tous les Etats doivent s'abstenir d'apporter toute forme d'appui aux entités ou personnes impliquées dans des actes de terrorisme, prendre des mesures appropriées pour empêcher que des actes de terrorisme ne soient commis et traduire en justice toute personne qui participe au financement, à l'organisation, à la préparation ou à la perpétration d'actes de terrorisme ou qui y apporte un appui. Dans le cadre de cette résolution, le Conseil de sécurité a imposé plusieurs obligations aux Etats en matière d'assistance et d'entraide judiciaire, administrative et policière, de contrôle des frontières, de documents d'identité et de voyage et enfin d'échange d'informations opérationnelles et de renseignements. En ce qui concerne la matière d'asile, le Conseil de sécurité a demandé aux Etats de refuser de donner asile à ceux qui financent, organisent, appuient ou commettent des actes de terrorisme ou en recèlent les auteurs, de s'assurer que les demandeurs d'asile n'ont pas organisé ou facilité la perpétration d'actes de terrorisme et n'y ont pas participé et de veiller à ce que les auteurs ou les organisateurs d'actes de terrorisme ou ceux qui facilitent de tels actes ne détournent pas à leur profit le statut de réfugié, et à ce que la revendication de motivations politiques ne soit pas considérée comme pouvant justifier le rejet de demandes d'extradition de terroristes présumés.

---

97 Résolutions 1368 (2001) du 12 septembre 2001 et 1373 (2001) du 28 septembre 2001.

La sécurité et la lutte contre le terrorisme au niveau africain.

Au niveau africain, le traité d'Alger, adopté en juillet 1999 et entré en vigueur le 6 décembre 2002, s'impose comme l'instrument juridique de référence pour lutter contre le terrorisme. Il détermine les principes directeurs de coopération entre les Etats africains en matière de lutte contre le terrorisme et est complété par un protocole qui en assure la mise en œuvre, en réitérant la conviction que le terrorisme constitue une grave violation des droits de l'homme et une menace pour la paix, la sécurité, le développement et la démocratie. Ainsi, la campagne africaine de lutte contre le terrorisme se donne comme objectif d'assurer le renforcement et l'expansion du système de lutte contre le terrorisme grâce à la promotion de la ratification de la Convention d'Alger ; d'assurer l'harmonisation des législations nationales afin d'établir une définition commune des infractions pénales liées à des actes terroristes[98] ; d'assurer le renforcement des capacités et de la coopération des pays africains, en particulier dans les domaines de la police et du contrôle des frontières et de la répression du financement du terrorisme.

Le constat qu'il importe de tirer en matière de lutte contre le terrorisme est qu'il existe déjà au niveau africain un arsenal répressif qui tend à combattre le phénomène du terrorisme par différentes voies, dans un but essentiellement répressif. L'arsenal répressif mis en place par l'Union Africaine semble insuffisant et mériterait d'être complété et enrichi en y incluant les aspects de prévention et en développant ceux relatifs à la coopération entre les Etats membres, non sans compter sur le postulat selon lequel la lutte contre le terrorisme passe immanquablement par la prévention et la répression des différentes formes de criminalité qui sont susceptibles d'être liées à des activités terroristes.

La sécurité et la lutte contre le terrorisme au niveau national.

En République démocratique du Congo, le législateur ne pouvait demeurer en reste, tant l'étendue géographique du pays, le caractère informel de son économie, la prédominance de la monnaie fiduciaire dans les transactions, la sous-administration du territoire et les conséquences de la guerre l'y contraignaient. C'est ainsi que le législateur

---

[98] Le trafic des drogues, la criminalité organisée, la prolifération illégale des armes, le recrutement de mercenaires, le blanchiment d'argent, le financement du terrorisme, l'incitation à commettre les actes terroristes, l'apologie du terrorisme.

congolais prévoit et punit les actes terroristes dans le code pénal militaire[99]. Dans l'optique de constituer un cadre juridique permettant la prévention, la détection et, le cas échéant, la répression des actes constitutifs de blanchiment des capitaux et de financement du terrorisme, le législateur congolais a encore élaboré en 2004 une loi portant lutte contre le blanchiment des capitaux et le financement du terrorisme[100]. Pour ce faire, il s'est inspiré de textes juridiques et réglementaires internationaux[101].

Le code pénal militaire, qui punit les actes terroristes, a institué l'excuse de dénonciation au profit de toute personne qui a tenté de commettre un acte de terrorisme si, ayant averti l'autorité administrative ou judiciaire, elle a permis d'éviter la réalisation de l'infraction et d'identifier, le cas échéant, les autres coupables. Dans ce cas, l'auteur bénéficie d'une exemption totale de peine. Par contre, sa peine est réduite de moitié si, ayant averti les autorités administratives ou judiciaires, l'auteur ou le complice a permis de faire cesser les agissements incriminés ou d'éviter que l'infraction n'entraîne mort d'homme ou infirmité permanente et d'identifier, le cas échéant, les autres coupables[102]. En matière de terrorisme, le code pénal militaire a institué dans le chef de tout citoyen une obligation de dénonciation des actes terroristes et punit tout celui qui est au courant de la préparation d'un acte de terrorisme et n'en informe pas immédiatement les autorités compétentes[103].

C'est beaucoup plus la loi de 2004 sur le blanchiment des capitaux et le financement du terrorisme qui apporte quelques entorses aux règles générales de procédure pénale. Cette loi a décidé de la levée du secret bancaire[104], qui ne peut désormais être invoqué pour refuser de fournir les informations sur l'identité des clients et les opérations qu'ils effectuent ou les informations requises dans le cadre d'une enquête

---

99 Art. 157-160.

100 Loi n°04/016 du 19 juillet 2004 portant lutte contre le blanchiment des capitaux et le financement du terrorisme, *J.O.*, 45ème année, n°spécial, 4 août 2004.

101 Voir exposé des motifs de la loi de 2004.

102 Art. 159, code pénal militaire.

103 Art. 160, code pénal militaire.

104 Au regard de l'article 16, alinéa 3 du code de procédure pénale, une institution bancaire est dépositaire par profession des secrets que ses clients lui confient. Elle est donc dispensée de témoigner, c'est-à-dire de fournir des informations sur l'identité de ses clients et les opérations que ceux-ci effectuent.

portant sur des faits de blanchiment ou de financement du terrorisme[105]. La loi de 2004 a reconnu aux fonctionnaires chargés de la détection et de la répression du blanchiment et des infractions liées à celui-ci le pouvoir de procéder à la saisie et aux mesures conservatoires des biens qui sont en relation avec l'infraction[106]. Sur le plan strictement du droit pénal, la loi de 2004 instaure la responsabilité pénale des personnes morales en matière de blanchiment des capitaux et de financement du terrorisme[107]. Il est vrai que la position du législateur de 2004 constitue une avancée notable en matière de responsabilité pénale des personnes morales en droit congolais. Enfin, le législateur de 2004 punit le complice du blanchiment des capitaux de la même peine que l'auteur principal[108]. Cela n'est pas sans heurter de front l'article 23 du code pénal congolais livre II.

C. Les principes fondamentaux de la procédure pénale

Les principes fondamentaux de la procédure pénale sont des principes généraux du droit déclarées fondamentaux par ce qu'ils éclairent, complètent ou renforcent certains droits ou libertés implicitement ou explicitement retenus dans les différents textes en vigueur de procédure pénale. En raison de leur caractère constitutionnel ou en application des instruments internationaux ratifiés par la République démocratique du Congo, les principes fondamentaux de procédure pénale s'imposent aussi bien au législateur qu'au juge et assurent une meilleure protection des droits de la défense pendant le procès pénal.

La Déclaration universelle des droits de l'homme et la constitution du 18 février 2006 contiennent des principes qui intéressent la procédure pénale. Quantitativement moins nombreux, les principes fondamentaux de procédure pénale demeurent essentiels en qualité. Ils gouvernent toute la procédure pénale et ont acquis valeur constitutionnelle, si bien que l'emprise du droit constitutionnel sur la procédure pénale devient capitale au point de voir dans la procédure pénale une *colonie du droit constitutionnel*[109]. Les principes fondamentaux de la procédure pénale, dit Jean Pradel, donnent une plus grande légitimité à la justice pénale en la

---

[105] Art. 27, loi du 19 juillet 2004.

[106] Art. 30, loi du 19 juillet 2004.

[107] Art. 36 et 42, loi du 19 juillet 2004.

[108] Art. 34, loi du 19 juillet 2004.

[109] Jean PRADEL, « Les principes constitutionnels du procès pénal », *Les Cahiers du Conseil constitutionnel*, n° 14, 2003, Etudes et doctrine, p. 115.

soumettant à des principes supérieurs, difficilement contestables[110]. Ils permettent en même temps à un Etat d'exprimer sa conception de l'Etat de droit ou de la prééminence du droit.

Au nombre de ces principes, nous pouvons citer les plus fondamentaux et les plus importants qui s'appliquent à toutes les personnes impliquées dans une procédure pénale. Il s'agit de : la présomption d'innocence, le procès équitable, les droits de la défense, la garantie judiciaire des libertés individuelles, la séparation des autorités judiciaires, l'égalité entre les justiciables, la dignité de la personne humaine, le droit d'accès à la justice et l'inviolabilité du domicile.

1. La présomption d'innocence

a. Le fondement légal de la présomption d'innocence

Le principe de la présomption d'innocence résulte de l'article 11, §1 de la Déclaration universelle des droits de l'homme du 10 décembre 1948, qui dispose que toute personne accusée d'un acte délictueux est présumée innocente jusqu'à ce que sa culpabilité ait été légalement établie au cours d'un procès public où toutes les garanties nécessaires à sa défense lui auront été assurées. Ce principe est repris dans les mêmes termes par l'article 17, al. 9 de la constitution du 18 février 2006. En droit congolais, la présomption d'innocence a donc acquis valeur constitutionnelle.

b. Le contenu de la présomption d'innocence

La présomption d'innocence fonde et tient la procédure pénale, autant qu'elle la justifie. Elle est considérée comme un principe cardinal dans un Etat de droit, autour duquel tout gravite puisque les autres principes directeurs qui gouvernent la procédure pénale sont la conséquence du principe de la présomption d'innocence[111]. Bien plus qu'un principe général de droit, la présomption d'innocence constitue une sorte de directive adressée aux autorités chargées d'appliquer la loi. Il leur est en effet interdit non seulement de condamner sans preuve de culpabilité, mais aussi de partir d'une certaine idée préconçue que la

---

[110] Jean PRADEL, loc. cit.

[111] Jean PRADEL, « Les personnes suspectes ou poursuivies après la loi du 15 juin 2000. Evolution ou révolution ? », *Recueil Dalloz*, n° 13, 2001, Chr., p. 1039 ; Christine LAZERGES, « La présomption d'innocence en Europe », *Archives de politique criminelle*, n° 26, 2004-1, p. 131.

personne mise en cause a commis l'acte incriminé. Ainsi par exemple la présomption d'innocence se trouve méconnue si, sans établissement légal préalable de la culpabilité d'un prévenu, et notamment sans que ce dernier ait eu l'occasion d'exercer les droits de la défense, une décision judiciaire le concernant, reflète le sentiment qu'il est coupable[112].

c. Les exigences de la présomption d'innocence

La présomption d'innocence exige des représentants de l'Etat de ne jamais déclarer une personne coupable d'une infraction avant que la culpabilité de cette dernière n'ait été établie par un tribunal. De même, les autorités judiciaires doivent se garder de ne rien dire en public qui puisse donner à penser qu'une personne est coupable. C'est dans le même ordre d'idée que l'article 9, al. 6 du code de procédure pénale dispose que le paiement d'une amende transactionnelle n'implique pas reconnaissance de culpabilité. Cela implique que le parquet ne peut en aucun cas laisser supposer que le bénéficiaire du classement pour amende transactionnelle est coupable. Normalement aussi, le refus de ne pas indemniser la victime d'une détention préventive injustifiée peut laisser penser que cette victime est coupable. Il est donc important, après avoir libéré un inculpé ou un prévenu longtemps détenu et qui a subi un préjudice grave, de lui allouer une somme d'argent au titre des dommages-intérêts[113].

d. Les implications de la présomption d'innocence

La présomption d'innocence rejaillit sur la question de la preuve. Elle suggère en effet que le Ministère public a l'obligation d'apporter la preuve des faits allégués, en privilégiant la recherche des preuves objectives qui sont établies sur la base de faits matériels extérieurs à la personne accusée. La charge de la preuve incombe en effet à l'accusation -*actori incumbit probatio*-[114], il n'appartient pas au prévenu de démontrer son innocence. Le renversement de la charge de la preuve est proscrit, de

---

112 Cour Eur. D. H., arrêt MINELI c/ Suisse, 25 mars 1983 ; Christine LAZERGES, « Le projet de loi renforçant la protection de la présomption d'innocence et les droits des victimes », *Revue de Science Criminelle,* 1999, Chroniques, p. 166 ; Bernard BOULOC, « Procédure pénale : la loi n°2000-516 du 15 juin 2000 renforçant la protection de la présomption d'innocence et les droits des victimes », *Revue de Science Criminelle,* n°1, 2001, Chr., pp. 193-198 ; MASSIAS Florence, « Jurisprudence 2001 relative à la présomption d'innocence », *Revue de Science Criminelle,* n°2, 2002, Chr., p. 408.

113 Kin., R.C.A. 6860, 26 juin 1974, AMISI LINDOMBE c/ République du Zaïre.

114 Denis ALLAND et Stéphane RIALS (dir.), op. cit., p. 1199.

telle sorte qu'en cas de doute celui-ci doit profiter à l'accusé[115] *-in dubio pro reo-*. De même, la présomption d'innocence impose la loyauté dans la recherche de la preuve. La vérité, dit-on, est une belle chose qui ne peut pas être saisie par des mains sales. Il en découle que ni torture ni contrainte, pression ou menace ne peut servir de moyen d'obtention d'une preuve judiciaire. La présomption d'innocence rejaillit encore sur la question de la détention avant jugement, dont le caractère exceptionnel est posé par l'article 28 du code de procédure pénale. Celui-ci dispose en effet que la détention préventive est une mesure exceptionnelle.

2. Le procès équitable

Le procès équitable est un principe général de droit selon lequel toute personne a droit à ce que sa cause soit entendue équitablement[116]. Ce principe a donné naissance à ce que le juge moderne appelle l'« égalité des armes »[117], expression imaginée en vue d'exprimer à la fois l'exigence d'équité, d'indépendance et d'impartialité, mais aussi comme une composante autonome du procès équitable[118]. En procédure pénale l'« égalité des armes » est un droit naturel et immuable reconnu à la partie défenderesse[119]. Elle implique que « (...) Toute partie à une action civile et *a fortiori* à une action pénale, doit avoir une possibilité raisonnable

---

[115] C.S.J., R.P.A. 26, App., matière répressive, le ministère public c/ Boji Ntole et csrts, *Arrêt*, 04 mai 1974, *Bulletin des Arrêts de la cour suprême de justice* (1974), Kin., 1975, p. 74 ; C.S.J., R.P.A. 30, App., matière répressive, le ministère public c/ Yoka Mampunga, *Arrêt*, 10 août 1974, *Bulletin des Arrêts de la cour suprême de justice* (1974), Kin., 1975, p. 222.

[116] Art. 10, Déclaration universelle des droits de l'homme, 10 décembre 1948 ; art. 14, §1, Pacte international relatif aux droits civils et politiques ; Art. 6, §1, Convention européenne des droits de l'homme ; Serge GUINCHARD et Thierry DEBARD (dir.), op. cit., p. 688.

[117] Cour Eur. D.H., Affaire NEUMEISTER c/ Autriche, 27 juin1968, *Publications de la Cour européenne des droits de l'homme*, Série A, 1968, p. 43, §22 ; Cour Eur. D.H., Affaire DELCOURT c/ Belgique, 17 janvier 1970, *Publications de la cour européenne des droits de l'homme*, Série A, 1970, p. 15, §28 ; Cour Eur. D.H., Affaire Ruiz MATEOS c/ Espagne, 23 juin 1993, *Publications de la Cour européenne des droits de l'homme*, Série A, 1993, p. 25, §63 ; Crim., 6 mai 1997, Bull., janvier 1997, n°170, p. 567 ; Cour de cassation, 3ème Ch. civ., 2 juillet 2003, Bull., 2003-III, n°140, p. 126 ; Conseil d'Etat français, Décision, 27 octobre 1995, Assemblée, 150703, Ministre du logement c/ MATTIO, Rapport ARRIGHI De CASANOVA, *Recueil des décisions du Conseil d'Etat*, 5 juillet-30 octobre 1995, p. 366.

[118] Jean-Pierre DINTILHAC, « L'égalité des armes dans les enceintes judiciaires », Cour de cassation, *Rapport*, 2003-II, Etudes et documents, Documentation française, 2003, p. 130.

[119] OPPETIT Bruno, *Philosophie du droit*, Paris, 1ère éd., Dalloz, 1999, p. 117, n°102.

d'exposer sa cause au tribunal dans les conditions qui ne la désavantagent pas d'une manière appréciable par rapport à la partie adverse (…) »[120].

Le désavantage auquel peut s'exposer une personne accusée dans un procès pénal résulterait de la décision du parquet de ne pas lui communiquer les pièces du dossier répressif sur lesquelles il fonde ses différentes accusations. Le comportement du parquet empêcherait donc la personne accusée de s'*informer* de charges qui pèsent sur sa personne et de *discuter* tous les arguments de fait et de droit avancés par le Ministère public[121]. Il s'agit par ailleurs de la violation du principe du contradictoire[122]. Pour autant, dans le but d'empêcher le déséquilibre compromettant entre l'accusation et la défense, il est important d'insister sur l'intérêt qu'il y a à ce que celui qui défend une position contraire dispose en connaissance de cause des mêmes informations[123]. Pour cette raison, le Ministère public est tenu de communiquer à la défense les copies de toutes les pièces qui fondent l'accusation qu'il a portée contre la personne accusée, par ailleurs nécessaires à la préparation de sa défense[124]. Le Ministère public est aussi obligé de communiquer à la défense les copies des déclarations et dépositions de tous les témoins.

Il faut cependant admettre que l'égalité des armes mériterait d'être appliquée de manière large, car l'égalité des armes entre la Défense et l'Accusation ne doit pas être considérée comme nécessairement l'égalité matérielle de disposer des mêmes ressources financières et/ou en personnel[125]. Il faut admettre aussi qu'il existe un lien étroit entre la

---

120 Cour Eur. D.H., Affaire SZWABOWICZ c/ Suède, 30 juin 1959.

121 NICOPOULOS P., « La procédure devant les juridictions répressives et le principe du contradictoire », *Revue de Science Criminelle*, 1989, pp. 1 et s.

122 Le principe du contradictoire est aussi un principe général du droit, qui a valeur constitutionnelle. En participant au concept plus large de procès équitable, le contradictoire a acquis le caractère général de ce dernier principe, et a en conséquence pour champ d'applicabilité l'ensemble du procès pénal, l'ensemble des actes attachés au procès pénal et l'ensemble des procédures pénales entendues dans un sens large (Christine GALVADA-MOULENAT, « Comment renforcer le contradictoire dans le procès pénal français ? », *Archives de politique criminelle*, n°29, 2007/1, p. 20.

123 Frédérique FERRAND, « Le principe contradictoire et l'expertise en droit comparé européen », *Revue Internationale de droit Comparé*, Vol. 52, n° 2, Avril-juin, 2000, p. 346.

124 Art. 53, code de procédure pénale. A vrai dire, la loi oblige le Ministère public à communiquer plutôt les pièces du dossier répressif au juge compétent chargé d'en connaître. C'est au greffe du tribunal que la partie accusée peut compulser le dossier répressif.

125 T.P.I.R., App., le Procureur c/ KAYISHEMA RUZINDANA, *Arrêt*, § 69.

présomption d'innocence et le procès équitable. La première constitue le fondement du second, de sorte que la démonstration de la culpabilité de l'accusé par le Ministère public se fait suivant certaines formes protectrices que requiert le procès équitable[126].

3. Les droits de la défense

Les droits de la défense sont un principe général du droit à valeur constitutionnel[127], qui se rattache aux principes fondamentaux reconnus dans un Etat de droit, notamment le procès équitable, comme s'imposant au législateur et aux juges.

Les droits de la défense ont pour baromètre la procédure pénale[128].

Le Ministère public reproche à l'inculpé ou au prévenu d'avoir commis une ou plusieurs infractions en sa qualité soit d'auteur principal, soit de coauteur, soit de complice. Parce qu'il est présumé innocent jusqu'à l'établissement juridictionnel de sa culpabilité, la personne accusée a le droit de se défendre dans le cadre d'un procès pénal. Les droits de la défense se présentent ainsi comme un ensemble des garanties constitutives d'actions ouvertes par la loi aux personnes poursuivies en vue de leur permettre de se défendre, de réfuter l'accusation dont elles font l'objet, et de démontrer leur propre thèse[129]. Ils forment un ensemble qui constitue un système de défense pénale, articulant les droits fondamentaux de la défense et les procédures nécessaires à leur exercice effectif, à l'initiative des personnes poursuivies et de leurs avocats[130].

La diversité des droits de la défense.

Les droits de la défense sont divers et variés. L'on peut citer à titre d'exemples :

- Le droit à un avocat

Le droit à un avocat est un droit constitutionnellement garanti. En effet, dit l'article 19, al. 4 de la constitution, toute personne a le droit de

---

126 Hervé HENRION, « La présomption d'innocence dans les travaux préparatoires au XXème siècle », *Archives de politique criminelle*, n° 27, 2005-1, p. 41.

127 Art. 19, al. 3, Constitution du 18 février 2006.

128 Jean DANET, *Défendre. Pour une défense pénale critique*, Paris, 2ème éd., 2004, p. 35.

129 SAINT-PIERRE François, *Le guide de la défense pénale*, Paris, 4ème éd., Dalloz, 2005, p. VII.

130 SAINT-PIERRE François, loc. cit.

se défendre elle-même ou de se faire assister d'un défenseur de son choix et ce, à tous les niveaux de la procédure pénale, y compris l'enquête policière et l'instruction pré-juridictionnelle. La personne poursuivie peut aussi organiser sa représentation par un avocat, dans les conditions prévues par la loi[131].

Le droit à un avocat implique l'assistance réelle et effective d'un avocat[132], qui doit être présent aux côtés de la personne accusée pour les différentes consultations et l'exercice des droits de la défense au cours d'une procédure judiciaire. Ce droit implique aussi la représentation de la personne poursuivie par un avocat[133], qui agit en intermédiaire pour exercer les droits de défense de ladite personne poursuivie au cours d'une procédure judiciaire. Ce droit implique encore le libre choix d'un avocat ou la désignation libre de l'avocat par la personne poursuivie, soit pour se faire assister soit pour se faire représenter conformément à la loi. Ce droit implique enfin le secret des entretiens et des correspondances avec un avocat. En effet, toute personne poursuivie peut s'entretenir et correspondre avec l'avocat de son choix dans le secret absolu. Cela nécessite la soumission de l'avocat au secret professionnel, opposable aux tiers. Aussi lors même que la personne accusée ne dispose pas de ressources suffisantes pour la consultation d'un avocat, doit-il lui en être commis un d'office. Dans ce cas, l'avocat d'office, autrement appelé *pro deo*, est rémunéré par l'Etat dans des conditions qui lui permettent d'accomplir toutes les prestations nécessaires à la défense.

- Le droit de connaître l'accusation

Le droit de connaître l'accusation résulte de l'article 18, al. 1er de la constitution. Cet article dispose que toute personne arrêtée doit être immédiatement informée des motifs de son arrestation et de toute accusation portée contre elle, et ce, dans la langue qu'elle comprend. Le magistrat du parquet peut procéder à l'inculpation de l'auteur présumé de l'infraction[134], et chaque fois qu'il désire placer l'inculpé en état de détention préventive, le Ministère public doit le soumettre à un

---

131 Art. 71, code de procédure pénale.

132 Art. 1er, ord-loi n°79-028 du 28 septembre 1979 portant organisation du barreau, du corps des défenseurs judiciaires et du corps des mandataires de l'Etat, *J.O.*, n°19, 1er octobre 1979, p. 4.

133 Art. 1er, ord-loi n°79-028 du 28 septembre 1979 portant organisation du barreau, du corps des défenseurs judiciaires et du corps des mandataires de l'Etat, *J.O.*, n°19, 1er octobre 1979, p. 4.

134 Art. 11, al. 3, code de procédure pénale.

interrogatoire préalable à l'occasion duquel il lui donne les motifs de son arrestation[135].

Le droit de connaître l'accusation implique celui d'être informé des poursuites et des faits matériels mis à la charge de la personne accusée et de la qualification juridique desdits faits matériels. Le droit de connaître l'accusation implique aussi le droit de connaître le dossier de procédure ou de prendre connaissance de son contenu et de le consulter matériellement à tout moment et à chaque phase de l'instance[136]. Le droit de connaître l'accusation implique encore celui de disposer d'une copie du dossier de procédure. La personne accusée peut donc demander et obtenir l'autorisation de reproduire matériellement l'intégralité des pièces du dossier répressif en vue d'en prendre connaissance[137].

- Le droit de contester l'accusation[138]

La personne poursuivie a le droit de remettre en question les charges retenues par le Ministère public à son endroit. Cette remise en question peut consister au refus d'être interrogé et de répondre aux questions de l'autorité judiciaire. C'est le droit au silence. La contestation de l'accusation passe aussi par le droit d'argumenter ou de formuler librement des explications contraires à celles avancées par le Ministère public en vue de son acquittement. La contestation de l'accusation passe encore par la technique de *cross examination*, qui permet de soumettre le témoin à un interrogatoire à charge ou à décharge. La contestation de l'accusation implique enfin le droit à participer à l'instruction matérielle des faits, en faisant procéder aux investigations utiles à la manifestation de la vérité.

- Le droit de contester la légalité de l'accusation

Il ressort de l'article 17, al. 2 de la constitution que nul ne peut être poursuivi, arrêté, détenu ou condamné qu'en vertu de la loi et dans les formes qu'elle prescrit. La contestation de la légalité de l'accusation consiste précisément en des actions qui démontrent que les poursuites de l'autorité judiciaire n'ont pas été engagées conformément à la loi. Ainsi, le déclinatoire de compétence, les moyens d'irrecevabilité de la procédure, comme l'extinction de l'action publique, et même la remise en

---

135 Art. 28, al. 2, code de procédure pénale.

136 G. MINEUR, « Le droit de la défense », Chr. Judiciaire, *J.T.O.*, 1956, p. 127.

137 Art. 157, arrêté d'organisation judiciaire du 20 août 1979.

138 Art. 74, code de procédure pénale.

question de la qualification juridique des faits telle que retenue par l'autorité judiciaire sont autant des moyens de contestation de la légalité de l'accusation. Il peut s'agir aussi des actions de la personne poursuivie engagées en vue de démontrer l'illégalité de la procédure.

- Le droit de contester le jugement

La contestation du jugement est un droit reconnu et garanti à tous par la constitution et les lois de la République[139]. Ce droit consiste en un recours adressé à une autorité judiciaire, le plus souvent autre que celle qui a rendu le jugement contesté, en vue d'obtenir d'elle la reformation ou l'annulation dudit jugement. Il est exercé dans les conditions fixées par la loi.

- Le droit de contester le juge

La remise en question d'un juge ou sa récusation résulte d'une violation ou d'un manquement aux principes de son indépendance, son impartialité et son équitabilité. La loi congolaise a prévu les différentes causes de récusation d'un juge, la procédure à suivre ainsi que les effets attachés à cette action[140]. La contestation d'un juge peut résulter aussi de la mise en cause de sa responsabilité en cas de faute ou d'infraction commise au préjudice de la personne poursuivie. La personne poursuivie peut aussi initier une action en réparation des dommages qui résultent d'un fonctionnement défectueux des services judiciaires. Dans ce cas, la responsabilité de l'Etat est de plein droit engagée.

4. La liberté individuelle

L'on peut regarder la liberté individuelle comme la sûreté ou la certitude pour les citoyens qu'ils ne feront pas l'objet, notamment de la part du pouvoir, de mesures arbitraires les privant de leur liberté matérielle[141]. Ce regard étroit de la liberté individuelle est complété par la conception large qui estime que la liberté individuelle inclut, outre la sûreté, la liberté d'aller et venir, l'inviolabilité du domicile et de la correspondance[142]. La liberté individuelle est un principe fondamental, à

---

[139] Art. 21, Constitution du 18 février 2006 ; art. 88 et s., code de procédure pénale.

[140] Art. 49 et s., loi organique n° 13/011-B du 11 avril 2013 portant organisation, fonctionnement et compétences des juridictions de l'ordre judiciaire.

[141] Louis FAVOREU et Loïc PHILIP, *Les grandes décisions du conseil constitutionnel*, Paris, 14ème éd., Dalloz, 2007, p. 324.

[142] Louis FAVOREU et Loïc PHILIP, loc. cit.

valeur constitutionnelle[143], reconnu par les lois de la République. Sa protection est confiée à l'autorité judiciaire, qui en est le garant[144].

5. L'égalité de tous devant la loi

Tous les Congolais sont égaux devant la loi et ont droit à une égale protection des lois[145]. Il est donc interdit d'introduire dans la loi de procédure des discriminations qui viendraient rompre l'égalité des citoyens devant la loi et devant la justice.

Néanmoins, le principe d'égalité ne s'oppose ni à ce que le législateur règle de façons différentes des situations différentes, ni qu'il déroge à l'égalité pour des raisons d'intérêt général, pourvu que, dans l'un et l'autre cas, la différence de traitement qui en résulte soit en rapport direct avec l'objet de la loi qui l'établit[146]. C'est la raison d'être des immunités ou des privilèges de juridiction en procédure pénale.

6. L'inviolabilité du domicile

L'inviolabilité du domicile est une autre forme de liberté individuelle. La violation de ce principe cristallise l'infraction de violation du domicile de l'article 69 du code pénal.

D. L'application des lois de procédure pénale

1. L'application dans le temps

Le principe est que dès lors que les lois de procédure sont promulguées, elles s'appliquent immédiatement. En se fondant d'une part sur les termes de la loi et d'autre part sur cette considération qu'une loi nouvelle est présumée supérieure à l'ancienne et destinée toujours à assurer une meilleure administration de la justice, la jurisprudence a admis que les lois de forme, relatives à l'organisation judiciaire, à la compétence, à la procédure et à la prescription, s'appliquent immédiatement, même à des faits réalisés avant leur entrée en vigueur, à moins que le législateur n'ait déclaré la loi nouvelle non applicable aux

---

143 Art. 17, al. 1er, Constitution du 18 février 2006.
144 Art. 150, Constitution du 18 février 2006.
145 Art. 12, Constitution.
146 Louis FAVOREU et Loïc PHILIP, op. cit., p. 274.

infractions commises avant son entrée en vigueur ou ait prévu des mesures transitoires[147].

L'application immédiate des lois de procédure concerne le jugement des infractions avant leur entrée en vigueur, tant qu'un jugement au fond n'a pas été rendu en première instance. Ce principe concerne également les lois relatives à la procédure proprement dite, lesquelles touchent à la marche du procès. Ces lois s'appliquent immédiatement aux instances déjà engagées avant leur promulgation, à condition qu'une décision définitive ne soit pas intervenue ou que ces lois nouvelles ne portent pas atteinte à un droit acquis par l'inculpé ou le prévenu, ou qu'elles n'entraînent pas la nullité d'actes régulièrement accomplis sous l'empire de la loi antérieure.

3. L'application dans l'espace

En matière d'application des lois de procédure pénale, le principe posé se traduit par l'adage *Locus regit actum.* Le droit judiciaire régissant le fonctionnement d'un service public (cours, tribunaux et parquets) ne peut concerner que les institutions judiciaires établies sur le territoire national. Ainsi, le droit judiciaire congolais ne s'applique pas à l'étranger, même entre ressortissants nationaux. Toutefois, des conventions internationales peuvent organiser la coopération des services judiciaires entre des Etats[148].

E. Les systèmes de procédure pénale

On peut distinguer trois grands systèmes de procédure pénale en fonction de l'évolution historique : le système accusatoire, le système inquisitorial et le système mixte.

1. Le système accusatoire

Le modèle accusatoire s'illustre dans les pays de *Common Law.* Le système accusatoire se caractérise par l'attribution du pouvoir d'enquête à la police, et non au magistrat du parquet ; une intervention immédiate de la

147 Bernard BOULOC, op. cit, p. 9.

148 Emmanuel-Janvier LUZOLO Bambi LESSA et Nicolas-Abel BAYONA Ba MEYA, op. cit., p. 45.

défense ; un débat contradictoire et oral avant l'ouverture du procès ; des règles de preuves exigeantes.

2. Le système inquisitorial

Le modèle inquisitorial est celui qui confie la fonction d'enquête exclusivement à une partie poursuivante émanant ou issue de l'Exécutif, le magistrat du parquet. Ce monopole de la fonction d'enquête apparaît dans la conception des rapports entre le pouvoir exécutif et l'autorité judiciaire[149] et dans l'organisation de la mise en état elle-même. Le système inquisitorial se caractérise par une procédure pénale secrète, écrite et non contradictoire.

3. Le système mixte.

Un troisième système est appliqué. C'est le type de procédure mixte par lequel le déroulement du procès revêt le caractère inquisitorial et secret durant l'instruction préparatoire, tandis qu'à l'audience, il devient oral, public et accusatoire. C'est ce type de procédure que connaît le droit congolais.

F. Les sources de la procédure pénale

1. Sur le plan national

a. La Constitution

La doctrine *kelsénienne*[150], qui regarde le droit comme un ordre de contrainte aux conduites considérées comme indésirables et contraires à ses prescriptions et qui permet de constituer une théorie générale du droit positif reposant sur l'analyse du rapport entre diverses normes au sein d'un même système juridique[151], présente la constitution comme une norme juridique dont la qualité serait d'être suprême, de sorte que les

---

149 Article 70, Loi Organique n° 13/011-B du 11 avril 2013 portant organisation, fonctionnement et compétences des juridictions de l'ordre judiciaire, *J.O.*, 54ème année, numéro spécial, 04 mai 2013 : « Les Officiers du Ministère Public sont placés sous l'autorité du Ministre ayant la justice dans ses attributions. Celui-ci dispose d'un pouvoir d'injonction sur le Parquet. Il l'exerce en saisissant le Procureur général près la Cour de cassation ou le Procureur général près la Cour d'appel selon le cas sans avoir à interférer dans la conduite de l'action publique ».

150 Hans KELSEN, *Théorie pure du droit* (traduction française de la seconde édition de la Reine Rechtslehre par Charles Eisenmann), Paris, LGDJ, 1999, 376 pages.

151 Eric MILLARD, « Qu'est-ce qu'une norme juridique ? », in *Cahier du conseil constitutionnel,* n°21, 2006, p. 87.

systèmes de droit moderne ne se conçoivent pas -ou plus- sans référence à une hiérarchie des normes au sommet de laquelle se trouve la constitution[152]. La constitution est dorénavant porteuse d'un catalogue étendu de droits matériels et procéduraux, virtuellement applicable à tous les registres de la vie juridique. Cette doctrine de normativité[153] regarde la constitution comme la loi fondamentale et suprême que se donne un peuple libre ou encore une charte jurisprudentielle des droits et libertés des citoyens. C'est la métarègle qui organise la production d'autres règles[154].

De ce point de vue, la procédure pénale congolaise a pour source première la constitution du 18 février 2006. Comme il a été relevé *supra*, l'emprise du droit constitutionnel sur la procédure pénale est devenue capitale au point de voir dans la procédure pénale une *colonie du droit constitutionnel*[155]. La constitution pose le principe que la matière de procédure pénale relève du domaine de la loi[156]. Bien plus, la constitution contient plusieurs dispositions procédurales relatives à la poursuite et la mise en accusation du Président de la République et du Premier ministre[157], des membres du Parlement[158] et du Gouvernement[159] ; la présomption d'innocence[160] ; la protection des droits des personnes mises en causes dans un procès[161] ; l'indépendance du pouvoir judiciaire[162], la publicité des audiences et le huis clos[163] ; l'obligation de

---

152 Jacques CHEVALLIER, « La normativité », in *Cahier du conseil constitutionnel*, n° 21, 2006, p. 84.

153 La normativité a ceci de particulier, elle présente un énoncé qui comporte un élément d'obligation adressé à ses destinataires, lesquels doivent orienter leurs comportements conformément aux prescriptions des textes. La normativité dépend d'un ensemble de conditions tenant, non seulement à la force prescriptive des énoncés juridiques et aux sanctions attachées à leur violation, mais encore aux croyances collectives qui entourent le droit. Ainsi donc, une règle de droit remplit son office normatif que si elle constitue pour les destinataires un cadre clair (lisibilité, simplicité et concision), précis, stable, qui leur apporte les éléments de certitude nécessaires et leur donne la possibilité de prévoir les conséquences de leurs actes [Jacques CHEVALLIER, loc. cit.].

154 Culture juridique, p. 258.

155 Jean PRADEL, « Les principes constitutionnels du procès pénal », *Les Cahiers du Conseil constitutionnel*, n°14, 2003, Etudes et doctrine, p. 115.

156 Art. 122.6, constitution du 18 février 2006.

157 Art. 166, al. 1er.

158 Art. 107.

159 Art. 166, al. 2ème.

160 Art. 17.

161 Art. 18-19.

162 Art. 149, al. 1er.

motiver tout jugement[164] ; l'affirmation du principe de la liberté individuelle et ses conséquences immédiates[165].

b. La loi

La procédure pénale obéit au principe de la légalité, de sorte que la matière de procédure pénale relève du domaine exclusif de la loi[166]. La pensée du législateur dans l'organisation pénale est de réprimer les infractions sur l'ensemble du territoire national, même dans les endroits les plus reculés, et de permettre à la victime d'une infraction d'obtenir justice.

b.1. Le code de procédure pénale est la loi de référence

La procédure pénale a pour source le code de procédure pénale, qui est porté par le décret du 6 août 1959[167] plusieurs fois modifié.

i.La diachronie du code de procédure pénale

L'évolution du code de procédure pénale congolais se divise en trois périodes, qui seraient sans doute aussi celles qu'un historien distinguerait dans le développement de notre pays.

Le code de procédure pénale sous l'E.I.C.

La première période est celle qui coïncide avec l'Etat Indépendant du Congo. Quatre ans après la création de l'Etat Indépendant du Congo, le Roi Léopold II, Roi des Belges, prend un décret sur l'organisation judiciaire en matière répressive[168]. Composé de 118 dispositions, le décret du 8 avril 1889 était consacré tout à la fois à l'organisation judiciaire (chapitre I), la compétence (chapitre II), la procédure (chapitre III), les infractions et les peines en général (chapitre IV), l'exécution des jugements (chapitre V) et les frais de justice (chapitre VI). C'est dire que le législateur de l'E.I.C. avait assemblé dans un même texte de loi le code d'organisation et de compétence judiciaires, le code de procédure pénale et le livre 1er du code pénal.

---

163 Art. 20.

164 Art. 21 ; C.S.J., Section judiciaire, 23 août 2000, R.P. 1746.

165 Art. 17, al. 1er.

166 Art. 122.6, constitution du 18 février 2006.

167 *B.O.*, 1959, p. 1934.

168 Décret du 8 avril 1889, *B.O.*, 5ème année, avril 1889, n° supplémentaire, pp. 88-117.

En ce qui concerne le code de procédure pénale, le décret du 27 avril 1889 n'avait édicté que des règles des plus élémentaires et des plus rudimentaires, et malgré les nombreux décrets qui se sont succédé, la législation était loin d'être complète[169].

Le code de procédure pénale du Congo Belge.

C'est ainsi qu'en 1923, quelques années seulement après la cession de l'E.I.C. à la Belgique (le Congo belge), le législateur colonial a adopté un véritable code de procédure pénale[170]. Composé de 156 articles, le code de procédure pénale du 11 juillet 1923 a eu pour mérite de codifier, en les coordonnant, toutes les dispositions qui étaient en vigueur sur la procédure répressive, notamment celles relatives aux officiers de police judiciaire, les magistrats instructeurs jusqu'à celles sur l'exécution des jugements. Le code de procédure pénale du 11 juillet 1923 a adapté toutes ces dispositions au nouveau décret sur l'organisation judiciaire et la compétence. Il a enfin comblé d'une façon très complète toutes les lacunes qui étaient une source de difficultés pour les magistrats[171]. Ce code de procédure pénale du 11 juillet 1923 comprend neuf dispositions sur les attributions et pouvoirs de la police judiciaires (art. 1-9), onze dispositions sur les pouvoirs spéciaux des officiers de police judiciaire à compétence générale (art. 10-20), trente-sept dispositions sur l'instruction préparatoire et les pouvoirs de l'officier du ministère public (art. 21-57), quarante-quatre dispositions sur l'instruction à l'audience (art. 58-101), vingt-cinq dispositions sur les voies de recours (art. 102-126), quinze dispositions sur les frais de justice et droit proportionnel (art. 127-141), treize dispositions sur l'exécution des jugements (art. 142-154) et deux dispositions particulières sur la computation des délais et les dispositions abrogatoires (art. 155-156).

Le code de procédure pénale pour l'indépendance.

Il faut cependant noter que le code de procédure pénale de 1923 avait la particularité de conditionner l'application de certaines de ses dispositions à la race du prévenu[172]. Ainsi en était-il en matière

---

169 Rapport du Conseil Colonial sur le projet de décret de 1923 relatif à la procédure pénale, Bruxelles, 30 juin 1923.

170 Décret du 11 juillet 1923.

171 Rapport du Conseil Colonial sur le projet de décret de 1923 relatif à la procédure pénale, Bruxelles, 30 juin 1923.

172 Antoine SOHIER, « La réforme de la justice répressive congolaise », in *J.T.O.*, 1951, n°12, pp. 141-142. L'auteur dit précisément ce qui suit : « L'organisation judiciaire,

d'arrestation[173], de mandat d'amener[174], de mise en détention préventive et de confirmation de cette détention[175], de sommation verbale, de mandat de dépôt[176], d'obligation de témoignage. C'est ainsi que le code de procédure pénale de 1959 s'est attaché à faire disparaître toute trace

---

la compétence des tribunaux et la procédure congolaises en matière répressive sont caractérisées par une différentiation complète du régime applicable aux indigènes de celui qui concerne les non indigènes. Les indigènes sont jugés par les fonctionnaires [...] avec intervention des juges magistrats de carrière seulement au degré d'appel et pour les affaires les plus graves [...] La procédure est simplifiée. Les recours sont parcimonieusement accordés [...] Pendant ce temps, les non indigènes sont justiciables au premier degré uniquement du tribunal de première instance et tout jugement de cette juridiction, dont les décisions sont sans recours quand elle condamne à mort un indigène, est susceptible de recours [...] quand il s'agit d'un non indigène [...] ». Mais Antoire SOHIER estime que, contrairement à ce que l'on pouvait croire, la discrimination dont il s'agissait à l'époque n'avait pour finalité que *le désir d'accorder à chacun des groupes de la population une bonne justice, adaptée à ses intérêts.* Dans son élan de justification de la discrimination judiciaire, l'auteur poursuit en disant que *c'est dans un esprit réaliste, pour rapprocher la justice du justiciable, qu'a été élaboré le système* [...] *On supprimait les déplacements et la paperasserie inutile. En même temps, on voulait procurait aux justiciables des juges plus capables de les comprendre : les fonctionnaires territoriaux connaissaient mieux l'âme et les coutumes nègres* [...].

173 L'arrestation d'un inculpé indigène n'était pas soumise à l'observation de plusieurs conditions, si bien que l'officier de police judiciaire pouvait facilement l'arrêter et le conduire immédiatement devant l'autorité judiciaire chargée de poursuivre ou de réprimer l'infraction. Par contre, en ce qui concerne un inculpé non- indigène, l'officier de police judiciaire ne pouvait l'arrêter que s'il est démontré que (i) il existe des sérieuses raisons de craindre sa fuite en territoire étranger ; (ii) l'infraction est flagrante ou réputée telle ; (iii) l'infraction est de nature à entraîner une peine d'emprisonnement de six mois au moins.

174 Alors que l'autorité judiciaire ne pouvait décerner un mandat d'amener qu'à défaut pour inculpé de satisfaire à un mandat de comparution, cette condition n'était pas exigée lorsque l'inculpé en question était un indigène.

175 En matière de mandat d'arrêt provisoire, la gravité de l'infraction comme condition de mise en détention préventive dépendait aussi de la race de l'inculpé. Ainsi par exemple, il suffisait que l'infraction soit punie de deux mois d'emprisonnement pour qu'un inculpé indigène soit placé sous mandat d'arrêt provisoire. En ce qui concerne l'inculpé non indigène, le magistrat avait la charge de démontrer que l'infraction était d'une gravité certaine, punie d'un emprisonnement de six mois au moins. Par ailleurs, la confirmation du mandat d'arrêt provisoire relevait de la compétence du tribunal de district si l'inculpé était un non indigène. Pour l'inculpé indigène, son juge de détention était le tribunal de police.

176 Lorsque le prévenu est un indigène, et que citation ou sommation de comparaître lui a été faite, l'officier du ministère public avait le pouvoir, quelle que soit la nature ou l'importance de l'infraction, d'ordonner qu'il sera placé en dépôt à la maison de détention jusqu'au jour du jugement.

de discrimination[177]. Néanmoins, jusqu'à ce jour, toutes ces traces de discrimination ne sont pas totalement effacées. Il en est ainsi de l'article 9 actuel, dont l'alinéa 2 est devenu tout à la fois caduque et suranné, même si, à cette époque, son maintien pouvait justifier l'intérêt du législateur à l'égard de l'indigène[178].

ii. Les grandes modifications du code de procédure pénale après l'indépendance

En dépit des innovations apportées à la procédure pénale congolaise, le code de 1959 était toujours loin de satisfaire les exigences d'une procédure pénale orientée vers la protection des droits de l'homme. C'est ainsi que des modifications de taille ont été apportées par le législateur :

1° L'apport de l'ordonnance-loi n° 73-006 du 14 février 1973

L'ordonnance-loi du 14 février 1973[179] a complété l'article 54 du code de procédure pénale, en y insérant la situation particulière des bénéficiaires du privilège de juridiction. Il est en effet interdit désormais de recourir à la citation directe lorsque les poursuites concernent les personnes qui bénéficient du privilège de juridiction. Pour ces individus, les poursuites doivent être engagées forcément par l'officier du ministère public.

2° L'apport de l'ordonnance-loi n° 78-029 du 29 septembre 1978

L'ordonnance-loi du 29 septembre 1978[180] a abrogé l'article 47 *bis* du code de procédure pénale, qui a été introduit dans notre législation par l'ordonnance-loi n°67/146 du 4 avril 1967. Aux termes de cette disposition légale abrogée, dès qu'une personne, inculpée du fait de détournement de deniers publics, de concussion ou de corruption, est mise en détention préventive, elle ne pourra bénéficier de la liberté provisoire ou de la mainlevée de cette mesure qu'avec l'autorisation du ministre de la justice (Président du conseil judiciaire, Procureur général de la République).

---

177 Emile LAMY, « Chronique des livres », *R.J.C.*, 1966, p. 165.

178 Lire l'exposé des motifs du décret du 6 août 1959, pierre PIRON et jacques DEVOS, *Codes et lois du Congo Belge, T.II, Organisation administrative et judiciaire*, Larcier, Bxl., 1960, p. 42.

179 *J.O.*, n°7, 1er avril 1973, p. 616.

180 *J.O.*, n° 19, 1er octobre 1978, p. 8.

Justifié sans aucun doute dans la perspective de la lutte engagée contre le détournement de deniers publics, concussion et corruption, l'article 47 *bis* s'est révélé d'une application difficile et malaisée, mais en même temps porteur d'un vecteur de violation du principe constitutionnel de séparation des pouvoirs. C'est ainsi que le législateur est revenu à la formule antérieure qui permet au ministère public ou au juge de la détention de statuer directement sur l'opportunité de cette mesure compte tenu des intérêts de la société[181]. Nous approuvons le revirement du législateur, tant il est vrai que la constitution elle-même a consacré le juge comme seul garant de la liberté individuelle.

3° L'apport de l'ordonnance-loi n° 79-019 du 25 juillet 1979

L'ordonnance-loi du 25 juillet 1979[182] a modifié et complété les articles 29 et 38 du code de procédure pénale, en ce qu'elle a attribué au tribunal de paix la compétence de statuer sur la détention préventive au premier degré. Par la même occasion, cette ordonnance-loi a reconnu au tribunal de grande instance le pouvoir de statuer sur l'appel formé contre une ordonnance de détention préventive prise par le juge de paix.

4° L'apport de l'ordonnance-loi n° 82-016 du 31 mars 1982[183]

L'ordonnance-loi de 1982 a modifié et complété les articles 10, 13, 28, 30 et 31 du code de procédure pénale. Les articles 10 et 13 ont été actualisés et adaptés aux nouvelles appellations consacrées. L'article 28 a apporté un alinéa de marque, consacrant le principe de la liberté individuelle et faisant de la détention préventive une mesure purement exceptionnelle. L'article 30 a apporté une innovation en matière de protection des droits de la défense en chambre du conseil dans le cadre de la détention préventive. Alors que l'assistance de l'inculpé par un avocat était regardée comme facteur de ralentissement et de compromission des résultats de l'enquête[184], et donc conditionnée par l'acceptation exprès du ministère public, l'ordonnance-loi de 1982 a décidé de réserver ce droit à la seule volonté de l'inculpé. En ce qui concerne l'article 31, le législateur a ajouté la possibilité de statuer sur la détention préventive en audience publique. Cette situation peut se

---

[181] Lire Rapport adressé au Président de la République, in *J.O.*, n°19, 1er octobre 1978, p. 8.

[182] *J.O.*, n°15, 1er août 1979, p. 13.

[183] *J.O.*, n°7, 1er avril 1982, pp. 9-10.

[184] Lire Rapport du Conseil de Législation sous l'article 30 du décret du 6 août 1959, pierre PIRON et jacques DEVOS, op. cit., p. 47.

réaliser dans l'hypothèse d'une quatrième prolongation de la détention préventive. Il ne s'agit plus, dans ce cas, de laisser l'examen de la détention préventive à la chambre du conseil, où règne le huis clos, mais plutôt de mettre à contribution le même juge dans le cadre d'une audience publique.

5° L'apport de la loi n°04/016 du 19 juillet 2004 portant lutte contre le blanchiment des capitaux et le financement du terrorisme[185]

La loi de 2004 sur le blanchiment des capitaux et le financement du terrorisme n'a pas été promulguée dans l'optique de modification du code de procédure pénale. Cependant, dans la mesure où elle s'est insérée directement et particulièrement dans la matière de procédure pénale, son examen devient nécessaire. La loi de 2004 a en effet apporté quelques entorses aux règles générales de procédure pénale, puisqu'elle a décidé de la levée du secret bancaire[186], qui ne peut désormais être invoqué pour refuser de fournir les informations sur l'identité des clients et les opérations qu'ils effectuent ou les informations requises dans le cadre d'une enquête portant sur des faits de blanchiment ou de financement du terrorisme[187]. La loi de 2004 a reconnu aux fonctionnaires chargés de la détection et de la répression du blanchiment et des infractions liées à celui-ci le pouvoir de procéder à la saisie et aux mesures conservatoires des biens qui sont en relation avec l'infraction[188]. Sur le plan strictement du droit pénal, la loi de 2004 a instauré la responsabilité pénale des personnes morales en matière de blanchiment des capitaux et de financement du terrorisme[189]. Il est vrai que la position du législateur de 2004 constitue une avancée notable en matière de responsabilité pénale des personnes morales en droit congolais. Enfin, le législateur de 2004 punit le complice du blanchiment des capitaux de la même peine que l'auteur principal[190]. Cela n'est pas sans heurter de front l'article 23 du code pénal congolais livre II.

---

185 J.O., n° spécial, 45ème année, 4 août 2004.

186 Au regard de l'article 16, alinéa 3 du code de procédure pénale, une institution bancaire est dépositaire par profession des secrets que ses clients lui confient. Elle est donc dispensée de témoigner, c'est-à-dire de fournir des informations sur l'identité de ses clients et les opérations que ceux-ci effectuent.

187 Art. 27, loi du 19 juillet 2004.

188 Art. 30, loi du 19 juillet 2004.

189 Art. 36 et 42, loi du 19 juillet 2004.

190 Art. 34, loi du 19 juillet 2004.

6° L'apport de la loi n 06/018 du 20 juillet 2006[191]

La loi n°06/018 du 20 juillet 2006 est consacrée essentiellement aux violences sexuelles. Pour le législateur de 2006, les violences sexuelles constituent des agressions sexuelles qui portent atteinte à l'intégrité physique ou psychique, commises avec violence, contrainte, menace ou surprise. L'agression sexuelle, c'est d'abord la violence, la contrainte, la menace ou la surprise réprimée comme moyen physique ou psychique de passer outre le refus, de nier la liberté d'autrui. L'infraction n'est ainsi distinguée des autres manifestations d'agressivité ou de coercition qu'en raison de l'organe en cause, c'est-à-dire le sexe. Le législateur se réfère ici à l'anatomie, et le sexe devient une cible ou un vecteur d'un geste agressif ou abusif. Plus particulièrement, dans les violences sexuelles, le sexe est désigné comme le moyen ou le lieu anatomique par lequel ou dans lequel la pureté, la candeur ou l'innocence peuvent être vulnérabilisées et perverties. Le sexe est considéré comme l'organe dans lequel ou par lequel le délinquant introduit la corruption (de l'esprit et du corps), qui peut se développer chez la victime, surtout lorsque celle-ci est mineure. Il convient donc de préserver l'esprit du mineur des mauvais désirs que le sexe inspire au majeur, ou de protéger le sexe de l'enfant contre les envies qui hantent le mauvais esprit de l'adulte[192].

L'innovation apportée par cette loi est de taille : d'une part, le législateur de 2006 a apporté des modifications aux dispositions originelles de viol et d'attentat à la pudeur ; d'autre part, il a érigé en infractions les différentes formes de violences sexuelles jadis non incriminées dans le code pénal. De ce fait, dit le législateur de 2006, la nouvelle loi prend largement en considération la protection des personnes les plus vulnérables et contribue ainsi au redressement de la moralité publique, de l'ordre public et de la sécurité en République démocratique du Congo[193].

Le défaut de pertinence de la qualité officielle, qui exclut l'immunité et l'inviolabilité.

Par rapport à la question de la responsabilité pénale, la loi n°06/018 du 20 juillet 2006 pose le principe de défaut de pertinence de la qualité officielle en matière de violences sexuelles. En effet, pour le législateur

---

191 *J.O.*, n° 15, 47ème année, 1er août 20056, pp. 1-6.

192 COSTE François-Louis, « Le sexe, la loi pénale et le juge ou évolutions d'un principe séparateur instituant l'altérité », *Recueil Dalloz*, Chr., 1997, p. 179.

193 Exposé des motifs de la loi du 20 janvier 2006.

de 2006 la qualité officielle de l'auteur d'une infraction de violences sexuelles ne peut en aucun cas l'exonérer de sa responsabilité pénale ni constituer une cause de diminution de peine[194]. Du coup, l'auteur d'une violence sexuelle ne peut présenter comme moyen de défense son statut en vue de bénéficier des immunités ou de l'inviolabilité en matière de poursuites[195].

La plainte préalable de la partie lésée en cas de harcèlement sexuel.

Par ailleurs, la loi n°06/018 du 20 juillet 2006 a instauré une nouvelle incrimination, le harcèlement sexuel, dont les poursuites sont subordonnées à la plainte préalable de la victime. L'obstacle est ainsi érigé à l'action du ministère public, conditionnée désormais à la volonté de la partie lésée.

7° L'apport de la loi n°06/019 du 20 juillet 2006[196]

La loi du 20 juillet 2006 s'inscrit dans le cadre de la poursuite des infractions sexuelles. Par cette loi, le législateur a mis en place des mécanismes qui en facilitent la poursuite.

La célérité dans la poursuite et le jugement.

Il ressort en effet de l'article 1er de la loi n°06/019 du 20 juillet 2006, devenu article 7 *bis* du code de procédure pénale, que l'enquête préliminaire en matière de violences sexuelles se fait dans un délai d'un mois maximum à partir de la saisine de l'autorité judiciaire et que par ailleurs l'instruction et le prononcé du jugement se font dans un délai de trois mois maximum à partir de la saisine de l'autorité judiciaire. Par ce premier mécanisme, le législateur a entendu imprimer à la procédure pénale en matière de violences sexuelles une célérité comparable à celle des infractions intentionnelles flagrantes pour lesquelles la formalité d'informer l'autorité hiérarchique n'est pas requise avant toute arrestation du présumé coupable[197]. Aussi, le législateur n'a pas manqué de fixer à l'attention de la police judiciaire un court délai de 24 heures pour aviser le magistrat instructeur de l'infraction de violences sexuelles dont il a connaissance.

---

194 Art. 1er, loi du 20 juillet 2006.

195 Art. 10, code de procédure pénale.

196 *J.O.*, n° 15, 47ème année, 1er août 2006, pp. 9-10.

197 Art. 10 nouveau, code de procédure pénale.

L'interdiction formelle des amendes transactionnelles.

Par ailleurs, mue par l'idée de renforcer la répression, la loi de 2006 a formellement interdit au magistrat instructeur de proposer à un inculpé le paiement d'une amende transactionnelle en cas de violences sexuelles[198]. Le législateur a entendu privilégier ici la répression plutôt qu'une justice négociée. Néanmoins, l'on est en droit de se poser la question de savoir si cette disposition légale en valait vraiment la peine. Il est suffisamment connu que le magistrat du parquet ne peut proposer à l'inculpé de payer une amende transactionnelle que dans la mesure où il est convaincu que si jamais l'inculpé était renvoyé en jugement, le juge se bornerait à ne prononcer à sa charge qu'une peine d'amende. En d'autres termes, selon l'esprit et la lettre de l'article 9 du code de procédure pénale, le recours à l'amende transactionnelle n'est possible que si l'infraction est punie d'amende. Si tel est le cas, peut-on interdire l'amende transactionnelle dans l'hypothèse où il n'est pas possible d'y recourir ? En notre sens, l'interdiction formelle de paiement d'une amende transactionnelle semble tout à la fois redondante et superfétatoire, car même en dehors de cette loi et compte tenu de la gravité des faits qui se rapportent aux infractions de violences sexuelles, le magistrat instructeur n'est pas fondé à proposer au délinquant le paiement d'une amende transactionnelle. Peut-être le législateur a-t-il voulu, cette fois-ci, fustiger et stigmatiser le comportement de certains magistrats véreux et indélicats qui, sans manquer d'imagination, font des offres d'amende transactionnelle pour des affaires punies d'emprisonnement. Ces magistrats véreux et indélicats travestissent la loi pénale et s'adonnent à des pratiques judiciaires en marge de la loi, laissant ainsi au procès pénal un arrière-goût d'inachevé et d'impuni.

La question de la preuve.

Tout aussi importante est la question relative à l'administration de la preuve de violences sexuelles. La loi dispose en effet que le consentement de la victime ne peut en aucun cas être inféré de ses paroles ou de sa conduite lorsque sa faculté à donner librement un consentement valable a été altérée par l'emploi de la force, de la ruse, de stupéfiant, de la menace ou de la contrainte ou à la faveur d'un environnement coercitif[199]. De même, le consentement de la victime ne peut en aucun cas être inféré du silence qu'elle aura manifesté ou de son

---

198 Art. 9*bis*, code de procédure pénale.

199 Art. 14*ter*.1, code de procédure pénale.

manque de résistance aux violences sexuelles[200]. Sa crédibilité, son honorabilité ou sa disponibilité sexuelle ne peut en aucun cas être inféré de son comportement sexuel antérieur[201], lequel ne peut en aucun cas exonérer la personne accusée de sa responsabilité pénale[202].

Le huis clos pour protéger la dignité de la victime.

Enfin, la loi de 2006 vient apporter une innovation qui tient à la protection de la dignité de la victime de violences sexuelles. Le législateur a décidé d'entourer le procès pour violences sexuelles de beaucoup de discrétion. A ce titre, dit la loi, le huis clos est prononcé à la requête de la victime ou du ministère public. Dans le même esprit, le juge saisi en matière de violences sexuelles prend des mesures nécessaires pour sauvegarder la sécurité, le bien-être physique et psychologique, la dignité et le respect de la vie privée des victimes de violences sexuelles ou de toute autre personne impliquée[203].

8° L'apport de la loi n°15/024 du 31 décembre 2015

Par décret-loi n°003/2002 du 30 mars 2002, le Président de la République démocratique du Congo a ratifié le Statut de Rome[204]. Grâce à cet instrument de ratification, le Statut de Rome est entré en vigueur et la Cour pénale internationale a commencé à fonctionner. Pour lui permettre de répondre facilement aux différentes demandes de coopération que nécessitent les enquêtes du Procureur de la Cour pénale internationale, la République Démocratique du Congo et le bureau du Procureur signèrent le 6 octobre 2004 un Accord de coopération judiciaire. Dans l'entre-temps et en vue de mettre en harmonie le Statut de Rome au droit congolais, quelques modifications ont été apportées. C'est le cas du code pénal militaire du 18 novembre 2002 qui a pu intégrer en son sein les infractions de la compétence de la cour pénale internationale[205]. Malgré tous ces rafistolages, la législation congolaise était loin de satisfaire le besoin de mise en œuvre du statut de Rome. C'est ainsi que le législateur est intervenu le 31 décembre 2015 pour organiser l'harmonisation de la législation congolaise au Statut de la cour pénale internationale.

---

200 Art. 14*ter*.2, code de procédure pénale.
201 Art. 14*ter*.3, code de procédure pénale.
202 Art. 14*ter*.4, code de procédure pénale.
203 Art. 74*bis*, code de procédure pénale.
204 J.O., n°spécial, 43ème année, 5 décembre 2002, pp. 169-243.
205 Art. 161-175

En matière de procédure précisément, la loi n°15/024 du 31 décembre 2015 a posé un certain nombre de règles qui facilitent la coopération entre la République démocratique du Congo et la cour pénale internationale et a établi les mécanismes pratiques de coopération et d'assistance nécessaires à la conduite efficace et rapide des enquêtes et des poursuites menées par le bureau du Procureur ainsi qu'à son bon fonctionnement sur le territoire de la R.D.C.

Le procureur général près la cour de cassation, point focal et courroie de transmission.

La loi du 31 décembre 2015 dispose que le procureur général près la cour de cassation est chargé de la coopération avec la cour pénale internationale. Toutefois, lorsqu'il s'agit des personnes justiciables de la cour constitutionnelle, la coopération avec la cour pénale internationale est prise en charge par le procureur général près la cour constitutionnelle.

Procédure de transmission d'une demande de coopération.

Les demandes d'entraide qui émane de la cour pénale internationale sont adressées au Procureur Général compétent en original et en copie certifiée conforme accompagnées de toutes les pièces justificatives. Elles sont rédigées en français. La loi permet à la cour pénale internationale d'utiliser la voie diplomatique pour transmettre une demande d'entraide judiciaire[206] ou toute autre voie, y compris l'organisation internationale de la police criminelle.

La loi du 31 décembre 2015 a institué le Procureur Général près la cour de cassation comme l'interlocuteur central, c'est-à-dire le responsable de la communication et du suivi des demandes de coopération et d'assistance émanant de la Cour pénale internationale. Il coordonne à cet effet l'ensemble de la coopération entre la République démocratique du Congo et le bureau du Procureur. Il en devient ainsi l'intermédiaire administratif et le responsable chargé de transmission et de suivi des demandes d'entraide.

---

206 Art. 87, Statut de Rome ; C.P.I., ICC-01/04-01/06, Le Procureur c/ Thomas LUBANGA DYILO.

Première particularité de la coopération : l'évitement de la phase politique.

Contrairement à la législation interne en matière d'entraide judiciaire[207], le législateur de 2015 a clairement exprimé sa volonté d'éviter l'intervention du politique. La suppression de la phase politique entraîne celle du contrôle administratif en matière d'entraide judiciaire. Seule compte l'intervention du Procureur Général près la cour de cassation : les demandes de coopération ou d'entraide se dérouleront désormais uniquement entre autorités judiciaires, c'est-à-dire de magistrat à magistrat, loin des influences de la chancellerie.

Deuxième particularité de la coopération : l'abandon du refus de remettre ses propres nationaux et les délinquants politiques et militaires.

Tout compte fait, il découle de la première particularité une deuxième, celle consistant à l'abandon de certains principes qui reflètent et secrètent quelques méfiances. Ainsi, en matière de remise, le législateur congolais a décidé d'abandonner le principe du refus légitime de remettre ses propres nationaux, pourtant cristallisé dans l'article 1er du décret d'extradition de 1886 et l'abandon du refus de remettre les délinquants

---

207 Décret d'extradition, 12 avril 1886, *B.O.*, 1886, p. 46 [art. 1er : « (…) [l]e gouvernement livrera aux gouvernements des pays étrangers, à charge de réciprocité, tout étranger accusé, poursuivi ou condamné par les tribunaux desdits pays comme auteur ou complice, pour l'un des faits commis sur leur territoire et énumérés à la convention d'extradition conclue avec ces pays (…) » ; art. 8 : « (…) [l]es commissions rogatoires émanées de l'autorité compétente étrangère, et tendant à faire entendre des témoins, ou opérer, soit une visite domiciliaire, soit la saisie du corps du délit ou de pièces à conviction, devront être adressées à notre administrateur général du département des affaires étrangères, ou, en vertu de conventions, à l'administrateur général au Congo (...) » ; art. 11, Convention générale de coopération en matière de justice entre la R.D.C. et la République du Congo, 12 avril 1978, *J.O.*, n°18, 15 septembre 1985 : « (…) [l]es actes judiciaires et extrajudiciaires dressés, tant en matière civile et commerciale qu'en matière administrative et pénale, dans l'un des deux Etats et destinés à des personnes résidant sur le territoire de l'autre, seront transmis par l'entremise du ministre de la justice (…) » ; art. 15, Convention générale de coopération en matière de justice entre la R.D.C. et la République du Congo, 12 avril 1978, *J.O.*, n°18, 15 septembre 1985: « (…) [l]es commissions rogatoires, tant en matière civile et commerciale qu'en matière administrative et pénale à exécuter, sur le territoire de l'un ou l'autre des deux Etats contractants, le seront par les autorités judiciaires respectives. Elles sont transmises, comme les actes judiciaires et extrajudiciaires, du ministère de la justice… et vice versa (…) ».

qu'on qualifierait des délinquants politiques ou militaires. Cette façon de procéder présente un avantage de célérité et d'efficacité dans le traitement des affaires relevant de la compétence de la cour pénale. Il est donc nécessaire qu'une décision intervienne très vite sur l'exécution d'une demande de coopération ou d'entraide judiciaire formulée par cour pénale internationale et que cette dernière sache dans les meilleurs délais le sort réservé à sa demande.

Troisième particularité de la coopération : le juge de paix, juge de détention.

En cas de mandat d'arrêt délivré par la cour pénale internationale, le juge de paix du ressort dans lequel la personne poursuivi a été arrêtée se prononce sur l'arrestation opérée par le procureur général dans les 72 heures suivant cette arrestation. A cet effet, le juge de paix vérifie que le mandat d'arrêt vise bien la personne arrêtée, que celle a été arrêtée selon la procédure régulière et que ses droits ont été respectés. A défaut, la personne est remise en liberté. Le juge de paix statue sur la détention de la personne placée sous mandat d'arrêt de la cour pénale internationale après l'avoir entendue sur sa situation personnelle et demandé si elle a des objections à l'exécution dudit mandat d'arrêt. Elle est à cet effet assisté d'un conseil de son choix. La procédure se déroule conformément à l'article 30 du code de procédure pénale.

La personne placée sous l'emprise de détention préventive peut solliciter sa liberté provisoire auprès du juge de détention. Ce dernier avise, par le canal du procureur général, la chambre préliminaire de la cour pénale internationale qu'une demande de mise en liberté provisoire a été sollicitée. Le juge de détention statue sur la demande de mise en liberté provisoire dans un délai maximum de huit jours, en prenant pleinement en considération les recommandations de la chambre préliminaire. En statuant sur une demande de mise en liberté provisoire, le juge de détention examine si, eu égard à la gravité des faits, des circonstances exceptionnelles justifient la mise en liberté provisoire. Dans ce cas, le juge de détention fixe les conditions qui permettent de s'assurer que la personne ne se soustraira pas ultérieurement à la justice.

Les décisions prises par le juge de paix en matière de détention préventive sont appelables selon les règles ordinaires prévues par le code de procédure pénale.

Les droits de la personne accusée.

En matière de crimes relevant de la compétence de la cour pénale internationale, les instances internes, appelées à ordonner les arrestations et détentions en vue de la remise, garantissent, conformément à l'article 59 du Statut de Rome, les droits de la personne accusée. L'accusé bénéficie en effet de tous les droits qui reviennent à toute personne accusée en droit interne. Il s'agit des droits de la défense, notamment le droit d'être informé des charges qui pèsent sur soi, le droit à l'assistance d'un conseil de son choix, le droit à l'assistance gratuite d'un interprète, le droit au silence, le droit de recours et celui de solliciter une mise en liberté provisoire en attendant sa remise aux instances judiciaires internationales.

b.2. Les autres lois de procédure, d'importance capitale.

Outre ce texte légal de base, les règles de procédure pénale résultent du code d'organisation et de compétence judiciaires[208], la loi de procédure devant la cour de cassation[209], la loi de procédure devant la cour constitutionnelle[210]. Dans certaines matières de procédure pénale, les actes ayant force de loi interviennent[211]. Parfois même des actes réglementaires portent les règles de procédure pénale[212]. Depuis un certain temps effectivement, le Ministre de la Justice et son homologue des Finances ont pris l'habitude de réglementer la matière de procédure pénale par des arrêtés interministériels, le plus souvent dans le domaine

---

[208] Loi organique n°13/011-B du 11 avril 2013 portant organisation, fonctionnement et compétences des juridictions de l'ordre judiciaire, *J.O.*, 54ème année, numéro spécial, 04 mai 2013.

[209] Loi organique n°13/010 du 19 février 2013 relative à la procédure devant la cour de cassation, *J.O.*, 54ème année, numéro spécial, 20 février 2013.

[210] Loi organique n°13/026 du 15 octobre 2013 portant organisation et fonctionnement de la cour constitutionnelle (*J.O.*, 54ème année, numéro spécial, 18 octobre 2013).

[211] Ordonnance-loi n°70-012 du 10 mars 1970 relative aux infractions d'audience (*M.C.*, n° 10, 15 mai 1970, p. 289) ; ordonnance-loi n°78-001 du 24 février 1978 relative à la répression des infractions flagrantes (*J.O.*, n°6, 15 mars 1978, p. 15).

[212] Ordonnance du 24 août 1916 relative à la destination à donner aux objets frappés de confiscation judiciaire (*B.A.C.*, 1916, p. 1118) ; ordonnance n°11-171 du 26 mars 1959 relative à la destination à donner aux objets saisis périssables ou de conservation dispendieuse (*B.A.*, 1959, p. 1017) ; ordonnance n°78-179 du 26 avril 1978 portant réglementation de l'autopsie scientifique (*J.O.*, n°9, 1er mai 1978, p. 26) ; ordonnance n°78-289 du 3 juillet 1978 relative à l'exercice des attributions d'officiers et agents de police judiciaire près les juridictions de droit commun (*J.O.*, n°15, 1er août 1978, p. 7) ; arrêté d'organisation judiciaire n°299/79 du 20 août 1979 portant règlement intérieur des cours, tribunaux et parquets.

de droits, taxes et redevances à percevoir à l'initiative du Ministère de la Justice. C'est ainsi que les frais de justice, la caution de mise en liberté provisoire, les amendes judiciaires et amendes transactionnelles sont désormais fixés par les arrêtés interministériels[213]. Ces différents arrêtés interministériels violent non seulement le principe de la légalité, mais aussi celui posé par l'article 170 de la constitution qui fait du franc congolais la seule unité monétaire à pouvoir libératoire sur le territoire national.

c. La jurisprudence

Dès 1804, Portalis relevait, dans son *Discours préliminaire au projet de code civil*, que si l'office du législateur est de fixer, par de grandes vues, les maximes générales du droit, d'établir des principes féconds en conséquences, c'est au magistrat et au jurisconsulte, pénétrés de l'esprit général des lois, à en diriger l'application[214]. C'est la jurisprudence.

Théoriquement, la procédure pénale, qui est une branche du droit pénal, ne devrait pas réserver une place à la jurisprudence, le principe de la légalité y faisant à cet effet obstacle. Néanmoins, comme la jurisprudence crée du droit en matière pénale en comblant le vide laissé par la loi ou en apportant un éclaircissement sur un point de droit non résolu par la loi, elle devient une source en procédure pénale. Le juge joue un rôle très remarquable dans l'interprétation et l'application de la loi. Il est en effet complémentaire du législateur. En assurant l'application de la loi à des situations concrètes, le juge donne à la loi sa pleine expression et lui confère toute sa force, par le truchement de l'autorité de la chose jugée.

Aussi, dans un sens plus précis et plus moderne, la jurisprudence est une solution suggérée par un ensemble de décisions suffisamment concordantes rendues par les juridictions sur une question de droit[215]. A cet effet, Antoine Sohier estime que la jurisprudence présente l'image du développement d'une société qui agit sur la conscience sociale et qui complète la loi, lorsque celle-ci est silencieuse, dans l'optique de

---

213 Arrêté interministériel n°243/CAB/MIN/J&DH/2010 et n°043/ CAB/MIN/FINANCES/10 du 04 mai 2010 portant fixation des taux des droits, taxes et redevances à percevoir à l'initiative du Ministère de la Justice et Droits Humains, *J.O.*, 51ème année, numéro spécial, 29 mai 2010.

214 LAMANDA Vincent, Premier président de la Cour de cassation française, *Discours prononcé lors de l'audience solennelle de début d'année judiciaire*, 9 janvier 2014.

215 Serge GUINCHARD et Thierry DEBARD (dir.), op. cit., p. 505.

régulation de la vie sociale, à la condition que cette jurisprudence présente un contenu qui répond mieux aux valeurs d'un Etat de droit[216].

La jurisprudence qui fait autorité est celle de la cour de cassation. Par le choix qu'elle opère, la cour de cassation agit sur le corps social. Ses décisions imposent une voie qui pourra être suivie ou même désavouée par les autres juges, le législateur, la doctrine, les justiciables, les représentants professionnels, lesquels vont devenir des interlocuteurs de la cour de cassation, destinataires de sa politique jurisprudentielle, mais aussi le relai des choix qu'elle recèle. Il s'instaure dès lors un véritable dialogue entre le juge et les justiciables et la jurisprudence devient une occasion de communication entre les parties au procès[217].

De ce fait, et en tant qu'elle constitue une image du développement d'un Etat, la jurisprudence traduit la conscience de la nation, conscience qui s'inspire des grands principes moraux. Elle complète le législateur lorsqu'il a gardé un silence complet. Pour ce faire, il est recommandé au juge d'observer plus d'audace dans ses méthodes d'interprétation de la loi, de travailler et étudier, de se tenir au courant des grands travaux juridiques modernes, tout en recherchant dans la rédaction des jugements plus de concision que n'en montrent parfois les juridictions. Enfin, en ce qui concerne l'Exécutif, il lui est recommandé d'adopter une ligne de conduite plus sévère dans le recrutement et l'avancement des magistrats, de tenir ces derniers à l'abri des influences politiques ou autres et de protéger contre tous et contre lui-même l'indépendance desdits magistrats, condition primordiale de leur intégrité[218].

d. Les autres sources de la procédure pénale

La procédure pénale a encore pour source les principes généraux du Droit, le plus souvent dégagés par la jurisprudence, la coutume, pour autant qu'elle ne soit pas contraire à l'ordre public et aux bonnes mœurs[219], les usages[220], l'équité[221] et la doctrine ou la pensée des auteurs.

---

[216] Antoine SOHIER, « Introduction à la jurisprudence congolaise », *R.J.C.B.*, n°1 et 2, 1930, pp. 1-9.

[217] Voir Guy CANNIVET, *La politique jurisprudentielle*

[218] Antoine SOHIER, op. cit., p. 9.

[219] Art. 153, al. 4, constitution du 18 février 2006 ; art. 17, code de procédure pénale : « Si l'officier du Ministère public l'en requiert, le témoin prête serment avant de déposer. Le serment est ainsi conçu: 'Je jure de dire toute la vérité, rien que la vérité'. Toutefois l'officier du Ministère public peut imposer la forme de serment

1. Sur le plan international

Les sources internationales comprennent les nombreuses conventions internationales dans lesquelles la République démocratique du Congo est engagée[222]. Dans la mesure où ces conventions internationales peuvent influer sur le procès pénal, le juge les applique directement, étant admis que le système juridique congolais est moniste. Ce système ne sépare pas l'ordre interne et l'ordre international, puisque « *Les traités ou accords régulièrement conclus ont, dès leur publication, une autorité supérieure à celle des lois,...*»[223]. Il en découle qu'il revient au juge de procéder au contrôle de « conventionalité », qui peut aller jusqu'à l'éviction de la loi nationale non conforme à la convention.

---

dont l'emploi, d'après les coutumes locales, paraît le plus propre à garantir la sincérité de la déposition ».

220 Art. 108, Loi organique n°13/011-B du 11 avril 2013 portant organisation, fonctionnement et compétences des juridictions de l'ordre judiciaire (*J.O.*, 54ème année, numéro spécial, 04 mai 2013).

221 L'équité est une réalisation suprême de la justice, allant parfois au-delà de ce que prescrit la loi. Dans l'équité, « Amour et vérité se rencontrent; justice et paix s'embrassent » [Serge GUINCHARD et Thierry DEBARD (dir.), op. cit., p. 370].

222 Les conventions en matière d'extradition, le statut de Rome portant création de la cour pénale internationale, etc.

223 Art. 215, constitution du 18 février 2006.

PARTIE 1
L'AVANT-PROCES

Sommaire

<u>Sommaire</u>

Dans la mesure où nous admettons que le procès pénal peut avoir un entendement étroit, c'est-à-dire le jugement du délinquant à l'audience ou le fonctionnement des juridictions répressives[224], l'avant-procès serait cette phase de procédure pénale qui est antérieure au jugement (audience). Elle recouvre d'une part toute la phase antérieure au déclenchement de l'action publique, c'est-à-dire la phase préliminaire qui appartient à la police judiciaire, et d'autre part toute la phase du déclenchement de l'action publique par le Ministère public jusqu'à la requête que ce dernier adresse à la juridiction compétente aux fins de fixation de date d'audience.

En tant que tel, et si l'on regarde la structure du code de procédure pénale, l'avant-procès met en évidence deux organes judiciaires de l'Etat : la police judiciaire et le parquet. Le chapitre 1er du code de procédure pénale, composé de dix articles (art. 1er-10), est consacré à la police judiciaire. Le chapitre 2 du même code, qui comprend seize dispositions légales (art. 11-26), porte sur l'instruction du ministère public. Cependant, la structure de ces deux premiers chapitres accuse une lacune importante. Le législateur n'a pas jugé opportun d'y présenter les attributions détaillées de la police judiciaire ou des magistrats qui composent le corps du ministère public. A cet égard et pour être complet, la lecture du code de procédure pénale mériterait d'être conjuguée avec celle du code d'organisation et de compétence judiciaires[225] et de l'ordonnance n°78-289 du 3 juillet 1978 relative à l'exercice des attributions d'officiers et agents de police judiciaire près les juridictions de droit commun[226].

De tradition romaniste, et donc de facture nomologique[227], la procédure pénale congolaise laisse apparaître dans le cadre de la recherche des preuves -parfois aussi la recherche du coupable- une subordination de la police judiciaire au ministère public[228], qui fait

---

224 Antoine RUBBENS, *Le droit judiciaire congolais, T.III, L'instruction criminelle et la procédure pénale*, Brux., Larcier, 1965, p. 35.

225 Loi Organique n°13/011-B du 11 avril 2013 portant organisation, fonctionnement et compétences des juridictions de l'ordre judiciaire, *J.O.*, n°spécial, 54ème année, 04 mai 2013.

226 *J.O.*, n°15, 1er août 1978.

227 Pierre LEGRAND, « Comparer », *Revue Internationale de Droit Comparé,* Vol. 48, n°2, 1996, p. 279.

228 Antoinette PERRODET, *Etude comparée des ministères publics anglais et gallois, écossais, français et italien,* Thèse pour le doctorat en droit, Paris I, 1997, pp. 223 et s.

ressortir sans ambiguïté la suprématie de celui-ci sur celle-là[229] et qui implique d'une part la direction et le contrôle de l'avant-procès par le ministère public[230], et d'autre part l'obligation à charge de la police judiciaire d'informer le ministère public de l'état d'avancement de l'enquête[231] et de déférer à ses instructions[232]. Il ressort en effet de l'exposé des motifs du code de procédure pénale que les officiers de police judiciaire exercent leurs fonctions sous les ordres et l'autorité du ministère public, qui pourra ainsi diriger leur activité et non seulement la surveiller[233]. Ces évidences légales infèrent que le ministère public dispose de toute la latitude d'*ombrager* la police judiciaire, qui devient pratiquement son instrument dont il peut faire usage à temps et à contre-temps. Le ministère public dispose donc des pouvoirs propres qui lui permettent de déclencher l'action publique, d'initier une procédure d'instruction et de saisir la juridiction répressive compétente.

A lui tout seul, même sans police judiciaire, dont il peut par ailleurs exercer toutes les attributions[234], le ministère public constitue une instance d'instruction préparatoire chargée de procéder aux actes d'information[235], c'est-à-dire l'inculpation ou la mise en examen[236] des

---

229 Art. 1er, 11 et s., code de procédure pénale.

230 Frédéric DESPORTES et Laurence LAZERGES-COUSQUER, op. cit., p. 945.

231 Frédéric DESPORTES et Laurence LAZERGES-COUSQUER, op. cit., p. 948.

232 Art. 12, code de procédure pénale congolais : « Les officiers du ministère public peuvent charger les officiers de police judiciaire d'effectuer les devoirs d'enquêtes, de visites de lieux, de perquisitions et de saisies qu'ils déterminent » ; art. 99, al. 1er, Ordonnance n° 78-289 relative à l'exercice des attributions d'officiers et agents de police judiciaire près les juridictions de droit commun, 3 juillet 1978, *J.O.*, n° 15, 1er août 1978, p. 7 : « En tout état de la procédure et quelle que soit l'infraction commise, l'officier du Ministère public peut requérir tout officier de police judiciaire territorialement compétent pour accomplir tel devoir d'enquête qu'il précise. L'officier de police judiciaire ainsi requis est tenu de déférer à cette réquisition ».

233 Pierre PIRON et Jacques DEVOS, *Codes et Lois du Congo Belge*, T.II, *Organisation administrative et judiciaire*, Bxl., Larcier, 1960, p. 43.

234 L'article 11, al. 1er du code de procédure pénale reconnaît au ministère public le pouvoir d'exercer toutes les attributions de police judiciaire. Cette disposition légale présente le magistrat du parquet sous une figure éclatée, officier de police judiciaire et officier du ministère public, décidant souverainement des poursuites, si bien qu'il peut devenir malaisé dans la pratique de dire à quel moment, dans une espèce donnée, l'on passe de la phase préliminaire des recherches à celle de l'instruction proprement dite, à partir de laquelle l'action publique est mise en mouvement (E. FORTEMAISON, « La constitution de partie civile est-elle recevable au Congo Belge devant le Magistrat-Instructeur », *R.J.C.B.*, 1939, p. 45).

235 La procédure d'information permet, en droit français, d'établir l'existence d'une infraction et de déterminer si les charges relevées à l'encontre des personnes

personnes à l'encontre desquelles il existe des indices graves ou concordants rendant vraisemblable qu'elles aient pu participer, comme auteur, co-auteur ou complice, à la commission des infractions. Au cours de cette procédure d'instruction, le ministère public procède à tous les actes qu'il juge utiles à la manifestation de la vérité. A cet effet, il peut inculper les auteurs présumés des infractions, les confronter entre eux ou avec les témoins[237], décerner un mandat de comparution ou un mandat d'amener[238], faire citer devant lui toute personne dont il estime l'audition nécessaire[239], procéder à des visites des lieux, perquisitions et saisies[240], à des explorations corporelles[241], procéder au placement des personnes inculpées sous mandat d'arrêt provisoire[242], requérir le ministère de toute personne qu'il juge nécessaire comme interprète, traducteur, expert ou médecin[243]. Pour tout dire, le ministère public instruit à charge et à décharge[244]. A la suite de ces actes d'instruction, le ministère public fait une œuvre juridictionnelle en décidant, selon les cas, du renvoi ou non de la personne inculpée devant une juridiction répressive compétente pour y être jugée[245].

La prépondérance des pouvoirs entre la police judiciaire et le ministère public dans le cadre du droit congolais d'origine romaniste diffère totalement de celle que l'on peut rencontrer en procédure pénale de *Common Law*. La police judiciaire est en effet caractérisée par un

---

poursuivies sont suffisantes pour qu'une juridiction de jugement soit saisie. Cette phase est conduite par le juge d'instruction sous le contrôle de la chambre de l'instruction (art. 79 et s., code de procédure pénale français).

236 La mise en examen est une procédure que l'on retrouve en droit français. Elle s'est substituée à l'inculpation qui existe encore en droit congolais. La mise en examen est une décision par laquelle une personne est mise en cause au cours de l'instruction. Le juge d'instruction français ne peut mettre en examen que les personnes à l'encontre desquelles il existe des indices graves ou concordants rendant vraisemblable qu'elles aient pu participer à la commission des infractions dont il est saisi (art. 80-1, code de procédure pénale français).

237 Art. 11, al. 3, code de procédure pénale.

238 Art. 15, code de procédure pénale.

239 Art. 16, code de procédure pénale.

240 Art. 22-25, code de procédure pénale.

241 Art. 26, code de procédure pénale.

242 Art. 28, code de procédure pénale.

243 Art. 48 et s., code de procédure pénale.

244 Mireille DELMAS-MARTY, Serges LASVIGNES (*et al.*), op. cit., p. 122.

245 Le ministère public décide d'exercer les poursuites en adressant à la juridiction répressive compétente une requête aux fins de fixation de date d'audience : art. 53-54, code de procédure pénale; art. 142, arrêté d'organisation judiciaire n°279/79 portant règlement intérieur des cours, tribunaux et parquets, 20 août 1979.

détachement organique vis-à-vis de l'organe des poursuites -le *Crown Prosecution Service*- et dispose traditionnellement d'une autonomie fonctionnelle[246]. Le pouvoir de direction des investigations a été conféré à la police, qui dispose en fin de compte de l'entière responsabilité de la recherche des preuves[247]. Elle peut procéder aux fouilles corporelles (*stop and search*)[248], aux contrôles d'identité[249], à l'interrogatoire des personnes suspectées d'avoir commis des crimes (*Interrogation of Suspects*)[250], à leur arrestation (*Arrest without warrant*)[251], à la garde à vue, si la police l'estime nécessaire pour obtenir des preuves[252], aux perquisitions[253] et même aux écoutes téléphoniques (*Interception of Communications*)[254]. Bien plus, dans le droit de *Common Law,* la police dispose du droit d'ordonner des

---

246 Antoinette PERRODET, op. cit., p. 245 ; John Rason SPENCER, *La procédure pénale anglaise,* Paris, P.U.F., 1998, p. 37.

247 Peter MURPHY & Eric STOCKDALE (eds.), *Blackstone's Criminal Practice,* Oxford, Oxford University Press, 2006, p. 1061; JOLOWICZ John Anthony (dir.), *Droit anglais,* Paris, 2ème éd., Dalloz, 1992, p. 389 ; McCONVILLE Mike & WILSON Geoffrey (eds.), *The Handbook of the Criminal Justice Process,* Oxford, Oxford University Press, 2002, p. 43.

248 Art. 1er, *Police and Criminal Evidence Act,* 1984 ; McCONVILLE Mike & WILSON Geoffrey (eds.), op. cit., p. 52; MURPHY Peter & STOCKDALE Eric (eds.), op. cit., p. 1061.

249 En Angleterre, le contrôle d'identité est une question politique très sensible. C'est dans cet esprit qu'aucun article du *Police and Criminal Evidence Act* n'a accordé à la police le pouvoir général de le faire. Cependant, il existe un certain nombre de dispositions qui l'y autorisent dans des circonstances particulières, comme par exemple l'article 168 du *Road Traffic Act,* 1988 qui permet à la police de contrôler l'identité d'un automobiliste soupçonné d'une infraction routière (John Rason SPENCER, op. cit., p. 26).

250 Art. 66, *Police and Criminal Evidence Act,* 1984 ; Peter MURPHY & Eric STOCKDALE (eds.), op. cit., p. 1112.

251 En cas d'une infraction dont la peine fixée par la loi s'élève à cinq ans d'emprisonnement ou plus (art. 24, *Police and Criminal Evidence Act,* 1984) ; MURPHY Peter & STOCKDALE Eric (eds.), op. cit., p. 1072 ; McCONVILLE Mike & WILSON Geoffrey (eds.), op. cit., p. 53.

252 Art. 34 et 67, *Police and Criminal Evidence Act,* 1984.

253 La police procède ainsi sans mandat de perquisition. Elle peut agir ainsi pour sauver quelqu'un dont la vie est en danger ou pour mettre fin à un trouble à l'ordre public.

254 Peter MURPHY & Eric STOCKDALE (eds.), op. cit., p. 1109 : "(...) This is dealt with under the Regulation of Investigatory Powers Act 2000 the provisions of which are so elaborate that only a summary can be offered here. In brief, in cases other than interception by consent, the interception of messages passing by a postal service or telecommunications system requires a warrant from the Secretary of State or, in cases of emergency, by an official. The provisions of the 2000 Act have effect in place of those under the Interception of Communications Act 1985 (...)".

poursuites ou de classer l'affaire[255]. La police peut donc décider soit de ne plus agir[256], soit de déclencher un procès[257], soit enfin de donner au suspect un avertissement officiel (*Formal Caution*)[258]. Cela implique que l'organe de poursuites le *Crown Prosecution Service* est structurellement dépendant de la police et que « la construction policière de l'affaire tend à dominer la poursuite et le procès »[259]. En définitive, dans le droit de *Common Law*, précisément en Angleterre, la police exerce toutes les attributions que le droit romaniste a confiées à la police judiciaire et au ministère public, c'est-à-dire la recherche des preuves (chapitre I) et le déclenchement des poursuites (chapitre II).

255 Peter MURPHY & Eric STOCKDALE (eds.), op. cit., p. 1120; John Rason SPENCER, op. cit., pp. 30 et 37 ; John Anthony JOLOWICZ (dir.), op. cit., p. 392.
256 *No further action* ou NFO.
257 Dans ce cas, elle transfère le dossier répressif au *Crown Prosecution Service.*
258 Peter MURPHY & Eric STOCKDALE (eds.), op. cit., p. 1122.
259 SANDERS A. & YOUNG R., *Criminal Justice*, London, 1994, pp. 222 et 226.

CHAPITRE 1
LA RECHERCHE DES PREUVES

Sommaire

1. Introduction
2. Les organes chargés de la recherche de l'infraction

- La police judiciaire
    - La police en général
    - La police judiciaire congolaise
    - Les Officiers de police judiciaire
    - Les Agents de police judiciaire
- Le Ministère public
    - Les origines du Ministère public
    - La mission du Ministère public
    - La nature juridique du Ministère public
    - L'organisation et le fonctionnement du Ministère public
    - Le Ministère public près la Cour de cassation
    - Le Ministère public près la Cour constitutionnelle
    - Le Ministère public près la cour d'appel
    - Le Ministère public près le Tribunal de grande instance/Tribunal de commerce
    - Le Ministère public près le tribunal de paix
    - Les conditions d'exercice de l'action publique
    - Les modalités d'exercice de l'action publique
    - Les freins à l'exercice de l'action publique

- ➢ La plainte préalable de la partie lésée
- ➢ La qualité du délinquant
- ➢ L'extinction de l'action publique

- Le particulier

3. Les pouvoirs des organes chargés de la recherche de l'infraction

- Le pouvoir de dresser les procès-verbaux
  - ➢ Définition
  - ➢ Les mentions essentielles d'un procès-verbal
  - ➢ La force probante d'un procès-verbal
  - ➢ Les catégories de procès-verbal
- Les pouvoirs propres du Ministère public
  - ➢ La réquisition d'information, expression de délégation des pouvoirs
  - ➢ Les pouvoirs non susceptibles de délégation

4. La détention avant jugement

- Considérations générales
- Le domaine juridique de la détention avant jugement
  - ➢ La garde à vue opérée par un officier de police judiciaire
  - ➢ Le mandat d'arrêt provisoire du Ministère public
  - ➢ La détention préventive ordonnée par le juge
    - ➢ Notions
    - ➢ Conditions et but de la détention préventive
    - ➢ Autorité compétente
    - ➢ Point de départ, durée et prorogation

- Liberté provisoire
- Appel
- Le pourvoi en cassation
- Détention préventive injustifiée
- Mandat de dépôt.

La recherche des preuves de l'infraction rentre dans le cadre de la procédure d'enquête. Dans son sens étymologique, le mot « enquête » est un substantif qui vient du verbe « enquérir (s')»[260]. Ce verbe pronominal vient du latin « *inquirere* » qui signifie rechercher ou chercher à savoir[261]. Ses synonymes les plus proches sont « rechercher », « s'informer », « se renseigner » ou « aller aux renseignements », « demander »... Le verbe « S'enquérir » trouverait certainement son antonyme dans celui « se désintéresser de »[262] et laisserait passer l'idée que l'on ne peut « aller aux renseignements » qu'en fin limier, en détective ou en sondeur. Point n'est besoin pour ce limier ou ce sondeur de révéler, à l'avance, le résultat auquel il entend aboutir ni l'identité des personnes qu'il a déjà interrogées ou qu'il entend interroger dans le cadre de son travail, l'essentiel étant d'obtenir des informations recherchées.

A partir de cette étymologie, nous pouvons définir l'enquête comme étant une mesure d'instruction qui permet aux officiers de police judiciaire ou aux officiers du ministère public de recevoir des tiers des déclarations de nature à les éclairer sur les faits litigieux dont ils ont personnellement connaissance[263]. Gardons à l'esprit qu'à l'origine l'enquête n'était autrement définie que comme la procédure par laquelle est administrée la preuve par témoins[264]. La preuve, c'est le but de l'enquête ; l'audition des témoins, c'est l'acte d'enquête.

On y voit poindre l'idée d'une enquête menée dans le silence et emprunte d'une certaine dose de mystère. C'est le secret de l'enquête. L'enquête suggère et impose le secret[265], qui s'oppose à la publicité. Cela signifie qu'en procédure pénale toute personne qui concourt à l'enquête est tenue au secret dans les conditions et sous les peines prévues à l'article 73 du code pénal. Elle ne doit communiquer aux tiers des

---

260 Bertaud Henri Du CHAZAUD, *Dictionnaire de synonymes et contraires,* Paris, Le Robert, 2000, p. 291.

261 Jean DUBOIS, Henri MITTERAND et Albert DAUZAT, *Dictionnaire étymologique*, Paris, Larousse, 2007, p. 275.

262 Roger BOUSSINOT, *Synonymes, analogies et antonymes*, Paris, éd. Bordas, 2007, p. 354.

263 Le Nouveau Petit Robert de la langue française 2008, Paris, Le Robert, 2008, p. 879.

264 Serge GUINCHARD et Thierry DEBARD (dir.), op. cit., p. 336 ; Gérard CORNU (dir.), *Vocabulaire juridique*, Paris, 8ème éd., P.U.F., 2008, p. 359.

265 Art. 32, Ordonnance n° 78-289 du 3 juillet 1978 relative à l'exercice des attributions d'officiers et agents de police judiciaire près les juridictions de droit commun. Le secret de l'enquête est d'ordre public et ne peut fléchir en faveur d'intérêts privés (Léo., 13 février 1940, *R.J.C.B.*, 1940, p. 142).

renseignements provenant de la procédure en cours[266]. L'activité de l'enquête se déroule en l'absence du public, qui n'y a pas accès[267] ; même les témoins ne sont pas mis au courant de leurs dépositions respectives[268]. Le secret devient un instrument de protection[269] qui permet de faciliter l'œuvre répressive en évitant d'étaler en public le travail de recherche et de décantation des preuves, et en évitant les pressions de l'opinion publique sur une magistrature qui doit être indépendante et libre[270]. D'autre part, le secret devient un instrument de pouvoir[271], qui fait de l'enquête une procédure qui suppose l'exercice d'une autorité dotée de pouvoirs, généralement étendus, parfois aussi de coercition, en vue de la recherche des preuves d'une infraction bien déterminée.

Section I : Les organes chargés de la recherche des preuves de l'infraction

La loi a institué deux organes en vue de la recherche des preuves de l'infraction : la police judiciaire (§1) et le ministère public (§2). Dans une certaine mesure, les particuliers peuvent participer à la procédure de recherche des preuves de l'infraction (§3).

Paragraphe premier : La police judiciaire

A. La police en général

Joseph Fouché (1759-1820), l'une des figures les plus controversées de l'histoire française pour avoir, comme Ministre de la Police, à la fois servi et combattu à peu près toutes les forces politiques de son époque, concevait en ces termes l'essence de la fonction de police, dont il fut l'un des véritables fondateurs : «[...] Tout gouvernement a besoin pour

---

266 Crim., 9 octobre 1978, *Julan*, Bull. crim., n°263 ; Jean PRADEL et André VARINARD, *Les grands arrêts de la procédure pénale*, Paris, 6ème éd., Dalloz, 2009, pp. 286 et s.

267 Jacques TREILLARD, *Les caractères de l'instruction préparatoire en procédure pénale*, Bordeaux, Imprimerie Bière, 1959, p. 13 ; Serge GUINCHARD et Jacques BUISSON, *Procédure pénale*, Paris, 4ème éd., Litec, 2008, pp. 824 et s. ; Frédéric DESPORTES et Laurence LAZERGES-COUSQUER, op. cit., p. 299.

268 Bernard BOULOC, *Procédure pénale*, Paris, 18ème éd., Dalloz, 2001, p. 567.

269 Mikaël BENILLOUCHE, *Le secret dans la phase préliminaire du procès pénal en France et en Angleterre*, Aix-en-Provence, P.U.A.M., 2004, p. 19.

270 Roger MERLE et André VITU, *Traité de droit criminel. Procédure pénale*, Paris, 5ème éd., Cujas, 2001, p. 469.

271 Mikaël BENILLOUCHE, op. cit., p. 21.

premier garant de sa sûreté d'une police vigilante (...) La tâche de la haute police est immense (...) C'est dans l'obscurité et le mystère qu'il faut aller découvrir des traces qui ne se montrent qu'à des regards investigateurs et pénétrants [...] »[272].

Il est permis d'observer que la doctrine de Joseph Fouché n'entend s'appliquer qu'à une certaine forme de la police, celle précisément qu'une analyse fonctionnelle de la police appellerait aujourd'hui la police d'information ou de renseignement ou police politique, dont le rôle essentiel est d'informer le gouvernement des différents mouvements de l'opinion publique. C'est le cas de l'Agence Nationale de Renseignements en République démocratique du Congo. Placée sous l'autorité du Président de la République, l'Agence Nationale de Renseignements a pour mission de veiller à la sûreté intérieure et extérieure de l'Etat. A ce titre, elle a pour attributions notamment : 1° la recherche, la centralisation, l'interprétation, l'exploitation et la diffusion des renseignements politiques, diplomatiques, stratégiques, économiques, sociaux, culturels, scientifiques et autres intéressant la sûreté intérieure et extérieure de l'État ; 2° la recherche et la constatation, dans le respect de la loi, des infractions contre la sûreté de l'Etat ; 3° la surveillance des personnes ou groupes de personnes nationaux ou étrangers suspectés d'exercer une activité de nature à porter atteinte à la sûreté de l'Etat ; 4° la protection de l'environnement politique garantissant l'expression normale des libertés publiques, conformément aux lois et règlements ; 5° l'identification dactyloscopique des nationaux ; 6° la recherche des criminels et autres malfaiteurs signalés par l'organisation internationale de la police criminelle ; 7° la collaboration à la lutte contre le trafic de drogue, la fraude et la contrebande, le terrorisme, la haute criminalité économique ainsi que tous autres crimes constituant une menace contre l'Etat ou l'humanité[273].

En sus de la police d'information ou de renseignement, l'on peut relever deux autres formes de police : la police d'ordre, qui est désignée aussi par son régime juridique comme la police administrative, et la police d'investigation ou police judiciaire. Pour empêcher plus efficacement les désordres, la police administrative doit connaître à l'avance les troubles qui se trament. Elle est proactive ou préventive, mais intervient également pour rétablir l'ordre. La police d'investigation

---

272 Cité par Etienne PICARD, « La police et le secret des données d'ordre personnel en droit français », *Revue de science criminelle*, 1993, Chr., p. 275.

273 Art. 3, décret-loi n° 003-2003 du 11 janvier 2003.

ou police judiciaire est chargée de préparer la répression, en recherchant elle aussi, par nature même, des informations[274]. Son rôle quotidien est bien d'enquêter sur des faits dont elle a connaissance dans le but d'obtenir ou non la condamnation de l'auteur de l'infraction.

Cependant, il faut admettre que quelle qu'en soit la forme, la police fonctionne dans une perspective de subordination aux principes fondateurs de l'Etat de droit, dont elle est l'un des organes chargés d'assurer la mission de service public de la justice. L'Etat de droit a pour but essentiel la garantie et la protection des droits fondamentaux de la personne. En tant qu'elle constitue un des organes de l'Etat de droit, la police doit également être ordonnée à cette fin. Il en résulte que la fonction de la police n'est pas d'abord de renseigner le gouvernement, ni de prévenir les troubles à l'ordre public, encore moins de rechercher les auteurs d'infractions, mais bien de garantir les droits de l'homme.

B. La police judiciaire congolaise

La police judiciaire congolaise est organisée par l'ordonnance n° 78-289 du 03 juillet 1978 relative à l'exercice des attributions d'officiers et agents de police judiciaire près les juridictions de droit commun.

Quelque acerbe que soit la critique que l'on peut lui adresser[275], l'ordonnance de 1978 a le mérite d'examiner les grandes questions de police judiciaire des parquets : l'organisation et le fonctionnement de la police judiciaire, les enquêtes de la police judiciaire -ordinaires et de flagrance-, la réquisition d'information, l'amende transactionnelle, les mandats de justice, la rédaction et la transmission des procès-verbaux. Cette ordonnance a également le mérite de reconnaître au ministère

---

274 J.P. BRODEUR, « La police : mythes et réalités », *Criminologie,* 1984, *La police après 1984,* Montréal, p. 21 : « une police à qui on ne désigne pas expressément ses coupables est livrée à l'interminable errance de l'enquête à laquelle seul le hasard met un terme ». En quête incessante d'informations, la police peut se livrer à plusieurs méthodes : l'observation, la filature, les écoutes téléphoniques ou de vidéosurveillance ou de magnétophones placés secrètement dans un domicile, l'infiltration, l'appel à un informateur, la recherche des criminels par des moyens informatiques...

275 L'on peut reprocher à l'ordonnance de 1978 -acte réglementaire- d'avoir organisé la matière de procédure pénale, qui revient normalement à la loi conformément à la constitution (art. 122.f). Par ailleurs, l'expression « juridiction de droit commun » utilisée par l'ordonnance de 1978 paraît incorrecte en droit congolais, dans la mesure où elle supposerait son pendant « juridiction d'exception », expression incorrecte, inconstitutionnelle et anachronique en droit congolais.

public un droit réel et permanent de contrôle sur la police judiciaire dans l'exercice de ses fonctions judiciaires, notamment par la procédure de l'habilitation, le serment et le signalement[276].

Il ressort de l'article 4 de l'ordonnance de 1978 que la police judiciaire comprend les officiers de police judiciaire (1) et les agents de police judiciaire (2). Seuls les officiers de police judiciaire ont un pouvoir de contrainte, qui leur permet de garder à vue un auteur présumé de l'infraction.

1. Les officiers de police judiciaire (O.P.J.)

Aux termes de l'article 5 de l'ordonnance du 3 juillet 1978, ont la qualité d'officiers de police judiciaire ceux à qui cette qualité a été conférée par la loi ou par arrêté du Ministre de la justice pris dans la forme prévue par la loi.

a. Le personnel de police judiciaire

Les officiers de police judiciaire{xe "Police judiciaire"} sont, dans les limites de leur compétence matérielle, chargés de rechercher et constater les infractions à la loi pénale, d'en rassembler les preuves et d'en rechercher les auteurs aussi longtemps qu'une information n'est pas ouverte. Ont la qualité d'officiers de police judiciaire ceux à qui cette qualité a été conférée par la loi ou par arrêté du Ministre de la Justice pris dans la forme prévue par la loi[277]. A cet effet, les officiers de police judiciaire relèvent de plusieurs catégories :

1° Les officiers de police judiciaire des parquets, appelés Inspecteurs de police judiciaire (IPJ). Leur compétence s'étend à toutes les infractions et sur tout le territoire de la République, sous réserve de la promulgation d'une loi d'organisation.

L'on ne peut manquer de noter que depuis le 11 août 2011 le législateur congolais a décidé de regrouper au sein de la police nationale la police judiciaire des parquets et le Bureau Central National – Interpol[278]. En conséquence de cause, il a reconnu aux cadres et agents

---

276 Emmanuel J. LUZOLO Bambi Lessa et Nicolas Abel BAYONA Ba Meya, op. cit., p. 193.

277 Art. 5, ordonnance n°78-289 du 3 juillet 1978 relative à l'exercice des attributions d'officiers et agents de police judiciaire près les juridictions de droit commun.

278 Art. 86, Loi organique n°11/013 du 11 août 2011 portant organisation et fonctionnement de la police nationale congolaise, *J.O.*, 23 août 2011.

de la police judiciaire des parquets et à ceux du Bureau Central National Interpol le droit de jouir de leurs droits et avantages antérieurs au sein de la police nationale[279]. C'est dans ce contexte que le premier ministre a décidé de prendre des mesures d'exécution en vue du regroupement de la police judiciaire des parquets et du Bureau Central National Interpol au sein de la police nationale[280]. Il découle de cette décision du premier ministre la disparition pure et simple des inspecteurs de police judiciaire qui intègrent la police nationale, en choisissant de devenir soit policier de carrière, soit personnel administratif de la police nationale. Dans la pratique cependant et jusqu'à ce jour, les inspecteurs de police judiciaire fonctionnent toujours au sein des parquets sans fondement juridique.

En décidant de supprimer le corps des inspecteurs de police judiciaire, le législateur de 2011 a amputé le magistrat du parquet de son bras séculier. Désormais, le magistrat du parquet dépendra de l'administration de la police nationale pour organiser ses diligences procédurales. Observons que ces deux organes ne fonctionnent pas sous la tutelle d'un même ministère. Ce qui poserait forcément des difficultés d'ordre pratique dans l'exercice de l'action publique. Par ailleurs, admettre l'existence d'une police judiciaire totalement dévouée à la police nationale, donc au ministère de l'Intérieur, serait porter un coup fatal à notre système de procédure pénale dans lequel la police judiciaire se trouve sous le contrôle et la surveillance du magistrat du parquet. La nouvelle figure de la police judiciaire risquerait de compromettre et d'ébranler toute la théorie de procédure pénale applicable dans un système de droit romano-germanique.

2° Les agents de la police nationale, qui appartiennent aux catégories A (les commissaires divisionnaires de police et les commissaires supérieurs de police), B (les commissaires de police) et C (les sous-commissaires de police) ont qualité d'officier de police judiciaire à compétence générale[281].

Les missions de la police nationale ont un caractère à la fois préventif et répressif. A cet effet, la police nationale a pour mission de prévenir les

---

279 Art. 87, Loi organique n° 11/013 du 11 août 2011 portant organisation et fonctionnement de la police nationale congolaise, *J.O.*, 23 août 2011.

280 Décret n° 13/038 du 16 septembre 2013 portant mesures d'exécution du regroupement de la police judiciaire des parquets et du Bureau Central National – Interpol au sein de la police nationale.

281 Art. 77, al. 2, loi organique portant organisation et fonctionnement de la Police Nationale Congolaise, 11 août 2011.

troubles à l'ordre public et les infractions, de constater celles-ci, d'en rassembler les preuves, d'en rechercher et d'en identifier les auteurs et de les déférer devant l'autorité judiciaire compétente. En principe, ce sont les officiers de police judiciaire de la police nationale qui sont les auxiliaires attitrés et permanents du ministère public sous l'autorité duquel ils sont soumis[282].

3° Les officiers de police judiciaire des forces armées. Ont la qualité d'officiers de police judiciaire des Forces armées, les officiers, sous-officiers des Forces armées et agents assermentés des différents services des Forces armées pour l'exercice des missions particulières qui leur sont dévolues par les lois et règlements. Dans ce dernier cas, ils n'ont d'action que sur les infractions commises dans leurs unités ou services respectifs ou sur des personnes placées sous leur commandement et dans la zone territoriale leur assignée pour l'exercice de leurs fonctions administratives. Les militaires de la prévôté militaire qui ne sont pas officiers de police judiciaire des Forces armées ont également qualité pour procéder à des enquêtes préliminaires dans les conditions prévues par la loi.

4° Les agents et fonctionnaires de l'Agence Nationale de Renseignement ayant au moins le grade d'inspecteur adjoint sont officiers de police judiciaire à compétence générale. Leur compétence s'étend sur toute l'étendue du territoire nationale[283].

5° Les fonctionnaires et agents de l'Etat auxquels sont attribuées par la loi certaines fonctions de police judiciaire. Il en est ainsi par exemple des inspecteurs urbains du travail, des responsables des administrations communales (bourgmestres) et des fonctionnaires de la Territoriale, des fonctionnaires attachés à la direction générale et aux services des affaires économiques, des médecins et vétérinaires chargés de la police des denrées alimentaires, des agents exerçant les fonctions de contrôleur de la circulation aérienne[284], des agents attachés à la Direction Générale des Douanes et Accises, des agents attachés à la Direction Générale des Impôts, des agents de la Banque Centrale.

---

282 Art. 77, al. 1er, loi organique portant organisation et fonctionnement de la Police Nationale Congolaise, 11 août 2011.

283 Art. 22, al.2, Décret-loi n°003-2003 du 11 janvier 2003 portant création et organisation de l'Agence nationale de renseignement (ANR).

284 Art. 1er et 5, Ordonnance du Gouverneur général relative aux officiers de police judiciaire, 29 mars 1927, Décret du 26 juillet 1910, *B.A.C.*, 1910, p. 32.

b. Le fonctionnement des officiers de police judiciaire

b.1. Missions des officiers de police judiciaire.

La police judiciaire est exercée, sous la direction et la surveillance du ministère public par les personnes désignées à cet effet par la loi[285]. Elle est chargée, suivant les distinctions établies par la loi ou les règlements, de rechercher et constater les infractions à la loi pénale, d'en rassembler les preuves et d'en rechercher les auteurs aussi longtemps qu'une information n'est pas ouverte. Lorsqu'une information est ouverte, la police judiciaire exécute les délégations du magistrat instructeur et défère à ses réquisitions[286]. Dans l'exercice de ses attributions, la police judiciaire est placée, dans le ressort de chaque tribunal de grande instance sous la direction du procureur de la République, dans le ressort de chaque Cour d'appel, sous la surveillance du procureur général près la Cour d'appel et à l'échelon national sous l'autorité du procureur général de la République[287].

b.2. Conditions d'exercice de la fonction d'officier de police judiciaire.

Les officiers de police judiciaire ne peuvent exercer leurs attributions que sous les conditions et dans les formes suivantes : l'habilitation et le serment.

L'habilitation et le serment.

Quelle que soit l'étendue de sa compétence territoriale, un officier de police judiciaire ne peut exercer effectivement les attributions attachées à sa qualité d'officier de police judiciaire, ni se prévaloir de cette qualité qu'après y avoir été personnellement habilité par le procureur de la République du ressort et prêté entre ses mains, verbalement ou par écrit, le serment suivant : « Je jure fidélité au président de la République, obéissance à la Constitution et aux lois de la République démocratique du Congo, de remplir fidèlement les fonctions qui me sont confiées et d'en rendre loyalement compte à l'officier du Ministère public »[288].

---

[285] Art. 1er, Ordonnance du 3 juillet 1978.
[286] Art. 2, Ordonnance du 3 juillet 1978.
[287] Art. 3, Ordonnance du 3 juillet 1978.
[288] Art. 7, Ordonnance du 3 juillet 1978.

Lorsque, en raison de ses fonctions habituelles, un officier de police judiciaire est appelé à exercer ses attributions dans une circonscription territoriale comprenant plusieurs ressorts de tribunaux de grande instance, la décision d'habilitation est prise et le serment reçu par le procureur de la République de la résidence principale. Les autres procureurs de la République concernés en sont tenus informés[289]. Par contre, lorsque, en raison de ses fonctions habituelles, un officier de police judiciaire est appelé à exercer ses attributions sur toute l'étendue du territoire national, la décision d'habilitation est prise et le serment reçu par le procureur de la République de Kinshasa, Tous les autres procureurs de la République en sont tenus informés[290].

L'habilitation ainsi que la prestation de serment sont constatées sur procès-verbal. Elles donnent lieu à l'octroi à l'intéressé d'un numéro d'identification et d'une carte d'officier de police judiciaire[291].

Refus, suspension et retrait d'habilitation : contenu et effets.

Le procureur de la République accorde ou refuse par décision motivée l'habilitation à exercer les attributions attachées à la qualité d'officier de police judiciaire. Il peut aussi, lorsque l'officier de police judiciaire se révèle par son comportement ou ses connaissances, inapte à exercer ses attributions et sans préjudice des sanctions disciplinaires prévues par le statut auquel l'officier de police judiciaire est assujetti, suspendre cette habilitation pour une durée n'excédant pas six mois ou la retirer à titre définitif[292]. Lorsqu'il envisage de refuser, de suspendre ou de retirer l'habilitation, le procureur de la République adresse préalablement à l'officier de police judiciaire concerné une demande écrite réclamant ses explications sur les faits qui lui sont reprochés. Il peut, si les circonstances l'exigent, ordonner une enquête. La décision du procureur de la République est notifiée à l'intéressé ainsi qu'à son chef hiérarchique[293].

L'officier de police judiciaire dont l'habilitation a été suspendue ou retirée est tenu de remettre sa carte d'officier de police judiciaire dès la notification de la décision du procureur de la République entre les mains de ce magistrat ou de son délégué. En cas de suspension de

[289] Art. 10, Ordonnance du 3 juillet 1978.
[290] Art. 11, Ordonnance du 3 juillet 1978.
[291] Art. 8, Ordonnance du 3 juillet 1978.
[292] Art. 13, Ordonnance du 3 juillet 1978.
[293] Art. 14, Ordonnance du 3 juillet 1978.

l'habilitation, la carte lui est restituée de plein droit et il reprend le plein exercice de ses attributions à l'expiration du délai de suspension. Au cas de refus ou de retrait de l'habilitation, l'officier de police judiciaire ne peut être réhabilité à nouveau que sur décision du procureur général de la République. Lorsque le refus ou le retrait de l'habilitation est dû à un manque de connaissances, la réhabilitation ne peut avoir lieu que si l'officier de police judiciaire a suivi des cours de perfectionnement et satisfait aux examens organisés dans un centre de formation agréé par le procureur général de la République[294].

Il est transmis sans délai au procureur général de la République, trois expéditions de toute décision accordant, refusant, suspendant ou retirant l'habilitation. Le procureur général de la République en adresse une copie à l'autorité de tutelle de l'officier de police judiciaire concerné pour être statué ainsi qu'il appartiendra sur la situation professionnelle de l'intéressé[295].

L'officier de police judiciaire ayant fait l'objet d'une mesure de refus, de suspension ou de retrait de l'habilitation, ne peut, sous peine d'un emprisonnement et d'une amende ou de l'une de ces peines seulement, sans préjudice des autres peines pouvant résulter notamment d'une atteinte illégale aux droits garantis aux particuliers, exercer d'autres attributions judiciaires que celles reconnues aux agents de police judiciaire[296]. Tout procès-verbal établi par un officier de police judiciaire non habilité ou n'ayant pas prêté serment ou dont l'habilitation a été suspendue ou retirée est nul et de nul effet[297].

Recours de l'officier de police judiciaire dont l'habilitation est refusée, suspendue ou retirée.

L'officier de police judiciaire peut, dans le délai de 8 jours à partir de la notification de la décision du procureur de la République, exercer, par requête motivée, un recours contre la décision du refus, de suspension ou de retrait auprès d'une commission présidée par le procureur général près la Cour d'appel du ressort et comprenant deux magistrats de son office choisi par lui sur une liste arrêtée annuellement par le procureur général de la République. La requête est adressée au procureur général

---

294 Art. 16, Ordonnance du 3 juillet 1978.
295 Art. 17, Ordonnance du 3 juillet 1978.
296 Art. 18, Ordonnance du 3 juillet 1978.
297 Art. 19, Ordonnance du 3 juillet 1978.

par l'intermédiaire du procureur de la République qui y joint le dossier personnel de l'intéressé ainsi que le dossier de l'affaire s'il y a lieu[298].

La commission statue dans les huit jours de la réception de la requête et du dossier. L'officier de police judiciaire est entendu personnellement ou par l'intermédiaire d'un conseil. Il a droit à la communication du dossier. Il peut aussi être entendu par tout magistrat ou officier de police judiciaire délégué à cette fin par le procureur général. La commission statue par décision motivée. Sa décision est notifiée à l'intéressé, ainsi qu'à son chef hiérarchique et au procureur de la République[299].

Dossier individuel et signalement.

Le procureur de la République tient un dossier individuel de chaque officier de police judiciaire de son ressort. A la fin de chaque année judiciaire et au plus tard un mois avant la date des signalements dans le corps ou service auquel l'officier de police judiciaire est affecté, il établit sur chacun d'eux un signalement sur son comportement, sa manière de rédiger les procès-verbaux et rapports, le zèle avec lequel il remplit ses devoirs, sa probité, la valeur des informations données au parquet, son habilité professionnelle et le degré de confiance que l'on peut accorder à ses constatations[300].

Le signalement ainsi établi est notifié à l'officier de police judiciaire qui peut exercer un recours devant le procureur général près la Cour d'appel. Les signalements devenus définitifs sont communiqués en trois exemplaires au procureur général de la République qui en adresse une copie à l'autorité de tutelle de l'officier de police judiciaire concerné. A quelque corps ou service que l'officier de police judiciaire appartienne, il est tenu compte de ce signalement dans ses cotations définitives et ses promotions[301].

A chaque mutation du ressort d'un tribunal de grande instance, l'officier de police judiciaire en informe le procureur de la République et lui remet sa carte d'officier de police judiciaire. Le procureur de la République transmet, coté et paraphé, le dossier individuel de l'officier de police judiciaire muté au procureur de la République du nouveau ressort. Celui-ci ne peut accorder l'habilitation ni recevoir le serment de

---

298 Art. 15, Ordonnance du 3 juillet 1978.
299 Art. 15, Ordonnance du 3 juillet 1978.
300 Art. 20, Ordonnance du 3 juillet 1978.
301 Art. 21, Ordonnance du 3 juillet 1978.

l'officier de police judiciaire muté qu'après avoir pris connaissance de ce dossier[302].

2. Les agents de police judiciaire (A.P.J.)

Aux termes de l'article 23 de l'ordonnance du 3 juillet 1978, sont agents de police judiciaire, les personnes auxquelles cette qualité a été reconnue par la loi ou les règlements.

Les agents de police judiciaire ont pour mission de seconder, dans l'exercice de leurs fonctions, les officiers du Ministère public et les officiers de police judiciaire. Ils transmettent les convocations et exécutent les mandats de ces autorités. Ils peuvent être chargés par ces autorités d'une mission de surveillance ou d'une opération de recherche, d'arrestation ou de saisie, hormis celle qui implique une perquisition[303].

Les agents de police judiciaire sont placés sous la direction des officiers de police judiciaire sous les ordres desquels ils exercent leurs fonctions et la surveillance du Ministère public. Ils rendent compte verbalement ou par écrit, sous forme de rapport, des opérations qu'ils effectuent ainsi que des constations qu'ils font. Leurs déclarations verbales sont reçues sur procès-verbal dans les formes ordinaires d'audition des dénonciateurs ou des témoins[304].

Les agents de police judiciaire n'ont pas qualité pour décider seuls des mesures de saisie ou d'arrestation. Toutefois, en cas d'infraction flagrante ou réputée telle, ils peuvent se saisir de la personne du suspect à charge de le conduire immédiatement devant l'officier du Ministère public ou l'officier de police judiciaire le plus proche. Ils peuvent aussi, dans les mêmes circonstances et sous les mêmes conditions, procéder à la saisie des objets sur lesquels pourrait porter la confiscation prévue par la loi et de tous autres qui pourraient servir à conviction ou à décharge[305].

3. Les dispositions communes applicables aux O.P.J. et aux A.P.J.

Les officiers et agents de police judiciaire sont, chacun dans leur catégorie, égaux devant la loi en prérogatives et en responsabilité. Ils doivent servir la société avec loyauté, intégrité et dévouement. Ils ne

---

302 Art. 22, Ordonnance du 3 juillet 1978.
303 Art. 24, Ordonnance du 3 juillet 1978.
304 Art. 25, Ordonnance du 3 juillet 1978.
305 Art. 26, ordonnance du 3 juillet 1978.

peuvent en aucun cas recevoir des parties ou de leurs mandataires des rémunérations quelconques ni accepter des moyens de transport ou autres avantages qui leur seraient offerts par ceux-ci même pour l'exercice de leurs fonctions. Lorsque pour les besoins d'une enquête, ils ont été amenés à exposer des frais personnels, ils dresseront un état desdits frais qu'ils annexeront à leur procès-verbal avec toutes les pièces justificatives. Ceux-ci leur seront remboursés par un comptable du Trésor au vu d'une décision motivée de taxation émanant du procureur de la République. Les frais ainsi exposés entreront en compte pour le calcul des frais de justice[306].

Les officiers et agents de police judiciaire sont tenus d'informer sans délai les autorités judiciaires de toute infraction dont ils ont connaissance. Ils n'ont aucun pouvoir d'appréciation de l'opportunité de poursuivre ou de ne pas poursuivre. Sous peine d'une sanction et sans préjudice des droits de la partie civile à leur réclamer les dommages-intérêts auxquels le coupable aurait été condamné, ils ne peuvent ni refuser, ni différer la constatation d'une infraction pour laquelle ils ont été requis par un particulier ou par l'officier du Ministère public[307].

Dans l'exercice de leurs attributions judiciaires et à moins que la loi n'en dispose autrement, seuls les procureurs de la République, les procureurs généraux et le procureur général de la République ainsi que leurs substituts ont qualité pour diriger leurs activités, par la voie, s'il y a lieu, des officiers de police judiciaire responsables des corps ou services auxquels ils appartiennent. En aucun cas, ils ne peuvent et pour quelque motif que ce soit déférer à un ordre d'aucune autre autorité leur enjoignant de ne pas poursuivre, d'arrêter, de saisir ou de ne pas exécuter les devoirs auxquels ils sont astreints[308].

Les officiers et agents de police judiciaire doivent avoir en toute circonstance un comportement digne envers les justiciables. Ils sont tenus de justifier de leur qualité et de leur compétence à toute demande des autorités judiciaires ou des justiciables[309].

Les officiers et agents de police judiciaire des différents corps ou services entretiennent à tous les échelons des relations de coopération et d'entraide réciproques. Ils sont tenus de se communiquer mutuellement

306 Art. 27, Ordonnance du 3 juillet 1978.
307 Art. 28, Ordonnance du 3 juillet 1978.
308 Art. 29, Ordonnance du 3 juillet 1978.
309 Art. 30, Ordonnance du 3 juillet 1978.

toutes informations utiles au bon déroulement des enquêtes dont ils ont la charge[310].

Paragraphe deuxième : Le Ministère public

Le Ministère public couvre l'ensemble du champ judiciaire et occupe une place essentielle dans le fonctionnement de l'institution judiciaire. Il est un corps composé de magistrats de carrière affectés au parquet et qui sont chargés d'exercer l'action publique. Ils requièrent l'application de la loi et veillent aux intérêts généraux de la société. Les magistrats du Ministère public ou officiers du Ministère public s'appellent également magistrats du parquet ou magistrats debout, parce qu'ils s'élèvent à l'audience chaque fois qu'ils sont appelés à prendre la parole. Indépendants des juges du siège, les magistrats du parquet forment un corps fortement hiérarchisé. Cela n'est pas sans affecter l'indépendance qui caractérise l'exercice de l'action publique, mission principale du Ministère public en matière répressive. Il n'est en effet de bonne justice sans magistrats du ministère public indépendants du pouvoir politique comme des juges.

A. Les origines du Ministère public

Certains auteurs[311] racontent que les fondements du Ministère public ont été posés dès la fin du 12ème siècle, à la suite de la prise de conscience des inconvénients du système accusatoire. Ce système faisait dépendre l'action de la justice pénale des initiatives privées. Il s'instaure une pratique pour les juges de faire effectuer une enquête par des officiers délégués à cet effet. Le pape Innocent III est le premier qui recourt à cette procédure (*inquisitio*) en 1198.

L'affaire porte sur des faits de simonie commis par l'archevêque de Milan et passibles d'une condamnation sévère. Mécontent d'avoir été convaincu de ce crime, ce prélat proteste violemment et tente de réfuter le jugement au motif qu'il n'y a pas eu accusation préalable. L'archevêque prévaricateur comprend l'intérêt de soulever des nullités de procédure faute de pouvoir contester le fond de l'accusation[312].

---

310 Art. 31, Ordonnance du 3 juillet 1978.

311 Guillaume LEYTE, *Histoire du parquet*, Paris, PUF.

312 Jean-Pierre DINTILHAC, « Rôle et attributions du Procureur de la République », *Revue de science criminelle*, 2002, Chr., p. 35.

Le Ministère public est donc historiquement identifié au système inquisitoire, surtout à la poursuite des auteurs de crimes et de délits afin d'assurer la sécurité publique et de contribuer au bien commun. Le roi trouve également son compte dans la justice, parce celle-ci prononce, outre des peines corporelles, des amendes et des confiscations dont le produit est versé au Trésor. Créée au début du 13ème siècle, la fonction du Ministère public est alors exercée par les « promoteurs » auprès des juridictions ecclésiastiques et par les « gens du roi » (avocats et procureurs du roi) devant les juridictions royales.

La grande ordonnance de Philippe le Bel (23 mars 1303) énonce la formule du serment que ces gens du roi prêteront jusqu'à la fin de l'Ancien Régime. « Ils jurent que, tant qu'ils seront en fonction ou chargés de l'administration qui leur a été confiée, ils rendront un juste jugement à toutes les personnes, grandes et petites, étrangères et du lieu, de quelque condition qu'elles soient, et à chaque sujet, sans acception de personne ni de nationalité, en servant et en gardant diligemment les usages locaux et les coutumes... ». Ce serment, identique à celui prêté par les magistrats du siège, démontre que, loin d'être des accusateurs uniquement chargés d'accabler les personnes suspectées de délits, les gens du roi, comme les juges, doivent se préoccuper de rechercher la vérité et de veiller à la bonne application de la loi. Sa formulation fait également apparaître que les notions d'égalité et d'impartialité ont été prises en compte bien avant la rédaction de la déclaration universelle des droits de l'homme.

Dès cette époque, le ministère public dirige les officiers de police et contrôle leur action pour la « correction des délits commis en leur ressort ». Mais, au 17ème siècle, l'exercice de cette mission devient la source d'une ambiguïté. Le pouvoir royal estime que les magistrats du parquet font parfois preuve d'un dynamisme insuffisant pour lutter contre la criminalité et décide de faire aussi contrôler la police et la justice criminelle par les intendants. Conséquence : les conflits se multiplient et les procureurs généraux, avec les magistrats du parquet, se détachent progressivement des Parlements pour devenir davantage les hommes du roi. Précédemment, bien que dénommés « gens du roi », leurs fonctions les attachaient pourtant essentiellement à la famille judiciaire.

Au cours des débats qui précèdent l'adoption de la loi des 16-24 août 1790, la question centrale tourne autour du contrôle du nouveau parquet. Les fonctions du ministère public sont en définitive divisées entre les accusateurs publics, désignés par les représentants du peuple, et les commissaires du roi, chargés de veiller à l'application de la loi tout en étant dépossédés de l'engagement de l'action publique et des réquisitions, qu'elles soient écrites ou orales. Ainsi, loin d'établir une séparation entre le législatif, l'exécutif et le judiciaire, cette loi de 1790 opère un transfert de l'absolutisme royal vers l'absolutisme populaire, sous la forme d'un accusateur public élu par les électeurs du second degré. Face à ces accusateurs publics, les commissaires du roi perdent tout crédit d'autant que la Chancellerie, en renforçant son autorité sur ces commissaires, contribue à leur voler leur indépendance et donc leur autorité.

Pendant la Terreur, les commissaires du roi, remplacés le 18 août 1793 par les commissaires du pouvoir exécutif, voient leur rôle encore restreint au profit des accusateurs publics. Parmi ceux-ci : Fouquier-Tinville, accusateur public près le Tribunal révolutionnaire de Paris, symbole de la soumission du parquet au pouvoir exécutif. Sur les 25 000 personnes déférées, sous la Terreur, devant ces juridictions d'exception, 17.000 ont été « judiciairement exécutées », conformément à ses réquisitions ou à celles de ses collègues prises en application des directives du Comité de Salut Public instauré par la Convention Nationale. En 1795, lors de son procès qui le mènera à la guillotine, Fouquier-Tinville expose sa conception du parquet : « un fonctionnaire dans une République ne doit connaître que la loi émanant du pouvoir souverain et, sans en approfondir les causes ni les motifs, la rigueur ou l'injustice, son devoir est de l'exécuter et de la faire exécuter ». Fondée sur la discipline et sur la stricte exécution des ordres reçus du pouvoir politique, cette conception est reprise par le Directoire malgré les inconvénients qu'elle présente pour l'instauration d'un Etat de droit.

Nommés par le pouvoir central, les « citoyens-magistrats » sont strictement subordonnés au gouvernement et révocables à tout moment. Ce modèle de parquet est composé de personnages considérables, agents du pouvoir exécutif près des tribunaux, soumis ou contraints de démissionner, organisé hiérarchiquement et collégialement[313]. La pratique n'a fait qu'accentuer cette hiérarchisation en conférant aux commissaires auprès des administrations locales (les futurs préfets) les attributions confiées sous l'Ancien Régime aux membres du ministère public et en renforçant la dépendance des commissaires judiciaires vis-à-vis du pouvoir exécutif. La constitution de l'an VIII poursuit cette évolution en

---

313 Eric de MARI, *Le parquet sous la Révolution ,1789-1799,* Histoire du parquet, Paris, PUF.

supprimant l'accusateur public et en transformant le ministère public en une véritable « agence du gouvernement »[314]. Ainsi la période s'achève avec la création d'un parquet totalement soumis au pouvoir politique et dont la fonction est non seulement de veiller à l'application des lois mais aussi à la « pureté » des sentiments patriotiques des juges.

B. Mission du Ministère public

Aux termes de l'article 67 de la Loi Organique portant organisation, fonctionnement et compétences des juridictions de l'ordre judiciaire, le Ministère public recherche les infractions aux actes législatifs et réglementaires qui sont commises sur le territoire de la République. Il reçoit les plaintes et les dénonciations, fait tous les actes d'instruction et saisit les cours et tribunaux.

Il ressort de cette disposition légale que la mission du Ministère public est d'assurer la mise en œuvre de la politique pénale fixée par le gouvernement en l'adaptant au prescrit de la loi. Il ouvre un dossier répressif d'instruction préparatoire (RMP). Il instruit au parquet et, chaque fois qu'il est convaincu de l'infraction, il saisit le juge compétent pour soutenir l'accusation. Le Ministère public détient donc de la loi le droit d'exercer à tout moment l'action publique dès l'instant où une infraction a été commise[315]. Il requiert à cet effet l'application de la loi, même en dehors des cas où l'ordre public aurait été méconnu, pourvu que l'action du Ministère public soit conforme aux intérêts d'une bonne administration de la justice.

L'action publique est celle qui est portée devant une juridiction répressive en vue de l'application des peines à l'auteur d'une infraction[316]. Elle permet au juge saisi des faits de se prononcer sur l'innocence ou la culpabilité d'une personne. L'action publique appartient au Ministère public, qui l'exerce en sa qualité de représentant du pouvoir exécutif[317].

---

314 Jean-Pierre ROYER, *Le ministère public, enjeu politique au XIXe siècle*, Histoire du parquet, Paris, PUF.

315 C.S.J., R.P.A. 33, App., matière répressive, Ministère public c/ Ngwenza Mbengana, *Arrêt*, 21 novembre 1975, *Bulletin des Arrêts de la cour suprême de justice* (1975), Kin., 1976, pp. 225-234.

316 KATUALA KABA KASHALA, *L'action publique à travers les jurisprudence et doctrine congolaise, belge et française*, Kin., Batena Ntambua, 2004, p. 8.

317 Le parquet est un Janus. Il est à la fois intégré dans une hiérarchie et doit suivre la politique pénale fixée par le pouvoir exécutif, sous réserve des adaptations propres aux exigences de son ressort, mais dispose aussi d'un rôle d'initiative dans la définition de cette politique pénale.

Elle a pour vertu principale d'assurer la défense des intérêts de la société dont l'équilibre a été rompu par l'infraction[318]. A cet effet, le Ministère public se présente devant le juge en demandeur. Il est la partie principale au procès pénal, à l'occasion duquel il est opposé à l'auteur (co-auteur ou complice) de l'infraction, autrement appelé défendeur. Aussi, lorsque le Ministère public décide d'exercer l'action publique, il communique toutes les pièces au juge compétent pour en connaître[319].

C. Nature juridique du Ministère public

Poser la question de la nature juridique du Ministère public reviendrait à statuer sur la question de savoir si le Ministère public est un magistrat ou un fonctionnaire.

Révolue dans sa consistance, cette question est vidée de tout son sens et de tout son intérêt par la loi organique du 11 avril 2013 portant organisation, fonctionnement et compétences des juridictions de l'ordre judiciaire, qui considère que le Ministère public est un magistrat[320]. Même les manuels actuels de procédure pénale ne s'attardent plus sur cette question de la nature juridique du Ministère public.

Par contre, la question la plus importante qui concerne actuellement le Ministère public est celle de sa place dans le cadre du pouvoir judiciaire. En d'autres termes, un magistrat du parquet est-il une autorité judiciaire ? Si tel est le cas, est-il indépendant des autres pouvoirs classiques de l'Etat, c'est-à-dire le pouvoir exécutif et le pouvoir législatif ?

Au regard de l'article 149 de la constitution du 18 février 2006, le pouvoir judiciaire, qui est indépendant du pouvoir législatif et du pouvoir exécutif, est dévolu aux cours et tribunaux qui sont : la Cour constitutionnelle, la Cour de cassation, le Conseil d'Etat, la Haute Cour militaire ainsi que les cours et tribunaux civils et militaires. Alors que dans sa formule originelle, la constitution de 2006 avait déclaré clairement que le parquet fait partie du pouvoir judiciaire, la révision intervenue en 2011 a expressément écarté cette hypothèse[321]. L'on est

---

318 KATUALA KABA KASHALA, op. cit., p. 6.

319 Art. 53, code de procédure pénale.

320 Art. 2.

321 Loi n°11/002 du 20 janvier 2011 portant révision de certains articles de la constitution de la République démocratique du Congo du 18 février 2006, *J.O.*, 52ème année, n° 3, 1er février 2011.

aujourd'hui en droit de se poser la question de savoir si le magistrat du parquet relève toujours du pouvoir judiciaire et qu'est-ce qu'il en reste des garanties applicables à l'ensemble du corps judiciaire.

En effet, le statut du pouvoir judiciaire est régi par deux principes de protection qui participent de l'autorité judiciaire : l'égalité statutaire et l'indépendance.

L'égalité statutaire.

L'égalité statutaire des magistrats implique l'adoption d'une loi organique portant statut des magistrats, que ceux-ci relèvent du parquet ou du siège. Cette loi organique (i) affirme la volonté de la constitution de concrétiser, sans atermoiements, l'indépendance du pouvoir judiciaire et de garantir la bonne administration de la justice ; (ii) réaffirme les principes de séparation et d'équilibre entre les trois pouvoirs classiques de l'Etat ; (iii) reconnaît au seul Président de la République le pouvoir de nomination, de promotion et de révocation de tous les magistrats ; (iv) revalorise le conseil supérieur de la magistrature qui, outre qu'il est composé uniquement des magistrats, joue un rôle prépondérant dans la gestion administrative, disciplinaire et financière du corps ; (v) revalorise le statut social et professionnel du magistrat[322].

L'égalité statutaire implique par ailleurs (i) l'égalité de traitement des magistrats dans la gestion de leur carrière et (ii) l'égalité d'accès à la magistrature et l'égalité des citoyens devant la justice.

L'indépendance du pouvoir judiciaire.

Le principe de l'indépendance du pouvoir judiciaire est prévu par l'article 149 de la constitution. Son contenu demeure cependant flou dans la pratique judiciaire congolaise. Fondée essentiellement sur la pleine liberté de la conscience du magistrat, l'indépendance judiciaire a des multiples applications qui s'observent mieux dans le processus de sélection, la nomination, la carrière, les incompatibilités et la discipline du magistrat. L'indépendance judiciaire s'observe aussi dans la formation des magistrats. Cette formation doit se dégager des influences qui tendent à orienter la pensée et l'action du magistrat au service d'intérêts ou de philosophies privilégiés. Par ailleurs, l'indépendance du pouvoir judiciaire peut être organique indépendance des juridictions ou

---

322 Loi organique n°06/020 du 10 octobre 2006 portant statut des magistrats, Exposé des motifs, *J.O.*, n°spécial, 25 octobre 2006.

fonctionnelle -indépendance des juges et des magistrats du parquet-, c'est-à-dire personnelle.

Au regard de ces deux principes de protection qui participent de l'autorité judiciaire, le magistrat du parquet, qui est soumis au même statut que son collègue du siège, est une autorité judiciaire et fait partie du pouvoir judiciaire. Néanmoins, son indépendance ne serait pas absolue comme pourrait l'être celle du juge. Mais la question de l'indépendance du magistrat n'est pas que matérielle, même si elle est consacrée par la constitution. Une dimension psychologique ou morale est importante dans la compréhension de cette notion. La dimension morale ou psychologique permet au magistrat d'imposer son indépendance, après l'avoir réclamée, de rester impartial, de respecter et de faire respecter le principe du procès équitable. Malheureusement, la pratique judiciaire a suffisamment démontré que, alors que la constitution a proclamé son indépendance, le magistrat congolais lui-même demeure de faible résilience, parce qu'il croit moins à cette garantie constitutionnelle. Il s'agit d'une question de stature et de capacité !

D. Organisation et fonctionnement du Ministère public

Le Ministère public est un corps composé des magistrats du parquet. En tant que tel, il est indivisible. L'indivisibilité du Ministère public signifie que la décision d'un magistrat du parquet, quel que soit son grade, engage l'ensemble du corps de Ministère public, lequel peut être représenté dans la même cause par des magistrats différents, se remplaçant l'un l'autre. Cela implique que le parquet fonctionne à la manière d'une équipe, composée d'une valse des nominations et des mutations. L'organisation et le travail quotidien du Ministère public se construisent autour de son indivisibilité, qu'en appellent la communauté et la solidarité. Fortement hiérarchisé[323] et placé sous l'autorité du

[323] Art. 73 et s., Arrêté d'organisation judiciaire n°299/79 du 20 août 1979 portant règlement intérieur des cours, tribunaux et parquets. Il est important de noter qu' « … Il s'agisse du parquet général, du parquet près le tribunal de grande instance ou du parquet près le tribunal de paix, le principe en matière de hiérarchie demeure le même : les officiers du ministère public inférieurs en rang exercent leurs fonctions sous la surveillance et la direction du chef de l'office. Il est néanmoins demandé à ce dernier d'agir avec tact et courtoisie à l'égard de ses collègues, surtout en ce qui concerne l'instruction des affaires judiciaires traitées par eux. Ces interventions ne peuvent être tatillonnes, ni tracassières. Ceci est particulièrement important pour le parquet de grande instance ou celui près le

Ministre ayant la justice dans ses attributions[324], le corps du Ministère public forme une chaîne de commandement unique et centralisé qui régit les rapports entre magistrats. Au sein d'une telle structure, la hiérarchie implique obéissance, dépendances fonctionnelles et s'appuie sur des rapports de loyauté et de confiance réciproques entre magistrats[325]. Cependant, bien que sa plume est serve, la parole du Ministère public demeure toujours libre.

Dans le cadre de son organisation, le Ministère public remplit les devoirs de son office auprès des juridictions établies dans son ressort territorial[326]. La loi a institué un parquet près chaque juridiction répressive pour exercer l'action publique[327]. Ainsi, à la Cour de cassation est attaché un parquet général (1) ; à la Cour constitutionnelle un parquet général (2), à la Cour d'appel un parquet général (3), au Tribunal de grande instance un parquet de la République, qui par ailleurs joue d'office le rôle de ministère public près le Tribunal de commerce (4) et au Tribunal de paix un parquet de la République (5).

1. Le Ministère public près la Cour de cassation ou le parquet général

Près la Cour de cassation est institué le parquet général qui forme le corps du Ministère public. Ce parquet s'organise autour de trois catégories de magistrats :

- Le procureur général ;
- Le 1er avocat général ;
- L'avocat général.

---

tribunal de paix… » (Circulaire n°3/008/IM/PGR/2011 relative à l'organisation intérieure des parquets). De son côté, le magistrat du Ministère public a le devoir de rendre compte de ses actions à son supérieur hiérarchique par un rapport écrit ou oral. Il s'agit d'une culture professionnelle ancrée dans la mentalité du Ministère public. Le magistrat du parquet doit partager toutes les informations et tous les problèmes qu'il rencontre.

324 Art. 70, Loi Organique portant organisation, fonctionnement et compétences des juridictions de l'ordre judiciaire.

325 Patricia BENEC'H-LE-ROUX, « Procureur de la République : une identité professionnelle renforcée », *Questions pénales*, XX.4, novembre 2007, p. 3.

326 Art. 71, Loi Organique portant organisation, fonctionnement et compétences des juridictions de l'ordre judiciaire.

327 Art. 65, Loi Organique portant organisation, fonctionnement et compétences des juridictions de l'ordre judiciaire.

Le procureur général est le premier de tous les magistrats de la Cour de cassation. Il exerce près cette juridiction les fonctions du Ministère public, en ce compris l'action publique. Il peut cependant, sur injonction du Ministre de la Justice, initier ou continuer toute instruction préparatoire portant sur des faits infractionnels qui ne ressortent pas de la compétence de la Cour de cassation. Il peut également, sur injonction du même Ministre ou d'office et pour l'exécution des mêmes devoirs, faire injonction aux procureurs généraux près la Cour d'appel. De même, le procureur général près la Cour de cassation peut, sur injonction du Ministre de la Justice, requérir et soutenir l'action publique devant tous les cours et tribunaux à tous les niveaux[328].

Le procureur général près la Cour de cassation a un droit de surveillance et d'inspection sur les parquets généraux près les cours d'appel. Il peut, à ce titre, demander et recevoir en communication tout dossier judiciaire en instruction à l'office du procureur général près la cour d'appel ou à celui du procureur de la République. Il ne peut cependant, à peine de nullité de la procédure, poser des actes d'instruction ou de poursuite dans le dossier reçu en communication que sur injonction du Ministre de la Justice[329]. Cependant, en vertu de ce droit d'inspection et de surveillance, le procureur général de la République peut édicter des circulaires et instructions uniformes applicables sur toute l'étendue du pays.

Un ou plusieurs premiers avocats généraux et avocats généraux assistent le procureur général près la Cour de cassation[330]. En cas d'absence ou d'empêchement, le procureur général près la Cour de cassation est remplacé dans l'exercice de ses fonctions par le premier avocat général le plus ancien dans le grade ou, à défaut, par l'avocat général le plus ancien[331].

Toutes les sections et tous les services du parquet général sont placés sous la surveillance d'un premier avocat général désigné par le procureur général et qui porte le titre de premier avocat-général coordonnateur. Le

---

328 Art. 72, Loi Organique portant organisation, fonctionnement et compétences des juridictions de l'ordre judiciaire.

329 Art. 73, Loi Organique portant organisation, fonctionnement et compétences des juridictions de l'ordre judiciaire.

330 Art. 65, Loi Organique portant organisation, fonctionnement et compétences des juridictions de l'ordre judiciaire.

331 Art. 75, Loi Organique portant organisation, fonctionnement et compétences des juridictions de l'ordre judiciaire.

premier avocat général chargé de la coordination assure l'ordre intérieur au sein du parquet général. Il veille à la discipline de tous les magistrats et du personnel qui y est attaché. Il est obligatoirement tenu informé de tout fait important qui survient au sein du parquet général ou dont ce dernier est saisi. Il règle tous les problèmes qui ne relèvent de la compétence d'aucune section du parquet général. Il tient le procureur général pleinement informé des activités du Ministère public[332].

Le premier avocat général, chef de section, distribue les affaires aux avocats généraux attachés à sa section. Il fixe le rôle des avocats généraux aux audiences et réunions de l'assemblée plénière de la Cour de cassation. Il assure la bonne marche de la section[333]. Le premier avocat général, chef de section, peut proposer la réunion de tous les magistrats du parquet général au premier avocat général, coordonnateur, pour débattre de toute question qui lui paraît devoir être soumise aux débats. La réunion est présidée par le premier avocat général coordonnateur[334].

L'avocat général désigné pour l'étude d'une affaire est chargé de rédiger ses conclusions ou réquisitions qui contiendront l'exposé des faits de la cause et la solution du litige en droit, eu égard aux moyens des parties ou soulevés d'office[335].

2. Le Ministère public près la Cour constitutionnelle ou le parquet général

Il est institué un parquet général près la cour constitutionnelle. Placé sous l'autorité du procureur général près la cour constitutionnelle, le parquet général près la cour de constitutionnelle exerce les attributions qui lui sont dévolues par la loi[336]. C'est ainsi qu'en matière pénale, le procureur général près la cour constitutionnelle recherche et constate les

---

332 Art. 73, Arrêté d'organisation judiciaire n°299/79 du 20 août 1979 portant règlement intérieur des cours, tribunaux et parquets.

333 Art. 74, Arrêté d'organisation judiciaire n°299/79 du 20 août 1979 portant règlement intérieur des cours, tribunaux et parquets.

334 Art. 75, Arrêté d'organisation judiciaire n°299/79 du 20 août 1979 portant règlement intérieur des cours, tribunaux et parquets.

335 Art. 76, Arrêté d'organisation judiciaire n°299/79 du 20 août 1979 portant règlement intérieur des cours, tribunaux et parquets.

336 Art. 12, Loi organique n°13/026 du 15 octobre 2013 portant organisation et fonctionnement de la cour constitutionnelle, *J.O.*, numéro spécial, 18 octobre 2013.

infractions relevant de la compétence de la cour constitutionnelle, soutient l'accusation et requiert les peines[337].

Le parquet général près la cour constitutionnelle s'organise autour de trois catégories de magistrats :

- Le procureur général ;
- Le premier avocat général ;
- L'avocat général.

3. Le Ministère public près la Cour d'appel ou le parquet général

Selon la loi, l'exercice de l'action publique dans toute sa plénitude et devant toutes les juridictions de son ressort appartient au procureur général près la cour d'appel. Ce dernier peut requérir et soutenir l'action publique devant toutes les juridictions de son ressort, sauf devant la cour de cassation. L'objectif poursuivi par le législateur est de répondre au besoin de la décentralisation, car l'on ne peut plus concevoir, alors que le processus de décentralisation est engagé, que le procureur général de la République centralise entre ses mains la plénitude de l'action publique[338].

Près chaque Cour d'appel est institué un parquet général qui forme le corps du Ministère public. Ce parquet s'organise autour de trois catégories de magistrats :

- Le procureur général ;
- L'avocat général ;
- Le substitut du procureur général.

Près chaque Cour d'appel, est institué un procureur général. L'exercice de l'action publique dans toute sa plénitude et devant toutes les juridictions de son ressort appartient au procureur général près la Cour d'appel[339]. Il s'ensuit que le procureur général près la cour d'appel peut requérir et soutenir l'action publique devant toutes les juridictions

---

337 Art. 14, Loi organique n°13/026 du 15 octobre 2013 portant organisation et fonctionnement de la cour constitutionnelle, *J.O.*, numéro spécial, 18 octobre 2013.

338 Circulaire du procureur général de la République, n°01/008/IM/PGR/2011

339 Art. 77, loi organique du 11 avril 2013 portant organisation, fonctionnement et compétences des juridictions de l'ordre judiciaire ; art. 77, Arrêté d'organisation judiciaire n°299/79 du 20 août 1979 portant règlement intérieur des cours, tribunaux et parquets.

de l'ordre judiciaire installées dans son ressort[340]. Il porte la parole aux audiences solennelles de la Cour d'appel. Il peut aussi le faire aux audiences des chambres, s'il le juge nécessaire. Un ou plusieurs avocats généraux et substituts du procureur général l'assistent. Ils exercent leurs fonctions du Ministère public sous sa surveillance et sa direction[341]. En cas d'absence ou d'empêchement, le procureur général près la Cour d'appel est remplacé par le plus ancien des avocats généraux ou, à défaut, par le plus ancien des substituts du procureur général[342].

Le procureur général près la Cour d'appel peut siéger aux audiences de n'importe quel tribunal de son ressort. Il répartit entre les magistrats de son office les affaires dont l'instruction relève directement du parquet général[343]. Il ne peut instruire ou siéger que lorsqu'il s'agit des affaires jugées complexes ou délicates soit par lui-même, soit par son supérieur hiérarchique. Le procureur général près la Cour d'appel assure la direction, la surveillance et la coordination des activités des magistrats de son ressort[344]. Le procureur général a le devoir, selon l'importance et le caractère de chaque affaire, insister auprès du magistrat-instructeur de procéder d'urgence à tels devoirs d'instruction et sur l'utilité d'accomplir tel acte qu'elle nécessite[345]. Il a le droit de se faire communiquer tout dossier traité à son office. Il a aussi le droit de prescrire tel devoir d'enquête, tel travail, telle inspection qu'il juge utile. Il a le devoir de le faire si son intervention devient nécessaire et en cas de désobéissance à ses injonctions, il peut ouvrir une action disciplinaire à l'encontre du magistrat récalcitrant[346].

Lorsque l'examen d'un dossier révèle des lacunes ou des irrégularités, le procureur général a le devoir de les signaler au magistrat instructeur et

---

340 Circulaire n°01/008/IM/PGR/2011 du 18 février 2011 relative à l'ordonnance-loi n°82/020 du 31 mars 1982 telle que modifiée à ce jour portant code de l'organisation et de la compétence judiciaires.

341 Art. 77, loi organique portant organisation, fonctionnement et compétences des juridictions de l'ordre judiciaire.

342 Art. 79, loi organique du 11 avril 2013 portant organisation, fonctionnement et compétences des juridictions de l'ordre judiciaire.

343 Art. 77, Arrêté d'organisation judiciaire n°299/79 du 20 août 1979 portant règlement intérieur des cours, tribunaux et parquets.

344 Art. 78, Arrêté d'organisation judiciaire n°299/79 du 20 août 1979 portant règlement intérieur des cours, tribunaux et parquets.

345 Art. 79, Arrêté d'organisation judiciaire n°299/79 du 20 août 1979 portant règlement intérieur des cours, tribunaux et parquets.

346 Art. 80, Arrêté d'organisation judiciaire n°299/79 du 20 août 1979 portant règlement intérieur des cours, tribunaux et parquets.

l'inviter à compléter son instruction. Pour prévenir les mêmes erreurs, négligences ou irrégularités, le procureur général donne au magistrat intéressé les instructions appropriées et lui fait des recommandations, voire des admonestations[347]. Le procureur général vérifie également la régularité et la légalité de toutes les interventions du magistrat-instructeur. Il a en outre le devoir de vérifier si toute la diligence nécessaire a été mise à procéder à ces interventions et si les solutions proposées sont fondées en fait et en droit, sur les éléments du dossier[348].

Le procureur général a le devoir de vérifier scrupuleusement lors de l'examen des dossiers, si la preuve des infractions reprochées au prévenu est rapportée et veiller à ce que personne ne soit assignée devant une juridiction répressive avant que l'officier du Ministère public puisse démontrer sa culpabilité. Le procureur général signe toute requête aux fins de fixation d'audience[349]. Il distribue les affaires au fur et à mesure de leur entrée et selon les opportunités dont l'appréciation est laissée à lui-même procureur général[350].

L'avocat général assiste le procureur général dans la direction du parquet. Il représente le Ministère public aux audiences de la Cour. Chaque substitut du procureur général supervise l'activité judiciaire du ressort d'un tribunal de grande instance. Il se consacre en outre à la critique des jugements, des avis d'ouverture et notes de fin d'instruction transmis par le parquet de grande instance dont il supervise le ressort[351]. A l'expiration de chaque trimestre, le procureur général transmet au procureur général de la République, un rapport sur l'activité de son ressort ainsi que les rapports des magistrats sur la situation de leur cabinet. Il procède au moins deux fois par an à l'inspection des parquets de son ressort[352]. Le premier avocat général de la République coordonnateur, le procureur général réunissent les magistrats placés sous

---

347 Art. 81, Arrêté d'organisation judiciaire n°299/79 du 20 août 1979 portant règlement intérieur des cours, tribunaux et parquets.

348 Art. 82, Arrêté d'organisation judiciaire n°299/79 du 20 août 1979 portant règlement intérieur des cours, tribunaux et parquets.

349 Art. 84, Arrêté d'organisation judiciaire n°299/79 du 20 août 1979 portant règlement intérieur des cours, tribunaux et parquets.

350 Art. 85, Arrêté d'organisation judiciaire n°299/79 du 20 août 1979 portant règlement intérieur des cours, tribunaux et parquets.

351 Art. 86, Arrêté d'organisation judiciaire n°299/79 du 20 août 1979 portant règlement intérieur des cours, tribunaux et parquets.

352 Art. 88, Arrêté d'organisation judiciaire n°299/79 du 20 août 1979 portant règlement intérieur des cours, tribunaux et parquets.

leur surveillance au moins une fois par semaine. Au cours de ces réunions, ils rappellent aux magistrats les règles de déontologie professionnelle et débattent de toutes questions intéressant la bonne marche du service[353].

4. Le Ministère public près le Tribunal de grande instance et le Tribunal de commerce ou le parquet de la République

Près chaque Tribunal de grande instance est institué un parquet de la République qui forme le corps du Ministère public. Ce parquet s'organise autour de trois catégories de magistrats :

- Le procureur de la République ;
- Le 1er substitut du procureur de la République ;
- Le substitut du procureur de la République.

Le procureur de la République est le premier de tous les magistrats attachés à chaque tribunal de grande instance. Il exerce sous la surveillance et la direction du procureur général près la Cour d'appel les fonctions du Ministère public près le tribunal de grande instance. En cas d'absence ou d'empêchement, le procureur de la République est remplacé par le plus ancien des premiers substituts résidant au siège du tribunal de grande instance ou, à défaut, par le plus ancien substitut résidant au siège du tribunal de grande instance.[354].

Aux termes de l'article 78 de l'arrêté d'organisation judiciaire, le procureur de la République ne peut instruire ou siéger que lorsqu'il s'agit des affaires jugées complexes ou délicates soit par lui-même, soit par son supérieur hiérarchique. Il assure la direction, la surveillance et la coordination des activités des magistrats de son ressort. Par ailleurs, selon l'importance et le caractère de chaque affaire, le procureur de la République insiste auprès du magistrat-instructeur de procéder d'urgence à tels devoirs d'instruction et sur l'utilité d'accomplir tel acte qu'elle nécessite[355]. Il peut en outre se faire communiquer tout dossier traité à son office et a le droit de prescrire tel devoir d'enquête, tel travail, telle inspection qu'il juge utile. Le procureur de la République a le devoir de le

353 Art. 89, Arrêté d'organisation judiciaire n°299/79 du 20 août 1979 portant règlement intérieur des cours, tribunaux et parquets.

354 Art. 81, loi organique du 11 avril 2013 portant organisation, fonctionnement et compétences des juridictions de l'ordre judiciaire.

355 Art. 79, Arrêté d'organisation judiciaire n°299/79 du 20 août 1979 portant règlement intérieur des cours, tribunaux et parquets.

faire si son intervention devient nécessaire et en cas de désobéissance à ses injonctions, il peut ouvrir une action disciplinaire à l'encontre du magistrat récalcitrant[356]. Lorsque l'examen d'un dossier révèle des lacunes ou des irrégularités, le procureur de la République a le devoir de les signaler au magistrat instructeur et l'inviter à compléter son instruction. Pour prévenir les mêmes erreurs, négligences ou irrégularités, le procureur de la République donne au magistrat intéressé les instructions appropriées et lui fait des recommandations, voire des admonestations. Il doit particulièrement vérifier chaque dossier avant son envoi en fixation ou sa transmission au parquet général pour qu'il soit éventuellement complété en vue d'éviter tout devoir d'instruction supplémentaire ultérieur[357]. Le procureur de la République veille également à la régularité et la légalité de toutes les interventions du magistrat-instructeur et vérifie en outre si toute la diligence nécessaire a été mise à procéder à ces interventions et si les solutions proposées sont fondées en fait et en droit, sur les éléments du dossier[358]. Toujours dans le cadre de l'instruction, le procureur de la République adresse aux officiers de police judiciaire de son ressort des instructions précises pour la meilleure conservation des biens du prévenu de manière à prévenir toute contestation ultérieure à ce sujet[359]. Il veille scrupuleusement, lors de l'examen des dossiers, si la preuve des infractions reprochées au prévenu est rapportée de telle sorte que personne ne soit assigné devant une juridiction répressive sans la preuve de sa culpabilité. Le procureur de la République signe toute requête aux fins de fixation d'audience[360]. Il apprécie l'opportunité d'attribution des affaires aux magistrats instructeurs[361].

Aux termes de l'article 87 de l'arrêté d'organisation judiciaire, le premier substitut est chargé de superviser l'activité des substituts. Il se

---

356 Art. 80, Arrêté d'organisation judiciaire n°299/79 du 20 août 1979 portant règlement intérieur des cours, tribunaux et parquets ; circulaire n° 3/008/IM/PGR/2011 relative à l'organisation intérieure des parquets.

357 Art. 81, Arrêté d'organisation judiciaire n°299/79 du 20 août 1979 portant règlement intérieur des cours, tribunaux et parquets.

358 Art. 82, Arrêté d'organisation judiciaire n°299/79 du 20 août 1979 portant règlement intérieur des cours, tribunaux et parquets.

359 Art. 83, Arrêté d'organisation judiciaire n°299/79 du 20 août 1979 portant règlement intérieur des cours, tribunaux et parquets.

360 Art. 84, Arrêté d'organisation judiciaire n°299/79 du 20 août 1979 portant règlement intérieur des cours, tribunaux et parquets.

361 Art. 85, Arrêté d'organisation judiciaire n°299/79 du 20 août 1979 portant règlement intérieur des cours, tribunaux et parquets.

consacre en outre à la critique des jugements, avis d'ouverture et notes de fin d'instruction transmis par l'officier de police judiciaire qui représente le Ministère public près le tribunal de paix ou par le personnel de cette juridiction s'il siège sans le concours de cet agent. Il siège aux audiences d'appel du tribunal de grande instance, pendant que l'instruction des affaires est essentiellement assurée par les substituts[362].

A l'expiration de chaque trimestre, le procureur de la République transmet au procureur général un rapport sur l'activité de son ressort ainsi que les rapports des magistrats sur la situation de leur cabinet. Il procède au moins deux fois par an à l'inspection des parquets de son ressort[363].

Par ailleurs, le procureur de la République près le tribunal de grande instance dans le ressort duquel se trouve le siège du tribunal de commerce exerce les fonctions du Ministère public près cette dernière juridiction[364]. Sans préjudice d'autres dispositions particulières en la matière, il recherche les infractions à la législation économique et commerciale, poursuit et requiert des peines contre leurs auteurs ou complices présumés[365]. L'article 12 de la loi sur le tribunal de commerce n'a pas reconnu au Ministère public le pouvoir de recevoir les plaintes et dénonciations et de poser tous actes d'instruction. S'agit-il d'un acte délibéré ou d'un oubli ? La deuxième hypothèse est plus plausible que la première. Il est en effet inimaginable qu'un Ministère public recherche les infractions sans par la suite instruire, ni poursuive alors qu'il n'a pas instruit, encore moins se saisisse d'office d'une infraction sans qu'il ait reçu préalablement une plainte de la victime ou une dénonciation d'un tiers. Le législateur aurait fait œuvre utile en renvoyant tout simplement à l'article 7 du code d'organisation et de compétence judiciaires. Il se serait épargné de toute critique.

---

362 Art. 87, Arrêté d'organisation judiciaire n°299/79 du 20 août 1979 portant règlement intérieur des cours, tribunaux et parquets.

363 Art. 88, Arrêté d'organisation judiciaire n°299/79 du 20 août 1979 portant règlement intérieur des cours, tribunaux et parquets.

364 Art. 12, al. 1er, loi n°002-2001 du 3 juillet 2001 portant création, organisation et fonctionnement des tribunaux de commerce, *J.O.*, n°14, 42ème année, 15 juillet 2001, p. 4.

365 Art. 12, al. 3, loi n°002-2001 du 3 juillet 2001 portant création, organisation et fonctionnement des tribunaux de commerce, *J.O.*, n°14, 42ème année, 15 juillet 2001, p. 4.

5. Le Ministère public près le Tribunal de paix

Existe-t-il un parquet approprié attaché au tribunal de paix ?

Pour répondre à cette question, il est important de recourir à certaines dispositions emblématiques en la matière. C'est le cas des articles 65, 80 et 82 de la loi organique portant organisation, fonctionnement et compétences des juridictions de l'ordre judiciaire du 11 avril 2013 dont l'examen apporte une solution discutable, mariant constances et confusion sur fond d'une pratique judiciaire qui en a tranché mécaniquement.

Une première constance : la loi a créé un parquet près chaque tribunal de paix.

L'article 65 de la loi organique relative à l'organisation, le fonctionnement et les compétences des juridictions de l'ordre judiciaire dispose qu'il est institué un parquet près le tribunal de paix.

Une deuxième constance : la composition singulière dudit parquet.

Au regard de la même disposition de l'article 65 de la loi organique du 11 avril 2013, le parquet près le tribunal de paix n'est constitué que d'un premier substitut du procureur de la République auquel sont adjoints un ou plusieurs substituts du procureur de la République. Aux termes de cette disposition légale, le chef d'office de ce parquet est un premier substitut du procureur de la République.

La confusion de la loi organique : la mission de ministère public en conflit entre deux chefs d'office.

En dépit de la clarté imposée par l'article 65 de la loi organique, l'article 80 de la même loi vient jeter un flou. Alors que le chef d'office d'un parquet a le pouvoir d'y exercer la mission de ministère public dans le cadre de son ressort, l'article 80 confie cette mission plutôt au procureur de la République. Un conflit de compétence est donc né, envenimé par ailleurs par l'article 82 de la même loi organique, qui, cette fois-ci, reconnaît au premier substitut du procureur de la République le pouvoir d'exercer la mission de ministère public près le tribunal de paix.

La pratique judiciaire a tranché au profit du procureur de la République.

Depuis la promulgation de la loi du 11 avril 2013, le premier tiret de l'article 65 a connu sa pleine application en 2016. En effet, par son ordonnance n°16/016 du 1er mars 2016, le Président de la République a nommé 55 procureurs de la République dont certains ont été affectés comme chefs d'office aux parquets près les tribunaux de paix installés sur le territoire de la République. Par la suite, d'autres décisions d'organisation judiciaire ont été prises par le conseil supérieur de la magistrature portant affectation des premiers substituts et substituts du procureur de la République aux parquets près les tribunaux de paix. Par ces différentes décisions, la pratique judiciaire a plutôt reconnu au procureur de la République le pouvoir d'administrer le parquet près le tribunal de paix, démentant ainsi la loi organique du 11 avril 2013 dans ses articles 65 et 82, auxquels elle a apporté un coup fatal.

A la recherche de la vraie volonté du législateur.

En disposant qu'il est constitué un parquet près le tribunal de paix, le législateur n'a pas voulu créer un parquet autonome attaché au tribunal de paix. Sinon, il n'aurait pas décidé de faire du premier substitut un chef d'office de ce parquet. Le législateur n'a pas non plus voulu laisser le tribunal de paix fonctionner comme à l'époque de l'ancien code d'organisation et de compétence judiciaires de 1982, dont les articles 16 et 17 admettaient le fonctionnement du tribunal de paix sans ministère public. A cette époque, le procureur de la République pouvait désigner un de ses substituts ou même un officier de police judiciaire à compétence générale pour exercer les fonctions de ministère public ; et qu'à défaut de le faire, le juge de paix pouvait exercer les fonctions du ministère public. La pratique judiciaire de l'époque avait aussi institué le système de parquet secondaire, c'est-à-dire le parquet de grande instance pouvait envoyer en détachement dans le ressort d'un tribunal de paix un premier substitut et plusieurs substituts du procureur de la République pour exercer les fonctions de ministère public. Aujourd'hui, la loi organique du 11 avril 2013 vient conforter cette pratique. Le premier substitut du procureur de la République exerce désormais les fonctions de ministère public près le tribunal de paix, sous la surveillance et le contrôle du procureur de la République[366]. Il n'en demeure pas vrai que

366 Art. 82, Loi organique du 11 avril 2013 portant organisation, fonctionnement et compétences des juridictions de l'ordre judiciaire.

ce premier substitut garde son cordon ombilical, parce qu'il dépend toujours du procureur de la République qui, à juste titre, exerce les fonctions du ministère public près le tribunal de paix.

D. Conditions d'exercice de l'action publique

En principe, le ministère public recherche les infractions aux actes législatifs et réglementaires qui sont commises sur le territoire de la République[367]. Le ministère public dispose donc d'un pouvoir proactif qui lui permet d'exercer d'office la mission de recherche des infractions. L'absence de plainte de la victime ou de dénonciation d'un tiers ne peut pas l'empêcher d'aller à la recherche des infractions. Cependant, l'on observe dans la pratique qu'en matière de recherche des infractions, le ministère public joue plus le rôle de direction de la police judiciaire que celui de substitution à la police judiciaire[368].

Par ailleurs, l'officier du ministère public qui reçoit une plainte ou une dénonciation ou qui constate une infraction à charge d'un magistrat, d'un cadre de commandement de l'administration publique ou judiciaire, d'un cadre supérieur d'une entreprise paraétatique, d'un cadre de la territoriale, d'un chef de collectivité ou d'une personne qui les remplace ne peut, sauf infraction flagrante, procéder à l'arrestation de la personne poursuivie qu'après en avoir préalablement informé l'autorité hiérarchique dont dépend la personne poursuivie[369].

E. Modalités d'exercice de l'action publique

Le code de procédure pénale prévoit plusieurs modalités d'exercice de l'action publique. D'une part, la juridiction de jugement est saisie par la citation donnée au prévenu, et éventuellement à la personne civilement responsable, à la requête de l'officier du ministère public (citation à prévenu) ou de la partie lésée (citation directe)[370]. D'autre part, la juridiction de jugement est également saisie par la comparution volontaire du prévenu et, le cas échéant, de la personne civilement responsable sur simple avertissement[371]. Toutefois, si la peine prévue par la loi est supérieure à cinq ans de servitude pénale, la comparution

---

367 Art. 67, Loi organique du 11 avril 2013 portant organisation, fonctionnement et compétences des juridictions de l'ordre judiciaire.

368 Antoine RUBBENS, op. cit., p. 59.

369 Art. 10, code de procédure pénale.

370 Art. 54, code de procédure pénale.

371 Art. 55, al. 1er, code de procédure pénale.

volontaire du prévenu ne saisit le tribunal que si, avisé par le juge qu'il peut réclamer la formalité de la citation, le prévenu déclare y renoncer. Il en est de même, quelle que soit la peine prévue par la loi, si l'intéressé est détenu ou si, à l'audience, il est prévenu d'une infraction non comprise dans la poursuite originaire[372]. Il faut cependant noter qu'en sus de ces modalités d'exercice de l'action publique, toute personne arrêtée à la suite d'une infraction intentionnelle flagrante ou réputée telle, sera aussitôt déférée au parquet et traduite sur-le-champ à l'audience du tribunal[373].

F. Les freins à l'exercice de l'action publique

En droit congolais, il existe des circonstances qui empêchent ou qui limitent l'exercice de l'action du ministère public contre une personne qui, visiblement, est l'auteur d'une infraction déterminée.

1. La plainte préalable de la partie lésée

Dans certaines circonstances, alors même que l'infraction est commise, le ministère public ne peut exercer l'action publique que si la personne lésée a initié une plainte devant la police judiciaire ou devant le ministère public. Le droit congolais prévoit six hypothèses dans lesquelles il y a nécessité d'une plainte préalable de la personne lésée.

L'adultère.

Alors qu'il consiste en la violation d'une clause contractuelle de devoir de fidélité[374] et ne porte que très légèrement atteinte à l'ordre public, l'adultère constitue encore une infraction en droit congolais. Néanmoins, cette infraction forme une limite à la libre détermination du ministère public[375]. La poursuite pour adultère ne pourra avoir lieu que sur plainte de l'époux offensé. Le législateur n'a pas voulu compromettre l'unité et la stabilité de la famille par les interventions du ministère public. Il a institué la victime de l'infraction en seul et meilleur juge des suites à donner à l'adultère. Ces infractions sont les suivantes : le fait pour

---

372 Art. 55, al. 2, code de procédure pénale.

373 Art. 1er, ordonnance-loi n°78-001 du 24 février 1978 relative à la répression des infractions flagrantes, *J.O.*, n°6, 15 mars 1978, p. 15.

374 Art. 459, code de la famille.

375 SITA Muila Akele Angélique, *La protection pénale de la famille et de ses membres. Comment la famille et ses membres sont-ils protégés par la loi pénale ?*, Kinshasa, éd. O.D.F., 2003, p. 70.

quiconque, sauf si sa bonne foi a été surprise, d'avoir des rapports sexuels avec une femme mariée ; le fait pour un mari d'avoir des rapports sexuels avec une personne autre que son épouse, si cet adultère a été entouré de circonstances de nature à lui imprimer le caractère injurieux[376] ; le fait pour la femme d'avoir des rapports sexuels avec un homme marié ; le fait pour une femme mariée d'avoir des rapports sexuels avec une personne autre que son conjoint.

La grivèlerie.

La grivèlerie est une infraction prévue par l'article 102 *bis* du code pénal congolais. Cette disposition légale punit celui qui, sachant qu'il est dans l'impossibilité de payer, se sera fait servir, dans un établissement à ce destiné, des boissons ou des aliments qu'il y aura consommés en tout ou en partie ; se sera fait donner un logement dans un hôtel où il s'est présenté comme voyageur ; ou aura pris en location une voiture de louage. L'alinéa 2 de l'article 102 *bis* dispose que la grivèlerie ne pourra être poursuivie que sur la plainte de la partie lésée.

Les infractions aux droits d'auteurs.

Les infractions au droit d'auteur sont celles qui sont prévues par les articles 96 et suivants de l'ordonnance-loi n°86-033 du 05 avril 1986 portant protection des droits d'auteurs et des droits voisins[377]. Il s'agit globalement de toute contrefaçon qui porte une atteinte méchante ou frauduleuse aux droits d'auteurs[378]. Sont assimilées à la contrefaçon la vente, l'exposition, la location, la détention, l'importation et l'exportation des ouvrages ou objets contrefaits lorsque ces actes auront été posés en connaissance de cause et dans un but commercial[379]. L'application méchante ou frauduleuse sur un objet d'art, un ouvrage de littérature ou de musique, du nom d'un auteur ou de tout signe distinctif adopté par lui pour désigner son œuvre, sera également punie comme contrefaçon. Ceux qui, avec connaissance, vendent, exposent en vente, donnent en

376 Il a été jugé que l'adultère du mari n'est punissable que s'il est entouré de circonstances de nature à lui imprimer le caractère d'une injure grave. La persistance du concubinage ne peut constituer à elle seule le caractère gravement injurieux lorsque les époux ont été judiciaire séparés de corps, que la femme a refusé de reprendre la vie commune que lui offrait son mari et surtout qu'elle tolère que l'enfant issu du mariage dont elle a la garde séjourne chez son mari et sa maîtresse (Léo., 9 août 1951, *R.J.C.B.*, 1952, pp. 47-48).

377 *J.O.*, n°spécial, avril 1986, p. 33.

378 Art. 96.

379 Art. 98.

location, détiennent ou introduisent sur le territoire de la République dans un but commercial, des objets ou ouvrages ci-dessus désignés, sont punis comme contrefacteurs.

Il ressort de l'article 102 de l'ordonnance-loi sur la protection des droits d'auteurs et des droits voisins que les infractions aux droits d'auteurs et aux droits voisins ne peuvent être poursuivies que sur la plainte préalable de la personne qui se prétend lésée.

L'infraction commise à l'étranger.

Aux termes de l'article 3 du code pénal congolais livre 1er, toute personne qui, hors du territoire de la République démocratique du Congo, s'est rendue coupable d'une infraction pour laquelle la loi congolaise prévoit une peine de servitude pénale de plus de deux mois, peut être poursuivie et jugée en République démocratique du Congo. La poursuite ne peut être intentée qu'à la requête du ministère public, et à la condition, sous peine d'irrecevabilité, que le délinquant soit trouvé sur le territoire congolais[380]. Le code pénal ajoute que lorsque l'infraction est commise contre un particulier et que la peine maximum prévue par la loi congolaise est de cinq ans de servitude pénale ou moins, cette requête doit être précédée d'une plainte de la partie offensée ou d'une dénonciation officielle de l'autorité du pays où l'infraction a été commise.

Les outrages et les violences envers les membres de l'assemblée nationale, les membres du gouvernement, les dépositaires de l'autorité ou de la force publique.

L'article 136 du code pénal congolais livre II punit tout celui qui, par paroles, faits, gestes ou menaces, aura outragé soit un membre de l'Assemblée nationale, soit un membre du gouvernement, soit une autorité judiciaire, dans l'exercice ou à l'occasion de l'exercice de son mandat ou de ses fonctions. Aux termes de l'article 138 *ter* du même code pénal, les outrages adressés aux personnes ci-dessus visées ne peuvent, sauf le cas de flagrant délit, être poursuivis que sur plainte de la personne lésée ou celle du corps dont elle relève.

380 C.S.J., RP 22/CR, 26 août 1980, inédit, in DIBUNDA KABUINJI MPUMBUAMBUJI, *Répertoire général de jurisprudence de la cour suprême de justice, 1969-1985,* Kin., CPDZ, 1990, p. 4.

Le harcèlement sexuel.

L'article 174 d du code pénal congolais livre II punit d'un emprisonnement de 1 à 12 mois et d'une amende de 50.000 à 100.000 FC constants ou d'une de ces peines seulement tout celui qui aura adopté un comportement persistant envers « autrui », se traduisant par des paroles, des gestes soit en lui donnant « des ordres ou en proférant des menaces », ou en imposant des « contraintes », soit en exerçant des pressions graves, soit en abusant « de l'autorité » que lui confère ses fonctions en vue d'obtenir de lui « des faveurs de nature sexuelle ».

L'alinéa 2 de la même disposition légale ajoute que les poursuites pour harcèlement sexuel sont subordonnées à la plainte de la victime.

2. La qualité du délinquant est un frein à l'exercice de l'action publique

La qualité de certains délinquants peut heurter de front l'action du ministère public, au point de l'empêcher de poser des actes d'instruction ou de poursuite.

Préalable : immunité, inviolabilité, privilège de juridiction, quid ?

La qualité du délinquant, constitutive de frein à l'exercice de l'action publique, nous permet d'analyser au préalable trois vocables, au contenu différent, mais qui traduisent l'idée d'assurer soit l'indépendance du justiciable, soit celle de la juridiction qui statue sur l'infraction. Le droit a conçu pour ce faire l'immunité et l'inviolabilité, d'une part et, d'autre part, le privilège de juridiction.

L'immunité et l'inviolabilité.

Conçues pour répondre à une rigueur du droit, l'immunité et l'inviolabilité sont au service d'un but qui leur est extérieur. La rigueur du droit exigerait en effet que lorsqu'une personne, quelle qu'elle soit commet une infraction, le magistrat intervienne pour s'assurer d'une réponse pénale. L'action du magistrat (pouvoir judiciaire), légitime par ailleurs, peut mettre à mal le fonctionnement d'une autre institution, d'un autre pouvoir et l'empêcher ainsi de fonctionner. L'on croirait que par cette intervention, le magistrat s'ingère dans le fonctionnement d'un autre pouvoir (exécutif ou législatif) pour l'empêcher d'exercer sa mission. La démocratie peut en souffrir, tant le principe de la séparation des pouvoirs, consacré par la constitution, interdit l'interférence mutuelle des fonctions étatiques. De ce point de vue, l'on comprend que l'immunité et l'inviolabilité tendent à assurer l'exercice indépendant et serein de ses fonctions par son bénéficiaire. Le bénéficiaire n'est pas protégé, sa fonction plutôt.

En dépit de cette ressemblance, l'on ne peut pas occulter la différence qui existe entre les deux notions. En effet, si l'immunité peut être regardée comme étant le droit pour son bénéficiaire d'être soustrait à la compétence pénale d'un tribunal pénal de sorte que celui-ci n'a pas le pouvoir d'apprécier l'infraction commise[381], l'inviolabilité consiste plutôt à reconnaître à son bénéficiaire un droit à ne pas subir des contraintes sur son corps, c'est-à-dire ne pas être arrêté ni être détenu[382]. Si la confusion peut advenir entre les deux notions, c'est parce que le bénéficiaire d'une immunité est forcément inviolable. L'inverse n'est pas forcément vrai.

Le privilège de juridiction.

Le souci d'assurer une bonne justice peut commander l'attribution de compétence répressive à un juge dépourvu de compétence matérielle à l'égard d'une infraction. L'on, se fonde en l'occurrence sur le statut personnel du délinquant, généralement sur les fonctions qu'il occupe dans la société, pour lui désigner un juge, suffisamment mûr et difficilement influençable au regard du niveau technique et social qu'il aura atteint à mesure que sa carrière a connu d'évolution. Pour autant, un privilège de juridiction tend à protéger la justice ou en assurer l'indépendance. Toutefois, il importe d'observer que le privilège de juridiction peut se révéler préjudiciable à un justiciable qui est présenté en premier et dernier ressort devant la cour de cassation ou la cour constitutionnelle. Ce privilège devient un leurre, car il prive à cet effet ce justiciable du droit à un double degré de juridiction.

La qualité officielle est inopérante en cas des crimes contre la paix et la sécurité de l'humanité.

Pour faciliter l'application en droit interne de toutes les dispositions du statut de Rome, en particulier celles de l'article 27, le législateur a estimé nécessaire de prévoir dans le code pénal une disposition qui rend

---

381 Gaston STEFANI, Georges LEVASSEUR et Bernard BOULOC, *Droit pénal général*, Paris, Dalloz, 18ème éd., 2003, p. 500.

382 Gaston STEFANI, Georges LEVASSEUR et Bernard BOULOC, op. cit., p. 501.

inopérante la qualité officielle du délinquant. C'est ainsi que le code pénal dispose qu'en cas de poursuites pour les crimes contre la paix et la sécurité de l'humanité, c'est-à-dire le génocide, les crimes contre l'humanité et les crimes de guerre, la loi pénale s'applique à tous de manière égale sans aucune distinction fondée sur la qualité officielle. En particulier, la qualité officielle de chef d'Etat ou de gouvernement, de membre du gouvernement, de membre du parlement ou de représentant élu ou d'agent public de l'Etat, n'exonère en aucun cas de la responsabilité pénale, pas plus qu'elle ne constitue en tant que telle un motif de réduction de la peine[383].

Même si elle est la bienvenue dans le domaine de la responsabilité pénale individuelle, l'intervention du législateur paraît insuffisante, voire inefficace. Dans la mesure où la question d'immunité et d'inviolabilité est examinée par plusieurs dispositions constitutionnelles, le législateur aurait mieux fait de recourir à une loi constitutionnelle pour modifier les dispositions constitutionnelles qui ont prévu les immunités et les inviolabilités. L'on peut imaginer l'embarras dans lequel un juge pénal peut se trouver si un bénéficiaire d'immunité pénale évoque, tout en l'opposant au code pénal, la constitution.

2.1. L'immunité du Président de la République et du Premier Ministre.

La Cour constitutionnelle est le juge pénal du Président de la République et du Premier Ministre.

Aux termes de l'article 164 de la constitution, la Cour constitutionnelle est le juge pénal du Président de la République et du Premier Ministre pour des infractions politiques de haute trahison, d'outrage au Parlement, d'atteinte à l'honneur ou à la probité ainsi que pour les délits d'initié et pour les autres infractions de droit commun commises dans l'exercice ou à l'occasion de l'exercice de ses fonctions.

Par haute trahison il faut entendre la violation intentionnelle de la Constitution ou la violation grave et caractérisée des droits de l'homme, de cession d'une partie du territoire national[384].

---

383 Art. 20 *quater*, code pénal (modification portée par la loi n°15/022 du 31 décembre 2015, J.O., n°spécial, 57ème année, 29 février 2016).

384 Art. 165, al. 1er, constitution.

Il y a outrage au Parlement lorsque sur des questions posées par l'une ou l'autre chambre du Parlement sur l'activité gouvernementale, le Premier ministre ne fournit aucune réponse dans un délai de trente jours[385]. L'outrage au Parlement est une infraction qui ne peut être reprochée qu'au seul Premier Ministre, qui est l'autorité qui engage politiquement le gouvernement devant le Parlement[386].

Il y a atteinte à l'honneur ou à la probité notamment lorsque le comportement personnel du Président de la République ou du Premier ministre est contraire aux bonnes mœurs ou qu'il est reconnu auteur, co-auteur ou complice de malversations, de corruption ou d'enrichissement illicite[387].

Il y a délit d'initié dans le chef du Président de la République ou du Premier ministre lorsqu'il effectue des opérations sur valeurs immobilières ou sur marchandises à l'égard desquelles il possède des informations privilégiées et dont il tire profit avant que ces informations soient connues du public. Le délit d'initié englobe l'achat ou la vente d'actions fondée sur des renseignements qui ne seraient jamais divulgués aux actionnaires[388].

Inexistence d'immunité en cas d'infractions politiques ou de celles de droit commun commises dans le cadre de fonctions.

La disposition de l'article 164 de la constitution n'est pas de plus explicite, parce qu'elle manque de précision sur la question de l'étendue de la responsabilité pénale du Chef de l'Etat ou du Premier Ministre. Elle se contente tout simplement de désigner le juge pénal compétent pour des infractions commises par le Chef de l'Etat ou le premier Ministre dans l'exercice ou à l'occasion de l'exercice de ses fonctions. Cependant, l'on peut supposer que la constitution de 2006 ne s'est pas démarquée de ses devancières. A ce sujet, l'article 141 de la constitution de la transition du 5 avril 2003 disposait que le Président de la République n'est pénalement responsable des actes accomplis dans l'exercice de ses fonctions qu'en cas de haute trahison, détournement de deniers publics, concussion, corruption ou violation intentionnelle de la Constitution[389].

---

385 Art. 165, al. 2, constitution.

386 Art. 91, al. 5, constitution.

387 Art. 165, al. 2, constitution.

388 Art. 165, al. 3, constitution.

389 *J.O.*, 44ème année, n° spécial, 5 avril 2003.

L'article 93 de l'Acte Constitutionnel de la Transition du 9 avril 1994[390] était davantage très explicite en disposant que la personne du Chef de l'Etat est inviolable dans l'exercice de ses fonctions et qu'il n'est pénalement responsable des actes accomplis dans l'exercice de ses fonctions qu'en cas de haute trahison ou de violation intentionnelle de la constitution.

Malgré son manque de précision en ce qui concerne l'étendue de la responsabilité pénale de ces deux autorités, la constitution admet que lorsque le Chef de l'Etat et le Premier Ministre commettent, pendant l'exercice de leurs fonctions, la haute trahison, l'outrage au Parlement, l'atteinte à l'honneur ou à la probité ainsi que les délits d'initié et toutes autres infractions de droit commun, ils peuvent être poursuivis et jugés par la Cour constitutionnelle. Dans la mesure où ils sont directement justiciables devant la cour constitutionnelle pendant qu'ils sont en fonction, nous pouvons conclure que le Président de la République et le Premier Ministre ne bénéficient d'aucune immunité pour les infractions ci-dessus visées. La constitution dispose en l'occurrence que dans l'hypothèse où les charges retenues en leur encontre sont avérées et qu'ils sont condamnés, la Cour constitutionnelle prononce leur déchéance[391].

La constitution a organisé plutôt leur inviolabilité.

Au regard de la constitution, la décision de poursuites ainsi que la mise en accusation du Président de la République et du Premier Ministre sont votées à la majorité des deux tiers des membres du Parlement composant le Congrès suivant la procédure prévue par le règlement intérieur[392]. En d'autres termes, tant que la décision de mise en accusation n'est pas votée, le Président de la République ou le Premier Ministre ne peut être ni arrêté ni détenu.

Existence d'immunité en cas d'infractions de droit commun commises en dehors des fonctions.

La conjugaison des articles 164, alinéa premier et 167, alinéa deuxième permet d'isoler la situation des infractions de droit commun commises par le Président de la République ou le Premier Ministre en dehors de leurs fonctions. L'on peut évoquer l'exemple des coups et blessures commis par l'une de ces autorités dans un cadre purement familial. Il

---

390 *J.O.*, 35ème année, n°spécial, avril 1994.
391 Art. 167, al. 1er, constitution.
392 Art. 166, al. 1er, constitution.

peut s'agir également de toute autre infraction commise avant d'occuper la fonction. Pour la constitution, le Président de la République ou le Premier ministre ne peut en aucun moment être poursuivi pendant l'exercice de son mandat pour des infractions de droit commun commises en dehors de l'exercice de ses fonctions. Dans cette hypothèse, les poursuites seront suspendues jusqu'à l'expiration du mandat. Pendant ce temps, la prescription de l'action publique est suspendue[393].

2.2. Qu'en est-il des autres membres du gouvernement central ?

Aucune immunité prévue, plutôt l'inviolabilité.

L'article 153 de la constitution précise sans plus que la cour de cassation connaît en premier et dernier ressort des infractions commises par les membres du gouvernement autres que le Premier Ministre. L'article 166, alinéa 2 ajoute que la décision de poursuites ainsi que la mise en accusation desdits membres du gouvernement sont votées à la majorité absolue des membres composant l'Assemblée nationale suivant la procédure prévue par le règlement intérieur. Les membres du gouvernement mis en accusation, présentent leur démission.

La conjugaison de ces deux dispositions constitutionnelles infère que les membres du gouvernement autres que le Premier Ministre ne bénéficient pas d'immunité pendant l'exercice de leurs fonctions, sinon l'inviolabilité et le privilège de juridiction.

2.3. L'immunité parlementaire. Quid ?

Aucune immunité prévue, plutôt l'inviolabilité.

L'article 107 de la constitution dit qu'aucun parlementaire ne peut être poursuivi, recherché, arrêté, détenu ou jugé en raison des opinions ou votes émis par lui dans l'exercice de ses fonctions.

Il découle de cette disposition constitutionnelle que si les paroles ou écrits du parlementaire cristallisent des atteintes à l'honneur ou à la considération d'une personne ou si ces paroles ou écrits provoquent la commission d'une infraction, ces faits échappent à toute poursuite

---

393 Art. 167, al. 2, constitution.

pénale[394]. Il s'agit en fait d'une garantie politique traditionnelle qui joue au profit des parlementaires et au travers de laquelle la constitution entend assurer, dans l'expression des opinions des parlementaires, l'entière et parfaite indépendance des chambres du parlement vis-à-vis d'une action extérieure quelconque[395].

Là s'arrête l'immunité des députés et sénateurs. Elle ne couvre que les opinions émises et les votes émis à l'hémicycle, c'est-à-dire à l'occasion de l'exercice de la fonction de député ou sénateur.

En dehors de l'hémicycle, un député ou un sénateur ne bénéficie pas d'immunité mais plutôt d'inviolabilité. Pour Bernard BOULOC, la garantie politique et traditionnelle qui joue au profit des parlementaires est connue sous le nom d'immunité parlementaire, quoiqu'il ne s'agisse pas véritablement, dit-il, d'une immunité au sens technique de ce mot mais plutôt d'une inviolabilité[396]. C'est ainsi que l'article 107 de la constitution dispose qu'aucun parlementaire ne peut, en cours de sessions, être poursuivi ou arrêté, sauf en cas de flagrant délit, qu'avec l'autorisation de l'Assemblée nationale ou du Sénat selon le cas. En dehors de sessions, aucun parlementaire ne peut être arrêté qu'avec l'autorisation du Bureau de l'Assemblée nationale ou du Bureau du Sénat, sauf en cas de flagrant délit, de poursuites autorisées ou de condamnation définitive. La détention ou la poursuite d'un parlementaire est suspendue si la Chambre dont il est membre le requiert. La suspension ne peut excéder la durée de la session en cours.

2.4. L'immunité des agents diplomatiques et consulaires

La convention de Vienne.

Le 18 avril 1961 a été ouvert à la signature des Etats participants le texte de la « Convention de Vienne sur les relations diplomatiques ». Le

394 Ce droit d'être soustrait à la compétence d'une juridiction répressive, pour des opinions et votes émis à l'occasion de leurs fonctions, est élargi aux députés provinciaux (art. 9, loi n°08/012 du 31 juillet 2008 portant principes fondamentaux relatifs à la libre administration des provinces) et aux membres de l'organe délibérant des entités territoriales décentralisées que sont les conseillers urbains, communaux, de secteur ou de chefferie (art. 120, loi organique n°08/016 du 7 octobre 2008 portant composition, organisation et fonctionnement des entités territoriales décentralisées et leurs rapports avec l'Etat et les provinces).

395 Jean PRADEL, *Manuel de procédure pénale*, Paris, 14ème éd., Cujas, 2008, p. 203.

396 Bernard BOULOC, *Procédure pénale*, Paris, 20ème éd., Dalloz, 2006, p. 558.

texte de la convention avait été adopté le 14 avril par 72 voix et une abstention, à l'issue des travaux de la Conférence qui s'était réunie dans la capitale autrichienne le 2 mars 1961. La tenue à Vienne de cette conférence de 1961 a eu un caractère symbolique, marquant, malgré les transformations du droit international, reflets elles-mêmes des transformations politiques, économiques et technique du monde, la continuité de l'œuvre diplomatique[397]. Cette convention de Vienne a été ratifiée par la République démocratique du Congo par le décret-loi du 7 juillet 1965.

La convention de Vienne constate l'évidence selon laquelle l'établissement de missions diplomatiques permanentes installées sur le territoire d'Etats étrangers et d'une manière réciproque constitue la meilleure forme pour maintenir des relations diplomatiques. Elle a dégagé cinq fonctions essentielles d'une mission diplomatique :

- La représentation de l'Etat accréditant ;
- La protection des intérêts de cet Etat et de ses ressortissants, dans les limites admises par le droit international ;
- La négociation avec l'Etat accréditaire ;
- L'information par tous les moyens licites des conditions et l'évolution des événements dans l'Etat accréditaire avec rapport à ce sujet à l'Etat accréditant ;
- Le développement des relations amicales et plus précisément des relations économiques, culturelles et scientifiques entre l'Etat accréditant et l'Etat accréditaire.

En dehors de ses fonctions normales, une mission diplomatique peut être appelée à exercer des fonctions exceptionnelles. Les hypothèses que l'on peut évoquer sont celles de la protection des intérêts d'une tierce Puissance en cas de rupture des relations diplomatiques avec l'Etat accréditaire[398].

Immunité et inviolabilité absolues au profit des agents diplomatiques.

Sur le plan strictement du droit pénal, la convention de Vienne consacre plusieurs dispositions relatives à la question des immunités

---

397 Claude-Albert COLLIARD, « la convention de Vienne sur les relations diplomatiques », *Annuaire Français de Droit International*, Vol. 7, 1961, p. 3.
398 Art. 45, Convention de Vienne sur les relations diplomatiques.

diplomatiques. Celles-ci sont régies par le principe général selon lequel le but des immunités n'est pas celui d'accorder un avantage à des individus, mais d'assurer l'accomplissement efficace des fonctions des missions diplomatiques en tant que représentants des Etats[399]. Ainsi, la convention de Vienne articule la protection des fonctions des missions diplomatiques autour de deux notions : *l'inviolabilité et l'immunité.*

L'inviolabilité de la personne de l'agent diplomatique est posée par l'article 29 de la convention de Vienne sur les relations diplomatiques et signifie que l'agent diplomatique ne peut subir des contraintes sur son corps et n'est soumis à aucune forme d'arrestation ou de détention. L'Etat accréditaire a le devoir de le traiter avec le respect qui lui est dû, et prend toutes mesures appropriées pour empêcher toute atteinte à sa personne, sa liberté et sa dignité.

En ce qui concerne *l'immunité* de l'agent diplomatique, l'article 31 de la convention de Vienne sur les relations diplomatiques ajoute que l'agent diplomatique jouit de l'immunité de juridiction pénale de l'Etat accréditaire. L'immunité de juridiction pénale a pour objet de soustraire l'agent diplomatique à la compétence des tribunaux pénaux de l'Etat accréditaire. L'agent diplomatique ne peut en aucun moment comparaître devant les instances judiciaires de l'Etat accréditaire en qualité d'auteur présumé de l'infraction, d'inculpé ou de prévenu. L'agent diplomatique ne peut pas non plus être obligé de donner son témoignage devant ces instances judiciaires, lesquelles ne pourront faire application, en son encontre, des articles 19 et 78 du code de procédure pénale relatifs au témoin récalcitrant[400].

Renonciation à l'immunité et à l'inviolabilité.

Il faut cependant relever que l'agent diplomatique, qui bénéficie de l'immunité de la juridiction pénale de l'Etat accréditaire ne peut invoquer cet avantage devant la juridiction de l'Etat accréditant[401]. Celui-ci peut par ailleurs y renoncer expressément[402]. De même, lorsque l'agent diplomatique a la nationalité de l'Etat accréditaire ou y a sa résidence

---

399 Préambule, §4, Convention de Vienne sur les relations diplomatiques.

400 Art. 19 et 78, code de procédure pénale : « Le témoin qui, sans justifier d'un motif légitime d'excuse, ne comparaît pas, bien que cité régulièrement, ou qui refuse de prêter serment ou de déposer quand il en a l'obligation, peut, sans autre formalité ni délai et sans appel, être condamné à une peine... ».

401 Art. 31.4, convention de Vienne sur les relations diplomatiques.

402 Art. 32, convention de Vienne sur les relations diplomatiques.

permanente, il ne bénéficie de l'immunité de juridiction et de l'inviolabilité que pour des actes officiels accomplis dans l'exercice de ses fonctions, à moins que des privilèges et immunités supplémentaires ne lui aient été accordés par l'Etat accréditaire[403].

Extension de cet avantage aux membres de la famille de l'agent diplomatique.

En outre, les privilèges et immunités de la juridiction pénale dont bénéficie l'agent diplomatique s'étendent également aux membres de sa famille qui font partie de son ménage, pourvu qu'ils ne soient pas ressortissants de l'Etat accréditaire[404]. Les membres du personnel administratif et technique de la mission, ainsi que les membres de leurs familles qui font partie de leurs ménages respectifs, bénéficient eux-aussi de ces privilèges et immunités, pourvu qu'ils ne soient pas ressortissants de l'Etat accréditaire ou n'y aient pas leur résidence permanente[405]. Il en est ainsi également des membres du personnel de service de la mission qui ne sont pas ressortissants de l'Etat accréditaire ou n'y ont pas leur résidence permanente. Ces derniers bénéficient de l'immunité strictement limitée aux actes accomplis dans l'exercice de leurs fonctions[406]. Lorsque par contre les membres du personnel de la mission et les domestiques privés sont ressortissants de l'Etat accréditaire ou y ont leur résidence permanente, ils ne bénéficient des privilèges et immunités que dans la mesure où l'Etat accréditaire les leur reconnaît. Toutefois, l'État accréditaire doit exercer sa juridiction sur ces personnes de façon à ne pas entraver d'une manière excessive l'accomplissement des fonctions de la mission[407].

Par ailleurs, il importe de noter que l'agent diplomatique jouit aussi de l'immunité de la juridiction civile et administrative, sauf s'il s'agit :

- d'une action réelle concernant un immeuble privé situé sur le territoire de l'Etat accréditaire, à moins que l'agent diplomatique ne le possède pour le compte de l'Etat accréditant aux fins de la mission ;
- d'une action concernant une succession, dans laquelle l'agent diplomatique figure comme exécuteur testamentaire, administrateur,

---

403 Art. 38.1, convention de Vienne sur les relations diplomatiques.
404 Art. 37.1, convention de Vienne sur les relations diplomatiques.
405 Art. 37.2, convention de Vienne sur les relations diplomatiques.
406 Art. 37.3, convention de Vienne sur les relations diplomatiques.
407 Art. 38.2, convention de Vienne sur les relations diplomatiques.

héritier ou légataire, à titre privé et non pas au nom de l'Etat accréditant ;
- d'une action concernant une activité professionnelle ou commerciale, quelle qu'elle soit, exercée par l'agent diplomatique dans l'État accréditaire en dehors de ses fonctions officielles.

2.5. La situation des députés provinciaux

Aux termes de l'article 9 de la loi n°08/012 du 31 juillet 2008 portant principes fondamentaux relatifs à la libre administration des provinces, aucun député provincial ne peut être poursuivi, arrêté, détenu ou jugé en raison des opinions ou vote émis par lui dans l'exercice de ses fonctions. Le député provincial ne peut, en cours de sessions, être poursuivi ou arrêté, sauf en cas de flagrant délit, qu'avec l'autorisation de l'assemblée provinciale. En dehors de sessions, il ne peut être arrêté qu'avec l'autorisation du bureau de l'assemblée provinciale, sauf en cas de flagrant délit, de poursuites autorisées ou de condamnation définitive. La détention ou la poursuite d'un député provincial est suspendue si l'assemblée provinciale dont il est membre le requiert. La suspension ne peut excéder la durée de session en cours.

Comme on peut s'en rendre compte, le statut pénal des députés provinciaux est calqué sur celui des députés nationaux et sénateurs. L'immunité dont ils disposent n'est qu'une garantie politique tendant à assurer, dans l'expression de leurs opinions, l'entière et parfaite indépendance vis-à-vis d'une action extérieure quelconque. Il ne s'agit donc pas sur le plan technique d'une immunité pénale. Il va sans dire qu'au regard de la loi les députés provinciaux bénéficient de l'inviolabilité.

2.6. La situation des gouverneurs et vice-gouverneurs de province

L'article 68 de la loi n°08/012 du 31 juillet 2008 portant principes fondamentaux relatifs à la libre administration des provinces[408] dispose que lorsque le gouverneur ou le vice-gouverneur se rend coupable d'outrage à l'assemblée provinciale et/ou d'autres infractions de droit commun dans ou à l'occasion de l'exercice de ses fonctions, l'assemblée provinciale le met en accusation devant la cour de cassation. A cet effet, la décision de poursuites ainsi que la mise en accusation sont votées à la majorité absolue des membres composant l'assemblée provinciale

[408] *J.O.*, 49ème année, 1ère partie, numéro spécial, 31 juillet 2008.

suivant la procédure prévue par le règlement intérieur. Le gouverneur ou le vice-gouverneur peut aussi être déféré, en matière pénale, devant la cour de cassation par le pouvoir central, conformément à l'article 67 de la même loi relative aux principes fondamentaux relatifs à la libre administration des provinces.

L'intelligence de cette disposition légale permet de conclure qu'un gouverneur ou un vice-gouverneur qui outrage l'assemblée provinciale ou qui commet une infraction de droit à l'occasion de ses fonctions, ne bénéficie d'aucune immunité. La loi reconnaît néanmoins à sa personne un droit à l'inviolabilité, tant que sa poursuite n'est pas autorisée conformément à la loi. En ce qui concerne les infractions de droit commun commises en dehors des fonctions du gouverneur ou vice-gouverneur, la loi est restée silencieuse.

2.7. La situation des cadres de commandement de l'administration publique, entreprises publiques, établissements et services publics

Il ressort de l'article 10 du code de procédure pénale que le magistrat du parquet qui reçoit une plainte ou une dénonciation ou qui constate une infraction à charge d'un magistrat, d'un cadre de commandement de l'administration publique ou judiciaire, d'un cadre supérieur d'une entreprise paraétatique, d'un maire ou son adjoint, d'un président du conseil urbain, ne peut, sauf infraction flagrante, procéder à l'arrestation de la personne poursuivie qu'après en avoir préalablement informé l'autorité hiérarchique dont dépend le prévenu. A cet effet, la décision de poursuites appartient au procureur général près la cour d'appel du ressort[409]. De même, et sauf flagrance, la hiérarchie doit également être préalablement informée si le prévenu est un conseiller urbain, un bourgmestre, un chef de secteur ou de chefferie, un conseiller communal, de secteur et de chefferie. A cet effet, la décision de poursuites appartient au procureur de la République du ressort[410].

2.8. La situation des autorités coutumières

Une autorité coutumière est un pouvoir reconnu au chef coutumier et fonctionnant conformément à la coutume locale. La personne revêtue de

---

409 Art. 13, code de procédure pénale.

410 Procureur général de la République, circulaire n°3/008/IM/PGR/2011 du 9 mai 2011 relative à l'organisation intérieure des parquets.

ce pouvoir coutumier est aussi une autorité coutumière[411]. Au regard de la loi, l'autorité coutumière s'exerce au sein des entités territoriales suivantes : la chefferie, le groupement et le village, organisé sur base de la coutume locale[412].

En matière de procédure pénale, la loi a reconnu au chef coutumier un statut judiciaire particulier. En effet, les poursuites et les arrestations contre le chef de chefferie sont soumises aux conditions prévues par les articles 10 et 13 du code de procédure pénale[413]. En d'autres termes, un officier de police judiciaire ou un officier du ministère public ne peut, sauf infraction flagrante, procéder à l'arrestation ou à la poursuite d'un chef de chefferie qu'après en avoir préalablement informé la hiérarchie de ce chef de chefferie[414]. Dans le cas de poursuite, la décision est prise par le procureur général près la cour d'appel.

En ce qui concerne le chef de groupement et le chef de village, la loi dispose que leur arrestation ne peut être décidée que par le ministère public et non par un officier de police judiciaire.

2.9. La situation des autorités religieuses

Les autorités religieuses ne bénéficient pas d'immunité. Néanmoins, il est réservé au procureur général près la cour d'appel du ressort le droit de poursuites et d'arrestation de ces personnes. En ce qui concerne les chefs religieux dont le culte est admis sur le territoire de la République, le droit de poursuites et d'arrestation est réservé au procureur général de la République[415].

2.10. La situation des avocats

Il est réservé au procureur général près la cour d'appel du ressort le droit d'arrestation et de poursuites des avocats. Le Ministre de la justice et le bâtonnier de l'ordre des avocats doivent être avisés des poursuites.

---

411 Art. 2, loi n°15/015 du 25 août 2015 fixant le statut des chefs coutumiers.

412 Art. 3, loi n°15/015 du 25 août 2015 fixant le statut des chefs coutumiers.

413 Art. 28, loi n°15/015 du 25 août 2015 fixant le statut des chefs coutumiers.

414 En principe, la hiérarchie du chef de chefferie est le gouverneur de province. Ce dernier peut déléguer sa compétence à l'administrateur du territoire (art. 95, loi organique n°08/016 du 7 octobre 2008 portant composition, organisation et fonctionnement des entités territoriales décentralisées et leurs rapports avec l'Etat et les provinces).

415 Procureur général de la République, circulaire n°3/008/IM/PGR/2011 du 9 mai 2011 relative à l'organisation intérieure des parquets.

Par ailleurs, sauf en cas de flagrant délit, une perquisition ne peut avoir lieu dans le cabinet d'un avocat qu'en présence du bâtonnier ou du doyen des avocats ou de son délégué et sur autorisation du procureur général près la cour d'appel[416].

Enfin, il faut relever que les paroles de l'avocat pendant l'audience sont immunisées, encore faut-il que cet avocat n'ait pas agi de mauvaise foi.

2.11. La situation des médecins

Il est réservé au procureur général près la cour d'appel du ressort le droit d'arrestation et de poursuites des médecins, lorsqu'il s'agit des infractions commises dans l'exercice de leurs fonctions. Le Ministre de la santé publique, le président de l'ordre national des médecins et, éventuellement, le ministre de la fonction publique doivent être avisés des poursuites. Par ailleurs, sauf en cas de flagrant délit, une perquisition ne peut avoir lieu dans le cabinet d'un médecin qu'en présence du président provincial de l'ordre des médecins ou de son délégué et sur ordre ou sur autorisation du procureur général près la cour d'appel[417].

3. L'extinction de l'action publique

L'extinction de l'action publique est un obstacle qui frappe l'action publique, en empêchant définitivement son titulaire de saisir les cours et tribunaux. Les causes d'extinction de l'action publique sont nombreuses. L'on peut citer le décès du délinquant, la prescription de l'action publique, l'amnistie, l'abrogation de la loi pénale, la chose jugée, la transaction, le retrait de la plainte.

3.1. Le décès du délinquant

Le décès du délinquant est une cause naturelle d'extinction de l'action publique. En effet, en cas de décès du délinquant, l'action publique ne peut plus être exercée[418]. Si elle a déjà été engagée, l'action publique ne peut plus être poursuivie, le juge saisi doit biffer l'affaire du rôle. Les frais, dans ce cas, demeurent à la charge du Trésor public. De même, la

---

416 Procureur général de la République, circulaire n°3//008/IM/PGR/2011 du 9 mai 2011 relative à l'organisation intérieure des parquets.

417 Procureur général de la République, circulaire n°3//008/IM/PGR/2011 du 9 mai 2011 relative à l'organisation intérieure des parquets.

418 P. BUFFETEAU, *Le décès du délinquant*, Thèse dactyl., Besançon, 1990.

mort du prévenu au cours de l'instance d'appel avant le prononcé de la décision définitive éteint l'action publique. Il en résulte que les condamnations prononcées en première instance, même les condamnations aux frais ne peuvent plus être exécutées[419].

L'extinction de l'action publique pour cause de décès du délinquant se fonde sur le principe selon lequel la responsabilité pénale est individuelle. Ce principe est aussi à la base de la personnalité des peines, qui implique que la peine ne peut frapper que celui qui a commis l'infraction, et non les tierces personnes, quel que soit le lien de parenté qui existerait entre ces tiers et l'auteur de l'infraction.

Il faut cependant signaler que la mort du prévenu n'éteint pas l'action civile et le tribunal répressif demeure compétent pour statuer. Il est cependant nécessaire qu'une reprise d'instance mette en cause les ayants-droit du *de cujus*[420].

3.2. La prescription de l'action publique

La prescription de l'action publique est une institution qui existe dans la plupart des codes de procédure pénale à travers le monde. Mais le droit anglais l'ignore, sauf pour les infractions les moins graves.

Le droit congolais a choisi de limiter le délai durant lequel une infraction peut être poursuivie, en énonçant que l'action publique se prescrit, selon la gravité de l'infraction reprochée, par dix, trois ou une années révolues à compter du jour où elle a été commise si, dans cet intervalle, il n'a été fait aucun acte d'instruction ou de poursuite. En effet, au delà d'une certaine période d'inaction totale, période dont la seule variable tient à la nature de l'infraction, l'action publique ne peut plus être engagée par le ministère public ou par la victime.

Définition.

La prescription de l'action publique est un droit qui appartient à l'auteur de l'infraction en vertu duquel il ne peut plus être poursuivi après l'écoulement d'un laps de temps déterminé. En effet, lorsque le Ministère public a omis d'exercer son action publique contre le délinquant dans un délai fixé par la loi, il ne pourra plus jamais le faire avec comme conséquence que l'infraction commise demeurera à jamais impunie.

---

[419] Ière Inst., Elis., 24 mai 1938, *R.J.C.B.*, 1939, p. 110.
[420] Ière Inst., Elis., 24 mai 1938, *R.J.C.B.*, 1939, p. 111.

Justification.

Plusieurs arguments sont avancés par la doctrine[421] pour justifier l'institution de la prescription :

1° La prescription est une sanction procédurale de l'oubli. En effet, au bout d'un certain temps, l'opinion cesse de réclamer vengeance de sorte qu'il devient inutile de raviver le souvenir d'une infraction tombée dans l'oubli[422] ;
2° En cherchant à échapper aux poursuites, le coupable a vécu dans la crainte et le remords qui constituent déjà une sanction ; ce serait trop punir que de le punir une deuxième fois ;
3° Les poursuites trop tardives démontrent l'impuissance de l'appareil judiciaire à agir en temps normal et inquiéteraient en conséquence le public ;
4° On justifie encore la prescription par l'idée de désintérêt lorsqu'il devient manifeste et en signifie l'irréversibilité. La société perd son droit de punir pour ne pas l'avoir exercé en temps utile ;
5° La prescription est liée à l'exigence du délai raisonnable, au risque d'effacement des preuves ou d'erreur judiciaire.

Domaine d'application de la prescription.

La prescription de l'action publique s'applique à toutes les infractions, même les plus graves. Cependant, il existe en droit congolais des infractions qui sont imprescriptibles et qui contraignent leurs auteurs à une insomnie à vie. Il s'agit en premier lieu des infractions qui relèvent de la compétence de la cour pénale internationale, c'est-à-dire le génocide, les crimes contre l'humanité et les crimes de guerre[423]. L'article 10 du code pénal militaire rend aussi imprescriptibles certaines infractions militaires. Il s'agit de la désertion à bande armée, la désertion à l'ennemi ou en présence de l'ennemi, le fait pour un insoumis ou un déserteur de se réfugier ou de rester à l'étranger pour se soustraire à ses obligations militaires.

---

421 Lire à ce sujet Jean PRADEL, op. cit., pp. 207 et s.

422 Bernard BOULOC, op. cit., p. 166.

423 Art. 34 bis, code pénal (modification apportée par la loi n°15/022 du 31 décembre 2015, J.O., n°spécial, 57ème année, 29 février 2016).

Délai de prescription.

Selon la gravité de l'infraction, le code pénal congolais prévoit trois catégories de délai de prescription de l'action publique. L'article 24 dispose en effet que l'action publique résultant d'une infraction sera prescrite :

1° Après un an révolu, si l'infraction n'est punie que d'une peine d'amende, ou si le maximum de la servitude pénale applicable ne dépasse pas une année ;
2° Après trois ans révolus, si le maximum de la servitude pénale applicable ne dépasse pas cinq années ;
3° Après dix ans révolus, si l'infraction peut entraîner plus de cinq années de servitude pénale ou la peine de mort.

Cas particulier des infractions douanières.

La détermination des délais de prescription de l'action publique en matière douanière ne se fonde plus sur la gravité de l'infraction, mais plutôt sur l'accomplissement ou non de certaines formalités douanières. Ainsi, l'action publique est prescrite dans le délai de trois ans, lorsque les marchandises en cause sont couvertes par une déclaration de marchandises dûment enregistrée par le bureau de douane compétent[424]. Lorsque les marchandises en cause n'ont pas fait l'objet d'une déclaration de marchandises dûment enregistrée par le bureau de douane compétent, l'action publique est prescrite dans un délai de 6 ans[425].

Point de départ du délai de prescription.

Le point de départ du délai de prescription n'est autre que le moment où commence à se vérifier l'action ou l'inaction de ceux qui ont le pouvoir de mettre en mouvement l'action publique. Cet instant se confond en principe avec la réalisation matérielle de l'infraction[426]. Aux termes de l'article 25 du code pénal congolais livre I, les différents délais de prescription de l'action publique commencent à courir du jour où l'infraction a été commise. Le principe que l'article 25 a posé s'adapte

---

[424] Art. 369, ordonnance-loi n°10/002 du 20 août 2010 portant code des douanes, *J.O.*, 51ème année, n° spécial, 26 décembre 2010.

[425] Art. 370, ordonnance-loi n°10/002 du 20 août 2010 portant code des douanes, *J.O.*, 51ème année, n°spécial, 26 décembre 2010.

[426] Dominique-Noëlle CAMMARET, « Point de départ du délai de prescription : des palliatifs jurisprudentiels, faute de réforme législative d'ensemble », *Revue de Science Criminelle*, 2004, Chr., p. 897.

facilement aux infractions instantanées, qui sont celles dont l'élément matériel s'exécute en un instant[427]. En ce qui concerne les infractions continues, dont l'exécution s'étend sur une certaine durée et s'y prolonge par une réitération constante de la volonté du coupable[428], la doctrine admet que dans ce cas le délai de prescription court du jour où l'activité matérielle prend fin : ainsi, en cas de recel, l'action publique ne commence à se prescrire qu'à partir du moment où le receleur ne se trouve plus en possession de l'objet qu'il détenait[429]. Pour les infractions d'habitude, qui résultent de la commission de deux ou plusieurs actes identiques, la prescription ne commence à courir qu'au jour du dernier acte manifestant l'état d'habitude[430]. En ce qui concerne les infractions qu'on qualifierait de clandestines par nature, le point de départ de la prescription se situe au jour où ces infractions sont apparues et ont pu être constatées dans des conditions permettant l'exercice de l'action publique ou lors de la révélation desdits faits au ministère public.

Interruption de la prescription.

Il y a interruption de la prescription lorsque le délai, déjà partiellement écoulé, se trouve anéanti de sorte qu'il faut en recommencer entièrement un nouveau[431]. Au regard de la loi, la prescription de l'action publique est interrompue par des actes d'instruction ou de poursuite faits dans les délais de un, ou trois, ou dix ans, à compter du jour où l'infraction a été commise. Il a été en effet jugé que l'assignation est un acte de poursuite qui interrompt la prescription à partir de la date qu'elle porte et non à partir du jour où le délai de citation commence à courir[432]. Le jour où l'infraction a été commise est compris dans le délai de la prescription[433]. L'interruption de la prescription a pour effet d'anéantir tout le temps passé de sorte que pour compter le délai de prescription, il faut reprendre à zéro.

---

427 Jean PRADEL, *Manuel de droit pénal général*, Paris, 17ème éd., Cujas, 2008, p. 347.
428 Jean PRADEL, loc. cit.
429 Jean PRADEL, op. cit., p. 348.
430 Jean PRADEL, *Manuel de procédure pénale*, Paris, 14ème éd., Cujas, 2008, p. 211.
431 Jean PRADEL, op. cit., p. 216.
432 Ière Inst., Léo., 5 octobre 1938, *R.J.C.B.*, 1940, p. 109.
433 Art. 26, code pénal congolais livre I.

Suspension de la prescription.

La prescription de l'action publique est suspendue par l'obstacle de droit[434] ou par l'obstacle de fait[435]. Ces deux causes arrêtent le cours de la prescription, qu'ils mettent en sommeil, de sorte que le jour où l'obstacle sera levé la prescription continue son cours sans anéantir le temps qui s'était écoulé.

3.3. L'abrogation de la loi pénale

L'abrogation de la loi pénale est un obstacle à l'exercice de l'action publique qui constitue une des manifestations de la volonté du législateur. En sa qualité d'auteur de la loi pénale, le législateur peut décider de faire disparaître une infraction en en abrogeant l'élément légal. Dans ce cas, le magistrat du ministère public se trouve en face d'un fait dépourvu d'un élément constitutif d'infraction. En vertu du principe de la légalité, le magistrat ne pourra pas exercer l'action publique.

3.4. L'amnistie

L'amnistie peut être définie comme un pardon légal. Sans effacer les faits matériels et leurs conséquences civiles, elle éteint l'action publique en faisant perdre au fait amnistié son caractère délictueux, efface les condamnations prononcées et entraîne la remise de toutes les peines.

Le recours à l'amnistie pose à ce jour un sérieux problème de procédure, précisément dans le cadre de l'exécution de la condamnation pénale. L'amnistie est devenue un instrument de la gestion conjoncturelle de la surcharge des établissements pénitentiaires. Considérée au départ comme une mesure exceptionnelle, elle est désormais routinisée, au point d'être prise en considération par l'Administration pénitentiaire dans ses projections annuelles de population détenue et d'être attendue par les détenus eux-mêmes et leurs familles. On reprocherait aujourd'hui à l'amnistie son caractère démobilisateur pour les policiers et magistrats, dont elle réduit le travail à néant. Elle est accusée d'engendrer des inégalités entre les justiciables selon le moment où intervient leur condamnation, de ne pas prendre en considération le mérite individuel des intéressés. Elle remet en cause l'effectivité des peines, affaiblissant par-là la sanction pénale, et compromettant le travail de resocialisation - dont elle bouleverserait le calendrier en ne permettant pas de préparer

---

[434] Comme par exemple l'immunité politique d'un délinquant.
[435] La guerre est un obstacle de fait.

adéquatement la sortie des condamnés. Un autre reproche vise la prévisibilité de cette mesure, qui priverait certaines dispositions pénales de tout effet dissuasif[436].

Outre la routinisation de l'amnistie ou son recours en vue d'apaiser les esprits au sortir d'un mouvement social, l'on reprocherait à l'amnistie congolaise sa récurrence, sa banalisation et son instrumentalisation, justifiée le plus souvent par le souci de répondre aux exigences de belligérance. Au regard de différentes guerres que la République démocratique du Congo a connues, l'amnistie est utilisée tantôt pour instaurer une nouvelle ère de paix et rassembler tous les congolais autour du devoir sacré de la défense de la patrie et de la lourde tâche de reconstruction nationale[437], tantôt pour répondre au besoin de réconciliation nationale[438], tantôt enfin pour consolider l'unité et la cohésion nationales[439]. Instrumentalisée à outrance, l'amnistie congolaise est devenue source d'impunité et une occasion d'accorder aux auteurs des crimes les plus graves une prime à leur capacité de nuisance.

Par ailleurs, il est important d'observer que la loi a interdit au législateur d'accorder la faveur de l'amnistie à l'auteur d'un génocide, d'un crime contre l'humanité ou d'un crime de guerre[440].

3.5. La chose jugée

La chose jugée est une autorité attachée à un acte de juridiction, qui sert de fondement à l'exécution forcée du droit judiciairement établi, et qui fait obstacle à ce que la même affaire soit à nouveau portée devant un juge. Il y a chose jugée lorsque la même demande, entre les mêmes parties, agissant en les mêmes qualités, portant sur le même objet, soutenue par la même cause, est à nouveau portée devant une juridiction.

---

436 LEVY René, « Une particularité française : les grâces et amnisties à répétition », *Questions Pénales*, XIX.2, Mars 2006, pp. 2 et s.

437 Décret-loi n°017 du 19 février 2000 portant amnistie générale.

438 Décret-loi n°03-001 du 15 avril 2003 portant amnistie pour faits de guerre, infractions politiques et d'opinion, *J.O.*, n°spécial, 17 avril 2003 ; Loi portant amnistie pour faits de guerre, infractionnels politiques et d'opinion, août 2004.

439 Loi portant amnistie pour faits insurrectionnels, faits de guerre et infractions politiques, 11 février 2014.

440 Art. 34 bis, code pénal (modification portée par la loi n°15/022 du 31 décembre 2015, J.O., n°spécial, 57ème année, 29 février 2016).

3.6. La transaction

La transaction éteint l'action publique. Elle est prévue par l'article 9 du code de procédure pénale sous l'appellation d'amende transactionnelle[441]. Il s'agit d'une procédure par laquelle l'officier de police judiciaire ou l'officier du ministère public peut proposer aux délinquants l'abandon des poursuites pénales en contrepartie du versement d'une somme d'argent dont il fixe lui-même le montant. Cette procédure est d'application restrictive et entraîne l'extinction de l'action publique.

3.7. Le retrait de la plainte

En principe, le retrait de la plainte n'a aucune influence sur l'action publique. Le législateur a admis cette possibilité exceptionnelle en matière d'adultère. Il considère en effet la victime comme le meilleur juge des suites à donner à cette infraction. Ainsi, le plaignant pourra, en tout état de cause, demander par le retrait de sa plainte, l'abandon de la procédure ou des effets de la condamnation à la servitude pénale, à la condition de consentir à reprendre la vie commune[442]. Il en est ainsi aussi de l'infraction de grivèlerie pour laquelle le désistement de la victime éteint l'action publique[443].

Paragraphe troisième : La place d'un particulier dans la recherche des preuves de l'infraction

A. Le particulier n'intervient qu'en cas de flagrance

L'article 6 du code de procédure pénale a accordé une place au particulier dans l'administration de la justice. En effet, en cas d'infraction flagrante ou réputée flagrante et passible d'une peine d'emprisonnement de trois ans au moins, toute personne peut, en l'absence de l'autorité judiciaire chargée de poursuivre et de tout officier de police judiciaire, saisir l'auteur présumé et le conduire immédiatement devant celle de ces autorités qui est la plus proche.

---

441 Plutôt que d'employer l'épithète « transactionnelle », certains auteurs lui préfèrent celle « forfaitaire » dans le but avoué d'affirmer que le montant de l'amende transactionnelle est arrêté forfaitairement par l'autorité judiciaire et n'implique aucun aveu de culpabilité du délinquant (RUBBENS Antoine, op. cit., p. ...).

442 Art. 468, al. 2 et 3, code de la famille.

443 Art. 102*bis*, al. 2, code pénal livre II.

Dans la mesure où la loi elle-même a reconnu au particulier le pouvoir d'arrestation dans les conditions fixées par l'article 6 du code de procédure pénale, l'on ne saurait reprocher à ce particulier de bonne foi l'infraction d'arrestation arbitraire s'il se révèle par la suite que l'infraction qui a fait l'objet d'arrestation n'était pas punissable d'une peine de plus de trois ans. L'infraction d'arrestation arbitraire requiert en effet un dol spécial, c'est-à-dire la volonté d'attenter à la liberté individuelle de la victime[444]. Le citoyen a reçu le pouvoir d'arrêter non pas un coupable, mais un présumé coupable. Il ne pourra être inquiété s'il y avait flagrant délit et des présomptions sérieuses de culpabilité, même s'il est constaté ensuite que les faits sont moins graves qu'ils ne paraissaient ou que la personne arrêtée n'était pas réellement l'auteur de l'infraction[445].

Par ailleurs, il importe de préciser que la loi n'a fait aucune obligation d'arrêter, que d'ailleurs le plus souvent il s'agit de la personne même de la victime de l'infraction qui se saisit du délinquant, de son voleur par exemple, pour obtenir justice, et que l'article 6 du code de procédure pénale a pour but de l'empêcher d'être passible de sanctions pour arrestation arbitraire. La loi ne prévoit aucune rémunération pour l'accomplissement de son devoir civique si elle agit uniquement pour prêter main forte à la justice[446].

B. Définition de l'infraction flagrante

Par infraction flagrante il faut entendre celle qui se commet actuellement ou qui vient de se commettre. Une infraction est réputée flagrante lorsqu'une personne est poursuivie par la clameur publique, ou lorsqu'elle est trouvée porteuse d'effets, d'armes, d'instruments ou papiers faisant présumer qu'elle est auteur ou complice, pourvu que ce soit dans un temps voisin de l'infraction[447]. La loi a reconnu à l'officier de police judiciaire à compétence générale les pouvoirs déterminés en

[444] Ière Inst., Cost., 6 décembre 1939, p. 196.

[445] Rapport du Conseil de législation sous l'article 6 du code de procédure pénale, Pierre PIRON et Jacques DEVOS, *Codes et Lois du Congo Belge*, T.II, *Organisation administrative et judiciaire*, Bxl., 8ème éd., Larcier, 1960, p. 44.

[446] Rapport du Conseil de législation sous l'article 6 du code de procédure pénale, Pierre PIRON et Jacques DEVOS, *Codes et Lois du Congo Belge*, T.II, *Organisation administrative et judiciaire*, Bxl., 8ème éd., Larcier, 1960, p. 44.

[447] Art. 7, code de procédure pénale.

matière de flagrance lorsque le chef d'une habitation le requiert de constater une infraction commise à l'intérieure de cette habitation[448].

C. Régime juridique de la flagrance

L'infraction flagrante obéit à un régime juridique particulier de célérité dans la poursuite. L'article 1er de l'ordonnance-loi n°78-001 du 24 février 1978[449] dit que toute personne arrêtée à la suite d'une infraction intentionnelle flagrante ou réputée telle, sera aussitôt déférée au parquet et traduite sur-le-champ à l'audience du tribunal. La cour suprême de justice estime même qu'en tant qu'elle suppose nécessairement une célérité, la matière de flagrance peut déterminer l'arrestation de l'auteur présumé de l'infraction en l'absence d'un titre de détention préalable[450].

Pour s'assurer de la fraicheur des preuves qui seront amenées devant le juge appelé à statuer sur l'infraction flagrante, le législateur a décidé d'imprimer une certaine célérité à la procédure de poursuite de cette infraction. C'est ainsi que les particuliers ont reçu pouvoir, en l'absence de l'autorité judiciaire chargée de poursuivre et de tout officier de police judiciaire, de saisir l'auteur présumé et le conduire immédiatement devant celle de ces autorités qui est la plus proche[451]. Dans le même esprit, les témoins de l'infraction sont astreints de suivre le prévenu à l'audience et d'y déposer sous peine des sanctions prévues à charge du témoin récalcitrant. L'officier de police judiciaire ou l'officier du Ministère public ainsi que juge pourront au besoin les y contraindre[452].

Dans la mesure où l'affaire n'est pas en état de recevoir jugement, le juge saisi a reçu pouvoir d'instruire l'officier du Ministère public de procéder, toutes affaires cessantes, aux devoirs d'instruction qu'il précise[453]. Il faut relever ici la particularité de la flagrance, qui accroît le pouvoir du juge vis-à-vis du magistrat du parquet. Ce dernier n'est plus totalement indépendant du siège, parce qu'il peut recevoir des injonctions du juge pour exécuter un devoir d'instruction. La flagrance accroît aussi les pouvoirs des officiers de police judiciaire, qui peuvent passer outre la réquisition d'information pour exercer les pouvoirs du

---

448 Art. 8, code de procédure pénale.
449 *J.O.*, n°6, 15 mars 1978, p. 15.
450 C.S.J., RP 32/CR, Cass., matière répressive, Ministère public c/ Ba et csrts, 22 mars 1995, *Revue Juridique du Zaire*, n°1-3, 1995, pp. 43-47.
451 Art. 3, ordonnance-loi du 24 février 1978.
452 Art. 5, ordonnance-loi du 24 février 1978.
453 Art. 6, ordonnance-loi du 24 février 1978.

ministère public susceptibles de délégation. La flagrance permet aussi de se saisir des personnes bénéficiaires du privilège de juridiction sans recourir à une autorisation préalable, lorsque celle-ci est requise[454]. Par ailleurs, Les perquisitions et visites domiciliaires peuvent, en matière de flagrance, s'effectuer en tout lieu et à toute heure du jour ou de la nuit[455].

En matière de décision de justice, l'article 9 de l'ordonnance-loi du 24 février 1978 dispose que le jugement en matière de flagrance est rendu sur dispositif immédiatement après la clôture des débats. Mais ce jugement est rédigé dans les quarante-huit heures. Si l'auteur de l'infraction déféré devant le tribunal a pu s'enfuir, la décision rendue contre lui est toujours réputée contradictoire[456]. En matière de flagrance, le prévenu condamné dispose du droit de former appel ; la constitution de partie civile s'exerce aussi conformément aux dispositions du code de procédure pénale. Toutefois, la juridiction saisie de l'appel examine l'infraction flagrante toutes affaires cessantes. Le pourvoi en cassation est introduit conformément à la loi. En cas de cassation, la Cour de cassation ordonne le renvoi, s'il y a lieu, devant ses chambres réunies[457].

Section II. Les pouvoirs des organes chargés de la recherche des infractions

Dans le cadre de l'enquête, l'officier du ministère public autant que l'officier de police judiciaire ont en commun le pouvoir de dresser les procès-verbaux (§1). La loi reconnait cependant à l'officier du ministère public des pouvoirs propres (§2).

Paragraphe premier : Le pouvoir de dresser les procès-verbaux

A. Définition

Dès le début de son enquête, et pour en faciliter la conduite, l'officier du ministère public ou l'officier de police judiciaire procède au repérage de toutes les situations qu'il rencontre. Il les consigne, pour raison de preuve, dans un procès-verbal. Le procès-verbal est défini comme un

---

454 Art. 107, constitution du 18 février 2006 ; art. 4, ordonnance-loi du 24 février 1978.

455 Art. 7, ordonnance-loi du 24 février 1978.

456 Art. 10, ordonnance-loi du 24 février 1978.

457 Art. 35.9, loi organique n°13/011-B du 11 avril 2013 portant organisation, fonctionnement et compétences des juridictions de l'ordre judiciaire.

acte dans lequel un fonctionnaire qualifié relate les faits dont il a vérifié l'existence et dont la recherche entre dans ses attributions[458].

Paradoxalement, le procès-verbal suggère l'écriture[459]. L'autorité judiciaire peut à cet effet recevoir plaintes ou dénonciations verbales, constater directement une infraction ou consigner le résultat des opérations effectuées dans le cadre de ses enquêtes. Toute opération effectuée pendant l'enquête est documentée. Ainsi, toute déposition d'une personne entendue dans le cadre d'une enquête est consignée dans un écrit, tout élément de preuve recueilli fait l'objet de constat dans un écrit, toute opération exécutée par une autorité judiciaire est signalée dans un écrit. Le procès-verbal suppose en outre l'existence d'une certaine solennité. Dans certains cas, l'autorité qui dresse l'acte d'un procès-verbal jure que ce dernier est sincère[460].

B. Les mentions essentielles d'un procès-verbal

La valeur d'un procès-verbal dépend en grande partie de l'observance stricte des mentions que la loi exige pour son établissement. Les articles 126 et suivants de l'ordonnance du 03 juillet 1978 relative aux attributions des officiers de police judiciaire indiquent les mentions essentielles d'un procès-verbal dressé dans le cadre de l'enquête. Ces mentions sont les suivantes : l'identité et la signature de la personne qui établit le procès-verbal ; l'identité et la signature de la personne qui concourt à l'enquête en qualité de plaignant, de dénonciateur, de témoin ou de suspect ; l'identité et la signature du conseil de la personne interrogée, si ce conseil est présent ; la date, l'heure et le lieu de l'acte

---

[458] BOSLY Henri et VANDERMEERSCH Damien, op. cit., p. 281 ; CONTE Philippe et Du CHAMBON Patrick Maistre, *Procédure pénale*, Paris, 3ème éd., Armand Colin, 2001, p. 33 ; BOULOC Bernard, *Procédure pénale*, Paris, 22ème éd., Dalloz, 2010, p. 381 ; BRAAS A., *Précis d'instruction criminelle ou procédure pénale*, Bxl., Bruylant, 1932, p. 160. Ce dernier auteur précise qu'un procès-verbal est un acte relatant une infraction dont un magistrat ou agent compétent a été témoin, ou qui est parvenu à sa connaissance, ainsi que les recherches effectuées au sujet de ladite infraction.

[459] A l'origine, la dénomination de procès-verbal provient de ce que les agents inférieurs chargés de relever les délits étaient fréquemment illettrés, et devaient se borner à faire un rapport verbal au magistrat de police qui en rédigeait acte (BRAAS A., loc. cit. ; FRANCHIMONT Michel et alliis, *Manuel de procédure pénale*, Liège, Collection scientifique de la Faculté de Droit de Liège, 1989, p. 246).

[460] Art. 2, al. 4, code de procédure pénale congolais (décret du 6 août 1959, *B.O.*, 1959, p. 1934).

accompli ainsi que la mention de toutes les autres personnes présentes. Le procès-verbal signale en outre si les personnes ayant pris part à l'acte ont refusé de signer le procès-verbal, les raisons en sont également consignées. Lorsqu'il émane de l'officier de police judiciaire, le procès-verbal se termine par le serment suivant : « Je jure que le présent procès-verbal est sincère ».

C. La force probante d'un procès-verbal

Un procès-verbal ne lie pas le juge.

Le problème qu'il convient de relever est celui de savoir si un procès-verbal dressé pendant l'enquête lie le juge de fond. En d'autres termes, quelle est la valeur que le juge accorde à un procès-verbal en vue de son admissibilité comme élément de preuve pertinent d'une infraction.

A la question de la force probante d'un procès-verbal, l'article 75 du code de procédure pénale répond comme suit : « sauf pour les procès-verbaux auxquels la loi attache une force probante particulière, le juge apprécie celle qu'il convient de leur attribuer ». Le principe est donc posé par la loi : un procès-verbal, quelles que soient les circonstances de son établissement, ne lie pas le juge. Il appartient à ce dernier de lui reconnaitre une certaine valeur probante.

Certains procès-verbaux contiennent des présomptions légales de culpabilité. Ils lient par conséquent le juge.

Cependant, il est de ces procès-verbaux qui obligent le juge parce que la loi leur attache une force probante particulière. Il en est ainsi des procès-verbaux établis par les agents de la Douane, qui lient le juge jusqu'à ce que fausseté en soit prouvée, en tant qu'ils relatent des opérations ou des constatations faites par les verbalisateurs[461]. C'est aussi le cas des procès-verbaux établis par les agents de l'Office congolais du Contrôle dans le cadre de la vérification de la nocuité des aliments. Ces derniers procès-verbaux lient le juge jusqu'à preuve littérale contraire[462].

---

[461] Art. 361, ordonnance-loi n°10/002 du 20 août 2010 portant code des douanes, *J.O.,* 51ème année, n°spécial, 26 décembre 2010 ; art. 92, ordonnance-loi n°007/2012 du 21 septembre 2012 portant code des accises, *J.O.*, n°spécial, 18 octobre 2012, pp. 5-34.

[462] Art. 7, al. 2, décret du 26 juillet 1910 relatif à la fabrication et commerce des denrées alimentaires.

D. Catégories de procès-verbal

L'on rangerait dans cette rubrique le procès-verbal de constat, le procès-verbal d'interrogatoire de l'inculpé, le procès-verbal d'audition du témoin et le procès-verbal de saisie.

1. Le procès-verbal de constat

Dans le cadre de ses activités d'enquête, l'officier de police judiciaire ou le l'officier du ministère public est habilité à recueillir des éléments de preuve et à mener des investigations sur le lieu où l'infraction a été commise. Il procède ainsi aux constatations matérielles en se projetant directement au contact de l'infraction, à ses conséquences ainsi qu'au lieu de sa commission. Il établit un procès-verbal qui dresse l'état des lieux ou l'état des actes matériels ou des conséquences matérielles de l'infraction alléguée.

Le but des constatations matérielles est d'appréhender les faits ou d'en relever les indices ou les pièces à conviction[463]. Globalement, il s'agit de tout élément découvert sur le lieu de l'infraction ou sur tout lieu par lequel sont passés les enquêteurs[464]. Les constatations matérielles permettent aussi d'identifier les témoins importants, de réunir des informations et preuves documentaires ou de procéder à la reconstitution des faits.

Les constatations matérielles ne peuvent être réalisées qu'à la suite d'un transport sur les lieux[465] ou d'une perquisition[466], permettant

---

463 Art. 47, Ordonnance du 3 juillet 1978 relative à l'exercice des attributions d'officiers et agents de police judiciaire près les juridictions de droit commun.

464 BOSLY Henri et VANDERMEERSCH Damien, op. cit., p. 395.

465 HELIE Faustin, *Pratique criminelle des cours et tribunaux, Première partie, Code d'instruction criminelle,* Paris, 3ème éd., Imprimerie et Librairie Générale de Jurisprudence, 1920, p. 112-113.

466 La perquisition se définit comme étant une mesure coercitive par laquelle une autorité judiciaire compétente -généralement le magistrat- pénètre dans un endroit bénéficiant de la protection liée à l'inviolabilité du domicile en vue d'y rechercher des preuves et d'y saisir des pièces à conviction d'un crime ou d'un délit (BOSLY Henri et VANDERMEERSCH Damien, loc. cit.) ; BOULOC Bernard, op. cit., p. 115 . Strictement réglementée, la recherche judiciaire des éléments de preuve d'une infraction peut être réalisée au domicile de toute personne ou en tout autre lieu où pourraient se trouver des objets, documents ou données informatiques, dont la découverte serait utile à la manifestation de la vérité [GUINCHARD Serge et DEBARD Thierry (dir.), op. cit., p. 596]. Ainsi, toute perquisition implique la recherche, à l'intérieur d'un lieu normalement clos, notamment au domicile d'un

l'exploration des scènes de l'infraction. L'objectif d'un transport sur les lieux est de permettre à l'enquêteur d'observer, de prendre connaissance et de juger par lui-même la topographie du lieu de l'infraction. Ainsi, un procès-verbal établi dans ces circonstances réelles des faits en fait preuve légale[467] et force fiabilité et objectivité. Il décrit le temps et le lieu du constat, les circonstances, preuves et indices recueillis à propos de l'infraction en cause. Il est signé par l'enquêteur présent sur les lieux des investigations.

2. Le procès-verbal d'interrogatoire

L'interrogatoire est un acte qui s'adapte mieux à la personne mise en cause devant une autorité judiciaire. Il est obligatoire et essentiel au cours de la procédure d'enquête. La loi en fait un préalable obligatoire avant toute mise en état de détention préventive[468]. L'enquêteur convoque ou invite la personne accusée afin de recueillir ses explications sur les faits qui lui paraissent imputables[469]. L'occasion est accordée à la personne accusée de s'expliquer, de se justifier, de se défendre et de recueillir toutes autres informations pertinentes sur les accusations portées à sa charge[470]. Il répond aux questions de l'enquêteur, dont l'objectif est de se faire une idée exacte de l'affaire dont il a la responsabilité[471].

L'interrogatoire s'inscrit dans le cadre de devoirs et pouvoirs de l'autorité judiciaire ; il sert de couronnement à ce que l'enquête a déjà produit[472]. Il permet à l'enquêteur, sur fond des aveux ou non, d'obtenir l'implication ou non de l'accusé dans la commission de l'infraction. Il s'étend à tous les faits et éléments de preuve et tend à obtenir un récit cohérent et exact sur les accusations qui pèsent sur l'accusé. Ce faisant, l'interrogatoire doit se faire à charge et à décharge.

L'interrogatoire de la personne accusée a lieu normalement dans le secret, hors la présence de tiers. Cependant, la présence de tiers est

---

particulier, d'indices permettant d'établir l'existence d'une infraction ou d'en déterminer l'auteur (MERLE Roger et VITU André, *Traité de droit criminel, TII, procédure pénale*, Paris, Cujas, 1989, p. 198 ; Cour de cassation française, Ch. crim., *Arrêt,* 29 mars 1994, *Recueil Dalloz*, 1995, Sommaires commentés, p. 144).

467 Cass. française, 20 janvier 1893, *Droit Pénal,* 1894-I-55.

468 Art. 28, al. 3, code de procédure pénale.

469 Art. 42, Ordonnance du 3 juillet 1978 relative à l'exercice des attributions d'officiers et agents de police judiciaire près les juridictions de droit commun.

470 BOSLY Henri et VANDERMEERSCH Damien, op. cit., p. 374.

471 DECLERCQ Raoul, op. cit., 2006, p. 313.

472 DECLERCQ Raoul, loc. cit.

importante lorsque l'enquêteur recherche la vérité par la méthode de confrontation, qui peut être assurée en opposant l'accusé à ses complices ou aux témoins et victimes déclarés[473].

Le principe du procès équitable impose comme exigence le respect des droits de la personne accusée pendant l'interrogatoire. Ainsi, un accusé ne peut être soumis à l'interrogatoire que s'il est au préalable informé de ses droits[474], dont mention est faite dans un procès-verbal. Au nombre de ces droits figurent principalement le droit pour l'accusé d'être informé des charges pour lesquelles il est poursuivi[475] ; le droit à l'assistance d'un conseil de son choix[476] ou, en cas d'indigence, d'un conseil à titre gratuit commis d'office ; le droit à l'assistance gratuite d'un interprète s'il ne comprend pas ou ne parle pas la langue utilisée lors de l'interrogatoire[477]; le droit de garder silence[478], sans que ce silence soit pris en considération pour la détermination de sa culpabilité ou de son innocence. Par ailleurs, il est interdit pendant l'interrogatoire de soumettre la personne accusée à une forme de coercition, de contrainte ou de menace, ni à la torture ni à aucune autre forme de peine ou traitement cruel, inhumain ou dégradant[479]. Il est également interdit d'exercer des pressions sur la personne accusée, pressions qui peuvent se manifester par un interrogatoire de longue durée, sans possibilité de rafraîchissement ou de repos à intervalles, ou interrogatoire conduit par plusieurs personnes différentes, se relayant dans la pièce.

3. Le procès-verbal d'audition

3.1. Notions

Aux fins de ses enquêtes, l'officier de police judiciaire ou l'officier du ministère public peut faire citer devant lui toute personne dont il estime l'audition nécessaire[480]. Il s'agit généralement des victimes et témoins. Contrairement à l'interrogatoire, l'audition se rapporte techniquement aux personnes qui ont assisté à la commission d'une infraction ou

---

[473] Art. 11, al. 3, code de procédure pénale.
[474] Art. 18, al. 2, Constitution du 18 février 2006.
[475] Art. 18, al. 1er, Constitution du 18 février 2006.
[476] Art. 19, al. 4, Constitution du 18 février 2006.
[477] Art. 48, code de procédure pénale.
[478] Art. 19, al. 3, Constitution du 18 février 2006.
[479] Art. 16, al. 4, Constitution du 18 février 2006.
[480] Art. 16, al. 1er, code de procédure pénale.

entendu quelque chose s'y rapportant[481]. Il s'agit de témoins, c'est-à-dire des personnes qui, extérieures aux faits, objet de la poursuite, sont capables de fournir à l'autorité judiciaire des renseignements utiles à la manifestation de la vérité[482]. Les témoins déposent sur les faits dont ils ont eu connaissance et qui sont susceptibles de s'insérer dans la démonstration recherchée. Ils courent parfois le risque de se transformer en victimes de leurs interventions. De même, loin de rester simplement créancière des droits nés de la commission d'une infraction, la victime[483] peut disposer, sous certaines conditions, d'un double statut qui lui permet de jouer à la fois le rôle de dénonciateur de l'infraction dont elle a subi préjudice et celui de témoin premier de sa propre cause[484]. Il conviendrait qu'un cadre juridique soit érigé en vue d'adopter des mesures destinées à assurer la protection de ces deux acteurs pendant l'enquête.

3.2. Cadre juridique

Il ressort de l'article 16 du code de procédure pénale que l'officier du ministère public peut faire citer devant lui toute personne dont il estime l'audition nécessaire. A cette fin, il peut rechercher des renseignements auprès de toute personne digne de foi qu'il juge appropriée et recueillir des dépositions écrites ou orales des témoins[485]. Ainsi, une victime peut fournir à l'officier du ministère public des informations sur les faits infractionnels dont elle a connaissance. Cette dénonciation lui permet de faire valoir ses droits en bénéficiant d'un recours équitable et efficace

---

481 BOULOC Bernard, *Procédure pénale,* Paris, 22ème éd., Dalloz, 2010, pp. 625-626.

482 GUINCHARD Serge et BUISSON Jacques, *Procédure pénale,* Paris, 5ème éd., Litec, 2009, p. 950.

483 La Déclaration des principes fondamentaux de justice relatifs aux victimes de la criminalité et aux victimes d'abus de pouvoir adoptée par l'Assemblée générale des Nations unies définit les victimes de crimes comme des personnes qui, individuellement ou collectivement, ont subi un préjudice, notamment une atteinte à leur intégrité physique ou mentale, une souffrance morale, une perte matérielle, ou une atteinte grave à leurs droits fondamentaux du fait de la violation des lois pénales en vigueur dans un Etat Membre, y compris celles qui proscrivent les abus criminels de pouvoir (Assemblée générale des Nations Unies, 40ème session, 29 novembre 1985, Doc. N.U. A/RES40/34).

484 En droit de procédure pénale, tant que la victime ne s'est pas encore constituée partie civile, elle est considérée juridiquement comme un témoin dont elle emprunte le statut (GUINCHARD Serge et BUISSON Jacques, loc. cit.).

485 Art. 37 et 41, Ordonnance du 3 juillet 1978 relative à l'exercice des attributions d'officiers et agents de police judiciaire près les juridictions de droit commun.

tendant à obtenir le jugement du délinquant et la réparation du préjudice subi.

La déposition d'un témoin se déroule dans une large mesure à huis clos. L'officier de police judiciaire ou l'officier du ministère public est tenu au secret professionnel sur l'identité de tout témoin qui réclame le bénéfice de l'anonymat, pourvu que lui-même n'ait commis aucune faute[486]. Il est en effet dans l'intérêt de la justice les informations sensibles soient retenues, de manière à éviter d'exposer le témoin et sa famille à des risques de représailles. L'audition des témoins se déroule dans une atmosphère d'observance d'un certain nombre de règles de type général. Il s'agit de :

A. La prestation de serment et l'avertissement préliminaire

Si l'officier du ministère public l'en requiert, le témoin prête serment avant de déposer. Le témoin prête le serment suivant : « Je jure de dire la vérité, rien que la vérité ». L'officier du ministère public informe le témoin de son engagement de ne dire que la vérité dans sa déposition, qu'il ne doit rien cacher. Le témoin est aussi averti des conséquences d'une fausse déclaration qui orienterait la justice sur une fausse piste et l'empêcherait de connaître la vérité.

B. Le statut particulier de certains témoins

Les dépositaires par état ou par profession du secret. Dispense de témoigner

Certains témoins qui comparaissent devant l'officier du ministère public disposent d'un statut particulier lié aux fonctions qu'ils exercent et qui leur imposent l'obligation de confidentialité. Il s'agit par exemple de personnes qui sont dépositaires par état ou par profession des secrets qu'on leur confie, c'est-à-dire les médecins[487], les avocats[488], les

---

486 Art. 38, al. 1er, ordonnance du 3 juillet 1978 relative à l'exerce des attributions d'officiers et agents de police judiciaire près les juridictions de droit commun.

487 L'obligation du médecin au secret professionnel est générale et absolue, il ne peut témoigner en justice même à la demande de son client poursuivi.

488 Le principe du secret professionnel de l'avocat est ancien et connu de tous. Il suppose que les lettres du client adressées à l'avocat, les doubles des lettres de celui-ci adressées au client, ainsi que les documents se trouvant chez l'avocat ne peuvent pas faire l'objet d'une saisie (Faustin HELIE, *Traité de l'instruction criminelle*, 2ème éd., 1866, IV, n°1818 ; J. HAMELIN et A. DAMIEN, *Les règles de la nouvelle profession d'avocat*, 4ème éd., 1981, n° 271). Cette règle vaut également

responsables de culte, les banquiers. Sans faire échec à la bonne administration de la justice, l'article 16 du code de procédure pénale consacre, au profit de ces personnes, une dispense de témoigner.

La thèse absolutiste.

La thèse absolutiste a été défendue par Garraud, qui y voyait une *règle indiscutable* et qui préférait parler de prohibition du témoignage plutôt que d'une simple dispense de témoigner[489]. Les arguments avancés sont les suivants : (i) Le secret professionnel est davantage édicté dans l'intérêt public que dans l'intérêt privé du client, destiné en effet à *garantir un devoir professionnel indispensable à tous*[490]. Sa disparition entraînerait donc des

---

tant lorsque la saisie n'est pas effectuée dans un cabinet d'avocat - notamment, au cas de remise de lettres au magistrat du parquet - que lorsqu'il y a saisie véritable dans ce cabinet. Le secret des correspondances entre client et avocat joue aussi lorsque l'avocat n'est pas encore défenseur attitré, mais simplement sollicité de l'être. Il est aisé de remarquer que la distinction entre l'avocat qui a déjà accepté sa mission et celui qui est simplement sollicité est arbitraire et se heurte au fondement du secret. En effet, l'inviolabilité ne s'appuie pas sur le secret professionnel de l'avocat, mais sur le droit supérieur de défense qui est d'intérêt général. C'est le principe de la libre défense qui domine toute la procédure pénale et qui commande de respecter les communications confidentielles des accusés avec les avocats qu'ils ont choisis ou veulent choisir. Par ailleurs, la violation du secret professionnel peut être invoquée par un coaccusé aussi bien que par l'accusé auteur de la lettre. Le coaccusé agit alors en son propre nom, en invoquant un préjudice personnel. La vitalité du secret se manifeste encore aujourd'hui non seulement par sa réaffirmation, mais aussi par son extension à un domaine nouveau. L'inviolabilité du secret professionnel s'applique non plus seulement au « judiciaire », mais aussi au « juridique », c'est-à-dire aux consultations données par un avocat à son client. Il en est de même des propositions transactionnelles, des correspondances échangées entre deux avocats, hors procès et en vue de parvenir à l'établissement d'un accord commercial. Il faut admettre néanmoins que le principe du secret professionnel peut céder du terrain dans l'hypothèse où la lettre litigieuse, qui doit faire l'objet d'une perquisition, serait révélatrice d'une infraction à laquelle l'avocat ne serait pas étranger. L'on peut considérer une telle lettre comme étant le *corpus delicti*, c'est-à-dire le corps ou l'instrument de l'infraction poursuivie. Cette lettre litigieuse est susceptible d'être saisie, au même titre qu'un faux ou qu'un révolver qui auraient été remis à l'avocat par le client après la commission de l'infraction. Ainsi, la perquisition effectuée, en l'occurrence, dans un cabinet d'avocat est légitime, encore faut-il que cette mesure soit proportionnée à l'objectif. La même solution doit être retenue au cas d'écoutes téléphoniques de l'avocat de la personne inculpée, à condition qu'il existe contre l'avocat des indices de participation à une infraction.

489 R. GARRAUD, *Traité d'instruction criminelle*, T. II, n°392, p. 55.

490 E. GARCON, *Code pénal annoté,* Commentaire sous l'article 378, n°7

inconvénients considérables. (ii) S'il existe certes des cas où l'hésitation est permise, la détermination d'un critère serait hasardeuse et donc dangereuse. En effet, une solution nuancée plutôt qu'absolue aurait l'inconvénient de jeter un halo d'indécision autour de la zone d'application du secret médical car il faut bien convenir que les limites de ce secret se laissent difficilement cerner. Dans ces conditions, n'apparaît-il pas préférable de fixer une règle de comportement précise et ne laissant place à aucune hésitation. (iii) Si le médecin pouvait être délivré du secret, son refus de parler, motivé par des considérations de conscience, équivaudrait à l'aveu implicite des affirmations adverses et rendrait son témoignage sans intérêt[491].

La thèse relativiste.

Aux côtés de la thèse absolutiste existe désormais une conception relativiste, très en vogue dans la doctrine moderne. Pour les tenants de cette thèse, le fondement du secret professionnel réside avant tout dans l'intérêt particulier du confident. Le secret a donc un fondement contractuel, car le professionnel est un *dépositaire* auquel le client *confie* un secret. Ce client reste donc le maître du secret comme le déposant reste propriétaire de sa chose. Le client peut donc disposer de son secret et demander au professionnel de le divulguer en justice. Il en résulte que le médecin doit parler, sauf à réserver à titre exceptionnel son droit au silence pour des raisons de prudence sociale ou professionnelle[492]. Par ailleurs, la thèse relativiste facilite l'obtention de la vérité. La justice pénale a impérieusement besoin de tout savoir sur une affaire. C'est pourquoi dans le domaine voisin des perquisitions, la jurisprudence s'efforce de les permettre même au mépris du secret professionnel. Ainsi en est-il en faveur des douanes, de secret religieux et du secret de l'avocat. En France par exemple, une décision de justice avait admis, dans un domaine très voisin des perquisitions, qu'un médecin expert, commis par un juge d'instruction pour apprécier l'état de santé d'un détenu, peut légitimement accéder au dossier médical déposé à la prison sans que puisse lui être opposé le secret médical[493]. Ces raisons sont si fortes qu'il faudrait un revirement. Dans la négative, il conviendrait de modifier la loi, en créant un fait justificatif à la révélation des secrets : ce

---

491 A. VITU, *Droit pénal spécial*, II, 1982, n°2007.

492 R. VOUIN, « La notion du secret médical en droit pénal français », 5ème Congrès international de droit comparé, Bruxelles, 1958, Suppl., *Rev. Sc. Crim.*, 1958, pp. 29 et ss.

493 Rennes, Ch. acc., 15 mai 1997, D. 1998, 178, note J. PENNEAU.

serait l'ordre du juge au professionnel de témoigner, ce dernier devant cependant conserver le droit de ne pas déposer.

La position de certains droits étrangers.

Certains droits étrangers sont favorables à la thèse relativiste. Selon le code pénal autrichien de 1974, la divulgation n'est pas punissable si elle est justifiée par un intérêt public ou par un intérêt privé légitime[494]. En Suisse, l'incrimination de violation du secret professionnel cesse d'être punissable si elle a été faite avec le consentement de l'intéressé ou si elle est autorisée par le supérieur du dépositaire du secret[495]. Le code pénal d'Allemagne de l'Est, aujourd'hui abrogé, n'incriminait la violation du secret professionnel que si le secret se fondait sur un intérêt personnel[496]. Cela impliquait la licéité de la révélation faite dans un intérêt public. La doctrine relativiste envisage donc une relativisation du secret médical par l'instauration des exceptions au principe absolutiste[497].

La position du droit congolais.

Sans faire échec à la bonne administration de la justice, l'article 16 du code de procédure pénale consacre, au profit des dépositaires du secret professionnel, une dispense de témoigner. La jurisprudence congolaise abonde dans le même sens. En effet, il a été jugé que la preuve obtenue par le témoignage d'un dépositaire de secret professionnel est nulle si le dépositaire du secret, étant sous le serment et refusant de fournir des renseignements qu'il estime avoir appris sous le sceau du secret, se voit néanmoins contraint de les livrer[498].

Il faut cependant admettre que la dispense de témoigner tend de plus en plus à s'éroder, surtout en ce qui concerne la profession bancaire. La loi de 2004 sur le blanchiment des capitaux et le financement du terrorisme a décidé de la levée du secret bancaire, qui ne peut désormais être invoqué pour refuser de fournir les informations sur l'identité des clients et les opérations qu'ils effectuent ou les informations requises

---

494 Art. 121, al. 5.

495 Art. 321, code pénal de 1937.

496 Art. 136.

497 J. HONORAT et L. MELENEC, « Vers une relativisation du secret médical », *J.C.P.*, 1979, I, 2936, n° 3 et 4.

498 C.S.J., R.P.A. 46, le ministère public c/ Dibaya Balekelayi, *Appel*, 19 mai 1977, *Bulletin des Arrêt de la cour suprême de justice* (1977), Kin., 1978, p. 40.

dans le cadre d'une enquête portant sur des faits de blanchiment ou de financement du terrorisme[499].

C. Le reproche d'un témoin

La seule disposition légale en matière de reproche des témoins est édictée par l'article 76 du code de procédure pénale aux termes duquel les motifs de reproche invoqués contre les témoins sont souverainement appréciés par le juge. Il ressort d'une jurisprudence constante que reprocher un témoin c'est relever une cause de nature à faire considérer le témoignage de la personne à laquelle elle est opposée comme suspect de partialité[500]. Le code de procédure pénale est resté muet en ce qui concerne les causes de suspicion d'un témoin, ce qui devient une question de fait soumise à la souveraine appréciation du juge de fond.

D. Le faux témoignage sous déclaration solennelle

Le faux témoignage est une incrimination prévue par l'article 128 du code pénal. Elle tend à sanctionner un témoin qui, sciemment et volontairement, en justice et sous serment, a fait des déclarations mensongères dans le but de tromper l'autorité judiciaire et de remettre directement en question l'intégrité de l'administration de la justice. Le faux témoignage n'est pas celui qui souffre d'un manque de crédibilité, mais plutôt un témoignage contenant des fausses déclarations qui consistent à affirmer un fait faux ou à nier un fait réel dans le but d'influer sur la décision du juge, porté à condamner un innocent ou à acquitter un coupable. L'attention du juge peut en effet être détournée par les déclarations solennelles d'un témoin, généralement soudoyé par la personne accusée, qui succombe aux tentations de cette dernière, faites des promesses et des dons, et qui produit des contre-vérités[501]. Le législateur considère effectivement le faux témoignage comme une

---

499 Art. 27, loi du 19 juillet 2004.

500 Léo., 29 mai 1929, *R.J.C.B.*, 1930, p. 204.

501 C'est la subornation de témoin (art. 129 du code pénal). La subornation de témoin est constitutive des actions diverses exercées sur autrui, au cours d'une procédure ou en vue d'une demande ou défense en justice, pour le déterminer, soit à faire ou délivrer une déposition, une déclaration ou une attestation mensongère, soit à s'abstenir d'une telle activité. La subornation est une infraction pénale qu'elle soit ou non suivie d'effet [Serge GUINCHARD et Thierry DEBARD (dir.), op. cit., p. 821].

infraction grave qui remet directement en question l'intégrité du procès et porte atteinte à l'administration de la justice[502].

E. Le témoin récalcitrant (voir infra, pouvoirs du ministère public non susceptibles de délégation)

4. Le procès-verbal de saisie

La saisie est une opération pratiquée par une autorité judiciaire compétente sur un bien, un avoir ou un objet quelconque qui atteste de la matérialité d'une infraction ou qui est susceptible de servir à la manifestation de la vérité[503]. Il s'agit dans ce cas de la mise sous-main de justice des pièces à conviction, le plus souvent obtenues dans le cadre d'une visite domiciliaire ou d'une perquisition[504]. Ces pièces à conviction constituent des éléments de preuve matériels relatifs aux chefs d'accusation ou à l'enquête. Elles sont composées des objets ayant servi ou ayant été destinées à la commission des infractions retenues ou en ayant constitué le fruit ou le produit, et dont la saisie peut servir à la manifestation de la vérité[505]. Dans ce cas, la saisie permet d'assurer la protection et la conservation des objets saisis dans le but de fournir de preuve de l'infraction. En cas de déclaration de culpabilité, le juge en prononce la confiscation[506].

Dans le cadre de la justice pénale internationale, l'opération de saisie peut consister en outre en la privation des biens du délinquant dans le but de faciliter et d'assurer l'indemnisation des victimes de cette infraction. Elle s'opère à la suite d'une réelle enquête patrimoniale qui préconise la détection la plus précoce des avoirs et patrimoines que détient le délinquant. Cette mesure conservatoire prise en cours de procédure sur les biens du délinquant permet à l'autorité judiciaire de

502 L'article 128 du code pénal punit le faux témoignage d'un emprisonnement qui peut s'élever à cinq ans.

503 Art. 47, ordonnance du 3 juillet 1978 relative à l'exercice des attributions d'officiers et agents de police judiciaire près les juridictions de droit commun.

504 Art. 52-53, ordonnance du 3 juillet 1978 relative à l'exercice des attributions d'officiers et agents de police judiciaire près les juridictions de droit commun ; Serge GUINCHARD et Jacques BUISSON, op. cit., pp. 483, 549.

505 Art. 49, al. 2, ordonnance du 3 juillet 1978 relative à l'exercice des attributions d'officiers et agents de police judiciaire près les juridictions de droit commun ; Bernard BOULOC, op. cit., p. 401.

506 Art. 49, al. 2, ordonnance du 3 juillet 1978 relative à l'exercice des attributions d'officiers et agents de police judiciaire près les juridictions de droit commun ; Bernard BOULOC op. cit., p. 651.

s'assurer des biens et avoirs du délinquant, d'anticiper son insolvabilité éventuelle et de garantir les réparations en faveur des victimes, en cas de déclaration de culpabilité[507].

Pour autant, il importe d'observer que la saisie se pratique sur des biens saisissables et selon les modalités bien déterminées par la loi. Les objets saisis sont inventoriés et scellés. Un reçu établissant la liste de tous les éléments de preuve saisis et faisant office de procès-verbal de saisie est dressé et fourni aux personnes ayant participé à l'opération de saisie. En toute vraisemblance et pour authentifier la régularité de la saisie, les personnes qui ont assisté à cette opération doivent signer le procès-verbal établi quant à ce et accuser réception de la liste des objets saisis[508].

Lorsque la garde des objets saisis s'avère impossible parce qu'ils sont périssables ou de conservation dispendieuse, l'autorité judiciaire peut faire vendre ceux de ces objets qui sont susceptibles de confiscation[509]. La vente est réalisée à la requête de l'autorité judiciaire qui a procédé à la saisie[510]. La vente est faite aux enchères après que le jour en ait été annoncé au public quarante-huit heures au moins à l'avance. Elle peut être faite de gré à gré si les objets saisis sont susceptibles de dépérir très rapidement ou si leur valeur est moins importante[511]. Il est dressé procès-verbal de la vente et le produit en est consigné entre les mains du comptable du Trésor qui en délivre quittance. L'autorité judiciaire ainsi que le détenteur des objets saisis peuvent assister à la vente[512]. L'autorité judiciaire joint la quittance et deux exemplaires du procès-verbal de la

---

507 Art. 57, §3 (e), 75, §4, 79, §2, 93, §1, Statut de Rome ; Hervé ASCENSIO, « L'urgence et les juridictions pénales internationales », *RUIZ FABRI Hélène et SOREL Jean-Marc (dir.), Le contentieux de l'urgence et l'urgence dans le contentieux devant les juridictions pénales internationales : regards croisés,* Paris, Pedone, 2001, p. 154 ; C.P.I., Ch. prél. III, ICC-01/05-01/08, le Procureur c/ Jean-Pierre BEMBA, *Décision et demande en vue d'obtenir l'identification, la localisation, le gel et la saisie des biens et avoirs adressées à la République portugaise*, 27 mai 2008, §6.

508 Art. 53-55, ordonnance du 3 juillet 1978 relative à l'exercice des attributions d'officiers et agents de police judiciaire près les juridictions de droit commun.

509 Art. 66, al. 2, ordonnance du 3 juillet 1978 relative à l'exercice des attributions d'officiers et agents de police judiciaire près les juridictions de droit commun.

510 Art. 67, ordonnance du 3 juillet 1978 relative à l'exercice des attributions d'officiers et agents de police judiciaire près les juridictions de droit commun.

511 Art. 68, ordonnance du 3 juillet 1978 relative à l'exercice des attributions d'officiers et agents de police judiciaire près les juridictions de droit commun.

512 Art. 69, ordonnance du 3 juillet 1978 relative à l'exercice des attributions d'officiers et agents de police judiciaire près les juridictions de droit commun.

vente à son dossier[513]. Les objets nuisibles à la santé ou dangereux pour la sécurité publique ne peuvent être vendus. Ils sont détruits sur décision de l'officier du Ministère public. Il est dressé procès-verbal de cette destruction[514].

Paragraphe deuxième : Les pouvoirs propres du Ministère public

Le Ministère public dispose des pouvoirs propres qui le distinguent de l'officier de police judiciaire. Le législateur a reconnu au ministère public le droit de déléguer à l'officier de police judiciaire certains de ses pouvoirs. Cette délégation de pouvoir se manifeste par voie de réquisition d'information (A). Mais il existe des pouvoirs judiciaires que le ministère public ne peut en aucun cas et pour aucun motif déléguer à l'officier de police judiciaire (B).

A. La réquisition d'information, expression de délégation des pouvoirs du ministère public

En raison du principe de séparation des fonctions judiciaires, le pouvoir judiciaire est incommunicable. La réquisition d'information apparait donc comme une entorse à ce principe, car il s'agit d'un acte par lequel un magistrat délègue ses pouvoirs à un officier de police judiciaire pour qu'il exécute à sa place un acte d'enquête[515]. Cet acte de procédure consiste précisément à combler les lacunes constatées dans une enquête estimée insuffisante menée par la police judiciaire et à déterminer tous les éléments qui sont indispensables à l'officier du ministère public pour étayer ses conclusions et former sa conviction[516].

En tout état de la procédure et quelle que soit l'infraction commise, l'officier du Ministère public peut requérir tout officier de police judiciaire territorialement compétent pour accomplir tel devoir d'enquête qu'il précise. L'officier de police judiciaire ainsi requis est tenu de déférer

513 Art. 70, ordonnance du 3 juillet 1978 relative à l'exercice des attributions d'officiers et agents de police judiciaire près les juridictions de droit commun.

514 Art. 71, ordonnance du 3 juillet 1978 relative à l'exercice des attributions d'officiers et agents de police judiciaire près les juridictions de droit commun.

515 Art. 122, al. 2, arrêté d'organisation judiciaire du 20 août 1979.

516 Procureur général de la République, Note de service n°D.008/I.M/27/PGR/SEC du 22 novembre 2003 relative aux réquisitions d'information aux banques.

à cette réquisition. Il doit faire rapport de l'exécution de ces devoirs au magistrat qui l'aura requis dans les délais impartis par ce magistrat[517].

L'article 100 de l'ordonnance du 3 juillet 1978 relative à l'exercice des attributions d'officiers et agents de police judiciaire près les juridictions de droit commun dispose que dans le cadre et pour le temps déterminé par sa réquisition, l'officier du Ministère public peut investir l'officier de police judiciaire requis, quelles que soient les limites de sa compétence matérielle, de tous les pouvoirs normalement dévolus à l'officier du Ministère public qui lui sont nécessaires pour l'accomplissement de sa mission. Il peut notamment, même en cas d'infraction non flagrante, lui déléguer les pouvoirs de contraindre les témoins à déposer et à prêter serment, de requérir interprète, traducteur, médecin ou expert, de procéder, même sans l'assentiment du chef de l'habitation, aux visites domiciliaires et perquisitions.

1. Les visites domiciliaires et perquisitions

Sans pour autant traduire un même sens, les visites domiciliaires et perquisitions sont soumises au même régime juridique[518]. Au sens strict, une visite domiciliaire désigne l'entrée dans un lieu privé aux fins de constat ou de vérification[519] ; pendant que la perquisition consiste en un transport sur les lieux, pour y dresser les procès-verbaux nécessaires à l'effet de constater le corps du délit, son état, l'état des lieux, et pour recevoir les déclarations des personnes qui auraient été présentes ou qui auraient des renseignements à donner ou à fournir à l'autorité judiciaire. Strictement réglementée, la perquisition peut être réalisée au domicile de toute personne ou en tout autre lieu où pourraient se trouver les pièces à conviction, c'est-à-dire les documents qui concernent des ordres, décisions, mesures, plans, correspondances, communications, messages, cartes, dossiers, registres de communication, journaux personnels ou intimes de l'accusé, rapports, directives, évaluations, réquisitions, opinions, procès-verbaux de réunions, notes personnelles de l'accusé, gazettes, périodiques, publications, manuels, y compris de formation, ainsi que tous enregistrements ou cassettes audio ou vidéo,

---

517 Art. 99, al. 1er, ordonnance du 3 juillet 1978 relative à l'exercice des attributions d'officiers et agents de police judiciaire près les juridictions de droit commun. Lire aussi l'article 123, al. 2 de l'arrêté d'organisation judiciaire du 20 août 1979.

518 Art. 22, al. 1er, code de procédure pénale ; art. 52, ordonnance du 3 juillet 1978 relative à l'exercice des attributions d'officiers et agents de police judiciaire près les juridictions de droit commun.

519 Serge GUINCHARD et Thierry DEBARD (dir.), op. cit., p. 891.

photographies, images, fichiers informatiques, disquettes, disques durs, preuves matérielles, et tous autres pièces en rapport avec l'infraction commise. En d'autres termes, une perquisition n'est possible que dans le cadre d'une visite domiciliaire.

Au regard de la loi, et à moins que le président du tribunal de grande instance l'y autorise, les visites domiciliaires et perquisitions ne peuvent commencer avant 5 heures du matin ni après 21 heures[520]. Dans le même sens, la jurisprudence interdit toute pratique de visites domiciliaires pendant la nuit[521]. En procédant à une perquisition hors l'article 22, alinéa 3 du code de procédure pénale, l'officier de police judiciaire commet une illégalité et que cette action illégale ne peut avoir ni directement ni indirectement aucune conséquence légale. Ainsi, toute illégalité dont se serait rendu coupable l'officier de police judiciaire est sans effet au point de vue de l'exécution de sa tâche et que les constatations qu'il aurait faites ne sont pas légalement constatées[522]. Dans le même sens, les aveux du prévenu en suite d'interrogatoire sur données d'une perquisition illégale, ne peuvent servir de base à une condamnation répressive[523]. La personne chez qui la perquisition a lieu ainsi que le suspect s'il y a lieu, assistent à toutes les opérations. La loi elle-même aussi apporte un tempérament à cette disposition. S'ils ne peuvent ou ne veulent pas y assister, l'officier de police judiciaire requiert deux témoins choisis parmi les personnes autres que celles qui sont sous ses ordres. Les témoins ainsi requis assistent à toute l'opération et signent avec lui le procès-verbal de perquisition[524]. De la même façon, la jurisprudence estime toutefois que s'il est vrai qu'aux termes de l'article 23 du code de procédure pénale, aucune visite domiciliaire ne peut être effectuée sans que la personne présumée coupable d'une infraction soit présente à son domicile, cette exigence légale doit néanmoins s'analyser sous le double principe du respect des droits de la défense et de l'efficacité de l'instruction préparatoire en telle sorte qu'il n'y a pas lieu de rejeter des

520 Art. 22, al. 3, code de procédure pénale.

521 Elis., 19 avril 1952, *R.J.C.B.*, 1952, p. 147.

522 Trib. du parquet de Lualaba, degré de révision, 15 février 1939, *R.J.C.B.*, 1940, p. 159.

523 Trib., parquet du Kibali-Ituri, rév., 20 mars 1951, *R.J.C.B.*, 1952, p. 271.

524 Art. 23, code de procédure pénale ; art. 52, ordonnance du 3 juillet 1978 relative à l'exercice des attributions d'officiers et agents de police judiciaire près les juridictions de droit commun.

débats un document qui aurait été décelé au cours de cette perquisition même effectuée en l'absence du prévenu[525].

2. La désignation d'un expert

2.1. Notions

L'article 48 du code de procédure pénale a investi l'officier du ministère public du pouvoir de désigner un expert pour prêter son ministère à la justice. En cas de flagrance ou lorsqu'il a obtenu une réquisition d'information de l'officier du ministère public, l'officier de police judiciaire peut requérir des interprètes, traducteurs, médecin ou experts[526].

Dans un procès pénal, l'expertise soulève fondamentalement un problème d'intrusion de la science dans la justice, avec le risque de créer une dualité entre le magistrat et l'expert[527]. Etant donné qu'il est impossible de faire du magistrat un expert, ou de l'expert un magistrat, la justice pénale s'accommode de l'expert. Celui-ci intervient en qualité d'auxiliaire de justice dans une procédure qui utilise les connaissances d'un technicien pour tirer au clair une question dont la solution exige une compétence technique qui fait défaut au magistrat[528].

A cet effet, le lexique des termes juridiques emploie le mot « technicien »[529] pour désigner un expert à qui une autorité judiciaire fait recours pour obtenir un avis sur des faits dont l'élucidation nécessite des connaissances techniques et des investigations complexes qui ne peuvent être le fait que d'un spécialiste ou d'un homme de l'art[530]. Il s'agit d'« (...) [u]ne personne choisie par le juge en raison de ses connaissances techniques, ayant pour mission de procéder, après prestation de serment,

---

525 C.S.J., R.P.A. 13, App., matière répressive, le ministère public c/Ntikala Muludiki André-William, *Arrêt*, 07 juillet 1972, *Bulletin des Arrêts de la cour suprême de justice* (1972), pp. 125-126.

526 Art. 64, ordonnance du 3 juillet 1978 relative à l'exercice des attributions d'officiers et agents de police judiciaire près les juridictions de droit commun.

527 Jacques VERIN, « L'expertise dans le procès pénal », *Revue de science criminelle et droit pénal comparé,* 1980, p. 1023.

528 BOUZAT et PINATEL, *Traité de droit pénal et de criminologie*, T.II, Paris, 2ème éd., Dalloz, 1979, p. 1138.

529 Serge GUINCHARD et Thierry DEBARD (dir.), op. cit., p. 321.

530 Bernard BOULOC, op. cit., p. 730.

à des examens, consultations et appréciations de faits dont elle consigne le résultat dans un procès-verbal ou dans un rapport (…) »[531].

Finalement, l'expertise est une « (…) Mesure d'instruction consistant pour le juge à charger un ou plusieurs experts de procéder à des constatations techniques et de lui en exposer le résultat dans un rapport (…) »[532]. L'expert commis par l'autorité judiciaire donne un avis purement technique de nature à éclairer cette dernière, dans les domaines les plus divers comme la médecine, la médecine légale, la génétique, la psychiatrie, la biologie, la psychologie, la dactyloscopie, l'informatique, la balistique…[533]. Loin de lui l'idée de se dessaisir de l'instruction d'une affaire au profit d'un expert, le magistrat demeure le *dominus litis*, tout en s'obligeant, dans certaines affaires, à des vérifications auxquelles il n'est pas en mesure de se livrer lui-même. L'expert l'éclaire donc sur des problèmes spécifiques d'ordre technique, requérant des connaissances particulières dans un domaine déterminé. Il lui donne des indications pertinentes sur des questions bien précises en rapport avec la recherche de la preuve de l'infraction reprochée à l'accusé. Ces indications seront prises en compte par l'autorité judiciaire dans l'établissement et la détermination de la responsabilité pénale de l'accusé. Encore faut-il que ces indications démontrent leur utilité dans l'examen des arguments des parties en cause.

2.2. L'expertise répond à une question technique

Dans le principe, il est recouru à l'expertise lorsque se pose « une question d'ordre technique » et l'on peut dire à coup sûr que l'examen mental est une expertise, tout comme l'examen médical ou médico-psychologique. En revanche, dans d'autres cas, l'hésitation est permise et la question de la qualification de l'acte d'investigation est posée. Ne constituent pas des expertises, la mission de photographier la victime d'un assassinat, la pesée d'un projectile, l'analyse de sang pour déterminer le groupe de son porteur ou la recherche du taux d'alcoolémie. Il en est de même de la mesure tendant à la vérification de certains éléments de fait ou même l'enquête de personnalité, qui peut être conduite par le juge lui-même. Les « constatations » et « examens techniques ou scientifiques » que le parquet ou sur son autorisation, les officiers de

531 Paul Julien DOLL, *La réglementation de l'expertise en matière pénale*, Paris, L.G.D.J., 1960, p. 9.

532 Jean SALMON (dir.), op. cit., p. 484.

533 Serge GUINCHARD et Jacques BUISSON, op. cit., p. 967.

police judiciaire peuvent ordonner dans le cadre de l'enquête préliminaire font évidemment partie de ces investigations qui ne sont pas non plus des expertises. Et pourtant ces « constatations » et « examens » peuvent être faits par des experts. Sont au contraire des expertises, les opérations de prélèvements en matière de stupéfiants et l'examen de projectiles quant à leur calibre et à l'identification de l'arme qui les a tirés. On peut aussi considérer que la preuve par l'ADN doit emprunter la voie de l'expertise[534].

2.3. Critères d'une expertise

L'expertise est une forme subtile d'investigation. Ce qui la caractérise c'est non seulement le fait qu'elle est ordonnée par une autorité judiciaire (magistrat du parquet ou juge), mais aussi et surtout le fait qu'une interprétation est possible, c'est-à-dire que le raisonnement intervient, avec une appréciation des faits qui se distingue d'une simple opération matérielle. Il y a donc expertise si à la fois la question à résoudre a été posée par une autorité judiciaire, et si cette question implique un choix, un avis[535].

2.4. Qualités exigées d'un expert

Pour pouvoir être habilité à aider le magistrat dans sa mission de la recherche des preuves, l'expert doit répondre aux exigences suivantes : compétences avérées, indépendance et impartialité et discrétion.

Compétences avérées.

L'expert est une personne dont l'expertise est véritablement reconnue. Il se distingue des autres par sa qualification et ses compétences techniques avérées, qui doivent ressortir entre autres de son curriculum vitae qu'il présente à l'autorité judiciaire. Par ailleurs, il doit disposer des qualités intellectuelles telles à fournir un rapport de son expertise de manière technique et scientifique, de manière à déterminer l'autorité judiciaire dans la construction des fondements de sa politique de mise en cause ou non de la personne accusée.

---

534 Jean PRADEL et André VARINARD, « Expertise-Notion », *Dalloz*, 2003, Chr., p. 225.

535Jean PRADEL et André VARINARD, loc. cit.

Indépendance et impartialité.

Il doit s'agir d'un expert indépendant et impartial dont la crédibilité n'est pas mise en cause. Pour ce faire, l'expert ne se prononce pas sur une question qu'il revient à l'autorité judiciaire de trancher en dernière analyse ; il ne fait pas non plus des déclarations inappropriées, spécieuses, manquant d'impartialité et d'objectivité ou de nature à montrer un certain parti pris évident. L'expert choisi demeure techniquement indépendant dans l'exercice de son travail et dans la conception de ses conclusions. L'impartialité et l'indépendance de l'expert déterminent sa sphère de compétence, sans craindre quelques accointances avec l'autorité judiciaire de nature à empêcher l'un ou l'autre de s'exprimer en toute évidence.

Discrétion.

L'expert ne divulgue pas aux tiers le contenu de ses dépositions ou toute information qui s'y rapporte.

2.5. Procédure de désignation d'un expert

L'expertise constitue un moyen de preuve en matière pénale. Le magistrat y fait recours dans le cadre de l'accomplissement des actes nécessaires à son information. L'article 48 du code de procédure pénale dispose que toute personne qui en est requise par un officier du ministère public ou par un juge est tenue de prêter son ministère comme interprète, traducteur, expert ou médecin.

Normalement, toute autorité judiciaire qui se trouve en présence d'une question d'ordre technique, peut recourir spontanément à une expertise[536] dans le but d'éclairer sa propre religion. L'expertise peut également être sollicitée par toutes les autres parties au procès, lesquelles en évaluent et en apprécient librement l'opportunité et l'utilité. Rien n'interdit au magistrat de confronter tous les experts désignés par les parties ou d'en nommer un troisième, surtout lorsqu'il se dégage entre les rapports de ces experts des couplets antagonistes[537].

---

536 Serge GUINCHARD et Jacques BUISSON, loc. cit. ; Bernard BOULOC, op. cit., p. 733.

537 PETROVIC Vladimir, « Les historiens comme témoins experts au TPIY », *DELPLA Isabelle & BESSONE Magali (dir.)*, op. cit., p. 126 ; T.P.I.Y., 1ère Inst. II, IT-94-1-T, le Procureur c/ Dusko TADIC, *Jugement*, 7 mai 1997.

En principe, la nomination d'un expert se fait en se conformant à une liste préétablie au niveau d'un tribunal. L'autorité judiciaire peut s'en passer, en motivant sa décision. Dans sa décision de nomination d'expert, l'autorité judiciaire doit préciser la mission qu'elle attribue à un expert. Ainsi par exemple, un expert psychiatre pourra recevoir comme mission, conformément à son art, de donner des indications concernant les facultés physiques et mentales passées et présentes de l'accusé, de formuler toutes observations utiles pour l'évaluation de l'état mental de l'accusé lors de la commission des infractions alléguées et pour l'interprétation des résultats ainsi obtenus, de fournir des informations sur l'état psychologique actuel de l'accusé et sur ses capacités éventuelles de réinsertion, et formuler toute recommandation utile à ce sujet. Les recommandations formulées par l'expert seront présentées dans un rapport écrit.

2.6. Rapport fourni par l'expert

Après avoir exécuté sa mission, l'expert rédige un rapport dans lequel il précise les opérations accomplies, les résultats recueillis et les conclusions retenues[538]. Ce rapport est signé de la main propre de l'expert, en mentionnant aussi les noms et qualités des personnes qui l'ont assisté[539].

Dans l'hypothèse d'une dualité d'experts ou d'expertise contradictoire, les avis peuvent diverger. Dans ce cas, chacun des experts exprime son opinion et ses réserves de manière séparée. Le rapport d'expert est déposé dans le délai exigé par le magistrat. Les conclusions auxquelles aboutit un expert ne lient pas le magistrat, lequel apprécie souverainement la valeur qu'il convient d'attribuer à l'expertise à la lumière de l'ensemble des éléments du dossier.

Par ailleurs, certains rapports d'expert peuvent fournir des renseignements relevant de la vie privée des personnes impliquées dans une procédure d'enquête. Il peut s'agir par exemple des rapports médicaux qui contiennent des données relatives à l'état de santé actuel - tant physique que psychologique- des victimes et témoins, au détail des blessures et traumatismes qu'ils ont subis, ainsi qu'aux indications

538 Art. 49, code de procédure pénale.

539 Serge GUINCHARD et Jacques BUISSON, op. cit., p. 969 ; Bernard BOULOC, op. cit., p. 739.

précises sur leurs antécédents médicaux[540]. Il s'agit donc dans ce cas des renseignements qui n'ont pas vocation à être connus de tous et dont la communication ou la divulgation peut effectivement entamer la dignité et le bien-être psychologique de ces victimes et témoins. Dans ce cas, ces renseignements seront traités avec prudence compte tenu de l'importance de la protection du droit à la vie privée et à la dignité de la personne[541]. La prudence exigerait donc en l'occurrence de limiter l'accès aux conclusions de l'expert à quelques personnes.

3. La saisie de la correspondance

L'officier du ministère public peut ordonner la saisie des télégrammes, des lettres et objets de toute nature confiés au service des postes et au service des télégraphes, pour autant qu'ils apparaissent indispensables à la manifestation de la vérité. Il peut en ordonner l'arrêt pendant le temps qu'il fixe[542].

La notion de correspondance a connu une évolution sensible avec le développement des nouvelles technologies de l'information et de la communication. A ce jour, la correspondance englobe les messageries téléphoniques (sms) et électronique (mail), au travers lesquelles les infractions peuvent se commettre.

Au regard de la loi, la saisie d'une correspondance ne peut être autorisée que par l'officier du ministère public par voie de réquisition adressée au chef du bureau postal ou télégraphique, à l'opérateur téléphonique ou au fournisseur d'internet[543].

---

540 C.P.I., 1ère Inst. II, ICC-01/04-01/07-898, le Procureur c/ Germain KATANGA et Matthieu NGUDJOLO CHUI, *Requête du Bureau du Procureur aux fins d'obtention de mesures de protection à l'égard des tiers et du public concernant trois rapports d'expertise médico-légale*, 13 février 2009, § 5.

541 C.P.I., 1ère Inst. II, ICC-01/04-01/07, le Procureur c/ Germain KATANGA et Matthieu NGUDJOLO CHUI, *Décision relative à la requête du Procureur concernant trois rapports d'expertise médico-légale*, 25 mars 2009.

542 Art. 24, al. 1er, code de procédure pénale.

543 Art. 24, al. 2, code de procédure pénale.

4. La fouille corporelle

La fouille corporelle consiste au palpage des vêtements du suspect en vue de s'assurer que ce dernier ne détient pas d'arme, ou tout autre objet prohibé[544].

5. L'autopsie et l'exhumation de cadavre

Une autopsie peut être pratiquée sur un corps humain dans un but de recherche scientifique conformément aux dispositions des articles 2, 3, et 4 de l'ordonnance n°78-179 du 26 avril 1978 portant réglementation de l'autopsie scientifique. L'opération est pratiquée dans les cliniques universitaires et les formations médicales déterminées par le Ministre de la Santé Publique. L'article 9 de l'ordonnance du 26 avril 1978 reconnait à toute autorité judiciaire le droit de requérir une autopsie en cas de mort suspecte.

Par ailleurs, aucun prélèvement ni autopsie ne pourront être pratiqués après inhumation[545]. Il en découle que l'exhumation de cadavre ne peut être autorisée que par le Gouverneur de Province dans le but de procéder à une autopsie judiciaire dans le cadre d'une enquête criminelle[546]. Le magistrat doit à cet effet en formuler la demande.

B. Les pouvoirs du Ministère public non susceptibles de délégation

En sa qualité de maître d'œuvre de l'enquête, l'officier du ministère public dispose des pouvoirs propres dont il ne peut partager l'usage avec l'officier de police judiciaire. Il s'agit des pouvoirs suivants :

1. La direction de la police judiciaire

La police judiciaire est exercée sous la direction et la surveillance du ministère public[547]. La surveillance dont il est question est exercée par

---

544 Art. 63, ordonnance du 3 juillet 1978 relative à l'exercice des attributions d'officiers et agents de police judiciaire près les juridictions de droit commun.

545 Art. 6, ordonnance du 26 avril 1978 portant réglementation de l'autopsie scientifique.

546 Art. 1er, ordonnance n°11-58 du 13 février 1949 relative à l'exhumation et au transfert des restes mortels des personnes décédées en République démocratique du Congo.

547 Art. 1er, ordonnance du 3 juillet 1978 relative à l'exercice des attributions d'officiers et agents de police judiciaire près les juridictions de droit commun.

tous les officiers du ministère public œuvrant au sein d'un office, dont le chef tient un dossier individuel de chaque officier de police judiciaire et dans lequel il consigne une copie des observations qui lui sont faites. Il en résulte que les officiers de police judiciaire ne peuvent pas être dirigés par un autre officier de police judiciaire ; ils sont comme tel absolument indépendants les uns des autres ; ils peuvent à cet effet correspondre directement avec les officiers du ministère public et n'ont d'instruction à recevoir que du parquet quant à l'exercice de leur mission[548]. Néanmoins, les officiers de police judiciaire de l'Agence nationale de renseignements sont placés sous les ordres et la surveillance exclusifs de l'administrateur général. Ils transmettent leurs procès-verbaux à l'administrateur général qui les envoie à l'officier du ministère public près les juridictions civiles ou militaires selon le cas[549].

2. La condamnation du témoin récalcitrant

Au regard de l'article 19 du code de procédure pénale, un témoin récalcitrant est celui qui, sans justifier d'un motif légitime d'excuse, ne comparaît pas, bien que cité régulièrement[550], ou qui refuse de prêter serment ou de déposer quand il en a l'obligation. A cet effet, l'officier du ministère public peut, sans autre formalité ni délai et sans appel, condamner ledit témoin à une peine d'un mois d'emprisonnement et à une amende, ou à l'une de ces peines seulement.

La question de la nature juridique de la condamnation du témoin récalcitrant peut se révéler importante. En effet, il semble anormal qu'un magistrat du parquet, dépourvu des pouvoirs juridictionnels, puisse prononcer des peines d'emprisonnement. Le rapport du conseil de législation indique que la décision prise par le magistrat à l'encontre d'un témoin récalcitrant n'est pas une peine ou la répression d'une infraction, mais un moyen de contrainte donné au ministère public pour les nécessités de l'instruction. Sans ce pouvoir, si l'on doit passer par une procédure devant le tribunal, l'instruction peut être considérablement

---

548 Procureur général de la République, Circulaire n°4/008/IM/PGR/2011 relative à l'action des officiers de police judiciaire.

549 Art. 23, décret-loi n°003-2003 du 11 janvier 2003 portant création et organisation de l'Agence Nationale de Renseignements.

550 C.S.J., Cass., Matière répressive, *Arrêt,* 25 juillet 1969 : « Un agent de l'ordre régulièrement cité à comparaître comme témoin, qui, refusant de recevoir la citation en proférant des menaces à l'huissier instrumentant, fait défaut sans excuse valable et est témoin récalcitrant, doit être sévèrement puni… ».

retardée[551]. C'est la raison pour laquelle un témoin récalcitrant, qui est condamné par le ministère public, peut être déchargé de sa peine si, sur une seconde citation ou sur mandat d'amener, il produit des excuses légitimes[552].

A ce point de vue du conseil de législation, la jurisprudence a opposé une thèse contraire. Elle estime en effet que l'amende prononcée contre le témoin régulièrement cité à une enquête civile et défaillant sans raison valable est une sanction pénale[553].

3. La réquisition de la force publique

Dans l'exercice de ses fonctions, l'officier du ministère public a le droit de requérir la force publique.[554]

4. L'exploration corporelle

L'article 26 du code de procédure pénale dispose que hors les cas d'infraction flagrante, l'officier du ministère public ne peut faire procéder à aucune exploration corporelle qu'en vertu d'une ordonnance motivée du président du tribunal de grande instance. Cette autorisation n'est pas requise dans le cas de consentement exprès de la personne intéressée ou, si elle est âgée de moins de seize ans, de la personne sous l'autorité légale ou coutumière de qui elle se trouve. Ce consentement doit être constaté par écrit. L'exploration corporelle ne peut être effectuée que par un médecin. Dans tous les cas, la personne qui doit être l'objet d'une exploration corporelle peut se faire assister par un médecin de son choix ou par un parent ou allié ou par toute autre personne majeure du même sexe qu'elle et choisie parmi les résidents de l'endroit.

5. L'allocation d'indemnités aux témoins et experts

L'officier du ministère public peut allouer aux témoins une indemnité dont il fixera le montant conformément aux instructions du procureur général[555].

---

551 Rapport du Conseil de législation sous l'article 19, in *Pierre PIRON et Jacques DEVOS*, op. cit., p. 46.

552 Art. 20, code de procédure pénale.

553 Ière Inst., Elis., 19 janvier 1939, *R.J.C.B.*, 1939, p. 79.

554 Art. 14, code de procédure pénale.

555 Art. 21, code de procédure pénale.

6. La commission rogatoire

La commission rogatoire est un mandat par lequel une autorité judiciaire, magistrat ou tribunal, régulièrement saisie d'une affaire, délègue ses pouvoirs à une autre autorité judiciaire, à l'effet de procéder, à sa place, à un acte d'instruction ou d'information[556]. Compte tenu de l'étendue géographique de la République démocratique du Congo, l'on peut comprendre aisément l'opportunité et la nécessité d'une commission rogatoire. Elle permet en effet de résoudre le problème de longs déplacements que doivent effectuer prévenus et témoins pour répondre à une citation.

L'usage de la commission rogatoire est bien encadré en droit congolais par les principes généraux du droit, au nombre desquels l'on peut citer l'interdiction de déléguer le droit de juger, l'obligation qui en résulte de restreindre la commission rogatoire à des opérations isolées, l'obligation de ne déléguer qu'une autorité judiciaire d'ordre égal ou inférieure et dont les pouvoirs sont de même nature.

Lorsque la commission rogatoire doit s'exécuter sur le territoire congolais, le magistrat requérant l'adressée directement au magistrat du parquet compétent pour en assurer l'exécution, avec pouvoir de délégation à un officier de police judiciaire[557]. La copie de la commission rogatoire versée au dossier judiciaire porte, en marge, mention de l'envoi d'une copie aux procureurs généraux et aux procureurs de la République[558].

Par contre, lorsque la commission rogatoire doit s'exécuter à l'étranger, elle contient un résumé succinct des faits, l'identité de la personne concernée, la référence aux textes de loi violés, la qualification des faits et les points sur lesquels l'enquête est demandée. La commission rogatoire donne pouvoir de requérir le juge d'instruction ou de déléguer tout officier du Ministère public ou officier de police judiciaire compétent[559]. Elle est transmise à l'autorité judiciaire compétente par la voie hiérarchique et diplomatique[560]. S'il échet, le magistrat instructeur peut accompagner sa commission rogatoire d'une note explicative. Si les

---

556 V.D., « Des commissions rogatoires dans la procédure congolaise », *R.J.C.B.*, 1943, p. 161.

557 Art. 133, arrêté d'organisation judiciaire du 20 août 1979.

558 Art. 134, arrêté d'organisation judiciaire du 20 août 1979.

559 Art. 129, arrêté d'organisation judiciaire du 20 août 1979.

560 Art. 130, arrêté d'organisation judiciaire du 20 août 1979.

faits peuvent être poursuivis à l'étranger, le dossier est transmis pour disposition aux autorités judiciaires étrangères[561]. En cas de proposition d'amende transactionnelle, la commission rogatoire précise l'adresse à laquelle cette somme doit être envoyée et invite le prévenu à fournir la preuve du versement effectué, dans un délai déterminé[562].

Section III. La détention avant jugement

Paragraphe premier : Considérations générales

La détention avant jugement est classée dans la catégorie des mesures restrictives de liberté, par opposition aux mesures privatives de liberté qui, elles, ne peuvent être ordonnées que dans le cadre d'un jugement du tribunal ayant statué sur le fond de l'affaire. Les mesures restrictives de libertés sont par contre celles qui sont prononcées pendant la procédure d'enquête. Généralement, l'on parle de la détention préventive, qui est une mesure prise par le juge pendant le déroulement de l'enquête et pour besoin d'instruction.

La détention préventive ordonnée par le juge dans le cadre de la procédure d'enquête et d'instruction soulève en premier lieu une question récurrente d'ordre général qui relève à la fois du respect de la dignité de la personne arrêtée, du cantonnement du pouvoir d'arrestation aux nécessités de la procédure, de l'exercice par un individu dudit pouvoir sur la liberté d'autres individus.

Ce pouvoir, pour le moins exorbitant, méconnaît par cela seul le principe de la présomption d'innocence en faisant peser sur l'individu une véritable présomption de culpabilité[563]. La personne accusée subit en effet l'équivalent d'une peine sérieuse alors qu'elle n'a pas encore été jugée[564].

Le pouvoir d'arrestation et de détention avant jugement suscite des divergences sur la nécessité de la recherche de l'équilibre entre l'impératif du respect de l'ordre public et l'exigence de la protection des droits individuels. L'équilibre à rechercher entre ces deux forces contraires[565] constitue une question qui demeure toujours insoluble, encore que les

---

561 Art. 131, arrêté d'organisation judiciaire du 20 août 1979.
562 Art. 132, arrêté d'organisation judiciaire du 20 août 1979.
563 Jean PRADEL, *Procédure pénale*, Paris, 14ème éd., Cujas, 2008, p. 689.
564 Bernard BOULOC, op. cit., p. 680.
565 Bernard BOULOC, *L'acte d'instruction*, Paris, L.G.D.J., 1965, p. 1.

Etats se sont résolus, chacun dans son droit interne, à ranger l'arrestation et la détention avant jugement dans le registre d'exception au droit à la liberté dont jouit une personne inculpée[566].

Pour autant, l'ordonnance de détention préventive, dont le *corpus* semble se résumer en un simple papier, exhale pourtant dans son fond le parfum d'un pouvoir presque magique ou religieux, d'une certaine virulence, capable d'entraîner des effets de déstabilisation de son objet ou de galvanisation des victimes de celui-ci, qui y trouvent un motif légitime de réconfort et d'espoir en un jugement qui pointe désormais à l'horizon.

Paragraphe deuxième : Le domaine juridique de la détention avant jugement

En pratique, les restrictions de liberté avant jugement commencent avec la garde à vue décidée par un officier de police judiciaire (A). C'est par la suite qu'intervient l'officier du ministère public (B), dont le mandat d'arrêt provisoire est prorogé par le juge de la détention (C).

A. La garde à vue opérée par un officier de police judiciaire

L'article 72 de l'ordonnance du 3 juillet 1978 reconnaît à l'officier de police judiciaire le pouvoir de procéder à l'arrestation de toute personne soupçonnée d'avoir commis une infraction punissable de six mois au moins de servitude pénale, à la condition qu'il existe contre elle des indices sérieux de culpabilité. L'officier de police judiciaire peut aussi, lorsque l'infraction est punissable de moins de six mois et de plus de 7 jours de servitude pénale, se saisir de la personne du suspect contre lequel existent des indices sérieux de culpabilité à la condition qu'il y ait danger de fuite ou encore que son identité soit inconnue ou douteuse. A cet effet, le suspect est préalablement entendu dans ses explications.

Lorsque l'officier de police judiciaire a procédé à l'arrestation du suspect, il est tenu de l'acheminer immédiatement devant l'officier du ministère public le plus proche. Toutefois, lorsque les nécessités de l'enquête l'exigent et que l'arrestation n'a pas été opérée à la suite d'une infraction flagrante ou réputée telle, l'officier de police judiciaire peut retenir par-devers lui la personne arrêtée pour une durée ne dépassant pas quarante-huit heures. À l'expiration de ce délai, la personne gardée à

566 Art. 17, al. 1er, constitution du 18 février 2006 ; art. 28, al. 1er, code de procédure pénale.

vue doit obligatoirement être laissée libre de se retirer ou mise en route pour être conduite devant l'officier du ministère public, à moins que l'officier de police judiciaire se trouve, en raison des distances à parcourir, dans l'impossibilité de le faire.

L'arrestation ainsi que la garde à vue sont constatées sur procès-verbal. L'officier de police judiciaire y mentionne l'heure du début et de la fin de la mesure ainsi que les circonstances qui l'ont justifiée. Le procès-verbal d'arrestation est lu et signé par la personne arrêtée ou gardée à vue ainsi que par l'officier de police judiciaire dans les formes ordinaires des procès-verbaux.

Le point de départ du délai de garde à vue est déterminé de la manière suivante :

- Lorsqu'un individu est surpris alors qu'il commet ou vient de commettre une infraction, la mesure de garde à vue prend effet à partir du moment où il est appréhendé quelle que soit la personne qui a procédé à cette mesure ;
- Lorsqu'un individu a comparu volontairement et que l'officier de police judiciaire décide de le retenir après son audition, la garde à vue commence du début de cette audition ;
- Lorsqu'une personne, après avoir été entendue et laissée libre de se retirer, est arrêtée à la suite d'une autre audition, la garde à vue court à partir du début de cette dernière audition ;
- Lorsqu'une personne a été successivement gardée à vue puis relâchée et à nouveau gardée à vue à propos de la même infraction, la durée totale des délais fractionnés de garde à vue ne doit pas dépasser quarante-huit heures ;
- En cas d'infractions multiples poursuivies simultanément ou successivement, les durées de garde à vue ne peuvent se cumuler.

Par ailleurs, l'article 76 de l'ordonnance du 3 juillet 1978 assure la protection de l'intégrité physique de la personne suspectée, en disposant que les personnes gardées à vue ont le droit de se faire examiner par un médecin dès qu'elles en expriment le désir. Si le médecin constate qu'il a été exercé contre la personne gardée à vue des sévices ou mauvais traitements, il en fait rapport au procureur de la République. Si le médecin constate que la personne gardée à vue ne peut, en raison de son état de santé, être retenue plus longtemps, celle-ci est acheminée aussitôt devant le procureur de la République.

Les personnes gardées à vue sont enfermées dans un local prévu à cet effet ou placées sous la surveillance des agents de l'ordre. Les hommes, les femmes et les enfants sont tenus séparés.

L'officier de police judiciaire qui procède à une arrestation est tenu de prévenir immédiatement les membres de la famille de la personne arrêtée et doit veiller à ce que ses biens personnels soient en sûreté. Toute arrestation ou garde à vue des membres de la famille du suspect au titre de garantie de représentation de ce dernier est prohibée. L'officier de police judiciaire qui y procède est passible des sanctions prévues à l'article 67 du Code pénal.

Les officiers du ministère public procèdent régulièrement et à tout moment à la visite des locaux de garde à vue. Ils s'assurent de leur salubrité et des conditions matérielles et morales des personnes qui y sont maintenues. Ils se font communiquer les procès-verbaux établis à l'encontre de ces personnes et recueillent leurs doléances éventuelles. Ils dressent procès-verbal de toute contravention à la loi. Ils peuvent, lorsque la garde à vue leur paraît injustifiée, ordonner que la personne gardée à vue soit laissée libre de se retirer. Les officiers de police judiciaire sont tenus d'obtempérer à leurs ordres et doivent tenir constamment à leur disposition les procès-verbaux des personnes gardées à vue.

Les locaux de garde à vue doivent être salubres et suffisamment aérés. L'officier du Ministère public peut interdire l'usage de tels locaux qu'il estime incompatibles avec la dignité humaine.

B. Le mandat d'arrêt provisoire décerné par l'officier du ministère public

L'article 28, alinéa 2 du code de procédure pénale que l'officier du ministère public peut placer un inculpé sous le lien du mandat d'arrêt provisoire lorsqu'il est convaincu de la réunion des conditions de la mise en état de détention préventive.

1. Les conditions de placement sous mandat d'arrêt provisoire

Les conditions de la mise en détention préventive sont prévues par les articles 27 et 28 du code de procédure pénale. Ainsi, pour placer un inculpé sous mandat d'arrêt provisoire, l'officier du Ministère public doit s'assurer de la réunion des conditions suivantes :

- L'interrogatoire préalable de l'inculpé ;
- L'existence des indices sérieux de culpabilité ;
- L'infraction doit être punie d'au moins six mois d'emprisonnement ;
- La crainte de la fuite si l'infraction est punie d'un emprisonnement de moins de six mois mais supérieur à 7 jours ;
- L'identité douteuse ou inconnue si l'infraction est punie d'un emprisonnement de moins de six mois mais supérieur à 7 jours ;
- L'intérêt de la sécurité publique si l'infraction est punie d'un emprisonnement de moins de six mois mais supérieur à 7 jours.

2. La durée d'un mandat d'arrêt provisoire

Un mandat d'arrêt provisoire est délivré pour une durée de validité de cinq jours[567]. Ce délai est augmenté du temps strictement nécessaire pour effectuer le voyage, sauf le cas de force majeure ou celui de retards rendus nécessaires par les devoirs de l'instruction. Dans le calcul de la durée du mandat d'arrêt provisoire, les jours fériés légaux ne sont pas comptés[568].

A l'expiration du délai de cinq jours, le magistrat du parquet a la charge de conduire l'inculpé devant le juge le plus proche compétent pour statuer sur la détention préventive. L'inculpé a aussi le droit de demander au même juge compétent sa mise en liberté ou sa mise en liberté provisoire.

C. La détention préventive ordonnée par le juge

1. Notions

La détention préventive est souvent rattachée à la phase d'instruction préparatoire. Dans une certaine mesure cependant, elle peut se rencontrer pendant la phase préalable au jugement[569] ou même en pleine instance par décision spéciale et motivée du tribunal[570]. Dans cette dernière hypothèse, le tribunal prononce l'arrestation immédiate, qui constitue aussi une mesure de détention préventive[571].

---

567 Art. 28, al. 4, code de procédure pénale.

568 Art. 136, code de procédure pénale.

569 Art. 67, code de procédure pénale.

570 Art. 85 et 103, code de procédure pénale.

571 *Pas. belge,* 1959, II, p. 9 ; *J.T.*, 1959, p. 206.

Plus largement, la détention préventive désigne la situation d'une personne privée de sa liberté, sur le fondement d'une décision juridictionnelle, avant que sa culpabilité soit tranchée. Parce que la juridiction de jugement est le garant des libertés individuelles et des droits fondamentaux des citoyens[572], le législateur congolais a confié à cet organe judiciaire la gestion de toutes les décisions attentatoires aux libertés prises pendant l'enquête[573]. C'est dans cet esprit qu'il a été jugé que l'intervention du juge dans les décisions d'autorisation ou de confirmation de détention préventive relève d'une mesure de contrôle de l'instruction préparatoire par le pouvoir juridictionnel en ce que cette instruction peut affecter la liberté des individus[574].

2. Conditions et but de la détention préventive

Les conditions de la mise en détention préventive sont prévues par les articles 27 et 28 du code de procédure pénale. Ces conditions sont celles qui s'appliquent aussi en cas de mandat d'arrêt provisoire ordonné par l'officier du ministère public.

Ainsi, en arrêtant les conditions de mise en détention préventive, le législateur ne prescrit nullement d'y recourir, mais l'autorise quand elle est nécessaire. La nécessité de la détention préventive s'apprécie par rapport au but de cette mesure et à l'effet qu'elle peut avoir dans un cas d'espèce bien déterminé. La détention préventive est destinée en ordre principal à mettre l'inculpé à la disposition de la justice et à éviter qu'il ne se soustraie par la fuite à la répression ; qu'il ne fasse disparaître les preuves de l'infraction ou n'en dissimule le produit, et ne nuise gravement à la bonne marche de l'instruction[575].

Au regard de ces exigences, il est recommandé au magistrat instructeur de murir sa décision de priver un inculpé de sa liberté. Cette décision, recommande la hiérarchie du parquet, ne pourra procéder en aucun cas d'un mouvement d'humeur ou d'une solution de facilité. A cet

---

572 Art. 150, constitution du 18 février 2006.

573 Art. 29, code de procédure pénale.

574 Ière Inst., Kasaï, 7 février 1957, *J.T.O.*,1959, p. 7.

575 Procureur général de la République, circulaire n°5.008/IM/PGR/2011 relative à l'arrestation, à la mise en détention préventive, à l'arrestation immédiate à l'audience ainsi qu'à l'arrestation provisoire et à la mise en détention préventive en cas d'infraction intentionnelle flagrante.

égard, la mesure de la détention préventive peut même être levée dès que les nécessités de l'instruction n'en justifient plus le maintien[576].

3. Autorité compétente : la chambre du conseil du Tribunal de paix

La mise en état de détention préventive est autorisée par le juge du tribunal de paix[577], qui statue par voie d'ordonnance en chambre du conseil[578]. Les mots « en chambre du conseil » fixent avec précision le caractère de la procédure devant le juge appelé à statuer sur la détention préventive. Comme toute l'instruction préparatoire dont elle fait partie, cette procédure est secrète et l'ordonnance est rendue hors la présence du public[579].

La saisine du juge de paix.

La question fondamentale qu'il importe de se poser est celle qui se rapporte à la saisine de ce juge par le magistrat instructeur. Le code de procédure pénale est resté muet à ce sujet. Il semble que le magistrat instructeur *présente* le détenu préventif en chambre du conseil[580]. La réponse à cette question semble insuffisante. La loi aurait dû donner avec précision le mode par lequel le magistrat instructeur saisit le juge qui statue en chambre du conseil, en précisant que le magistrat instructeur doit indiquer le sens ou la raison qui le détermine à demander une prorogation de son mandat d'arrêt provisoire. En conséquence de cause, le tribunal de paix ne disposant pas de pouvoir autonome en matière de détention préventive, donc ne pouvant se saisir lui-même d'office, il ne peut prendre une quelconque décision s'il n'a pas été auparavant saisi par le magistrat instructeur. C'est à ce niveau précis que la liberté des individus est en jeu. Il est donc important que le législateur congolais se prononce clairement à ce sujet.

---

576 Procureur général de la République, circulaire n°5.008/IM/PGR/2011 relative à l'arrestation, à la mise en détention préventive, à l'arrestation immédiate à l'audience ainsi qu'à l'arrestation provisoire et à la mise en détention préventive en cas d'infraction intentionnelle flagrante.

577 Art. 29, code de procédure pénale.

578 Art. 30, code de procédure pénale.

579 Exposé des motifs sous l'article 30 du code de procédure pénale, Pierre PIRON et Jacques DEVOS, *Op. cit.*, p. 47.

580 Art. 173, arrêté d'organisation judiciaire du 20 août 1979.

La procédure en chambre du conseil.

Le juge du tribunal de paix décide de la détention préventive au terme d'un débat contradictoire au cours duquel seront entendus le ministère public dans ses réquisitions, l'inculpé dans ses observations et moyens, qu'il présente seul ou par le biais d'un avocat ou d'un défenseur de son choix qui l'assiste[581]. Il est important que le respect des droits de la défense soit assuré au niveau de cette instance. C'est ainsi qu'il a été jugé qu'avant de statuer sur la confirmation d'une détention préventive, le défenseur du prévenu a le droit de consulter le dossier répressif établi à sa charge. La communication du dossier répressif avant la confirmation d'un mandat d'arrêt provisoire ou d'une ordonnance de mise en détention préventive est donc obligatoire[582].

La loi n'a pas prévu la possibilité de différer les débats en matière de détention préventive. L'ordonnance est rendue au plus tard le lendemain du jour de la comparution. Le juge la fait porter au plus tôt à la connaissance de l'inculpé, par écrit, avec accusé de réception, ou par communication verbale, actée par celui qui la fait[583]. L'ordonnance statuant sur la détention préventive doit être motivée et comporter l'énoncé des considérations de droit et de fait sur le motif de la détention par référence aux seules dispositions des articles 27 et 28 du code de procédure pénale[584].

La détention préventive des bénéficiaires du privilège de juridiction.

La détention préventive des bénéficiaires du privilège de juridiction soulève la question d'indépendance dans le chef du juge du tribunal de paix. Le législateur n'a pas voulu confier à ce juge le soin d'examiner la détention préventive des personnes qui relèvent de la compétence des hautes juridictions.

A cet effet, la loi[585] reconnaît à la cour de cassation une compétence exclusive pour autoriser la mise en détention préventive des personnes visées à l'article 153, alinéa 3 de la constitution, c'est-à-dire les membres

---

581 Art. 30, code de procédure pénale.

582 Léo., 5 avril 1954, *J.T.O.*, 1956, p. 181.

583 Art. 30, al. 2, code de procédure pénale.

584 Art. 31, al. 4, code de procédure pénale.

585 Art. 76, al. 2 de la loi organique n°13/010 du 19 février 2013 relative à la procédure devant la cour de cassation.

de l'Assemblée nationale et du Sénat, les membres du Gouvernement autres que le Premier ministre, les membres de la Cour constitutionnelle, les magistrats de la Cour de cassation ainsi que du parquet près cette Cour, les membres du Conseil d'Etat et les membres du parquet près ce Conseil, les membres de la Cour des Comptes et les membres du parquet près cette Cour, les premiers Présidents des Cours d'appel ainsi que les Procureurs généraux près ces cours, les premiers Présidents des Cours administratives d'appel et les Procureurs près ces Cours, les Gouverneurs, les Vice-gouverneurs de province et les ministres provinciaux, les Présidents des Assemblées provinciales. Dans ce cadre, la cour de cassation détermine les modalités de la détention préventive dans chaque cas d'espèce. Dans tous les cas, la détention préventive est remplacée par l'assignation à résidence surveillée[586].

Dans le même ordre d'idées, le législateur[587] reconnaît à la cour constitutionnelle le pouvoir d'autoriser la mise en détention préventive du Président de la République ou du Premier ministre, dont elle détermine par ailleurs les modalités dans chaque cas. La détention préventive est remplacée par l'assignation à résidence surveillée.

La question qui se pose est celle de savoir si un magistrat du parquet, en charge de l'exécution de la détention préventive, peut transformer l'assignation à résidence surveillée en placement dans une maison d'arrêt. Cette possibilité n'est pas prévue par la loi, si bien que la transformation de l'assignation à résidence surveillée en placement dans une maison d'arrêt peut s'apparenter à une détention illégale.

Par ailleurs, s'agissant des justiciables de la cour d'appel, la loi de procédure est restée muette. La détention préventive de ces justiciables obéit aux règles ordinaires de la procédure pénale.

4. Point de départ, durée et prorogation de la détention préventive

Le point de départ de la détention préventive.

Le point de départ de la détention préventive coïncide avec la date d'écrou d'une personne saisie en vertu d'un mandat d'arrêt provisoire. L'ordonnance de mise en détention préventive n'en constitue qu'une

---

586 Art. 76, al. 3, loi organique n°13/010du 19 février 2013 relative à la procédure devant la cour de cassation.

587 Art. 102, loi organique n°13/026 du 15 octobre 2013 portant organisation et fonctionnement de la cour constitutionnelle.

simple prolongation. Cela conduit à considérer que c'est la date de l'incarcération provisoire qui marque le début de la détention préventive. Cette précision est très importante, car c'est à ce niveau que l'article 9 du code pénal trouve à s'appliquer. En effet, toute détention subie avant que la condamnation soit devenue irrévocable, par suite de l'infraction qui donne lieu à cette condamnation, sera imputée, pour la totalité, sur la durée de la peine d'emprisonnement prononcée. Par contre, il a été jugé que le temps pendant lequel un inculpé est placé sous le régime de la détention préventive avec mise en liberté provisoire n'étant point une détention de fait, ne peut être imputé sur la durée de la servitude pénale[588].

La durée et la prorogation de la détention préventive.

S'agissant de la durée de la détention préventive, l'article 31 du code de procédure pénale indique que l'ordonnance autorisant la mise en état de détention préventive est valable pour 15 jours, y compris le jour où elle est rendue. A l'expiration de ce délai, la détention préventive peut être prorogée pour un mois et ainsi de suite de mois en mois, aussi longtemps que l'intérêt public l'exige. Toutefois, la détention préventive ne peut être prolongée qu'une seule fois si le fait ne paraît constituer qu'une infraction à l'égard de laquelle la peine prévue par la loi n'est pas supérieure à deux mois de travaux forcés ou de servitude pénale principale. Si la peine prévue est égale ou supérieure à 6 mois, la détention préventive ne peut être prolongée plus de trois fois consécutives. Dépassé ce délai, la prolongation de la détention est autorisée par le juge compétent statuant en audience publique.

Détention préventive illégale : interdiction de proroger.

Une détention préventive est illégale lorsqu'elle est ordonnée en violation des conditions exigées par la loi. Il peut s'agir aussi d'une détention préventive régulièrement prise, mais dont la durée a dépassé celle que la loi prévoit sans précaution de régularisation dans le délai légal. A cet effet, la cour suprême de justice interdit la prorogation d'une détention préventive lorsque le délai légal de l'article 31 du code de procédure pénale n'est pas respecté. Pour la haute cour, le juge saisi, en vue de la prorogation, a le devoir de constater que la détention

[588] District, Léo., 1er juin 1937, *R.J.C.B.*, 1938, p. 36.

préventive est devenue illégale et, par conséquent, non susceptible de prorogation[589].

La décision prise par la haute cour, statuant sur la régularité de la détention antérieure, a opéré un revirement important de la jurisprudence sur l'attitude du juge appelé à statuer sur la régularité d'une détention préventive antérieure. La position de la cour a tranché avec la jurisprudence ancienne de l'époque coloniale sur la même matière. En effet, il avait été jugé que « *Le juge appelé à autoriser ou à confirmer la détention préventive n'a pas à statuer sur la légalité du titre primitif. Sa mission consiste exclusivement à permettre la continuation de la détention si cette mesure lui paraît justifiée. Sa décision n'a pas pour effet de régulariser le titre de la détention ni de couvrir les irrégularités de la détention déjà subie, mais de rendre cette détention légale pour l'avenir* »[590].

5. La liberté provisoire

L'article 32 du code de procédure pénale indique que tout en autorisant la mise en état de détention préventive ou en la prorogeant, le juge peut, si l'inculpé le demande, ordonner qu'il sera néanmoins mis en liberté provisoire. Néanmoins, le juge prend soin d'entourer cette mesure de plusieurs garanties judiciaires. L'inculpé a la charge de déposer entre les mains du greffier, à titre de cautionnement, une somme d'argent destinée à garantir la représentation de l'inculpé à tous les actes de la procédure et l'exécution par lui des peines privatives de liberté aussitôt qu'il en sera requis. La liberté provisoire sera accordée à charge pour l'inculpé de ne pas entraver l'instruction et de ne pas occasionner de scandale par sa conduite. Le juge peut en outre imposer à l'inculpé d'habiter la localité où l'officier du Ministère public a son siège ; de ne pas s'écarter au-delà d'un certain rayon de la localité, sans autorisation du magistrat instructeur ou de son délégué ; de ne pas se rendre dans tels endroits déterminés, tels que gare, port, ou de ne pas s'y trouver à des moments déterminés ; de se présenter périodiquement devant le magistrat instructeur ou devant tel fonctionnaire ou agent déterminé par lui ; de comparaître devant le magistrat instructeur ou devant le juge dès qu'il en sera requis. L'ordonnance, qui indiquera avec précision les modalités des charges imposées, peut ne soumettre la mise en liberté

---

589 C.S.J., R.P. 368, Cass., matière répressive, *Arrêt*, 28 avril 1981, *Justice, Science et Paix*, 1996, n°31, pp. 13-14.

590 Boma, 29 février 1916, *Doc. et Jur. Col.*, 1926, p. 31 ; Elis., 12 mai 1961, *R.J.A.C.*, 1961, p. 165.

provisoire qu'à l'une ou l'autre de celles-ci. En dehors des conditions légales de l'article 32 du code de procédure pénale, les raisons d'humanité peuvent aussi militer pour l'octroi de la mesure de liberté provisoire. C'est le cas d'une personne très âgée, possédant une maison d'habitation où il vit avec ses nombreux enfants. Cette situation particulière du détenu préventif peut laisser croire que sa fuite n'est pas à craindre[591]. Sur requête du Ministère public, le juge peut à tout moment modifier ces charges et les adapter à des circonstances nouvelles ; il peut également retirer le bénéfice de la liberté provisoire si des circonstances nouvelles et graves rendent cette mesure nécessaire.

La loi de procédure pénale reconnaît aussi au magistrat instructeur le pouvoir d'accorder la liberté provisoire à inculpé, dans les mêmes conditions et sous les mêmes modalités que le juge peut lui-même le faire[592]. Dans ce cas, dit la loi, la décision de ce magistrat instructeur cesse ses effets avec ceux de l'ordonnance du juge qui autorisait ou prorogeait la détention préventive, sauf nouvelle ordonnance de celui-ci.

Par ailleurs, lorsque l'inculpé manque aux charges qui lui ont été imposées par le juge en chambre du conseil ou par le magistrat du parquet, ce dernier peut lui retirer le bénéfice de la liberté provisoire en procédant à sa réincarcération[593]. Si la liberté provisoire a été accordée par le juge, l'inculpé qui conteste être en défaut peut, dans les vingt-quatre heures de sa réincarcération, adresser un recours au juge qui avait statué en premier ressort sur la mise en détention ou sur sa prorogation. La décision rendue sur ce recours n'est pas susceptible d'appel[594]. La déchéance de l'inculpé du bénéfice de la liberté provisoire entraîne la restitution du cautionnement payé, à moins que la réincarcération n'ait été motivée pour inexécution des charges imposées[595].

6. L'appel en matière de détention préventive

L'ordonnance statuant sur la détention préventive est susceptible d'être attaquée par voie d'appel[596]. Le ministère public et l'inculpé peuvent appeler des ordonnances rendues en matière de détention

591 C.S.J., R.P. 1359, Cass., matière répressive, *Arrêt*, 29 août 1989, *Revue Juridique du Zaïre*, 1990-1991, p. 128.

592 Art. 33, code de procédure pénale.

593 Art. 34, code de procédure pénale.

594 Art. 34, code de procédure pénale.

595 Art. 35, code de procédure pénale.

596 Art. 37, code de procédure pénale.

préventive, chacun remettant en cause, selon ses intérêts, soit la décision de la chambre du conseil prorogeant la détention préventive (l'inculpé), soit celle qui ordonne la liberté provisoire (le ministère public).

Le juge, le délai et la déclaration d'appel.

Aux termes de la loi de procédure pénale, l'appel formé contre une ordonnance de détention préventive est porté devant le tribunal de grande instance[597], dans un délai de vingt-quatre heures[598]. Le délai d'appel court, pour le Ministère public, du jour où l'ordonnance a été rendue et, pour l'inculpé, du jour où cette ordonnance lui est notifiée[599].

Il faut préciser que par application de l'alinéa 2 de l'article 39 du code de procédure pénale, la déclaration d'appel est faite au greffe du tribunal qui a rendu l'ordonnance de détention préventive, c'est-à-dire au greffe du tribunal de paix. Il en découle qu'un appel formé contre une ordonnance de détention préventive et déposé au greffe du tribunal compétent pour connaître de l'appel est irrecevable[600]. Autant l'ordonnance de détention préventive est rendue à huis clos en chambre du conseil, autant la décision statuant sur l'appel d'une ordonnance autorisant la détention préventive ne doit pas être rendue en audience publique[601].

7. Le pourvoi en cassation en matière de détention préventive

Jusqu'il y a peu, les décisions rendues par le juge d'appel en matière de détention préventive pouvaient être attaquées par un pourvoi en cassation. En réalité, il n'a jamais existé à proprement parler un fondement légal au droit reconnu aux parties d'initier un pourvoi en cassation contre les ordonnances de mise en détention préventive et de mise en liberté provisoire. C'est plutôt la cour suprême de justice qui avait forgé une jurisprudence portant création de cette voie de recours[602]. Par la suite, la haute cour s'est ravisée, estimant, d'une part que la décision de placement en détention préventive était provisoire, partant le

---

597 Art. 38, code de procédure pénale.
598 Art. 39, al. 1er, code de procédure pénale.
599 Art. 39, al. 1er, code de procédure pénale.
600 C.S.J., R.P.A. 171, App., matière répressive, Badjegate c/ Ministère public, *Arrêt*, 12 juin 1990, *Revue Analytique de Jurisprudence du Congo*, Vol. IV, 1999, p. 16.
601 1ère inst., Elis., 8 septembre 1943, *R.J.C.B.*, 1944, p. 144.
602 R.P. 280, 9 septembre 1980, inédit.

pourvoi en cassation irrecevable[603], et que, d'autre part, au vu de l'article 95 (art. 155 ancien) du nouveau code d'organisation et de compétence judiciaires, les pourvois en cassation ne peuvent être formés que contre les arrêts et jugements rendus en dernier ressort par les cours et tribunaux et qu'il importerait « d'exclure du champ de jugement et arrêt toute autre décision, notamment celle que le juge prend en chambre du conseil (ordonnance de mise en détention préventive ou de mise en liberté provisoire), laquelle n'est pas revêtue de l'autorité de la chose jugée et dont la censure risque de l'entraîner sur des questions de fait (indices sérieux de culpabilité, crainte de la fuite, identité douteuse) qui relèvent normalement de l'appréciation souveraine du juge de fond et qui échappent à son contrôle »[604]. La haute cour a réitéré sa position dans d'autres décisions postérieures en jugeant qu'est irrecevable, le pourvoi en cassation formé contre l'ordonnance de mise en liberté provisoire, qui n'est pas une décision définitive au sens de l'article 155 (art. 95 nouveau) du code d'organisation et de compétence judiciaires mais qui est une décision essentiellement provisoire non revêtue de l'autorité de la chose jugée[605]. Désormais donc, les pourvois formés contre les ordonnances de mise en détention préventive et de mise en liberté provisoire seront déclarés irrecevables devant la Cour de cassation[606].

8. Détention préventive injustifiée

Une détention préventive qui est suivie d'un classement sans suite, ordonné par le magistrat instructeur, ou qui est suivie d'un acquittement, décidé par le juge, constitue un défaut de protection des libertés individuelles. Elle laisse supposer un dysfonctionnement ou un mauvais fonctionnement de la justice. La détention préventive est alors regardée

---

603 C.S.J., RP 1960 et ss., Cass., matière répressive, Télésphore Muhopa et csrts c/ Ministère public, *Arrêt*, 29 avril 1998, *Bulletin des Arrêts de la cour suprême de justice* (1990-1999), Kin., 2003, p. 391.

604 C.S.J., 18 décembre 1998, D.19/RMP/1296/MKB, RP. 2072 ; KATUALA KABA KASHALA et YENYI OLUNGU, *Cour suprême de justice : historique et textes annotés de procédure*, Kin., Batena Ntambua, 2000, p. 66.

605 C.S.J., Section judiciaire, 13 décembre 2000, R.P. 1727 ; C.S.J., R.P. 2630, Cass., matière répressive, Kasango Kalala c/le ministère public, *Arrêt*, 27 juillet 2005, *Bulletin des Arrêts de la cour suprême de justice* (2004-2009), T. I, Kin., 2010, p. 133.

606 C.S.J., R.P. 1727, M.P. c/ Mwamba Munanga Nozy et csrts, *Arrêt*, 13 décembre 2000 : « (...) Est irrecevable, le pourvoi en cassation formé contre l'ordonnance de mise en liberté provisoire, qui n'est pas une décision définitive au sens de l'article 155 du code d'organisation et de compétence judiciaires mais qui est une décision essentiellement provisoire non revêtue de l'autorité de la chose jugée (...).

comme une détention injustifiée, qui cause dommage à autrui et qui est susceptible d'ouvrir la voie à une indemnisation.

L'indemnisation des personnes détenues dont l'innocence découle d'un classement sans suite ou d'un acquittement participe du principe de responsabilité sans faute du droit public. Même en dehors de tout comportement fautif des agents de l'Etat (le magistrat du parquet ou le juge), ce dernier a la charge de réparer les conséquences économiques (perte d'emploi ou de revenus) et morales (l'honneur, les liens familiaux, rupture d'égalité…) dévastatrices d'une détention préventive injustifiée.

Sous d'autres cieux, l'indemnisation est de plein de droit[607]. En République démocratique du Congo il n'existe aucun fondement légal approprié, si bien que la victime d'une détention préventive injustifiée se rabat sur les articles 258 et suivants du code civil livre III pour obtenir réparation du préjudice qu'elle a subi[608].

9. Le mandat de dépôt

L'article 68 du code de procédure pénale dispose que sans préjudice des conditions exigées pour la délivrance du mandat d'arrêt provisoire, lorsque le prévenu a été cité ou sommé à comparaître, l'officier du Ministère public peut, quelle que soit la nature ou l'importance de l'infraction, ordonner qu'il sera placé en dépôt à la maison de détention

---

607 En France, c'est la loi du 15 juin 2000 qui a rendu la réparation financière de plein droit. Elle a institué un droit, et non plus une simple possibilité, d'obtenir réparation du préjudice tant matériel que moral né d'une détention injustifiée. Toutefois, selon cette loi, aucune réparation n'est possible si la décision de non lieu, de relaxe ou d'acquittement a pour motif l'irresponsabilité pénale pour trouble psychique ou neuropsychique, une amnistie postérieure au placement en détention ou lorsque cette dernière mesure a été ordonnée à l'égard d'une personne qui s'est accusée volontairement ou laissé volontairement accuser pour protéger l'auteur des faits. La loi du 15 juin 2000 a aussi institué un double degré de juridiction, l'examen, au premier degré, des requêtes en réparation étant de la compétence du Premier président de la Cour d'Appel du ressort où la décision définitive mettant fin aux poursuites a été rendue, la Commission nationale de Réparation des Détentions n'intervenant que comme juridiction d'appel sur le recours formé soit par le demandeur, soit par l'Agent judiciaire du Trésor ou bien encore par le Procureur Général près la Cour d'Appel. La loi du 15 juin 2000 a encore institué la faculté, pour le Premier Président de la Cour d'Appel ou la Commission Nationale, de procéder ou faire procéder à tout acte d'instruction utile. Elle enfin institué le principe d'une procédure contradictoire et publique, sauf sur ce dernier point, opposition du demandeur à la réparation.

608 Kin., R.C.A. 6860, 26 juin 1974, AMISI LINDOMBE c/ République du Zaïre.

jusqu'au jour du jugement, sans que la durée de cette détention puisse excéder cinq jours et sans qu'elle puisse être renouvelée.

La détention, à la suite du mandat de dépôt, est une mesure exceptionnelle de sûreté préalable au jugement du premier degré. Elle consiste à assurer la comparution du prévenu à l'audience. La loi ne prévoit à cet effet aucune forme de recours auprès de la juridiction d'appel[609].

609 C.S.J., R.P.A. 163, App., matière répressive, ministère public c/ Ez. et Bos., *Revue Juridique du Zaïre,* 1990-1991, p. 130.

CHAPITRE 2
LA LIBERTE D'APPRECIATION DU MINISTERE PUBLIC ET LE DECLENCHEMENT DES POURSUITES

Sommaire

1. La liberté d'appréciation du Ministère public

- Notions

- Le cadre normatif de l'opportunité des poursuites

- Les manifestations de la liberté d'appréciation

➢ Le classement sans suite

➢ Le classement par amende transactionnelle

2. La décision d'exercer les poursuites

Section I. La liberté d'appréciation du Ministère public

Paragraphe premier : Notions

En droit judiciaire général, la liberté d'appréciation du Ministère Public pendant l'enquête est fondée sur le principe de l'opportunité de poursuites[610]. Ce principe consacre le pouvoir discrétionnaire du Ministère Public[611], qui dispose de la liberté de renoncer à toute poursuite qui présenterait des inconvénients, alors que cette poursuite est légalement justifiée. Dans ce cas, le Ministère Public apprécie librement l'opportunité qu'il y a à déclencher ou non des poursuites[612].

Ce principe de souplesse judiciaire, que le droit de procédure pénale reconnaît au magistrat instructeur, s'oppose à celui de la légalité des poursuites[613], qui semble trop rigide parce qu'il habilite le magistrat instructeur à mener des enquêtes et à poursuivre tout fait constitutif d'infraction que la loi pénale prévoit et punit. La rigidité de ce principe ne rencontre pas toujours l'assentiment d'un grand nombre d'Etats modernes[614], car, dans certains cas, la poursuite d'une infraction, quelque grave qu'elle soit, risque d'engendrer un malaise beaucoup plus grand et

---

610 Henri BOSLY et Damien VANDERMEERSCH, op. cit., p. 103.

611 ROTH (R.), « Le principe de l'opportunité de la poursuite », *Revue de droit suisse*, 1989, II, pp. 218-226.

612 Raoul DECLERCQ, op. cit., p. 81 ; art. 40, code de procédure pénale français : « Le procureur de la République reçoit les plaintes et les dénonciations et apprécie la suite à leur donner » ; art. 40-1, code de procédure pénale français : « Lorsqu'il estime que les faits qui ont été portés à sa connaissance en application des dispositions de l'article 40 constituent une infraction le procureur de la République territorialement compétent décide s'il est opportun : 1° soit d'engager des poursuites ; 2° soit de mettre en œuvre une procédure alternative aux poursuites en application des dispositions des articles 41-1 ou 41-2 ; soit de classer sans suite la procédure dès lors que les circonstances particulières liées à la commission des faits le justifient » ; art. 44, code de procédure pénale congolais : « Lorsque le Ministère public décide qu'il n'y a pas lieu de poursuivre, il doit donner en même temps mainlevée de la mise en détention préventive (…) ».

613 Serge GUINCHARD et Thierry DEBARD (dir.), op. cit., p. 560.

614 Cependant, il demeure que quelques Etats modernes consacrent plutôt la légalité des poursuites. C'est le cas de l'Italie, de la Grèce et de l'Espagne. De son côté, la procédure pénale allemande fait coexister les deux principes [Mireille DELMAS-MARTY (dir.), op. cit., pp. 82-83 et 385. L'auteur indique qu'en Allemagne le principe de légalité des poursuites ne concerne plus guère aujourd'hui que les crimes et délits d'une relative importance. Une dérive liée au développement de la petite et moyenne délinquance a remplacé progressivement le principe de légalité par celui de l'opportunité des poursuites. Ainsi, dans différents domaines, le ministère public peut décider d'un classement sans suite en opportunité ou sous condition).

produire un préjudice considérable pour la société. Le pouvoir d'apprécier l'opportunité des poursuites est devenu indispensable car il constitue le principal moyen d'éviter l'asphyxie des parquets et des juridictions en raison de l'accroissement continu du volume du contentieux transmis au ministère public[615]. Dans ces cas, le magistrat instructeur peut décider du classement sans suite du dossier répressif[616].

Outre la question relative à l'inopportunité des poursuites, d'autres considérations de droit qui se rapportent aux aspects sociaux ou professionnels de certains délinquants peuvent paralyser ou limiter toute poursuite à leur charge. C'est le cas des immunités pénales[617]. Il peut s'agir aussi de l'extinction de l'action publique[618] ou de son irrecevabilité[619]. Il peut s'agir encore de l'absence d'un des éléments constitutifs de l'infraction qui entraîne l'insuffisance des charges et empêche l'établissement de l'infraction.

Par ailleurs, la liberté d'appréciation du Procureur s'inscrit parfois aussi dans le cadre de la recherche d'une justice pénale négociée, dont le but est d'assurer la déflation d'une charge judiciaire de plus en plus lourde et dont le pivot est le plus souvent constitué par une renonciation consensuelle des parties au plein exercice du droit au procès[620]. La justice pénale négociée décongestionne les tribunaux et facilite l'accélération des procédures pénales engagées. Dans cette perspective, plusieurs

---

615 Henri BOSLY et Damien VANDERMEERSCH, op. cit., pp. 335-336. Ces auteurs soutiennent que le pouvoir d'apprécier l'opportunité des poursuites est bénéfique dans la mesure où il permet d'éviter les inconvénients, sur le plan humain, d'une poursuite pénale lorsqu'elle ne s'avère pas, en l'espèce, indispensable.

616 Art. 40-2, code de procédure pénale français : « (...) Lorsque l'auteur des faits est identifié mais que le procureur de la République décide de classer sans suite la procédure, il les avise également de sa décision en indiquant les raisons juridiques ou d'opportunité qui la justifient » ; art. 44, code de procédure pénale congolais : « Lorsque le Ministère public décide qu'il n'y a pas lieu de poursuivre, il doit donner en même temps mainlevée de la mise en détention préventive et, éventuellement, ordonner la restitution du cautionnement ».

617 Raul DECLERCQ, op. cit., p. 83; Art. 164 et 166, Constitution du 18 février 2006.

618 En cas de décès du délinquant ou de prescription de l'action publique. Dans ce cas, le classement sans suite est définitif.

619 En droit pénal congolais, l'auteur de l'adultère n'est poursuivi qu'en cas de plainte préalable de la victime. En l'absence de cette plainte, l'action publique engagée est sanctionnée par l'irrecevabilité [art. 468, code de la famille (loi n°87-010, 1er août 1987, *J.O.*, n°spécial, 1er août 1987)]. Il en est ainsi aussi de la grivèlerie [art. 102 bis, code pénal congolais (décret du 30 janvier 1940, *B.O.*, 1940, p. 193)].

620 Mario CHIAVARO, « Les modes alternatifs de règlement des conflits en droit pénal », *Revue Internationale de Droit Comparé*, n°2, 1997, p. 428.

succédanés judiciaires pénaux sont conçus par les lois nationales des Etats. C'est le cas de l'amende transactionnelle ou forfaitaire[621], la composition pénale[622] et la comparution sur reconnaissance préalable de culpabilité[623].

La justice pénale internationale ne connaît pas ces circonstances de droit ci-dessus évoquées qui ouvrent la voie à l'opportunité de poursuites ou à la négociation judiciaire. D'une part, tous les crimes de la compétence du Juge pénal international sont plus graves. Les crimes contre l'humanité, les crimes de guerre et le génocide sont des crimes qui révoltent particulièrement la conscience de l'humanité[624]. Il semble donc illusoire et absurde que le Procureur apprécie l'opportunité de poursuivre

---

621 Art. 9, al. 1er, code de procédure pénale congolais : « Pour toute infraction de sa compétence, l'officier de police judiciaire peut, s'il estime qu'à raison des circonstances la juridiction de jugement se bornerait à prononcer une amende et éventuellement la confiscation, inviter l'auteur de l'infraction à verser au Trésor une somme dont il détermine le montant sans qu'elle puisse dépasser le maximum de l'amende encourue augmentée éventuellement des décimes légaux » ; art. 529, code de procédure pénale français : « Pour les contraventions des quatre premières classes dont la liste est fixée par décret en Conseil d'État, l'action publique est éteinte par le paiement d'une amende forfaitaire qui est exclusive de l'application des règles de la récidive ».

622 Art. 41-2, code de procédure pénale français. Concrètement, la composition pénale est une mesure de compensation ou de réparation proposée par le Procureur de la République, tant que l'action publique n'a pas été mise en mouvement, à une personne majeure qui reconnaît avoir commis un ou plusieurs délits ou une ou plusieurs contraventions dont la liste est fixée par la loi ou le règlement. Après avoir été validée par le président du tribunal, son exécution éteint l'action publique [Serge GUINCHARD et Thierry DEBARD (dir.), op. cit., p. 174 ; Bernard BOULOC, op. cit., n°596).

623 Art. 495-7, code procédure pénale français. Pour Serge GUINCHARD et Thierry DEBARD, la comparution sur reconnaissance préalable de culpabilité est un mode de saisine du tribunal correctionnel, encore appelé le « plaider coupable », mis en place par la loi n°2004-204 du 9 mars 2004 (loi Perben II), consistant à éviter la lourdeur d'un examen en audience dès lors que l'auteur de l'infraction reconnaît les faits qui lui sont reprochés et sa culpabilité. Le Procureur de la République peut alors lui proposer d'exécuter une ou plusieurs des peines principales ou complémentaires encourues, et, en cas d'acceptation, l'intéressé est aussitôt présenté devant le président du tribunal de grande instance (ou le juge délégué par lui), aux fins d'homologation de la proposition ainsi faite. La procédure n'est applicable, ni aux mineurs de dix-huit ans, ni en matière de délits de presse, de délits d'homicides involontaires, de délits politiques ou de délits dont la procédure de poursuite est prévue par une loi spéciale [Serge GUINCHARD et Thierry DEBARD (dir.), op. cit., p. 171]. Voir aussi Bernard BOULOC, op. cit., n°596-1.

624 T.P.I.R., 1ère Inst. I, ICTR-97-23-S, le Procureur c/ Jean KAMBANDA, *Jugement portant condamnation*, 4 septembre 1998, §33.

les auteurs de ces crimes en se fondant sur le degré de leur gravité. D'autre part, les Statuts qui fondent l'action des juridictions pénales internationales excluent toute possibilité de soutenir un moyen de défense fondé sur l'oubli et le pardon[625]. La personne accusée ne peut donc soutenir devant le Procureur qui mène ses enquêtes qu'elle serait détentrice en droit interne ou en droit international des immunités. Ces immunités ne peuvent jouer que devant les juridictions internes des Etats[626]. On est donc passé du principe de sacralisation des gouvernants que consacre le droit interne à celui de la désacralisation de leur responsabilité en droit international. Au final, la qualité officielle du délinquant ne présente plus aucune pertinence devant le juge pénal international[627]. De même, compte tenu de la gravité des crimes de la compétence de ces juridictions internationales, les Statuts qui fondent leur action publique en prônent l'imprescriptibilité, qui en empêche finalement l'extinction[628].

---

625 Bernadette AUBERT, op. cit., p. 193.

626 Hervé ASCENSIO et Rafaëlle MAISON, « L'activité des juridictions pénales internationales (2003-2004) », *Annuaire Français de Droit International,* L-2004, p. 427.

627 Art. 27, Statut de Rome ; art. 7, §2, Statut du Tribunal pénal international pour l'ex-Yougoslavie ; art. 6, §2, Statut du Tribunal pénal international pour le Rwanda ; Antonio CASSESE, op. cit., pp. 310-311 ; Gerhard WERLE, « General Principles of International Criminal Law », *Antonio CASSESE (ed.),* op. cit., p. 61. Ce principe a été posé pour la première fois devant un juge pénal international par le Tribunal militaire international de Nuremberg dans son jugement du 1er octobre 1946 en ces termes : « (…) [l]e principe du droit international, qui dans certaines circonstances, protège les représentants d'un Etat, ne peut s'appliquer aux actes condamnés comme criminels par le droit international (…) » (*Procès des grands criminels de guerre devant le tribunal militaire international*, textes officiels en langue française, tome I, *Documents officiels,* Nuremberg, 1947, p. 235). A ce jour et sur le plan du droit international, la règle selon laquelle un Chef d'Etat ne peut pas mettre en avant sa position officielle pour ne pas répondre des crimes relevant de la compétence d'un juge international est devenue une règle à caractère coutumier (T.P.I.Y., 1ère Inst., IT-99-37-PT, le Procureur c/ Slobodan MILOSEVIC, *Décision relative aux exceptions préjudicielles*, 8 novembre 2001, §31). Voir Hervé ASCENSIO et Rafaëlle MAISON, « L'activité des tribunaux pénaux internationaux (2001) », *Annuaire Français de Droit International,* XLVII-2001, p. 246.

628 Art. 29, Statut de Rome ; Accord de Londres du 8 août 1945 portant création du Tribunal international militaire de Nuremberg ; Résolution des Nations Unies du 13 février 1946 ; Convention des Nations Unies sur l'imprescriptibilité des crimes de guerre et des crimes contre l'humanité, adoptée et ouverte à la signature, à la ratification et l'adhésion par l'Assemblée générale dans sa résolution 2391 (XXIII) du 26 novembre 1968 (date d'entrée en vigueur : 11 novembre 1970). Etant donné que les statuts des juridictions *ad hoc* sont restés silencieux en matière d'imprescriptibilité de l'action publique internationale, il nous semble qu'elles

Paragraphe deuxième : Le cadre normatif de l'opportunité des poursuites

Les textes emblématiques qui fondent et justifient le droit du Ministère Public d'apprécier librement l'opportunité d'engager de poursuites sont respectivement les articles 9 et 44 du code de procédure pénale. Ces deux dispositions posent en terme de principe l'opportunité de poursuites. Le Ministère Public dispose d'une large liberté d'appréciation, avec possibilité d'agir dans le champ de la compétence de sa juridiction comme un véritable filtre pour l'ouverture d'un procès. En toute autonomie, indépendance et impartialité, le Ministère public peut opérer un choix sur la manière de rassembler les preuves et la poursuite ou non de l'auteur de l'infraction. Il prend donc ses décisions, sans y être contraint. Il analyse tous les faits qui sont portés à sa connaissance et, s'il est convaincu de l'opportunité d'engager des poursuites contre l'inculpé, il saisit le juge compétent pour ce faire.

Paragraphe troisième : Les manifestations de la liberté d'appréciation

A. Le classement sans suite

Un magistrat du parquet n'est pas tenu d'exercer des poursuites chaque fois qu'une plainte est déposée ou une infraction constatée. Il peut à cet effet faire usage judicieux de son droit de classement sans suite, notamment en se contentant d'une admonestation pour des faits sans gravité ou en faisant remettre une indemnité à la victime. Le classement sans suite est donc une décision prise par le Ministère public en vertu du principe de l'opportunité des poursuites, écartant momentanément la mise en mouvement de l'action publique[629]. Il tire son fondement de l'article 44 du code de procédure pénale qui dispose : « Lorsque le Ministère public décide qu'il n'y a pas lieu de poursuivre, il doit donner en même temps mainlevée de la mise en détention

---

voudront bien se référer à ces deux instruments internationaux pour justifier l'imprescriptibilité des crimes de leur compétence (William BOURDON et Emmanuelle DUVERGER, op. cit., p. 125). La gravité qui s'attache à la commission et aux conséquences de ces crimes et la vertu de prévention attachée à leur répression par le rétablissement de la paix et de la sécurité internationales justifient également cette option [Pierrette PONCELA, L'imprescriptibilité, *ASCENSIO Hervé, DECAUX Emmanuel et PELLET Alain (dir.),* op. cit., p. 887] ; MERTENS Pierre, *L'imprescriptibilité des crimes de guerre et contre l'humanité,* Bxl., Université de Bruxelles, 1974, pp. 133 et suivantes.

[629] Serge GUINCHARD et Thierry DEBARD, op. cit., p. 156.

préventive et, éventuellement, ordonner la restitution du cautionnement ».

Nombreux sont les motifs qui peuvent être à la base de cette décision du Ministère Public :

- L'inopportunité des poursuites (considérations sociales ou politiques) ;
- L'absence d'un des éléments constitutifs de l'infraction ;
- L'équité en cas de bénignité de l'infraction ;
- Le retrait de la plainte ;
- Le décès de l'inculpé ;
- La prescription ou l'amnistie.

Il est important de signaler qu'il ne peut y avoir de confusion entre le « classement sans suite » et la décision de « non-lieu ». En effet, le classement sans suite existe lorsque, recevant un dénonciation ou une plainte, le parquet décide de n'en point tenir compte soit en raison du peu de gravité des faits, soit parce que ces faits présentent un caractère surtout privé où l'ordre public n'est guère intéressé, soit pour toute autre raison ci-dessus relevée. Il est de pratique assez courante, dans ce cas, que le parquet lui-même avise le plaignant qu'il lui appartient de citer directement l'auteur des faits dommageables. Par contre il y a non-lieu quand, ayant reçu une plainte, ou une dénonciation, ou ayant eu connaissance de faits infractionnels d'une façon quelconque, le parquet a ordonné une instruction, et que cette instruction est close en faveur des inculpés, sans renvoi devant les juridictions de jugement soit en raison de l'inexistence de charges soit parce que les faits incriminés ne tombent pas sous l'application de la loi[630].

B. Le classement par amende transactionnelle

L'amende transactionnelle est un règlement extra juridictionnel qui s'applique aux infractions punies d'une simple peine d'amende. Par ce procédé, l'inculpé évite toute poursuite en s'acquittant d'une amende soit immédiatement entre les mains de l'agent verbalisateur, soit de manière différée au moyen d'une note de perception à acquitter auprès de la DGRAD.

La base légale de l'amende transactionnelle est l'article 9 du code de procédure pénale. Cette disposition est de plus diserte. Elle dit

---

[630] Ière Inst., Stan., 7 février 1928, *R.J.C.B.*, 1930, p. 111.

précisément que pour toute infraction de sa compétence, l'officier de police judiciaire peut, s'il estime qu'à raison des circonstances la juridiction de jugement se bornerait à prononcer une amende et éventuellement la confiscation, inviter l'auteur de l'infraction à verser au Trésor une somme dont il détermine le montant sans qu'elle puisse dépasser le maximum de l'amende encourue augmentée éventuellement des décimes légaux. L'article 9 du code de procédure pénale poursuit en disant que lorsqu'il a été satisfait aux invitations faites par l'officier de police judiciaire, l'action publique s'éteint à moins que l'officier du Ministère public ne décide de la poursuivre.

L'amende transactionnelle a pour but d'éviter aux justiciables les ennuis que le système de répression peut leur causer lorsqu'ils n'ont commis que les délits mineurs[631]. En établissant la procédure d'amende transactionnelle, le législateur vise à désencombrer les tribunaux ainsi que les prisons, qui sont sans cesse en surpopulation. L'amende transactionnelle tend ensuite à éviter aux justiciables des ennuis et des frais hors de proportion avec la gravité de l'infraction commise. Enfin, elle diminue les charges publiques[632].

Le paiement de l'amende transactionnelle implique les effets suivants :

- L'amende transactionnelle n'implique pas aveu de culpabilité ;
- L'extinction de l'action publique[633] ;
- L'irréversibilité de l'amende transactionnelle.

Section II. La décision d'exercer les poursuites

La poursuite est un ensemble des actes accomplis par le Ministère public, certaines administrations ou la victime d'une infraction, dans le but de saisir les juridictions répressives compétentes et d'aboutir à la condamnation du coupable[634]. La décision d'exercer les poursuites est réservée au parquet[635]. Lorsqu'il en est ainsi, le magistrat du parquet procède à la fixation du dossier répressif au tribunal.

---

631 Procureur général de la République, Circulaire n°008/IM/PGR/002/PGR/2004 du 11 mai 2004 relative aux amendes transactionnelles.

632 Procureur général de la République, Circulaire n°4/008/IM/PGR/2011 du 12 mai 2011 relative à l'action des officiers de police judiciaire.

633 Ière Inst., Lus., 8 janvier 1946, *R.J.C.B.*, 1946, p. 140 ; Elis., 22 mars 1949, *R.J.C.B.*, 1949, p. 128.

634 Serge GUINCHARD et Thierry DEBARD (dir.), op. cit., p. 655.

635 Art. 142, arrêté d'organisation judiciaire, 20 août 1979.

Convaincu de l'existence d'une infraction à charge d'un inculpé, et après en avoir apprécié librement l'opportunité conformément à la loi, le magistrat du parquet a le devoir de fixer l'affaire au tribunal compétent. Il ressort de l'article 53 du code de procédure pénale que lorsque le Ministère public décide d'exercer l'action publique, il communique les pièces ou, disons-le bien, le dossier répressif au juge compétent pour en connaître. Celui-ci fixe le jour où l'affaire sera appelée. La communication du dossier répressif au tribunal compétent se réalise par la requête aux fins de fixation d'audience[636] signée par le procureur général ou le procureur de la République selon les cas[637].

De nature purement administrative[638], la requête aux fins de fixation d'audience clôture l'instruction préparatoire. A cet effet, le secret qui couvrait la procédure d'enquête cesse d'exister. Les parties peuvent désormais consulter librement le dossier répressif au greffe du tribunal compétent. En cas d'urgence et pour des raisons de célérité, les mesures préalables au jugement sont prises, avant le jour de l'audience, par le président du tribunal compétent[639].

---

[636] Art. 23, al. 2, arrêté d'organisation judiciaire, 20 août 1979.

[637] Art. 84, arrêté d'organisation judiciaire, 20 août 1979.

[638] La jurisprudence estime que loin de constituer une simple lettre de transmission adressée au président de la juridiction, la requête aux fins de fixation de date d'audience est un acte juridictionnel attaché aux fonctions du ministère public [C.S.J., R.P. 041/CR, Serment de magistrat, Ministère public c/ Tala-Ngai Fernand et csrts, *Arrêt*, 26 mars 1999, *Bulletin des Arrêts de la cour suprême de justice* (1990-1999), Kin., 2003, p. 465]. Cette position jurisprudentielle est discutable, car, qu'est-ce que c'est qu'un acte juridictionnel sinon celui qui émane d'une juridiction (juge, tribunal) et qui est revêtu de l'autorité de la chose jugée, de la force exécutoire et d'un caractère le plus souvent déclaratif ?

[639] Art. 67, code de procédure pénale. Certains auteurs ont désigné par le mot « présaisine » la période qui sépare le dépôt du dossier répressif au tribunal et la première audience du tribunal. Même si la loi ne l'a pas nommé ainsi, le concept nous semble approprié, dans la mesure où les auteurs insistent sur l'intérêt qu'il y a à exercer certains pouvoirs judiciaires pendant cette période creuse ou dormante.

PARTIE 2
LE PROCES OU L'AUDIENCE DU TRIBUNAL

Sommaire

1. Introduction

2. Les juridictions de jugement

   - Les juridictions répressives congolaises

   - Les dispositions communes aux juridictions répressives

3. L'instance au premier degré

   - La saisine des juridictions répressives

   - Les débats à l'audience

   - La question centrale des débats : la preuve pénale

   - La clôture et la réouverture des débats

   - Le jugement

4. L'instance au second degré

   - La prestation ou l'exercice d'une voie de recours

   - L'abstention ou le refus d'exercer une voie de recours

A L'opposé de l'avant-procès, qui recouvre la phase du déclenchement de l'action publique, le procès ou, bien mieux, l'instruction à l'audience constitue l'instance de traitement institutionnel du phénomène criminel pour la détermination de la responsabilité pénale. Cette phase du procès pénal met aux prises Accusation (le Ministère Public) et Défense (le prévenu) devant un arbitre actif, le juge, qui se charge de la production de la décision pénale.

L'audience du tribunal est donc regardée comme une procédure dominée par l'application de l'idée accusatoire, et donc publique, orale et contradictoire. Elle accorde une faveur aux intérêts de la personne poursuivie. Malgré tout, le mouvement de la défense sociale nouvelle avait critiqué cette procédure, car elle ne permet pas de procéder à une étude satisfaisante de la personnalité du délinquant et, par voie de conséquence, de décider avec pertinence de la mesure de traitement à lui appliquer. Aussi préconisait-il un examen approfondi de la personnalité du délinquant[640].

Au fond, l'organisation de la procédure d'instruction à l'audience et de jugement mise en place par le code de procédure pénale assure un équilibre satisfaisant entre les intérêts en présence dans la manifestation de la vérité qui constitue le but traditionnel fondamental du procès pénal : vérité de l'infraction et vérité de la culpabilité de l'agent[641], que doit découvrir le juge pénal lui-même, avant toute décision sur la sanction.

Longtemps considéré comme une simple bouche qui prononce les paroles de la loi[642], appliquant un droit rationnel, arcbouté sur le principe de la légalité[643], le juge pénal dispose aujourd'hui d'une liberté d'appréciation, ou de développement, qui lui permet de choisir la sanction la plus adaptée aux exigences du cas dans le cadre d'une fourchette des sanctions que la loi a fixée. Le rôle du juge est donc considérable, il doit évaluer cas par cas, *in concreto*, la gravité intrinsèque de chaque infraction (les faits eux-mêmes, les circonstances objectives de temps et de lieu de leur commission), la personnalité du délinquant (âge,

640 Gaston STEFANI, Georges LEVASSEUR et Bernard BOULOC, *Droit pénal général*, Paris, 18ème éd., Dalloz, 2003, p. 70.

641 Raymond GASSIN, L'audience du tribunal, *Recueil Dalloz*, 1995, Actualité législative Dalloz, p. 103.

642 Montesquieu, *Esprit des lois*

643 Jacques FAGET, « La fabrique de la décision pénale. Une dialectique des asservissements et des émancipations », *Champ pénal*, Vol V, 2008, p. 2.

sexe, condition, rapports avec la victime, discernement…), les diverses causes d'exonération, d'atténuation ou d'aggravation, la culpabilité précise de l'auteur de l'infraction pour aboutir à une peine appropriée[644].

La sanction pénale devient ainsi l'aboutissement (mal) heureux d'une procédure au cours de laquelle le juge se donne l'occasion d'asseoir sa propre intime conviction[645] sur les faits qui lui sont soumis, leur qualification juridique et la responsabilité (ou non) de la personne accusée. A cet effet, le juge a la charge de motiver sa décision, en en donnant une justification rationnelle sans toutefois négliger l'importance de son influence persuasive. La motivation de la décision du juge participe à cet effet d'une fonction « endoprocessuelle »[646], facilitant ainsi l'exercice des voies de recours et le contrôle de la cassation. Par ailleurs, la constitution impose la motivation de toute décision judiciaire[647] pour permettre le contrôle démocratique sur la façon dont les organes de justice exercent le pouvoir judiciaire tel qu'attribué dans un Etat de droit.

C'est également l'occasion pour le juge, qui exerce sa juridiction, de soumettre son œuvre à une appréciation de légitimité. C'est par la décision qu'il prononce que le juge est ressenti[648]. La légitimité du juge se rattache donc au droit dont il a charge d'appliquer[649], en référence à l'Etat de droit, où il est considéré comme un rouage décisif du fonctionnement de l'Etat et de l'ordre social.

C'est ainsi que le chapitre V du code de procédure pénale consacre trente-cinq dispositions légales à la procédure devant les juridictions de

---

644 Jean-Marie CARBASSE, op. cit., p. 226.

645 En matière répressive, le juge doit tirer son intime conviction sur la responsabilité pénale du prévenu de l'ensemble des éléments du dossier, cela de manière libre, et il n'est donc pas obligé de tenir compte uniquement des éléments de défense présentés par le prévenu [C.S.J., R.P. 277, Cass., matière répressive, Ndefu Sanga c/ le ministère public et Yavunguko Ti Lindimbia, *Arrêt*, 18 juillet 1980, *Bulletin des Arrêts de la cour suprême de justice* (1980-1984), Kin., p. 64].

646 Anna De VITA, « Aperçu comparatif », *R.I.D.C.*, Vol. 50, n°3, Juillet-septembre, 1998, p. 812.

647 Art. 21, Constitution du 18 février 2006.

648 Barthélemy MERCADAL, « La légitimité du juge », *R.I.D.C.*, Vol. 54, n° 2, Avril-juin, 2002, pp. 277.

649 Il faut admettre néanmoins que la légitimité du juge s'apprécie en amont à partir de son statut, c'est-à-dire son recrutement (aptitude à l'impartialité et compétence à appliquer le droit) et l'exercice de ses fonctions (poser les règles de conduite objectives, dignité, sérénité…).

jugement (II). Si l'on y ajoute les différentes dispositions légales éparses consacrées aux voies de recours (III), l'on ne pourra manquer d'affirmer que l'instruction à l'audience occupe une place de choix dans le cheminement de la procédure pénale. Il n'est pas sans intérêt de relever que l'instruction à l'audience se déroule devant une juridiction de jugement instituée à cet effet selon la lettre et l'esprit de l'article 149 de la constitution qui indique limitativement les cours et tribunaux auxquels est dévolu le pouvoir judiciaire (I).

CHAPITRE 1
LES JURIDICTIONS DE JUGEMENT

Sommaire

1. Introduction
2. Les juridictions répressives congolaises
   - Le tribunal de paix
   - Le tribunal de grande instance
   - Le tribunal de commerce
   - La cour d'appel
   - La cour de cassation
     - ➢ La cour de cassation agit comme juridiction de cassation
     - ➢ La cour de cassation agit comme juridiction de fond
   - La cour constitutionnelle
     - ➢ Historique
     - ➢ Composition
     - ➢ Cour constitutionnelle et droit pénal
3. Les dispositions communes aux juridictions répressives
   - L'assistance des greffiers et huissiers
   - Les délibérés et le prononcé des décisions
   - La surveillance administrative des juridictions
   - Les audiences foraines
   - L'exigence d'impartialité
   - La récusation et le déport

- Les causes de récusations
- La procédure de récusation
- Le jugement sur récusation et voie de recours

- Les renvois de juridiction
    - Le renvoi pour cause de suspicion légitime
    - Le renvoi pour cause de sûreté publique
    - Le renvoi après cassation

- La litispendance

- La connexité

- Les demandes reconventionnelles

- La prorogation de compétence
    - En cas de pluralité d'infractions
    - En cas de pluralité de prévenus
    - Besoin de célérité

Les structures judiciaires de la République démocratique du Congo ont connu, à en croire Emile Lamy, une évolution qui peut se résumer en trois phases : (i) la période d'installation des structures judiciaires légales, avec vocation de se substituer aux structures judiciaires régies par les coutumes locales ; (ii) la période de construction et de consolidation, qui marque la très nette orientation du droit judiciaire congolais, assurant la rencontre du droit écrit et du droit coutumier dans une œuvre commune et préparant les voies futures d'une intégration ; (iii) la période de transition, constituant la phase de l'unification des structures judiciaires de droit écrit et de droit coutumier dans l'optique d'assurer le passage progressif et harmonieux vers les structures judiciaires unitaires[650].

Alors qu'elle était encore en plein processus, cette dernière phase a connu un véritable coup d'arrêt suite à la suppression légale des juridictions coutumières[651], brisant ainsi l'élan de l'implantation et du fonctionnement des tribunaux de paix en milieu rural[652]. En supprimant les juridictions coutumières, alors que dans le concret ces juridictions fonctionnent encore, le législateur congolais a créé un dualisme judiciaire informel, occasionné sans aucun doute par la survivance des juridictions coutumières en milieu rural[653], cependant avec quelques implications sur le fonctionnement même des juridictions de droit écrit. Le législateur congolais a pris un autre virage, probablement parce qu'il a estimé que la suppression des juridictions coutumières apporterait une autre solution à la question de la décentralisation judiciaire. Observons qu'en son temps, l'immensité du territoire national avait justifié l'institution des juridictions

---

650 Emile LAMY, « Les structures judiciaires de la République démocratique du Congo », *Revue Congolaise de Droit*, n° 1, 1970, pp. 48 et s.

651 La suppression des juridictions coutumières a eu lieu à l'occasion de la promulgation de l'ordonnance-loi n° 82-020 du 31 mars 1982 portant code d'organisation et de compétence judiciaires. A titre purement transitoire, ces juridictions ont été maintenues jusqu'à l'installation des tribunaux de paix (art. 163, code d'organisation et de compétence judiciaires). Le nouveau code d'organisation et de compétence judiciaires, porté par la loi organique du 11 avril 2013, est venu confirmé l'approche arrêtée par le législateur en 1982, en refusant de faire une quelconque allusion aux juridictions coutumières.

652 H.F. MUPILA NDJIKE KAWENDE, « L'élan brisé de l'implantation et du fonctionnement des tribunaux de paix. Regard critique de la loi organique en vigueur », in *Doc & Juris. Revue de droit privé*, n° 1, janvier-février-mars 2014, pp. 49-60.

653 Jules Eminence NZUNDU NZALALEMBA, *Les tribunaux de paix et les juridictions coutumières en milieu rural. De la substitution à la survivance*, Mémoire de D.E.S., Droit pénal, 2011-2012, Université de Kinshasa, 174 pages.

coutumières, qui devaient participer de la décentralisation de la justice répressive[654].

Pour leur part, les juridictions de jugement font partie des structures matérielles du pouvoir judiciaire. L'article 149 de la constitution les énumère limitativement, en prenant soin d'interdire la création des juridictions d'exception sous quelque dénomination que ce soit.

D'un autre côté, l'article 153 de la même constitution institue les juridictions de l'ordre judiciaire, composées de cours et tribunaux civils et militaires placés sous le contrôle de la Cour de Cassation. L'organisation, le fonctionnement et les compétences des juridictions de l'ordre judiciaire sont déterminés par une loi organique[655].

A ce titre, la nouvelle organisation judiciaire de la République démocratique du Congo, portée par la loi organique n°13/011-B du 11 avril 2013 portant organisation, fonctionnement et compétences des juridictions de l'ordre judiciaire, énumère les juridictions de l'ordre judiciaire de la manière suivante :

- Les tribunaux de paix ;
- Les tribunaux militaires de police ;
- Les tribunaux de grande instance ;
- Les tribunaux de commerce ;
- Les tribunaux du travail ;
- Les tribunaux militaires de police ;
- Les tribunaux militaires de garnison ;
- Les cours militaires ;
- Les cours militaires opérationnelles ;
- Les cours d'appel ;
- La haute cour militaire et
- La cour de cassation.

Dans le cadre de cet enseignement, seules les juridictions répressives civiles seront examinées (section 1), examen qui sera suivi de celui relatif

---

654 F. DELLICOUR, « Le fonctionnement de la justice pénale au Congo », *Bel. Col.*, 1946, p. 472.

655 Par loi organique, il faut entendre celle à laquelle la constitution a conféré le caractère de loi organique, votée et modifiée à la majorité absolue des membres composant chaque Chambre du Parlement dans les conditions prévues par l'article 124 de la constitution.

aux dispositions communes applicables aux juridictions répressives (section 2).

Section I. Les juridictions répressives congolaises

Paragraphe premier : Le tribunal de paix

Le tribunal de paix tire ses origines lointaines du système seigneurial français où, à mesure que les villes s'émancipaient des Seigneurs, nombre d'entre elles sont parvenues à obtenir un droit à participer de la justice pénale par la création d'un tribunal du maire et des échevins, dont l'objectif principal était de « pacifier » les conflits entre bourgeois -les habitants d'une ville jouissant des privilèges concédés à cette ville- en favorisant les transactions[656]. Incontestablement, le juge de paix exerce une justice de proximité, évidemment géographique. Le juge de paix exerce aussi une justice de proximité sociale et symbolique par sa disponibilité, toujours à l'écoute de toutes les minuscules affaires du quotidien, pouvant intervenir dans le cadre des conciliations ou des décisions de jugement rapides, à coût nul ou faible.

La justice du tribunal de paix se caractérise aussi par la simplicité de la procédure et la présence le plus souvent directe des parties. Un tribunal de paix est donc celui qui est construit pour un territoire, une ville ou une commune en vue de rester tout proche des justiciables. Le législateur a eu conscience de mettre en place une juridiction nouvelle et originale, caractérisée par la simplicité, la rapidité, la gratuité et l'équité, l'objectif étant de faire une œuvre de paix efficace dans un territoire, une ville ou une commune. D'où le tribunal de paix. Ce n'est pas en vain que les différents codes d'organisation judiciaire congolais ont chaque fois placé le tribunal de paix à l'échelon du territoire, de la ville ou de la commune.

Dans la sphère judiciaire congolaise, le tribunal de paix est né de l'ordonnance-loi n°68/248 du 10 juillet 1968. L'objectif poursuivi par le législateur était de rapprocher la justice des justiciables et rechercher

---

656 Jean-Marie CARBASSE, op. cit., p. 151. C'est avec raison que certains auteurs appellent le juge de paix « magistrat paternel » [Jacques-Guy PETIT, « une justice de proximité : la justice de paix (1790-1958) », *Rapport de synthèse*, Mission de recherche droit et justice, décembre 2002, p. 9].

l'unification des ordres juridictionnels ou la fusion des juridictions de droit écrit avec celles de droit coutumier[657].

Seulement dans le concret, les premiers tribunaux de paix n'ont vu le jour qu'à partir de 1979 à la suite de trois ordonnances présidentielles fixant les sièges et les ressorts des tribunaux de paix des villes de Kinshasa[658], Lubumbashi[659] et Kisangani[660] ; et en 1989 une autre ordonnance a donné naissance aux tribunaux de paix des zones rurales de la République démocratique du Congo[661]. En tout et pour tout, treize (13) tribunaux de paix de grandes villes sont créés une année après l'abrogation de la loi qui a institué le tribunal de paix[662] ; cent cinquante-trois tribunaux de paix sont créés sept ans après la nouvelle loi qui a abrogé celle qui avait pris le relais de celle de 1968.

C'est dire qu'en l'espace de vingt ans, c'est-à-dire deux ans avant l'indépendance et jusqu'à la fin de la décennie 1970, la République démocratique du Congo a connu trois codes d'organisation judiciaire pour chaque période de dix ans (1958, 1968 et 1978), probablement en quête d'une solution magique au problème d'administration judiciaire. Par ailleurs, au sortir de la décennie 1970 un autre code d'organisation judiciaire fut promulgué[663], sans toutefois résoudre le problème

---

657 Emile LAMY, op. cit., p. 56 ; Jean-Pierre FOFE DJOFIA MALEWA, *Justice pénale et réalités sociétales : de l'analyse du modèle R.D. Congo à la formulation d'une politique criminelle participative*, Paris, l'Harmattan, 2007, p. 102.

658 Ordonnance n°79-105 du 4 mai 1979 fixant les sièges et ressorts des tribunaux de paix de la ville de Kinshasa, *J.O.*, n°10, 15 mai 1979, p. 20. Aux termes de l'ordonnance de 1979, huit tribunaux de paix ont été créés à Kinshasa : Ngaliema, Assossa, Pont Kasa-Vubu, Gombe, Lemba, Matete, N'Djili et Kinkole.

659 Ordonnance n°79-218 du 28 septembre 1979 fixant le siège ordinaire et le ressort des tribunaux de paix de la ville de Lumbumbashi, *J.O.*, n°19, 1er octobre 1979, p. 30. Aux termes de l'ordonnance de 1979, trois tribunaux de paix ont été créées : Kamalondo, Katuba et Ruashi.

660 Ordonnance n°79-290 du 27 décembre 1979 portant création des tribunaux de paix de la ville de Kisangani et fixation de leur siège ordinaire et de leur ressort, *J.O.*, n°1, 1er janvier 1980, p. 27.

661 Ordonnance n° 89-132 du 3 juin 1989 portant création des tribunaux de paix dans les zones rurales de la République, *J.O.*, n°12, 15 juin 1989, p. 32.

662 En 1978, un autre code d'organisation et de compétence judiciaires a été promulgué (ordonnance-loi n°78-005 du 29 mars 1978), abrogeant celui qui avait posé l'existence du tribunal de paix. L'orthodoxie juridique commanderait de soutenir que le tribunal de paix a été créé par l'ordonnance-loi de 1978 et non par celle de 1968.

663 Ordonnance-loi n°82-020 du 31 mars 1982 portant code d'organisation et de compétence judiciaires, *J.O.*, n°7, 1er avril 1982, p. 39.

d'administration judiciaire posé en son temps. Même la création, en 1989, de 153 tribunaux de paix dans les zones rurales n'a pas apporté de solution à ce problème. Certains de ces tribunaux de paix n'ont reçu du personnel judiciaire que très récemment en 2013[664]. L'étendue géographique du pays peut justifier cette carence, sans négliger la question de la volonté et la clairvoyance politiques des animateurs de l'Etat.

Les différents textes d'organisation judiciaire qui se sont succédé ont posé le principe selon lequel il existe un ou plusieurs tribunaux de paix dans chaque territoire, ville et coutume. Cette idée est reprise par la loi organique du 11 avril 2013. Toutefois, poursuit la même loi organique, il peut être créé un seul tribunal de paix pour deux ou plusieurs territoires, villes et communes. Le siège ordinaire et le ressort d'un tribunal de paix sont fixés par décret du Premier Ministre[665].

Le tribunal de paix est composé d'un président et des juges. En cas d'absence ou d'empêchement, le président est remplacé par le juge le plus ancien d'après la date et l'ordre des nominations[666].

En matière répressive, le tribunal de paix siège désormais au nombre de trois juges[667], avec l'assistance d'un greffier et le concours du ministère public[668], pour connaître des infractions punissables de cinq ans d'emprisonnement et d'une amende, quel que soit son taux, ou de l'une de ces peines seulement[669].

Paragraphe deuxième : Le tribunal de grande instance

Autrefois appelé tribunal de première instance, le tribunal de grande instance est situé à l'échelon administratif du district, si bien qu'une province peut disposer de plusieurs tribunaux de grande instance. La ville de Kinshasa, jusqu'il y a peu, en a compris quatre, répartis selon les districts : le tribunal de grande instance de la Gombe pour le district de Lukunga ; le tribunal de grande instance de Kalamu pour le district de la

---

664 Décision d'organisation judiciaire n°034/CSJ/P/2013 portant affectation des magistrats civils du parquet, Premier président de la cour suprême de justice, 15 juin 2013.

665 Art. 7.

666 Art. 9, loi organique du 11 avril 2013.

667 Art. 10, loi organique du 11 avril 2013.

668 Art. 13, loi organique du 11 avril 2013.

669 Art. 85, loi organique du 11 avril 2013.

Funa ; le tribunal de grande instance de Matete pour le district du Mont-Amba et le tribunal de grande instance de N'Djili pour le district de la Tshangu. Depuis le 08 mai 2014, un décret d'organisation judiciaire, pris par le premier ministre conformément à l'article 14 de la loi organique portant organisation, fonctionnement et compétences des juridictions de l'ordre judiciaire du 11 avril 2013, a créé le tribunal de grande instance de Kinkole dont le ressort territorial comprend l'étendue administrative des communes de N'sele et de Maluku[670]. Désormais, la ville de Kinshasa comprend cinq tribunaux de grande instance.

Il ressort de l'article 16 du code d'organisation et de compétence judiciaires que le tribunal de grande instance siège au nombre de trois juges, avec l'assistance d'un greffier et le concours du ministère public[671]. En matière répressive, le tribunal de grande instance est compétent pour juger les infractions punissables de la peine de mort et de celles punissables d'une peine excédant cinq ans d'emprisonnement[672]. Le tribunal de grande instance est également compétent pour juger les infractions commises par les conseillers urbains, les bourgmestres, les chefs de secteur, les chefs de chefferie et leurs adjoints ainsi que par les conseillers communaux, les conseillers de secteur et les conseillers de chefferie. Le tribunal de grande instance connait également des appels formés contre les jugements rendus par le tribunal de paix au premier degré[673].

Paragraphe troisième : Le tribunal de commerce

A l'origine, le tribunal de commerce est une juridiction créée pour trancher les litiges qui opposaient les marchands faisant commerce des produits et denrées en provenance de l'orient. Pour vider rapidement ces litiges, il a été institué la juridiction des juges consuls qui avait cette particularité d'être composée de juges élus par les commerçants en place. De là, d'ailleurs, l'expression juridictions consulaires, utilisée encore de nos jours pour désigner les tribunaux de commerce[674].

---

670 Décret d'organisation judiciaire n°14/015 du 08 mai 2014, *J.O.*, 55ème année, Première partie, n° 11, 1er juin 2014, col. 41.

671 Art. 18, loi organique du 11 avril 2013.

672 Art. 89, al. 1er, loi organique du 11 avril 2013.

673 Art. 89, al. 2, loi organique du 11 avril 2013.

674 Roger PERROT, *Institutions judiciaires*, Paris, 11ème éd., Montchrestien, 2004, p.110.

En République démocratique du Congo, la question de la création d'un tribunal de commerce a été posée, sans être vidée, depuis l'époque coloniale[675]. En faveur de l'institution des tribunaux de commerce il a été relevé que la réforme devait constituer la charpente d'une organisation nouvelle du commerce, susceptible de donner à la vie de commerce plus de sécurité et de moralité. Par ailleurs, les contestations commerciales exigeaient une procédure simple, rapide et peu coûteuse ; un grand nombre de pratiques commerciales n'étaient pas réglementées par la loi, que dès lors la solution des procès commerciaux exigeait certaines connaissances que n'avaient généralement pas les magistrats de carrière[676].

En fait, la création des tribunaux de commerce est devenue une réalité par la loi n°002/2001 du 3 juillet 2001 portant organisation et fonctionnement du tribunal de commerce[677]. Le tribunal de commerce est une juridiction de droit commun spécialisée dans une matière de compétence bien définie[678], occupant le même rang que le tribunal de grande instance[679]. L'organisation du tribunal de commerce indique que cette juridiction se présente comme une formation bicéphale[680], siégeant en chambre, avec le concours du ministère public[681] et l'assistance d'un greffier[682].

En matière répressive, le tribunal de commerce est compétent pour juger toutes les infractions, quelle qu'en soit la gravité, pourvu qu'elles aient porté atteinte à la législation économique et commerciale[683]. A titre d'illustration, l'on ne peut manquer de citer, comme l'a si bien systématisé un auteur[684], le défaut d'immatriculation au nouveau registre

---

675 André MARQUET, « Faut-il créer des tribunaux de commerce ? », in *J.T.O.*, 1950, n°2, p. 58.

676 André MARQUET, loc. cit.

677 *J.O.*, n°14, 42ème année, 15 juillet 2001.

678 Art. 2, loi du 3 juillet 2001.

679 Art. 39 et 44, loi du 3 juillet 2001 ; art. 91, al. 1er, loi organique du 11 avril 2013 portant organisation, fonctionnement et compétences des juridictions de l'ordre judiciaire.

680 Le tribunal de commerce est composé des juges permanents et consulaires (art. 2, loi du 3 juillet 2001).

681 Art. 12, loi du 3 juillet 2001.

682 Art. 13, loi du 3 juillet 2001.

683 Art. 17, loi du 3 juillet 2001.

684 LUKOMBE GHENDA, *Le règlement du contentieux commercial, T.I, Les tribunaux de commerce*, Kin., Pfduc, 2005, pp. 452 et ss.

de commerce[685], la banqueroute[686] et ses assimilés[687], la publicité illicite et mensongère, la concurrence déloyale[688], les tromperies[689], l'usure[690], la pratique illicite des prix[691], les infractions contre la publicité et la facturation des prix[692], détention et rétention de stocks, fraude et restriction à la production et à la libre circulation des produits, le faux monnayage[693], les infractions en matière de chèque.[694]

La diversité des incriminations à la législation économique et commerciale auxquelles est assorti un arsenal des peines, parfois inadaptées à la nature du délinquant économique ou commercial[695], fait du tribunal de commerce un juge fourre-tout, aux dimensions tentaculaires, absorbant tous les pouvoirs répressifs reconnus traditionnellement aux juges de paix et de grande instance.

---

685 Art. 31, décret du 6 mars 1951.

686 Art. 86, code pénal.

687 Art. 89, code pénal. Procédant par un raisonnement *a contrario*, le professeur LUKOMBE GHENDA (op.cit., p.483) soutient qu'étant donné que l'incrimination de l'article 89 ne relève que du code pénal, le tribunal de commerce saisi à cet effet au pénal devra normalement se déclarer incompétent au motif tiré de ce que l'article 17 de la loi sur les tribunaux de commerce limite l'action répressive de ceux-ci aux seules infractions à la législation économique et commerciale. Une telle approche du problème nous paraît factice, car qu'est-ce que ce que cette idée d'infractions à la législation économique et commerciale si ça n'est les infractions contenues dans l'ensemble de textes répressifs, bien souvent épars, ayant pour vocation première d'assurer la protection pénale de l'activité économique et commerciale? Au nombre de cette législation répressive économique et commerciale figure sans nul doute celle sur la banqueroute et les cas assimilés à elle. Par ailleurs, le législateur a-t-il vraiment voulu, tout en créant les tribunaux de commerce, laisser de côté certains comportements délictueux (la banqueroute et assimilés) dont l'interprétation et la qualification exigeraient une main experte des commerçants? Nous pensons que non !

688 Ord.-loi n°41/63 du 24 février 1950.

689 Décret du 4 septembre 1928.

690 Décret du 26 août 1959.

691 Décret-loi du 20 mars 1961.

692 Décret-loi du 20 mars 1961.

693 Art. 116-122, code pénal.

694 Ord-loi n° 68/195 du 3 mai 1968.

695 Généralement, les crimes économiques forment l'apanage des personnes morales. Malheureusement, le législateur congolais n'a pas encore clairement posé le principe de la responsabilité pénale des personnes morales, même si, ci et là, il lui arrive à incriminer certains comportements des personnes morales. Tel est le cas par exemple des articles 36 et 42 de la loi n°04/016 du 19 juillet 2004 portant lutte contre le blanchiment des capitaux et le financement du terrorisme.

Paragraphe quatrième : La cour d'appel

L'éclatement de la cour suprême de justice en trois ordres de juridiction[696] a enlevé à la cour d'appel son pouvoir de connaître des recours en annulation pour violation de la loi, formés contre les actes ou décisions des autorités administratives provinciales et locales et des organismes décentralisés placés sous la tutelle de ces autorités.

La volonté du constituant de 2006, relayée par le législateur de 2013, a fait de la cour d'appel une juridiction de l'ordre judiciaire[697] implantée dans chaque province du pays (une cour d'appel pour chaque province et deux pour la ville de Kinshasa)[698] en vue de connaître de l'appel formé contre les jugements rendus par le tribunal de grande instance et le tribunal de commerce[699].

La cour d'appel dispose également d'une compétence *ratione personae*, qui lui permet de juger au premier degré les infractions commises par les membres de l'Assemblée provinciale, les magistrats[700], les maires, les maires adjoints, les présidents des conseils urbains et les fonctionnaires des services publics de l'Etat et les dirigeants des établissements ou entreprises publics revêtus au moins du grade de directeur ou du grade équivalent[701].

La loi reconnaît enfin à la cour d'appel une compétence matérielle au premier degré, celle consistant à juger le génocide, les crimes de guerre et

---

696 Les juridictions de l'ordre judiciaire (art. 153 et 156, constitution du 18 février 2006 ; art. 6, loi organique du 11 avril 2013), les juridictions de l'ordre administratif (art. 154-155, constitution du 18 février 2013) et la cour constitutionnelle (art. 157 et s., constitution du 18 février 2006).

697 Art. 6, loi organique du 11 avril 2013.

698 Art. 19, loi organique du 11 avril 2013.

699 Art. 91, al. 1er, loi organique du 11 avril 2013.

700 Un ancien magistrat est toujours bénéficiaire du privilège de juridiction et est justiciable de la cour d'appel, dès lors qu'il est démontré qu'il est poursuivi pour des infractions commises dans l'exercice ou à l'occasion de l'exercice de cette fonction de magistrat [C.S.J., R.P.A. 67, App., matière répressive, le ministère public et Ntoto Aley Angu c/ Mutombo Nyema, *Arrêt*, 28 août 1981, *Bulletin des Arrêts de la cour suprême de justice* (1980-1984), Kin., p.249].

701 La loi ne fait pas de distinction entre un directeur nommé et un directeur commissionné. Dès lors, par transposition des grades, un directeur commissionné est justiciable de la cour d'appel [C.S.J., R.P.A. 68, App., matière répressive, le ministère public c/ Limba Kamo, *Arrêt*, 11 juin 1981, *Bulletin des Arrêts de la cour suprême de justice* (1980-1984), Kin., p.230.

les crimes contre l'humanité commis par les personnes qui relèvent de sa compétence personnelle et de celle du tribunal de grande instance[702].

Le choix porté par le législateur sur la cour d'appel pour juger les infractions de la cour pénale internationale serait justifié par le niveau de *maturation* professionnelle et technique atteint par les juges qui composent cette juridiction. La loi va même très loin jusqu'à imposer une composition à cinq juges chaque fois que la cour d'appel siège pour juger les infractions de la compétence de la cour pénale internationale. Par ce choix, le législateur fait passer aux yeux de l'opinion l'idée que les infractions de la cour pénale internationale sont d'une gravité telle qu'il faut des juges *majeurs* pour s'en saisir. Ce qui revient à dire que malgré tout le pouvoir que la loi reconnaît au tribunal de grande instance de juger les infractions graves punies de mort, ce juge n'est pas encore suffisamment mûr pour connaître des infractions de la cour pénale internationale. Par ailleurs, le choix du législateur porte une entorse à l'idée qui sous-tend la construction de la pyramide des institutions judiciaires. En effet, il n'existe que deux juridictions (le tribunal de paix et le tribunal de grande instance) auxquelles est attribuée une compétence matérielle au premier degré.

Paraphe cinquième : La cour de cassation[703]

La cour de cassation est une juridiction continuatrice de la section judiciaire de la cour suprême de justice, dont elle a récupéré tous les pouvoirs judiciaires[704]. A l'instar de l'actuelle cour d'appel, la cour de cassation provient de l'éclatement de la cour suprême de justice en trois ordres de juridiction. Cet éclatement a nécessité l'élaboration et l'adoption d'une nouvelle loi devant régir la procédure applicable devant la cour de cassation. C'est l'objet de la loi organique n°13/010 du 19 février 2013 relative à la procédure devant la cour de cassation.

Au regard de l'article 124 de la constitution de 2006, la légitimité et l'opportunité d'une loi organique[705] en matière de procédure judiciaire ne

---

702 Art. 91, al. 2, loi organique du 11 avril 2013.

703 En attendant l'installation de la cour de cassation, la cour suprême exerce les attributions qui sont dévolues à cette dernière juridiction par la constitution (art. 223, constitution du 18 février 2006).

704 Art. 98 et 153, ancien code d'organisation et de compétence judiciaires.

705 Une loi organique est une loi votée par le parlement pour préciser ou compléter les dispositions de la constitution [Serge GUINCHARD et Thierry DEBARD (dir.), op. cit., p. 531.

semblent pas acquises, tant il est vrai que les lois organiques, qui constituent en fait une catégorie intermédiaire entre les lois constitutionnelles et les lois ordinaires, sont limitativement prévues par la constitution et soumises à des conditions particulières d'adoption et de contrôle[706]. Il en résulte que n'est pas loi organique qui veut, la constitution devant le vouloir expressément. Tel n'est pas le cas en matière de procédure pénale. Aussi, une loi organique qui s'improvise dans la sphère législative sans habilitation constitutionnelle, pose un réel problème de constitutionnalité au regard de l'article 162 de la constitution.

La constitution de 2006 a reconnu à la cour de cassation le pouvoir d'assurer le contrôle des juridictions de l'ordre judiciaire[707] ; elle agit tantôt comme juridiction de cassation, tantôt comme juridiction de fond.

La cour de cassation agit comme juridiction de cassation.

La cour de cassation a pour mission fondamentale d'assurer l'unité de l'application du droit par les juridictions du fond. Hormis le cas de la cassation sans renvoi, dont les conditions d'ouverture sont très restrictives, la cour de cassation ne juge pas le fait mais juge le droit. A cet effet, la cour de cassation juge la correction juridique d'un jugement et ne se prononce pas, en principe, sur une affaire[708]. Par cette mission, la cour de cassation contrôle l'exacte application du droit par les cours et tribunaux inférieurs, c'est-à-dire la vérification de la conformité du jugement aux règles de droit. L'objectif poursuivi par cette procédure est d'assurer la garantie d'une interprétation uniforme de la loi. A ce titre, la cour de cassation régule le droit en veillant au respect de la loi par les juges. Elle contrôle le « bien juger » du droit compris comme une exacte interprétation de la loi de procédure, mais aussi comme la mise en œuvre correcte d'une méthode de jugement normalisée par la jurisprudence. L'interprétation que la cour de cassation donne à la loi lui permet

706 Une loi organique ne peut être votée ou modifiée qu'à la majorité absolue des membres qui composent chaque chambre dans les conditions suivantes : la proposition de loi n'est soumise à la délibération et au vote de la première chambre saisie qu'à l'expiration d'un délai de quinze jours après son dépôt au gouvernement ; le respect de la procédure de l'article 132 de la constitution ; l'obligation pour la cour constitutionnelle, saisie par le Président de la République, de se prononcer sur la conformité de la loi organique à la constitution avant sa promulgation.

707 Art. 153, al. 1er de la constitution.

708 Francis KERNALEGUEN, *Institutions judiciaires*, Paris, Litec, 2008, p. 153.

d'affirmer sa fonction normative, pour imposer la jurisprudence comme source de droit[709], qui crée des normes prétoriennes[710] dont il assure l'unité, car ses décisions s'imposent aux juridictions inférieures[711].

Ainsi, en sa qualité de juge des jugements, la cour de cassation connaît des pourvois en cassation formés contre les arrêts et jugements rendus en dernier ressort par les cours et tribunaux civils et militaires de l'ordre judiciaire[712]. Le pourvoi en cassation initié devant la cour de cassation porte sur la violation de la loi ou de la coutume. Il peut s'agir d'un cas d'incompétence, d'excès de pouvoir, de la fausse application ou de la fausse interprétation de la loi, de la non-conformité aux lois ou à l'ordre public de la coutume dont il a été fait application ; de la violation des formes substantielles ou prescrites à peine de nullité[713].

La cour de cassation agit comme juridiction de fond.

En principe, la cour de cassation ne connaît pas du fond des affaires[714]. Néanmoins, la constitution et la loi ont reconnu à cette institution judiciaire le pouvoir de siéger en tant que juridiction de fond, en premier et dernier ressort ainsi qu'au second degré.

En premier et dernier ressort, la constitution[715] et la loi[716] reconnaissent à la cour de cassation une compétence personnelle, dans la mesure où l'infraction est commise par les personnes suivantes : les députés et sénateurs, les ministres et vice-ministres, les juges de la cour constitutionnelle, les juges de la cour de cassation et les magistrats du parquet général près la cour de cassation, les membres du conseil d'Etat et ceux du parquet près le conseil d'Etat, les juges de la cour de comptes

---

709 Guy CANIVET, *Vision prospective de la cour de cassation*, Conférence à l'Académie des sciences morales et politiques, 13 novembre 2006, p. 2.

710 Francis KERNALEGUEN, loc. cit.

711 Exposé des motifs, loi organique n°13/010 du 19 février 2013 relative à la procédure devant la cour de cassation.

712 Art. 153, al. 2 de la constitution ; art. 95, loi organique n°13/011-B du 11 avril 2013 portant organisation, fonctionnement et compétences des juridictions de l'ordre judiciaire.

713 Art. 96, loi organique n°13/011-B du 11 avril 2013 portant organisation, fonctionnement et compétences des juridictions de l'ordre judiciaire.

714 Art. 37, loi organique n°13/010 du 19 février 2013 relative à la procédure devant la cour de cassation.

715 Art. 153, al. 3.

716 Art. 93, loi organique n°13/011-B du 11 avril 2013 portant organisation, fonctionnement et compétences de juridictions de l'ordre judiciaire.

et les magistrats du parquet général près la cour des comptes, les premiers présidents des cours d'appel et les procureurs généraux près les cours d'appel, les premiers présidents des cours administratives d'appel et les procureurs des parquets près ces cours, les gouverneurs, les vice-gouverneurs de province et les ministres provinciaux, les présidents des assemblées provinciales.

Au second degré, la cour de cassation connaît des appels formés contre les arrêts rendus au premier degré par les cours d'appel[717].

Paragraphe sixième : La cour constitutionnelle

La cour constitutionnelle est une juridiction créée en vue de répondre à l'option de la constitution de séparer le contentieux constitutionnel du contentieux administratif et judiciaire, mais aussi de renforcer l'indépendance du pouvoir judiciaire face aux pouvoirs législatif et exécutif[718].

A. Historique

La cour constitutionnelle a été créée pour la première fois en République démocratique du Congo par la loi fondamentale du 19 mai 1960 relative aux structures du Congo[719]. Aux termes de l'article 226 de cette loi fondamentale, la cour constitutionnelle était composée d'une Chambre de constitutionalité, d'une Chambre des conflits et d'une Chambre d'administration. La Chambre de constitutionnalité avait pour compétence d'émettre des avis motivés ou se prononcer par arrêt sur la conformité des mesures législatives centrales ou provinciales aux dispositions de la loi fondamentale sur les structures du Congo et à celles de la loi fondamentale relative aux libertés publiques[720]. La Chambre des conflits était chargée de trancher les conflits de compétence survenant entre le pouvoir central et le pouvoir provincial. Elle avait également pour compétence de connaître des conflits de compétence relatifs aux actes du pouvoir exécutif[721]. En ce qui concerne la Chambre d'administration, la Loi fondamentale lui avait reconnu le pouvoir de

---

717 Art. 94, loi organique n°13/011-B du 11 avril 2013 portant organisation, fonctionnement et compétences de juridictions de l'ordre judiciaire

718 Loi organique n°13/026 du 15 octobre 2013 portant organisation et fonctionnement de la cour constitutionnelle, *Exposé des motifs.*

719 *M. C.*, 1ère année, n°21bis, 27 mai 1960.

720 Art. 230, Loi fondamentale relative aux structures du Congo.

721 Art. 232, Loi fondamentale relative aux structures du Congo.

statuer sur des demandes d'indemnité relatives à la réparation d'un dommage exceptionnel résultant d'une mesure prise ou ordonnée par l'Etat, la province ou l'autorité locale, soit que l'exécution en ait été normale soit qu'elle ait été défectueuse ou différée. La Chambre d'administration pouvait statuer aussi sur les recours en annulation pour violation des formes soit substantielles, soit prescrites peine de nullité, excès ou détournement de pouvoir, formés contre les actes et règlements des diverses autorités administratives ou contre les décisions contentieuses administratives[722].

De son côté, la constitution du 1er août 1964[723] a repris la cour constitutionnelle en lui conférant des pouvoirs adaptés à la nature de cette juridiction. C'est ainsi que l'article 167 va disposer que la cour constitutionnelle est compétente pour connaître : (1) des recours en appréciation de la constitutionnalité des lois et des actes ayant force de loi ; (2) des recours en interprétation de la constitution, formés à l'occasion des conflits de compétence portant sur l'étendue des pouvoirs attribués et des obligations imposées par la constitution aux organes nationaux ou provinciaux ; (3) de toutes les affaires à l'égard desquelles la constitution lui attribue compétence ; (4) de toutes les affaires à l'égard desquelles la législation nationale lui attribue compétence. C'est également en 1964 que la cour constitutionnelle va obtenir habilitation constitutionnelle à veiller à la régularité de l'élection présidentielle et de celle des gouverneurs des provinces. Elle en examine les réclamations, proclame les résultats du scrutin présidentiel, statue sur la régularité des élections, veille à la régularité des opérations de référendum et en proclame les résultats.

Comme on peut s'en rendre compte, la première législature, qui a suivi l'indépendance de notre pays, n'avait reconnu à la cour constitutionnelle que des compétences traditionnelles. C'est la constitution du 24 juin 1967[724] qui va apporter des innovations dans le fonctionnement de cette juridiction. De prime à bord, la constitution de 1967 a fait de la cour constitutionnelle un pouvoir à part entière aux côtés d'autres institutions politiques classiques admises dans une République[725]. Par ailleurs, la même constitution a fait de la cour constitutionnelle le juge pénal du Président de la République en cas de

---

[722] Art. 236, Loi fondamentale relative aux structures du Congo.
[723] *M.C.*, 5ème année, numéro spécial, 1er août 1964.
[724] *J. O.*, 8e année, n°14, 15 juillet 1967, pp. 564-576.
[725] Art. 19.

haute trahison, de violation intentionnelle de la constitution ou pour toute autre infraction aux lois pénales commises en dehors de ses fonctions[726]. Il faut cependant regretter que cette juridiction n'ait pas fonctionné dans la pratique, si bien que les compétences qui lui étaient reconnues par cette constitution avaient été absorbées par la cour suprême de justice[727].

La grande révision apportée à la constitution du 24 juin 1967 a procédé à la dissolution de la cour constitutionnelle et créé un conseil judiciaire[728]. Le conseil judiciaire est élevé au rang des organes politiques du mouvement populaire de la révolution. Il est composé de la cour suprême de justice, du conseil de guerre général, des cours d'appel, de la cour de sûreté de l'Etat, des tribunaux civils et des conseils de guerre. Même les autres révisions constitutionnelles qui se sont succédé n'ont pas jugé utile de recourir à une cour constitutionnelle, préférant reconnaître à la cour suprême de justice les missions traditionnelles dévolues à une juridiction constitutionnelle[729].

B. Composition de la cour constitutionnelle

La cour constitutionnelle est composée de neuf membres nommés par le Président de la République, dont trois sur sa propre initiative, trois désignés par le parlement réuni en congrès et trois autres par le conseil supérieur de la magistrature[730]. La loi exige que six des neuf membres qui composent la cour constitutionnelle soient des juristes issus de la magistrature, du barreau ou de l'enseignement universitaire et que les trois membres désignés par le conseil supérieur de la magistrature soient exclusivement des magistrats en activité[731].

---

726 Art. 71.

727 Art. VII, dispositions transitoires, constitution du 24 juin 1967.

728 Loi n°74/020 du 15 août 1974.

729 Art. 96, A.C.T., 04 août 1992; art. 110, Loi n°93-001 du 02 avril 1993 portant Acte Constitutionnel Harmonisé relative à la période de Transition; art. 102, Acte Constitutionnel de la Transition, 09 avril 1994 ; Constitution de la Transition, 05 avril 2003.

730 Art. 2, Loi organique n°13/026 du 15 octobre 2013 portant organisation et fonctionnement de la cour constitutionnelle.

731 Art. 5, Loi organique n°13/026 du 15 octobre 2013 portant organisation et fonctionnement de la cour constitutionnelle.

De par sa composition, où l'on voit apparaître des non magistrats, bien pire des non juristes[732], la cour constitutionnelle congolaise ne peut pas avoir pour vocation d'incarner le pouvoir judiciaire, qui appartient à titre principal à des magistrats[733]. A l'instar de son homologue français, notre cour constitutionnelle aurait dû être nommée conseil constitutionnel. Par sa position de « régulateur politique », la cour constitutionnelle a vocation à faire respecter la séparation du domaine de la loi et du règlement. Elle doit chercher ses marques et sa place dans le système politique issu de la constitution de 2006, avec comme objectif de construire à partir de sa jurisprudence une véritable charte des libertés et clarifier les rapports entre les pouvoirs publics constitutionnels.

C. Cour constitutionnelle et droit pénal

Sur le plan strictement du droit pénal, la cour constitutionnelle est le juge pénal du Président de la République et du Premier ministre[734] pour des infractions politiques de haute trahison, d'outrage au parlement, d'atteinte à l'honneur ou à la probité ainsi que pour les délits d'initié et pour les autres infractions de droit commun commises dans l'exercice ou à l'occasion de l'exercice de leurs fonctions[735].

---

732 Voir ordonnance n°14/021 du 7 juillet 2014 portant nomination des membres de la cour constitutionnelle, *J.O.*, 55ème année, n° spécial, 25 juillet 2014, col. 22. Parmi les membres de la cour constitutionnelle nommés dans cette ordonnance, l'on peut noter la présence d'un spécialiste des relations internationales et des juristes avocats, qui n'ont pas fait carrière dans la magistrature. La même ordonnance surprend par la nomination de deux anciens magistrats qui avaient déjà atteint l'âge de la retraite et qui avaient effectivement été mis à la retraite en 2008 par ordonnance présidentielle (voir ordonnance n°08/010 du 9 février 2008).

733 Il est néanmoins admis la présence dans certaines juridictions des juges non professionnels. C'est le cas du tribunal de commerce qui comprend des juges consulaires, qui ne sont pas des magistrats de carrière, mais plutôt des personnes élues par un collège électoral composé de délégués consulaires désignés par les organisations professionnelles légalement reconnues et représentatives du commerce et de l'industrie (art. 4, loi n°002-2001 du 3 juillet portant création, organisation et fonctionnement des tribunaux de commerce, *J.O.*, n°14, 15 juillet 2001, p. 4). C'est aussi le cas du tribunal de travail, qui comprend des juges assesseurs désignés par le ministère ayant le travail et la prévoyance sociale dans ses attributions sur base des listes proposées par les organisations professionnelles des employeurs et des travailleurs (art. 3, al. 3, loi n°016-2002 du 16 octobre 2002 portant création, organisation et fonctionnement des tribunaux du travail).

734 Art. 164, constitution du 18 février 2006.

735 Art. 164, constitution du 18 février 2006.

La cour constitutionnelle est une juridiction d'exception.

La première observation qu'il importe de formuler procède d'un constat amer. C'est que la constitution a institué un juge pénal dans le seul but de connaître des faits infractionnels qui pourraient être commis par deux personnes sur l'ensemble des populations congolaises. Cette disposition constitutionnelle porte atteinte au principe d'égalité de tous devant la loi, autant qu'elle laisse passer l'idée selon laquelle la cour constitutionnelle, en tant que juge pénal, n'est qu'une juridiction d'exception. En effet, une juridiction d'exception est celle qui ne peut connaître que des matières qui lui sont formellement attribuées par la loi[736], ou dont la compétence est limitée aux seuls délinquants que la loi a spécialement déférés.

La juridiction d'exception est en effet de trois ordres. Elle peut s'entendre d'abord comme une *juridiction politique*. A cet effet, elle juge les responsables de l'Etat et du gouvernement. C'est le cas de Cour de justice de la République, instituée en France pour connaître de la responsabilité pénale des membres du gouvernement[737]. Cette juridiction spécifique est considérée en France comme garante de l'indépendance du pouvoir politique[738]. La juridiction d'exception peut s'entendre ensuite comme une *juridiction extraordinaire*, caractérisée par une ignorance plus ou moins grande des garanties essentielles d'une saine justice[739]. Elle est temporaire, voire éphémère, instituée en considération de circonstances particulières et disparaît avec les mêmes circonstances qui ont motivé sa création. C'était le cas en République démocratique du Congo de la Cour d'Ordre Militaire de triste mémoire. La juridiction d'exception peut s'entendre enfin comme une *juridiction spéciale*, qui répond à des nécessités techniques[740], pour juger des faits dont seuls les magistrats spécialisés, ayant une formation technique, peuvent connaître efficacement[741].

---

736 Roger MERLE et André VITU, *Traité de droit criminel*, T.II. Procédure pénale, Paris, Cujas, 1979, n°534 et ss., pp. 613 et ss. ; Gérard CORNU, *Vocabulaire juridique*, Paris, P.U.F., 1987, p. 459 ; Raymond GUILLIEN et Jean VINCENT, *Lexique des termes juridiques*, Paris, Dalloz, 1981, p. 250 ; Pierre AKELE ADAU, « La Cour d'Ordre Militaire : sa nature, son organisation et sa compétence », *Congo-Afrique*, novembre, 1997, n°319, p. 558 ; Francis KERNALEGUEN, *Institutions judiciaires*, Paris, Litec, 2008, p. 81.

737 Art. 68-1, constitution française.

738 Serge GUINCHARD et Thierry DEBARD, op. cit., p. 252.

739 Francis KERNALEGUEN, op. cit., p. 82.

740 Francis KERNALEGUEN, loc. cit.

741 Pierre AKELE ADAU, ibidem.

De ce point de vue, la cour constitutionnelle congolaise se situerait dans la première catégorie des juridictions d'exception. Observons que la constitution congolaise a elle-même interdit la création des tribunaux extraordinaires ou d'exception sous quelque dénomination que ce soit[742].

Un paradoxe : la cour constitutionnelle statue sur une matière judiciaire.

Par ailleurs, la cour constitutionnelle mérite plus encore une attention particulière. En effet, alors qu'elle n'est pas rangée parmi les juridictions de l'ordre judiciaire[743], la cour constitutionnelle a néanmoins reçu de la constitution la compétence de s'occuper des affaires pénales qui impliqueraient le président de la République et le premier ministre. La cour constitutionnelle devient paradoxalement une juridiction de l'ordre judiciaire.

La particularité d'une juridiction de l'ordre judiciaire est clairement exprimée par la constitution : le juge judiciaire est le gardien des libertés individuelles et des droits fondamentaux des citoyens[744]. Le principe posé par la constitution a une portée aisément discernable. C'est que toute décision qui met en cause la liberté individuelle nécessite l'intervention du juge judiciaire, qui a le pouvoir d'exercer un contrôle effectif durant l'entier déroulement d'une mesure portant atteinte à la liberté individuelle, telle une perquisition, une visite domiciliaire ou une saisie[745]. Il en résulte qu'est inconstitutionnelle toute disposition légale qui attribue compétence à un juge autre qu'un juge judiciaire pour connaître des atteintes à la vie privée et à la liberté individuelle[746]. Certains auteurs ont tenté d'expliquer le paradoxe constitutionnel congolais par la réticence du constituant à confier le régime pénal des plus hautes autorités politiques du pays au législateur et par sa détermination à tout régir de la vie et de la mort du chef de l'Etat[747].

---

742 Art. 149, al. 5.

743 Art. 153, constitution du 18 février 2006 ; art. 6, loi organique n°13/011-B du 11 avril 2013 portant organisation, fonctionnement et compétences des juridictions de l'ordre judiciaire.

744 Art. 150.

745 L. FAVOREUX et L. PHILIP, *Les grandes décisions du conseil constitutionnel*, Paris, 14ème éd., 2007, p. 331.

746 L. FAVOREUX et L. PHILIP, op. cit., p. 330.

747 Dieudonné KALUBA DIBWA, *La justice constitutionnelle en République démocratique du Congo*, Kin., éd. Eucalyptus, 2013, p. 487.

Dans la mesure où l'éclatement de la cour suprême de justice en trois ordres de juridiction nécessite la spécialisation des juges selon la spécificité des matières à juger, le paradoxe constitutionnel peut être source des difficultés pour l'administration de la justice. Car, dans ce cas, un juge non spécialisé, la cour constitutionnelle, peut se saisir d'une affaire pénale qui relève de la compétence des juridictions de l'ordre judiciaire. De même, dans la mesure où la détermination des infractions et des peines relève de la compétence du législateur, l'envie constitutionnelle de *prendre à cœur* la gestion du régime pénal du président de la République et du premier ministre constitue une violation de l'article 122.6 de la constitution[748]. C'est dans cet esprit de contradiction et de paradoxe que la loi organique portant organisation et fonctionnement de la cour constitutionnelle a créé des peines applicables aux infractions de l'article 165 de la constitution, en dehors de toute habilitation constitutionnelle.

A notre sens, la constitution aurait mieux fait de recentrer les ambitions de la cour constitutionnelle sur ses compétences traditionnelles, en faisant d'elle uniquement le gardien de la constitution, des libertés fondamentales et un acteur essentiel de l'Etat de droit.

Section II. Les dispositions communes aux juridictions répressives

Paragraphe premier : L'assistance des greffiers et des huissiers

Un greffier est un officier public et ministériel qui assiste le juge dans les actes et procès-verbaux de son ministère. Il les signe avec lui[749]. Le greffier garde les minutes, registres et tous les actes afférents à la juridiction près laquelle il est établi. Il délivre les grosses, expéditions et extraits des arrêts ou jugements et ordonnances ; il écrit ce qui est prononcé ou dicté par le juge et dresse acte de diverses formalités dont l'accomplissement doit être constaté[750]. Une audience d'un tribunal ne peut avoir lieu sans la présence d'un greffier. Aussi, en cas de son

---

748 Du bout de lèvres, le constitutionnaliste Dieudonné KALUBA DIBWA envisage cette hypothèse de contradiction constitutionnelle entre les articles 122.6 et 164-165 de la constitution, en suggérant la prise en charge du régime pénal du chef de l'Etat et du premier ministre par une loi ordinaire (Dieudonné KALUBA DIBWA, loc. cit.). Ce qui nous paraît à la fois logique et cohérent.

749 Art. 37, Loi organique n°13/011-B du 11 avril 2013 portant organisation, fonctionnement et compétences des juridictions de l'ordre judiciaire.

750 Art. 38, Loi organique n°13/011-B du 11 avril 2013 portant organisation, fonctionnement et compétences des juridictions de l'ordre judiciaire.

absence ou son empêchement, le juge commet toute autre personne majeure pour le remplacer et assumer ses tâches[751].

Les huissiers, par contre, sont chargés du service intérieur des cours et tribunaux et de la signification de tous les exploits de justice. Le président de la juridiction désigne les huissiers parmi les agents de l'ordre judiciaire mis à sa disposition. Au niveau du tribunal de grande instance et du tribunal de paix, le président de la juridiction peut désigner des huissiers suppléants parmi les agents administratifs des services publics de son ressort. Ces huissiers suppléants ne peuvent être chargés du service intérieur du tribunal[752].

Paragraphe deuxième : Les délibérés et le prononcé des décisions

Toute décision de justice provenant d'un tribunal fait l'objet de délibération entre les membres de la composition. La décision est prononcée publiquement. Cette question est davantage développée dans la partie qui se rapporte au jugement.

Paragraphe troisième : La surveillance administrative des juridictions

La cour de cassation, qui a reçu de la constitution le pouvoir d'assurer le contrôle sur les juridictions de l'ordre judiciaire, a un droit de surveillance et d'inspection sur toutes les juridictions inférieures. De même, la cour d'appel dispose du même droit sur les tribunaux de grande instance et les tribunaux de commerce de son ressort. Le tribunal de grande instance fait de même sur les tribunaux de paix de son ressort. Au sein des juridictions, la surveillance est assurée ou exercée par le chef de la juridiction ou par son remplaçant[753].

Paragraphe quatrième : Les audiences foraines

Une audience foraine est celle qui se tient en un lieu autre que le siège habituel d'une juridiction. La loi dispose que si une juridiction l'estime nécessaire pour la bonne administration de la justice, elle peut siéger dans

---

751 Art. 39, Loi organique n°13/011-B du 11 avril 2013 portant organisation, fonctionnement et compétences des juridictions de l'ordre judiciaire.

752 Art. 40, Loi organique n°13/011-B du 11 avril 2013 portant organisation, fonctionnement et compétences des juridictions de l'ordre judiciaire.

753 Art. 44, Loi organique n°13/011-B du 11 avril 2013 portant organisation, fonctionnement et compétences des juridictions de l'ordre judiciaire.

toutes les localités de son ressort[754]. A Kinshasa, les audiences foraines sont généralement organisées à la prison centrale de Makala, lieu servant de cadre à la détention préventive des justiciables. La prison centrale de Ndolo sert aussi de foraine pour les juridictions militaires. Les prisons de provinces répondent également à ce même besoin.

Le Ministère ayant la justice dans ses attributions peut établir, pour toutes les juridictions, des sièges secondaires dans la même localité ou les localités de leurs ressorts autres que celles où sont établis leurs sièges ordinaires. Dans ce cas, il détermine le nombre et la périodicité des sessions qui y seront tenues et y affecte un greffier chargé de recevoir des actes de procédure[755].

Paragraphe cinquième : L'exigence d'impartialité

L'impartialité est une exigence déontologique et éthique inhérente à toute fonction juridictionnelle : le juge doit bannir tout a priori, excluant pareillement faveur et préférence, préjugé et prévention, ne céder à aucune influence de quelque source qu'elle soit, ne pas se mettre en situation de conflit ou de conjonction d'intérêts avec l'une des parties ; son obligation première est de tenir la balance égale entre les parties et de départager les prétentions en conflit uniquement par référence au droit, à l'équité, à la justice, sans autre considération. L'impartialité se distingue de l'indépendance du juge, en ce sens que celle-ci est un statut, alors que l'impartialité est une vertu[756].

La loi organique portant organisation, fonctionnement et compétences des juridictions de l'ordre judiciaire a institué des mécanismes pour garantir l'impartialité du juge : la récusation et le déport d'une part, et d'autre part, le renvoi de juridiction.

Paragraphe sixième : La récusation et le déport

La récusation est une procédure par laquelle une partie au procès demande à un juge de s'abstenir de siéger, parce qu'elle a des raisons de suspecter sa partialité à son égard[757]. Dans cette hypothèse, le justiciable

---

[754] Art. 45, Loi organique n°13/011-B du 11 avril 2013 portant organisation, fonctionnement et compétences des juridictions de l'ordre judiciaire.

[755] Art. 46, Loi organique n°13/011-B du 11 avril 2013 portant organisation, fonctionnement et compétences des juridictions de l'ordre judiciaire.

[756] Serge GUINCHARD et Thierry DEBARD (dir.), *Lexique des termes juridiques*, Paris, Dalloz, 21ème éd., p. 490.

[757] Serge GUINCHARD et Thierry DEBARD (dir.), op. cit., p. 786.

prend le devant et remet en cause un juge ou même plusieurs si cela s'avère nécessaire. Dans le déport, par contre, le juge s'abstient lui-même pour les mêmes causes qu'un justiciable peut invoquer pour soutenir la récusation[758].

A. Les causes de récusation

L'article 49 de la loi organique portant organisation, fonctionnement et compétences des juridictions de l'ordre judiciaire dispose que tout juge peut être récusé pour l'une des causes suivantes, limitativement énumérées par la loi :

1. Si lui ou son conjoint a intérêt personnel quelconque dans l'affaire ;
2. Si lui ou son conjoint est parent ou allié soit en ligne directe, soit en ligne collatérale jusqu'au troisième degré inclusivement de l'une des parties, de son avocat ou de son mandataire ;
3. S'il existe une amitié entre lui et l'une des parties ;
4. S'il existe des liens de dépendance étroite à titre de domestique, de serviteur ou d'employé entre lui et l'une des parties ;
5. S'il existe une inimitié entre lui et l'une des parties ;
6. S'il a déjà donné son avis dans l'affaire[759] ;
7. S'il est déjà intervenu dans l'affaire en qualité de juge[760], de témoin, d'interprète, d'expert, d'agent de l'administration, d'avocat ou de défenseur judiciaire ;

---

758 Art. 56, Loi organique n°13/011-B du 11 avril 2013 portant organisation, fonctionnement et compétences des juridictions de l'ordre judiciaire.

759 Selon la cour suprême de justice, l'avis dont il est question doit être extra juridictionnel (C.S.J., R.R. 3, Ba et csrts c/ B., Bo, Ti et N., *Arrêt*, 18 mai 1995, *Revue juridique du Zaïre*, n° 1-3, 1995, pp. 40-42).

760 C.S.J., R.P. 60, Cass., matière répressive, Panzu Clément c/ le ministère public, *Arrêt*, 02 février 1972, *Bulletin des Arrêts de la cour suprême de justice* (1972), Kin., 1973, pp. 16-18. Il a été jugé, dans cette espèce jurisprudentielle, que doit être cassé l'arrêt d'une cour d'appel signé par un conseiller qui avait déjà siégé dans la même affaire quand il était juge au premier degré et que, dans ces conditions, il ne s'est pas déporté. De même, un magistrat du siège ayant instruit et jugé la cause avant poursuite judiciaire sur le plan disciplinaire, devait se récuser vu qu'il avait déjà connu de cette affaire devant une autre juridiction et partant, la décision est à annuler [C.S.J., R.P.A. 38, App., matière répressive, Kambamba c/ Kambolo et Lubendele, *Arrêt*, 23 décembre 1976, *Bulletin des Arrêts de la cour suprême de justice* (1976), Kin., 1977, pp. 198-201]. A cet égard, il faut bien préciser qu'intervenir dans la cause, constitutif de motif de récusation, signifie pour le magistrat récusé opérer une intervention dans deux instances différentes. Dès lors, le fait de rendre une décision avant dire droit ne peut être considéré comme motif de récusation (C.S.J., R.R. 3, Ba et csrts c/ B., Bo, Ti et N., *Arrêt*, 18 mai 1995, *Revue juridique du Zaïre*, n°1-3, 1995, pp. 40-42). Il n'est pas

8. S'il est déjà intervenu dans l'affaire en qualité d'officier de police judiciaire ou d'officier du ministère public.

B. La procédure de récusation

Aux termes de l'article 50 de la loi organique portant organisation, fonctionnement et compétences des juridictions de l'ordre judiciaire, celui qui veut récuser doit, à peine d'irrecevabilité, le faire dès qu'il a connaissance de la cause de récusation et au plus tard avant la clôture des débats[761], par une déclaration motivée et actée au greffe de la juridiction dont le juge mis en cause fait partie. A cet effet, la jurisprudence écarte des débats toute lettre de récusation déposée à l'audience par le récusant en violation de la loi[762].

Par le soin du greffier, la déclaration de récusation est notifiée au président de la juridiction ainsi qu'au juge mis en cause. Ce dernier fait une déclaration écrite ou verbale, actée par le greffier dans les deux jours de la notification de l'acte de récusation[763]. La juridiction à laquelle appartient le juge mis en cause statue sur la récusation toutes affaires cessantes et dans la forme ordinaire, la partie récusante entendue. Le juge mis en cause ne peut faire partie du siège appelé à statuer sur la récusation[764].

C. Le jugement sur récusation et voie de recours

Comme dit ci-haut, la juridiction compétente pour connaître de la récusation est celle à laquelle appartient le juge mis en cause. Si le tribunal statuant en premier ressort rejette la récusation, il peut ordonner, pour cause d'urgence, que le siège comprenant le juge ayant fait l'objet de

---

non plus concevable de récuser un juge qui, après avoir rendu un jugement par défaut, a été appelé à statuer sur l'opposition dirigée contre la même décision (C.S.J., R.P. 1930, Minist7re public c/ Forrest, *Arrêt*, 29 juillet 1998, *Revue analytique de jurisprudence du Congo*, Vol. III, Fascicule II, 1998, pp. 25-27).

761 Par expression « avant la clôture des débats », il faut entendre « avant la clôture des débats sur le fond du litige » mais non avant la clôture des débats sur un incident (C.S.J., R.R. 1, Maurice c/ Mu, *Arrêt*, 3 juillet 1981, *Revue juridique du Zaïre*, n° 1-3, 1995, pp. 35-36).

762 C.S.J., R.R. 1, Maurice c/ Mu, *Arrêt*, 3 juillet 1981, *Revue juridique du Zaïre*, n° 1-3, 1995, pp. 35-36.

763 Art. 50, Loi organique n° 13/011-B du 11 avril 2013 portant organisation, fonctionnement et compétences des juridictions de l'ordre judiciaire.

764 Art. 51, Loi organique n° 13/011-B du 11 avril 2013 portant organisation, fonctionnement et compétences des juridictions de l'ordre judiciaire.

la récusation rejetée poursuive l'instruction de la cause nonobstant appel. Si le jugement rejetant la récusation est maintenu par la juridiction d'appel, celle-ci peut, après avoir appelé le récusant, le condamner à une amende de cinq cent mille francs congolais, sans préjudice de la réparation de l'injuste agression dont le juge mis en cause a été victime[765]. Précisément, le rejet de la récusation engage la responsabilité du récusant. Cette responsabilité se fonde, non sur la faute, la négligence ou l'imprudence, mais sur le risque inhérent à la liberté de l'action en justice que le récusant croit de bonne foi exercer[766]. Pour autant en cas de récusation non fondée, le préjudice subi par le récusé est purement moral[767]. Aussi, pour la réparation de ce préjudice moral, certains éléments d'appréciation méritent d'être pris en compte. C'est le cas d'atteinte du magistrat récusé et les risques auxquels la récusation l'a exposé[768]. A cet effet, un montant forfaitaire de dommages-intérêts, appréciés *ex aequo et bono*, est satisfactoire[769]. Cependant, la réparation au profit du magistrat récusé n'a pas lieu lorsque le juge saisi à cet effet s'est limité à décréter l'irrecevabilité de la récusation[770].

En cas d'infirmation du jugement rejetant la récusation, le juge d'appel annule toute la procédure du premier degré qui en est la suite et renvoie les parties devant le même tribunal pour y être jugées par un autre juge ou devant un tribunal voisin du même degré, sans préjudice de l'action disciplinaire[771]. Les décisions sur la récusation intervenues au premier degré devant la cour d'appel sont susceptibles d'appel devant la cour de cassation[772].

---

765 Art. 52, Loi organique n°13/011-B du 11 avril 2013 portant organisation, fonctionnement et compétences des juridictions de l'ordre judiciaire.

766 C.S.J., R.R. 2, Benjamin et csrts c/ Ba., *Arrêt*, 27 avril 1995, *Revue analytique de la jurisprudence du Congo*, vol. VI, 2001, pp. 13-15.

767 C.S.J., R.R. 2, Benjamin et csrts c/ Ba., *Arrêt*, 27 avril 1995, *Revue analytique de la jurisprudence du Congo*, vol. VI, 2001, pp. 13-15.

768 C.S.J., R.R. 1, Maurice c/ Mu, *Arrêt*, 3 juillet 1981, *Revue juridique du Zaïre*, n°1-3, 1995, pp. 35-36.

769 C.S.J., R.R. 3, Ba et csrts c/ B., Bo, Ti et N., *Arrêt*, 18 mai 1995, *Revue juridique du Zaïre*, n° 1-3, 1995, pp. 40-42

770 C.S.J., R.R. A. 10, Sh. c/ G., *Arrêt*, 17 février 1994, *Revue juridique du Zaïre*, n°1-3, 1995, p. 34.

771 Art. 54, Loi organique n°13/011-B du 11 avril 2013 portant organisation, fonctionnement et compétences des juridictions de l'ordre judiciaire.

772 Art. 52, Loi organique n°13/011-B du 11 avril 2013 portant organisation, fonctionnement et compétences des juridictions de l'ordre judiciaire. Voir *contra*, C.S.J., R.P.A. 8, App., matière répressive, Lofono c/ Lubamba, *Arrêt*, 04 juin 1971,

Paragraphe septième : Les renvois de juridiction

Le renvoi de juridiction est une technique judiciaire qui déroge à la règle de compétence territoriale des juridictions répressives. Il consiste pour un tribunal de renvoyer la connaissance d'une affaire à un autre tribunal, de même rang et de même ordre, dont le ressort territorial est celui qui n'est indiqué par la loi.

La loi organique portant organisation, fonctionnement et compétences des juridictions de l'ordre judiciaire prévoit deux formes de renvoi de juridiction : le renvoi pour cause de suspicion légitime et le renvoi pour cause de sûreté publique. La loi organique relative à la procédure devant la cour de cassation prévoit aussi une autre forme de renvoi : le renvoi après cassation.

A. Le renvoi pour cause de suspicion légitime

Une partie au procès peut avoir des motifs sérieux de penser que ses juges ne sont pas en situation de se prononcer avec impartialité, en raison de leurs tendances ou de leurs intérêts[773]. Il s'installe donc dans le chef de cette partie un doute sur l'impartialité des juges, dont elle peut demander la récusation. Lorsque la récusation ne concerne qu'un juge, le problème de renvoi de juridiction ne se pose pas car le président de la juridiction à laquelle appartient le juge mis en cause peut régler la situation conformément à la loi. Par contre, il y a lieu de renvoi pour cause de suspicion légitime lorsqu'il y a impossibilité de constituer le siège à la suite d'une récusation visant les membres d'une juridiction[774]. A cet effet, le tribunal de grande instance peut renvoyer la connaissance d'une affaire, d'un tribunal de paix de son ressort à un autre tribunal de paix du même ressort. La cour d'appel peut faire autant sur les tribunaux de grande instance de son ressort. La cour de cassation aussi sur les cours d'appel de son ressort[775].

---

in *Nimy Mayidika Ngimbi, Essai critique de jurisprudence. Analyse d'arrêts de la cour suprême de justice* (1969-1972), Kin., 1973, p. 270 ; *Revue Juridique du Zaïre*, n°2, 1971, pp. 125-126.

773 Serge GUINCHARD et Thierry DEBARD (dir.), op. cit., pp. 903-904.

774 C.S.J., R.R. 981, Kabongo Mwana c/ Cour d'appel de Kananga, *Arrêt*, 11 février 2011, in *Odon NSUMBU KABU, Cour suprême de justice. Héritage de demi-siècle de jurisprudence*, Kin., Les Analyses juridiques, 2015, p. 180.

775 Art. 60, loi organique n° 13/011-B du 11 avril 2013 portant organisation, fonctionnement et compétences des juridictions de l'ordre judiciaire.

La procédure en cas de renvoi pour cause de suspicion légitime[776].

La demande de renvoi est présentée dans une requête écrite soit par le procureur général près la cour de cassation, soit par l'officier du ministère public près la juridiction saisie, soit par une partie au procès. La juridiction saisie de la demande de renvoi donne acte du dépôt de la requête. Le donné acte délivré par le juge saisi aux fins du renvoi et dont l'expédition est produite par la partie requérante, suspend l'instance de la juridiction saisie quant au fond.

L'audience et le jugement en suspicion légitime[777].

Le tribunal fixe la date d'audience et la notifie aux parties en cause dans les formes et délais ordinaires. Les débats ses déroulent de la manière suivante : (i) le requérant expose ses moyens ; (ii) la partie adverse présente ses observations ; (iii) le ministère public donne son avis s'il échet et (iv) le tribunal clôt les débats et prend l'affaire en délibéré.

La décision sur la requête en suspicion légitime est rendue dans la huitaine de la prise en délibéré de l'affaire. Elle n'est susceptible ni d'opposition ni d'appel. Le tribunal ne peut déclarer la requête en suspicion légitime fondée que lorsque les motifs de celle-ci sont suffisamment graves et précis[778], dont la preuve est par ailleurs apportée par le requérant[779]. La requête en renvoi de juridiction est fondée en vue d'un procès équitable lorsque les parties litigantes n'ont plus confiance en leur juge naturel pour des motifs avérés de manque de probité[780]. Le fait pour le président d'une juridiction d'avoir, sans ordonnance de renvoi et par deux fois, ramené une cause à une audience plus rapprochée que celle à laquelle elle a été renvoyée, constitue une cause de

---

776 Art. 61, loi organique n°13/011-B du 11 avril 2013 portant organisation, fonctionnement et compétences des juridictions de l'ordre judiciaire.

777 Art. 61-62, loi organique n°13/011-B du 11 avril 2013 portant organisation, fonctionnement et compétences des juridictions de l'ordre judiciaire.

778 C.S.J., K.MW c/ M.K. et ministère public, *Arrêt*, 21 septembre 1972, *Revue juridique du Zaire*, 1972, pp. 143-144.

779 C.S.J., R.R. 3, Yabili Yalala Asani c/ Conseil de l'ordre des avocats de la cour d'appel de Lubumbashi, *Arrêt*, 28 décembre 1976, *Bulletin des arrêts de la cour suprême de justice* (1976), Kin., 1977, pp. 201-202.

780 C.S.J., R.R. 542/543, Claude Polet c/ Georges Arthur Forrest, *Arrêt*, 20 octobre 2006, *Bulletin des arrêts de la cour suprême de justice* (2004-2009), T. I, Kin., 2010, pp. 324-327.

suspicion légitime[781]. De même, le fait que le défendeur poursuit judiciairement et de manière acharnée le demandeur et sa famille, qu'il exerce une emprise certaine sur les juridictions contestées et que le juge saisi en suspicion légitime en est convaincu pour avoir déjà ordonné des renvois dans des causes similaires, est un autre motif de renvoi[782]. C'est le cas aussi par exemple de l'immixtion d'un gouverneur de province dans les actes de la justice par la tenue à l'intention des magistrats du lieu et la diffusion dans la presse d'une causerie morale qui a exercé et exerce sur les magistrats du lieu une influence de nature à les empêcher de statuer sur la cause en toute sérénité, ainsi que par la pression sur les magistrats qui ont déjà posé des actes établissant que l'indépendance et l'impartialité de ces magistrats suspectés ne sont plus assurées[783]. Dans toutes ces différentes hypothèses, le tribunal saisi en renvoi de juridiction va renvoyer l'affaire devant un autre tribunal de même rang et de même ordre de son ressort conformément à l'article 60 de la loi organique relative à l'organisation, fonctionnement et compétences des juridictions de l'ordre judiciaire. L'expédition de la décision de renvoi est transmise à la juridiction dont le dessaisissement a été demandé et à celle de renvoi. Si le tribunal déclare la requête en suspicion légitime non fondée, le requérant est condamné à une amende de cinq cent mille francs congolais sans préjudice des dommages-intérêts envers les juges composant la juridiction mise en cause.

B. Le renvoi pour cause de sûreté publique

Le procureur général près la cour de cassation ou le ministère public près la juridiction saisi du fond du litige peut craindre que le procès ne soit localement la cause ou le prétexte de troubles publics. Le tribunal saisi de la requête prononce le renvoi de juridiction sur fond de l'article 60 de la loi organique portant organisation, fonctionnement et compétences des juridictions de l'ordre judiciaire.

---

781 C.S.J., R.R. 636, Société Kisitu c/ Ministère public et csrts, *Arrêt*, 16 novembre 2007, *Les Analyses juridiques*, n°13-14, pp. 44-48.

782 C.S.J., R.R. 187/188, Stavros Papaionnou c/ Tribunal de paix de Lubumbashi, Tribunal de paix de Kamalondo et Katebe Katoto, *Arrêt*, 2 février 1995, *Bulletin des arrêts de la cour suprême de justice* (1990-1999), Kin., 2003, pp. 112-115.

783 C.S.J., R.R. 148, Ba et Ka c/ Cour d'appel de Lubumbashi, *Arrêt*, 16 mars 1990, *Revue juridique du Zaire*, n°1-3, 1992, pp. 46-47.

C. Le renvoi après cassation

Le renvoi après cassation n'est pas un mécanisme commun à toutes les juridictions répressives. Il est applicable uniquement devant la cour de cassation. La loi dispose que lorsque le juge de cassation annule un jugement et qu'il reste quelque litige à juger, la cour de cassation renvoie la cause pour un examen au fond à la même juridiction autrement composée ou à une autre juridiction de même rang et de même ordre qu'elle désigne. Dans le cas où la décision entreprise est cassée pour incompétence, la cause est renvoyée à la juridiction compétente qu'elle désigne. La juridiction de renvoi ne peut décliner sa compétence. Elle est tenue de se conformer à la décision de la cour sur le point de droit jugé par elle[784].

Paragraphe huitième : La litispendance

La litispendance est une situation qui met en conflit deux ou plusieurs juridictions de même rang et de même ordre territorialement compétentes sont saisies des mêmes faits concernant les mêmes parties. La litispendance est une exception déclinatoire dont la solution est proposée par l'article 145 de la loi organique portant organisation, fonctionnement et compétences des juridictions de l'ordre judiciaire en respectant dans l'ordre les règles suivantes :

- La juridiction saisie au degré d'appel est préférée à la juridiction saisie au premier ressort ;
- La juridiction qui a rendu sur l'affaire une disposition autre qu'une disposition d'ordre intérieur est préférée aux autres juridictions ;
- La juridiction saisie la première est préférée aux autres juridictions.

La solution à la litispendance étant déjà proposée par la loi, il appartient à la juridiction devant laquelle le déclinatoire est soulevé de procéder au renvoi de l'affaire devant la juridiction préférée[785]. L'expédition de la décision de renvoi est transmise avec les pièces de la procédure au greffe de la juridiction à laquelle la cause est renvoyée.

---

784 Art. 37, loi organique n°13/010 du 19 février 2013 relative à la procédure devant la cour de cassation.

785 Art. 145, al. 1er, loi organique portant organisation, fonctionnement et compétences des juridictions de l'ordre judiciaire.

Paragraphe neuvième : La connexité

Contrairement à la litispendance, la connexité ne nécessite pas que les deux juridictions soient saisies des mêmes faits qui concernent les mêmes parties. Il faut et il suffit que les demandes pendantes devant ces différentes juridictions aient une identité d'objet, des parties et de qualité[786]. Par ailleurs, alors que la litispendance nécessite qu'une juridiction laisse le pas à une autre, qui lui est préférée, la connexité oblige plutôt le juge à ordonner la jonction pour une bonne administration de la justice[787]. Cette jonction va impliquer aussi une décision de renvoi, rendu en premier et dernier ressort[788].

Paragraphe dixième : Les demandes reconventionnelles

Les demandes reconventionnelles[789] sont celles qui sont formulées par un prévenu contre toute personne qui prétend avoir été victime d'une infraction et qui a saisi le tribunal par citation directe, laquelle s'est révélée téméraire et vexatoire. Un co-prévenu peut aussi se prévaloir d'une demande reconventionnelle contre un autre prévenu s'il se révèle que ce dernier l'a impliqué injustement dans la procédure.

Paragraphe onzième : La prorogation de compétence

La prorogation de compétence constitue en droit judiciaire une dérogation à la règle normale de compétence matérielle et personnelle des tribunaux répressifs. Généralement, cette exception existe dans l'hypothèse de pluralité d'infractions et dans celle de pluralité de prévenus.

---

786 C.S.J., R.A.A. 087/088, Procureur général de la République c/ José Makila Sumanda, *Arrêt*, 30 janvier 2006, *Bulletin des arrêts de la cour suprême de justice* (2004-2009), T. I, Kin., 2010, pp. 176-183.

787 Art. 146, al. 1er, loi organique portant organisation, fonctionnement et compétences des juridictions de l'ordre judiciaire ; C.S.J., R.A.A. 087/088, Procureur général de la République c/ José Makila Sumanda, *Arrêt*, 30 janvier 2006, *Bulletin des arrêts de la cour suprême de justice* (2004-2009), T. I, Kin., 2010, pp. 176-183 ; C.S.J., R.A. 920/931, Nouvelle Banque de Kinshasa c/ République démocratique du Congo et Dokolo Sindika et Dokolo Ndona c/ Nouvelle Banque de Kinshasa, *Arrêt*, 24 octobre 2008, *Bulletin des arrêts de la cour suprême de justice* (2004-2009), T. II, Kin., 2010, pp. 96-103.

788 Art. 146, al. 2-5, loi organique portant organisation, fonctionnement et compétences des juridictions de l'ordre judiciaire.

789 Art. 107, loi organique portant organisation, fonctionnement et compétences des juridictions de l'ordre judiciaire.

A. La prorogation de compétence en cas de pluralité d'infractions

Il ressort de l'article 99 de la loi organique portant organisation, fonctionnement et compétences des juridictions de l'ordre judiciaire que lorsqu'une personne est poursuivie simultanément du chef de plusieurs infractions qui sont de la compétence de juridictions de nature ou de rang différents, la juridiction ordinaire du rang le plus élevé, compétente en raison de l'une des infractions, l'est aussi pour connaître des autres.

B. La prorogation de compétence en cas de pluralité de prévenus

Il ressort de l'article 100 de la loi organique portant organisation, fonctionnement et compétences des juridictions de l'ordre judiciaire que lorsque plusieurs personnes justiciables des juridictions de nature ou de rang différents, sont poursuivies, en raison de leur participation à une infraction ou à des infractions connexes, elles sont jugées l'une et l'autre par la juridiction ordinaire compétente du rang le plus élevé.

La disposition de l'article 100 de la loi organique portant organisation, fonctionnement et compétences des juridictions de l'ordre judiciaire s'applique aussi bien aux personnes civiles que militaires, du moment que ces dernières ont commis des infractions en participation criminelles avec des civils et sont poursuivis simultanément. Dans tous les cas, il appartient aux tribunaux civils du rang le plus élevé de juger. Cette position légale, qui est renforcée par la jurisprudence[790], vient d'être consacrée aussi par l'article 115 nouveau du code judiciaire militaire qui reconnaît au seul juge civil le pouvoir de juger un militaire qui commet, en participation criminelle avec un civil, une infraction, quelle qu'en soit la nature. Toutefois, cette compétence est rendue au juge militaire uniquement pendant la guerre ou dans la zone opérationnelle, sous l'état de siège ou d'urgence.

Pour autant, l'on peut observer que le législateur congolais n'a jamais entendu cloisonner de manière étanche le juge militaire d'une part, et le juge civil de l'autre. Il n'a jamais entendu non plus interdire à l'un comme à l'autre de fonder leur décision judiciaire sur des bases légales multiples qui forment l'arsenal répressif congolais, de sorte qu'à un militaire qui comparaît devant le juge civil, ce dernier en vienne à appliquer le code

[790] C.S.J., R.P. 14, Ekila Marie-Gertrude c/ Auditeur Général près la Cour militaire de Kinshasa, *Arrêt*, 7 avril 1970, *Revue congolaise de Droit*, 1971, n°1, pp. 16-18 ; C.S.J., R.P. 8, L. Bernard c/ Ministère public et J. Jean et Y. Er., *Arrêt*, 3 juin 1970, *Revue juridique du Congo*, 1970, n°1, pp. 22-24.

pénal militaire[791] ou que l'un requiert le service de l'autre pour faire partie de son siège[792]. Ce système de *vases communicants* peut se révéler efficace surtout au niveau de l'instruction préliminaire, parce qu'il permet et facilite une franche collaboration entre les autorités judiciaires de deux bords en vue de la lutte contre la criminalité[793].

C. La prorogation de compétence pour besoin de célérité

L'article 103 de la loi organique portant organisation, fonctionnement et compétences des juridictions de l'ordre judiciaire dispose que si un tribunal saisi d'une infraction de sa compétence, constate que les faits constituent une infraction dont la compétence est attribuée à un tribunal inférieur, il statue sur l'action publique et éventuellement sur l'action civile et des dommages-intérêts à allouer d'office.

Telle que définie, la disposition de l'article 103 est instituée par le législateur pour répondre à un besoin de célérité dans l'administration de la justice. Elle impose au juge une solution pratique dans l'hypothèse d'une disqualification des faits qui intervient en cours d'instruction. Plutôt que de se déclarer incompétent et renvoyer les parties à se pourvoir comme de droit, le juge qui disqualifie les faits se voit obligé de dire le droit en statuant au fond malgré son incompétence matérielle. Toutefois, en agissant ainsi pour besoin de célérité, le juge supérieur ne statue pas en dernier ressort. Le jugement qu'il rend peut faire l'objet d'un recours, selon qu'il est contradictoire ou par défaut. Cette solution tranche fondamentalement d'avec celle que le même législateur préconise cette fois-ci en matière civile. En effet, le besoin de célérité peut aussi justifier et commander la prorogation de compétence en matière civile. Cependant, le juge supérieur qui statue au fond pour besoin de célérité le fait en dernier ressort, après avoir fait acter par le greffier l'accord exprès du défendeur[794].

---

791 Art. 117, al. 1er, code judiciaire militaire.

792 Art. 117, al. 2, code judiciaire militaire.

793 Art. 140 et s., code judiciaire militaire.

794 Art. 112, loi organique portant organisation, fonctionnement et compétences des juridictions de l'ordre judiciaire.

CHAPITRE 2
L'INSTANCE AU PREMIER DEGRE

Sommaire

1. Introduction
2. La saisine des juridictions répressives

- Définition de la saine
- Conséquences de la saisine
  - ➢ La saine opère *in rem*
  - ➢ La saine opère *in personam*
  - ➢ Le déni de justice
- Modalités de saisine
  - ➢ La citation à prévenu
  - ➢ La citation directe
    - ✓ But et avantage
    - ✓ Difficulté à recourir à une citation directe
    - ✓ Objet : la réparation ou l'indemnisation
    - ✓ L'évaluation de l'indemnisation
    - ✓ Citation directe non pertinente : action reconventionnelle
    - ✓ Rapport entre action publique et action civile dans un procès pénal
  - ➢ La comparution volontaire
  - ➢ La saisine d'office
  - ➢ La sommation
  - ➢ La traduction immédiate

- La texture d'une citation
- L'instrumentation d'une citation
    - ➢ La signification à personne
    - ➢ La signification à la résidence ou au domicile
    - ➢ La signification par voie postale ou par messager ordinaire
    - ➢ La signification à l'étranger (résidence ou domicile connu)
    - ➢ La signification à résidence ou à domicile inconnu
- Les délais de citation et leur computation
    - ➢ Délai ordinaire
    - ➢ Délai de distance à l'intérieur du territoire
    - ➢ Délai de distance à l'étranger
    - ➢ Abréviation de délai

3. Les débats à l'audience

- Comparution et représentation des parties
- Les artifices de procédure
    - ➢ L'exception dilatoire
    - ➢ L'exception déclinatoire
    - ➢ L'exception péremptoire
- L'ordre légal de l'instruction à l'audience

4. La question centrale des débats : la preuve pénale

- Définition de la preuve
- Administration de la preuve

- La charge de la preuve incombe au Ministère public
- Le renversement de la charge de la preuve
- La liberté de la preuve
  - ✓ L'absence de hiérarchisation formelle des preuves
  - ✓ La jurisprudence
  - ✓ Le domaine d'application

- Les modes de preuve
- La communication des preuves

5. La clôture et la réouverture des débats
6. Le jugement

- Définition
- Les délibérés et le prononcé du jugement
- Le délai pour prononcer un jugement
- Les parties d'un jugement
  - Le préambule
  - La motivation
    - ✓ La motivation en fait
    - ✓ La motivation en droit
  - Le dispositif
- Le contenu d'un jugement
- Les catégories d'un jugement
  - Le jugement avant dire droit et le jugement définitif
  - Le jugement contradictoire et le jugement par défaut

- Le jugement en premier ressort et le jugement en dernier ressort
- Le jugement revêtu de l'autorité de la chose jugée et le jugement revêtu de la force de chose jugée

- Les questions de droit examinées dans un jugement
  - La question de la responsabilité pénale
    - ✓ La peine de mort
    - ✓ La peine de travaux forcés
    - ✓ La peine de servitude
    - ✓ La peine d'amende
    - ✓ La confiscation spéciale
    - ✓ L'éloignement d'un certain lieu
    - ✓ La mise à la disposition du gouvernement
  - La question de la responsabilité civile et la réparation
  - La question des frais et droits proportionnels
- Délivrance et signification d'un jugement

L'instance au premier degré, comme il en sera de même au second degré, impose un débat contradictoire qui met en évidence et aux prises devant un juge deux discours, termes à termes, c'est-à-dire l'Accusation dans son réquisitoire et la Défense dans sa plaidoirie. Loin d'être un combat sans règle, *polemos*, le procès est une joute oratoire dominée par l'échange des arguments en présence d'un arbitre chargé de désigner le vainqueur, *agon*[795].

A cet effet, le juge pénal, qui est désigné comme un arbitre, joue un rôle actif qui se manifeste dans le déroulement de l'instance qu'il dirige en respectant les règles du procès équitable. Le rôle actif du juge se manifeste également dans l'application du droit, agissant dans le respect des règles qui gouvernent sa mission.

Placé à la rencontre d'intérêts contraires entre lesquels il doit arbitrer, il lui revient de dire le droit, avec pour seul guide la défense des libertés, dont la sauvegarde lui est confiée, en tenant compte des intérêts de la société qui accuse, de ceux de la victime qui demande réparation, et des droits de l'accusé qui se défend. C'est de la confrontation de ces enjeux, par essence contradictoires, que naît la décision du juge, éclairée par sa science du droit, sa déontologie, son sens de l'équité et sa connaissance de la société. Le juge démontre ainsi son impartialité à l'égard de tous, y compris l'autorité de poursuite. Il est, en cela, le garant de l'État de droit[796].

Le juge a par ailleurs la charge de relever d'office les moyens de droit dont l'application est commandée par les faits spécialement invoqués par les parties au soutien de leurs prétentions[797]. Le rôle actif du juge présente l'avantage d'empêcher le déséquilibre entre les parties suivant qu'elles sont plus ou moins bien informées de leurs droits ou plus ou moins bien assistées en justice. Ainsi s'impose dans le prétoire la méthode dialectique où deux opinions antithétiques s'affrontent dans le but de parvenir à une vérité.

---

795 Denis ALLAND et Stéphane RIALS (dir.), op. cit., p. 1240.

796 Bertrand LOUVEL, Discours prononcé lors de l'audience solennelle de début d'année judiciaire, cour de cassation française, 12 janvier 2015, *Rapport annuel*, 2014, pp. 13-14.

797 Art. 143, loi organique du 11 avril 2013 portant organisation, fonctionnement et compétences des juridictions de l'ordre judiciaire.

Section I : La saisine des juridictions répressives

Paragraphe premier : Définition de la saisine

La saisine est une procédure qui consiste en une « formalité par laquelle un plaideur porte son différend devant une juridiction afin que celle-ci examine la recevabilité et le caractère fondé de ses prétentions »[798]. Acte inaugurant la phase active de l'instruction et emportant liaison de l'instance[799], la saisine permet au plaideur de soumettre à la juridiction ses prétentions[800] afin que celle-ci les dise bien ou mal fondées. Généralement, le plaideur introduit sa demande ou saisit le juge en matière contentieuse en déposant une copie de l'assignation au greffe du tribunal ou une copie de la requête au secrétariat du président de la juridiction compétente. Le droit de procédure pénale prévoit la possibilité de saisir une juridiction de jugement en informant le prévenu des coordonnées de l'audience.

Paragraphe deuxième : Les conséquences judiciaires de la saisine

La saisine d'une juridiction répressive implique d'abord que la juridiction de jugement est saisie *in rem*. En effet, l'acte qui saisit le juge soumet à son appréciation un fait, une scène, une manifestation de la volonté du délinquant[801]. Le juge ne peut juger ou statuer valablement que sur ces faits infractionnels dont il est saisi, tels que suffisamment libellés ou énoncés dans la citation[802]. Cette juridiction ne connaît que ces faits-là, dont elle a l'obligation d'examiner la teneur par la détermination d'une qualification juridique appropriée[803], qui peut, par ailleurs, subir des modifications devant le même juge[804]. Ainsi, le juge qui réprime un fait

---

798 Serge GUINCHARD et Thierry DEBARD (dir.), op. cit., p. 850.

799 Gérard CORNU (dir.), *Vocabulaire juridique,* Paris, 8ème éd., P.U.F., 2000, p. 790.

800 Jean VINCENT et Serge GUINCHARD, *Procédure civile,* Paris, 24ème éd., Dalloz, 1996, p. 125.

801 C.S.J., R.P. 40, Cass., matière répressive, Zola c/le ministère public et Ngwete, *Arrêt*, 07 février 1973, *Bulletin des Arrêts de la cour suprême de justice* (1973), Kin., 1974, p. 38.

802 Léo., 7 octobre 1941, *R.J.C.B.*, 1943, p. 23 ; C.S.J., R.P.A. 184, App., matière répressive, le ministère public et Vidibio Mabiala c/ Kitenge Senga, *Arrêt,* 08 août 1997, *Bulletin des Arrêts de la cour suprême de justice* (1990-1999), Kin., 2003, p. 225 ; Bernard BOULOC, op. cit., p. 814 ; Jean PRADEL, op. cit., p. 785.

803 Henri D. BOSLY et Damien VANDERMEERSCH, op. cit., p. 737.

804 V. SERVAIS, « De la saisine des tribunaux et des changements de qualification en matière répressive », *R.J.C.B.,* 1955, p. 239 ; Ière Inst., Elis., 20 novembre 1928, *R.J.C.B.*, 1930, p. 24 ; Ière Inst., Elis., 19 mars 1929, *R.J.C.B.*, 1930, p. 234.

autre que celui relevé dans la citation viole les droits de la défense et prononce une décision entachée de nullité. Au regard de ces considérations, l'auteur d'une citation a la charge de mentionner de façon claire et précise la matérialité des faits de manière à permettre au prévenu de préparer sa défense et au juge de statuer[805].

La saisine d'une juridiction répressive implique ensuite que le juge est saisi *in personam* et ne peut juger que la personne qui lui a été déférée et dont l'identité est indiquée dans l'exploit introductif d'instance[806]. La saisine d'une juridiction répressive implique encore l'obligation pour le juge de statuer sur les faits qui lui ont été soumis par le requérant[807] et de vider sa saisine. Il a été en effet jugé que viole l'article 1er de l'ordonnance du 14 mai 1886 consacrant notamment l'application des principes généraux du droit, dont celui prescrivant au juge de vider sa saisine, le juge d'appel qui a omis de donner suite aux réquisitions du ministère public, après avoir dit son appel recevable et fondé, étant donné que, en omettant de prononcer la condamnation du prévenu tel que l'avait requis le ministère public, le juge d'appel n'a pas définitivement statué sur celui-ci. Dès lors, le jugement attaqué encourt cassation totale avec renvoi[808]. Au regard de la jurisprudence constante, le refus par le juge de vider sa saisine est constitutif d'excès de pouvoir[809]. Le législateur et la doctrine y voient un déni de justice[810]. Enfin, une fois valablement cité devant un tribunal par un exploit lui signifié, le délinquant reste justiciable des tribunaux congolais[811].

Paragraphe troisième : Les modalités de saisine

De son propre chef, une juridiction de jugement ne peut pas mettre l'action publique en mouvement. Elle est en fait un rouage inerte. Pour cela, la loi a institué une force extérieure qui sert de poussoir au tribunal en vue de déclencher le mécanisme de l'action publique.

---

805 Art. 57, al. 3, code de procédure pénale ; V. SERVAIS, loc. cit.

806 Bernard BOULOC, op. cit., p. 816 ; Jean PRADEL, loc. cit.

807 Henri D. BOSLY et Damien VANDERMEERSCH, op. cit., p. 738.

808 C.S.J., R.P. 1502, Cass., matière répressive, Jean Stalakis et Karine Stalakis c/Tumba Matamba et Société Générale de Marketing Sprl, *Arrêt*, 08 août 1997, *Bulletin des Arrêts de la cour suprême de justice* (1990-1999), Kin., 2003, p. 229.

809 C.S.J., Cass., R.P. 120, Fenasse Simon c/ M.P. et Sonas, 4 juillet 1975, *Bulletin des Arrêts de la Cour Suprême de Justice*, 1976, p. 177.

810 Art. 58, Loi organique n° 13/010 du 19 février 2013 relative à la procédure devant la Cour de cassation ; Serge GUINCHARD et Thierry DEBARD (dir.), op. cit., p. 294.

811 Léo., 8 novembre 1928, *R.J.C.B.*, 1930, p. 5.

Au regard de la loi, la saisine d'une juridiction répressive s'opère de plusieurs façons : la citation directe, la citation à prévenu, la comparution volontaire, la saisine d'office, la sommation et la conduite immédiate du délinquant devant la barre du tribunal en cas d'infraction flagrante.

A. La citation à prévenu

Le ministère public agit par voie de citation à prévenu, conformément à l'article 54 du code de procédure pénale. Cela implique qu'il ait préalablement ouvert et clôturé une enquête sur les faits infractionnels.

La loi impose le recours à la citation à prévenu dans les hypothèses suivantes : la poursuite d'une personne jouissant d'un privilège de juridiction[812], la poursuite en cas d'adultère[813], de grivèlerie[814], d'infraction commise à l'étranger[815], de harcèlement sexuel[816], d'infraction aux droits d'auteurs[817], d'outrages adressés aux membres de l'assemblée nationale, du gouvernement, et des dépositaires de l'autorité ou de la force publique[818].

B. La citation directe

En droit congolais, la loi reconnaît à la partie lésée le droit de saisir une juridiction de jugement par voie de citation directe[819]. Cette procédure a pour effet d'obliger le ministère public à exercer l'action pénale[820], et consiste pour la victime à porter directement son affaire devant le juge répressif qui doit en examiner le bien-fondé.

B.1. But et avantage d'une citation directe

La citation directe a pour but et pour résultat de mettre en mouvement l'action publique, tout en constituant partie civile la partie lésée, mais sans que l'action civile intentée en même temps perde son

---

812 Art. 54, al. 2, code de procédure pénale.
813 Art. 468, code de la famille.
814 Art. 102*bis*, al. 2, code pénal.
815 Art. 3, al. 2, code pénal.
816 Art. 174 d, code pénal.
817 Art. 102, ordonnance-loi n° 86-033 du 5 avril 1986 portant protection des droits d'auteurs et des droits voisins.
818 Art. 138*ter*, code pénal.
819 Art. 54, code de procédure pénale.
820 CSJ, 6 février 1974, Dj. et Nz. c/ Ministère public et Ma., *Revue Juridique du Zaïre*, 1975, pp. 23-25.

caractère accessoire. C'est ainsi que même saisi par citation directe, le juge du premier degré ne peut faire droit à la demande civile que s'il a préalablement fait droit à la demande publique[821].

L'avantage que cette procédure présente est qu'elle peut constituer un correctif heureux à la toute-puissance du ministère public, afin de permettre à un citoyen à la plainte duquel aucune suite n'a été donnée de se faire rendre justice[822], ou de court-circuiter les manœuvres d'un ministère public tendant à classer une affaire sans suite ou au paiement d'une amende transactionnelle[823]. Il est à noter que pour qu'un prévenu soit valablement cité du fait d'une infraction devant un juge répressif à la requête d'une partie lésée, celle-ci ne doit pas, dans sa déclaration en vue d'assignation, postuler explicitement l'application de la loi pénale. Il suffit qu'elle ait basé son action sur le caractère frauduleux de l'infraction[824].

B.2. Difficultés à recourir à une citation directe

Par ailleurs, l'on ne peut manquer d'admettre, alors qu'il n'existe aucune impossibilité de droit à recourir à la citation directe, qu'il peut y avoir impossibilité de fait à user de ce droit. Tel est le cas d'une citation directe que la partie lésée formulerait à l'encontre d'un délinquant inconnu jusqu'alors. La plainte contre inconnu existe, mais la citation directe contre inconnu n'existe pas. L'on peut par contre admettre la régularité d'une citation directe lorsque l'identification de la partie citée ne prête à aucune confusion possible. C'est le cas d'une citation qui reprend l'identité d'une prévenue sous le nom de son mari avec indication de son prénom[825]. Et lorsque le délinquant est parfaitement connu de la partie lésée, il reste encore à démontrer sa culpabilité. Dans l'un comme dans l'autre cas, cette culpabilité ne pourra, le plus souvent, être démontrée que par l'emploi des armes puissantes que la loi n'a données qu'au seul ministère public. D'où la nécessité, avant de pouvoir saisir le juge, de s'adresser aux autorités en charge de la recherche et de la poursuite des infractions[826].

Il est aussi important d'observer que la loi et la jurisprudence interdisent le recours à la citation directe lorsque le prévenu est une

---

821 Ière Inst., Stan., 7 février 1928, *R.J.C.B.*, 1930, p. 110.
822 E. FORTEMAISON, op.cit., p. 44.
823 Ière Inst., Stan., 7 février 1928, *R.J.C.B.*, 1930, p. 111.
824 Léo., 7 février 1939, *R.J.C.B.*, 1939, p. 201.
825 CSJ, RP 125, 3 avril 1976, *Bulletin des arrêts de la cour suprême de justice*, 1977, p. 85.
826 E. FORTEMAISON, loc.cit.

personne jouissant du privilège de juridiction. A cet effet, il est recommandé à la partie lésée de recourir à la requête du ministère public[827]. La jurisprudence sanctionne de légèreté, pour justifier l'action reconventionnelle, la citation directe d'un avocat de profession contre un prévenu jouissant d'un privilège de juridiction[828].

B.3. L'objet de la citation directe : la réparation ou l'indemnisation

A l' occasion de la citation directe, la partie lésée se constitue partie civile et prend en charge son action civile, dont elle doit démontrer la pertinence et le bien-fondé à l'instance du jugement. L'expression « partie civile » vise toute personne lésée qui, par l'intentement au répressif d'une action de nature civile, a pris la qualité de partie civile, peu importe d'ailleurs qu'elle agisse seulement contre l'auteur de l'infraction, ou uniquement contre la personne civilement responsable, ou contre les deux à la fois[829].

Dans la perspective d'obtenir réparation, l'auteur d'une citation directe a la charge de démontrer l'existence de la faute commise par le prévenu, le dommage qu'il a pu subir et le lien causal entre la faute et le dommage. C'est à ces conditions que la partie lésée peut bénéficier d'une allocation des dommages-intérêts, dont le montant est évalué par le tribunal répressif.

B.4. Comment évaluer l'indemnisation

L'évaluation de l'indemnité à allouer à la victime obéit à un certain nombre d'exigences :

1° Dans l'évaluation de l'indemnité, il ne peut être tenu compte des événements postérieurs, étrangers à l'infraction ou au dommage lui-

[827] Art. 54, al. 2, code de procédure pénale ; art. 48, al. 4, arrêté d'organisation judiciaire, 20 août 1979 ; C.S.J., RPA 64, 18 août 1980, inédit, in DIBUNDA KABUINJI MPUMBUAMBUJI, *Répertoire général de jurisprudence de la cour suprême de justice, 1969-1985,* Kin., éd. CPDZ, 1990, p. 34 ; C.S.J., R.P. 1587, Cass., matière répressive, Mbuyi Mbiye Tanayi c/Ministère public et Nondi Empia, *Arrêt,* 08 août 1997, *Bulletin des Arrêts de la cour suprême de justice* (1990-1999), Kin., 2003, p. 232. Au regard de cette jurisprudence, le privilège de juridiction n'est reconnu aux agents de carrière des services publics de l'Etat qu'à ceux qui sont revêtus au moins du grade de directeur.

[828] C.S.J., RPA 67, 28 août 1981, inédit, in DIBUNDA KABUINJI MPUMBUAMBUJI, *Répertoire général de jurisprudence de la cour suprême de justice, 1969-1985,* Kin., éd. CPDZ, 1990, p. 4.

[829] Ière Inst., Elis., 15 janvier 1929, *R.J.C.B.*, 1930, p. 81.

même, événements qui auraient amélioré ou aggravé la situation de la victime[830].

2° Le juge saisi d'une action en réparation doit ordonner la réparation en nature, de préférence à la réparation par équivalent en argent[831]. Ainsi, la personne dépouillée d'une chose par un acte illicite a droit à la reconstitution de son patrimoine par la restitution de la chose dont elle a été dépouillée. A défaut de cette restitution, elle a droit à la valeur de la chose au jour du jugement[832].

3° Lorsque le juge répressif constate qu'il n'existe pas d'éléments précis d'évaluation d'un dommage, il évalue légalement celui-ci « *ex aequo et bono* »[833] en considération du préjudice tant matériel que moral subi[834].

B.5. Conséquence d'une citation directe non pertinente : action reconventionnelle

A défaut de démontrer la pertinence de son action civile, jurisprudence et doctrine admettent que celui qui entreprend une action injuste, mal fondée ou sans intérêt pour lui peut être condamné à des dommages-intérêts pour procès téméraire et vexatoire sur base des articles 258 et 259 du code civil livre III, en vertu desquels toute lésion de droit fautive donne lieu à la réparation du dommage causé.

En effet, si plaider, c'est user de son droit, il n'en est pas moins certain que le plaideur téméraire lèse injustement le droit qu'a toute personne de vivre tranquillement[835]. En conséquence, le prévenu victime d'une citation directe téméraire et vexatoire peut postuler des dommages-intérêts par voie de conclusions prises en cours d'instance devant le même juge, à la condition de démontrer que cette citation directe constitue soit un acte de malice ou de mauvaise foi[836], soit une

---

830 Cass., 29 septembre 1948, *R.J.C.B.*, 1949, p. 86, et 31 mars 1952, *J.T.*, 1952, p. 362.

831 Léo., 27 juin 1950, *J.T.O.*, 1952, p. 6, avec note.

832 Cass., 8 mai 1952, *J.T.*, 1952, p. 348.

833 Cass., 5 septembre 1957, *Pas.*, I, 1957, p. 1384.

834 C.S.J., R.P.R./C 003, Ministère public, Bamasha Mbuyi et Boma Wa Boma c/Matezo Mavakala, *Arrêt*, 12 avril 1991, in *Bulletin des arrêts de la Cour Suprême de Justice (1990-1999,* Kin., 2003, pp. 47-51, cité par Odon NSUMBU Kabu, Cour Suprême de Justice. Héritage de demi-siècle de jurisprudence, éd. Les Analyses Juridiques, Kin., 2015, p. 190.

835 Ière Inst., Elis., 15 janvier 1929, *R.J.C.B.*, 1930, p. 83.

836 C.S.J., DC c/ Ministère public, *Arrêt*, 24 février 1972, in *Revue Juridique du Zaïre*, 1972, pp. 115-116, cité par Odon NSUMBU Kabu, op. cit., p. 193.

faute tellement grossière qu'elle est équipollente au dol[837]. Il en est ainsi lorsque la partie prétendument lésée, au lieu de recourir aux tribunaux civils alors qu'elle pouvait le faire, met inconsidérément ou méchamment en mouvement l'action publique, commettant alors non une erreur de droit mais une faute lourde qu'elle ne peut imputer à son avocat, auteur de la rédaction de la citation, surtout quand elle ne l'a point désavoué en lui donnant ultérieurement procuration pour introduire acte de désistement en son nom[838]. A cet égard, le juge a donc le devoir de statuer sur la demande reconventionnelle d'un prévenu qu'il a acquitté et renvoyé des fins de poursuites[839].

Il se dégage donc un fait réel, c'est que l'action reconventionnelle ne peut être initiée si les poursuites judiciaires, qui se sont révélées non fondées, ont été déclenchées par le fait du ministère public, organe de la loi, défenseur des intérêts de la société et protecteur de l'ordre public[840]. Par ailleurs, l'action principale et l'action reconventionnelle ont chacune une existence propre. L'irrecevabilité ou le fondement de l'une n'entraine pas nécessairement l'irrecevabilité ni le non fondement de l'autre[841].

B.6. Rapport entre action publique et action civile dans un procès pénal

La citation directe soulève par ailleurs la question fondamentale de saisine civile des juridictions répressives et les rapports qui existent entre l'action civile et l'action pénale dans le cadre d'un procès pénal.

---

[837] C.S.J., R.R. 02/CR, Benjamin et csrts c/ Ba., *Arrêt*, 27 avril 1995, *Revue Analytique de Jurisprudence du Congo*, Vol. VI, Fascicule unique, 2001, pp. 13-15, cité par Odon NSUMBU Kabu, op. cit., p. 194.

[838] C.S.J., 24 février 1972, DC/MP, *Revue Juridique du Zaire*, 1972, p. 115, in DIBUNDA KABUINJI MPUMBUAMBUJI, *Répertoire général de jurisprudence de la cour suprême de justice, 1969-1985*, Kin., CPDZ, 1990, p. 5 ; C.S.J., R.P.A. 5, App., matière répressive, Tuluka c/le ministère public et Boekwa Jean et csrts, *Arrêt*, 22 juin 1972, *Bulletin des Arrêts de la cour suprême de justice* (1972), pp. 102-103.

[839] C.S.J., R.P. 26/TSR, Cass., matière répressive, Ministère public c/ Mboyo Mpela, Kasilembo Wa Nduma et Yela Mbwa Boili, *Arrêt*, 30 décembre 1997, *Bulletin des Arrêts de la cour suprême de justice* (1990-1999), Kin., 2003, p. 298.

[840] C.S.J., R.P.A. 342, App., matière répressive, Ministère public et Mukwene Wawa c/ Perpétue Tambu Sudila et csrts, *Arrêt*, 8 janvier 2008, *Bulletin des Arrêts de la cour suprême de justice* (2004-2009), T. II, Kin., 2010, pp. 45-64.

[841] C.S.J., R.P.A. 67, App., matière répressive, Ministère public et Ntoto Aley Angu c/ Mutombo Nyema, *Arrêt*, 28 août 1981, *Bulletin des Arrêts de la cour suprême de justice* (1980-1984), pp. 248-252.

Action publique fondée, juge pénal compétent sur l'action civile.

A cet effet, la jurisprudence a apporté des solutions claires aux différents problèmes qui y sont soulevés. Le principe est connu d'avance. C'est que toute personne lésée par une infraction peut demander au juge pénal, en même temps qu'il est saisi de l'action publique, réparation du dommage. Et, dans la mesure où le juge pénal dit établie en fait comme en droit l'infraction mise à charge du prévenu, il a le devoir de se déclarer compétent sur l'action civile et allouer les dommages-intérêts à la victime, à la condition que le dommage subi par cette victime résulte directement ou immédiatement de l'infraction et consiste dans la violation d'un droit[842]. Néanmoins, pour qu'une faute qui n'est pas la cause médiate d'un dommage entraîne la responsabilité de son auteur, il faut, mais il suffit, que le lien qui unit la faute au dommage revête un caractère de nécessité, c'est-à-dire que, sans la faute, le dommage, tel qu'il se présente *in concreto* ne se serait pas réalisé[843].

Action publique non fondée, juge pénal incompétent sur l'action civile.

Il découle de ce principe que lorsque le juge déclare l'infraction non établie à charge du prévenu et l'en acquitte sur l'action publique, ledit juge a l'obligation de se déclarer incompétent pour statuer sur l'action civile[844]. Il s'agit en effet d'une règle d'ordre public puisqu'elle touche à la compétence matérielle[845]. Dans cette hypothèse d'acquittement le juge pénal ne peut pas dire l'action civile non fondée[846], puisque cette dernière décision risquerait de fermer la voie à la victime de se porter demandeur

---

842 Boma, 10 octobre 1911, *Jur. Congo*, 1913, p. 9 ; Elis, 10 février 1912, *Jur. Congo*, 1914-1919, p. 65 ; Elis., 8 août 1941, *R.J.C.B.*, 1941, p. 101

843 Ière Inst., Léo., 27 juin 1952, *J.T.O.*, 1953, p. 165, avec note

844 Léo., 9 août 1951, *R.J.C.B.*, 1952, p. 48 ; C.S.J., R.P. 1243, Cass., matière répressive, Lomboto Ikots'eonga c/Ministère public, Tumba Sasa et Loteteka Wa Bonkenze, *Arrêt*, 22 août 1997, *Bulletin des Arrêts de la cour suprême de justice* (1990-1999), Kin., 2003, p. 238.

845 C.S.J., R.P.A. 3, App., matière répressive, Dihele c/Bienga, *Arrêt*, 24 février 1971, in *Nimy Mayidika Ngimbi, Essai Critique de la Jurisprudence. Analyse d'arrêts de la Cour Suprême de Justice 1969-1972,* Kin., 1973, p. 299, cité par Odon NSUMBU Kabu, Cour Suprême de Justice. Héritage de demi-siècle de jurisprudence, éd. Les Analyses Juridiques, Kin., 2015, p. 187.

846 Elis., 19 avril 1949, *R.J.C.B.*, 1949, p. 133.

devant le juge civil pour faire valoir ses prétentions aux dommages-intérêts sur pied de l'article 258 du code civil congolais livre III[847].

Action publique prescrite, juge pénal compétent sur l'action civile.

Au contraire, lorsque l'action publique s'éteint par le décès du prévenu, le tribunal répressif reste compétent pour statuer sur l'action civile, moyennant reprise d'instance par les héritiers du défunt[848]. De même, la prescription de l'action publique n'entraînant pas celle de l'action civile, le tribunal répressif demeure compétent pour examiner l'action civile si celle-ci a été mise en mouvement avant la prescription de l'action publique[849]. Cependant, lorsque l'action publique était déjà éteinte par l'effet de la chose jugée quand le tribunal en fut saisi, le tribunal répressif n'est pas compétent pour connaître de l'action civile[850].

Action publique antérieure éteinte, action civile irrecevable.

Dans le même esprit, il a été jugé que l'action civile est irrecevable devant le juge pénal lorsqu'elle est introduite alors que déjà l'action publique était éteinte au moment où il en a été saisi[851].

Electa una via.

Par ailleurs, afin de parer à des chantages éventuels, il est interdit à la victime d'une infraction ayant exercé son action en réparation devant la juridiction civile compétente, de se raviser par la suite afin de la porter

---

847 Voir *contra*, C.S.J., R.P.A. 121, matière répressive, Kitaba et Edungu c/Ministère public et Succession Mwinyi, *Arrêt*, 23 décembre 1986, in *Odon NSUMBU Kabu, Cour Suprême de Justice. Héritage de demi-siècle de jurisprudence*, éd. Les Analyses Juridiques, Kin., 2015, p. 190.

KABASELE Lusonso G., note sous R.P.A. 422, C.S.J., 14 mai 2012, Ministère public c/ Senga Lwamba et csrts, in *Les Analyses Juridiques*, n°24, pp. 47-48.

848 Ière Inst., Ruanda-Urundi, app., 29 novembre 1951, *R.J.C.B.*, 1952, p. 121.

849 Léo., 10 juillet 1947, *R.J.C.B.*, 1948, p. 56 ; Léo., 12 août 1954, *R.J.C.B.*, 1954, p. 316 ; Léo., 7 octobre 1954, *J.T.O.*, 1956, p. 3, avec note. Voir *contre* [C.S.J., R.P. 429, Cass., matière répressive, Mamputu Manza c/ le ministère public et Mambwene Lukaku, *Arrêt*, 09 septembre 1980, *Bulletin des Arrêts de la cour suprême de justice* (1980-1984), Kin., p. 78].

850 Ière Inst., Stan., Appel, 5 juillet 1949, *R.J.C.B.*, 1950, p. 183.

851 C.S.J., R.P.A. 38, App., matière répressive, Kambamba c/ Kambolo et Lubendele, *Arrêt*, 23 décembre 1976, *Bulletin des Arrêts de la cour suprême de justice* (1976), Kin., 1977, pp. 198-201.

devant la juridiction répressive : *Electa una via, non datur recursus ad alteram*[852].

Limite d'electa una via.

Cependant, si l'action civile portée devant la juridiction répressive est déclarée irrecevable, la partie ainsi déboutée peut la porter devant le juge civil[853]. Rien n'empêche la victime de diviser sa demande, en porter une partie devant la juridiction répressive et l'autre partie devant la juridiction civile, sans qu'on puisse lui opposer l'adage « *Electa una via, non datur recursus ad alteram* »[854].

B.7. La comparution volontaire

Le fait que la personne poursuivie consente à comparaître volontairement devant la juridiction de jugement pour y être jugée sur certains faits précis, suffit, depuis longtemps, à saisir valablement cette juridiction[855]. Le procédé de saisine du tribunal par comparution volontaire est souvent utilisé dans l'hypothèse où le prévenu décide de couvrir, dès l'audience d'introduction et par comparution personnelle, les irrégularités contenues dans une citation[856], généralement lorsque le délai de signification de ladite citation n'a pas été respecté[857]. Il est admis encore le recours à la procédure de comparution volontaire dans l'hypothèse de la découverte à l'audience du tribunal d'un fait nouveau à charge du prévenu. Si celui-ci consent à être jugé sur ce fait supplémentaire et non compris dans la poursuite originaire, son acceptation vaut saisine du tribunal[858]. Cependant, ne constitue pas une comparution volontaire du prévenu le fait d'avoir été interpelé sur

---

852 Ière Inst., Stan., 7 février 1928, *R.J.C.B.*, 1930, p. 111.

853 Elis., 28 février 1956, *J.T.O.*. 1958, p. 93, n°74.

854 Civ. Liège, 8 avril 1957, *J.T.*, 1957, p. 551.

855 Boma, 19 septembre 1911, *Jur. Congo,* 1912, p. 353 avec note ; Bernard BOULOC, *Procédure pénale*, Paris, 21ème éd., Dalloz, 2008, p. 802.

856 CSJ, RPA 5, 22 juin 1972, *Bulletin des arrêts de la cour suprême de justice* (1972), Kin., 1973, p. 100 ; CSJ, RP 184, 2 février 1978, *Bulletin des arrêts de la cour suprême de justice* (1978), 1979, p. 22.

857 Léo., 7 février 1939, *R.J.C.B.*, 1939, p. 201 ; C.S.J., R.P.A. 5, App., matière répressive, Tuluka c/le ministère public et Boekwa Jean et csrts, *Arrêt*, 22 juin 1972, *Bulletin des Arrêts de la cour suprême de justice* (1972), p. 102 ; Bernard BOULOC, op. cit., p. 803.

858 Art. 55, al. 2, code de procédure pénale.

certains faits et d'avoir répondu, si les formalités légales exigées par l'article 55 du code de procédure pénale n'ont pas été respectées[859].

Comme mode de saisine d'un tribunal répressif, la comparution volontaire n'est pas autonome. Elle sert soit à corriger les irrégularités contenues dans une citation à prévenu ou dans une citation directe, soit à compléter l'une de ces modalités de saisine qui n'aurait pas indiqué tous les faits reprochés au prévenu.

B.8. La saisine d'office

En droit congolais, le procédé de saisine d'office s'applique dans l'hypothèse d'une infraction d'audience. Il ressort de la loi[860] que toute infraction commise dans la salle et pendant la durée de l'audience pourra être jugée, séance tenante. Le président fera dresser le procès-verbal par le greffier, entendra le prévenu et les témoins, le cas échéant. Après avoir entendu le représentant du ministère public s'il est présent, le tribunal prononcera, sans désemparer, les peines prévues par la loi.

Avant la promulgation de la nouvelle loi sur l'organisation et la compétence judiciaires, l'article 17 de l'ancien code d'organisation et de compétence judiciaires avait prévu la possibilité pour le juge de paix d'exercer aussi les fonctions du ministère public dans l'hypothèse extrême où il n'y a dans son ressort ni ministère public ni officier de police judiciaire à compétence générale. Dans ce cas, le juge de paix pouvait se saisir d'office et remplir lui-même auprès de sa juridiction, les fonctions de ministère public, sous la surveillance et la direction de l'officier du ministère public.

Depuis l'avènement de la loi organique n°13/011-B du 11 avril 2013 portant organisation, fonctionnement et compétences des juridictions de l'ordre judiciaire, le juge de paix a vu ses prérogatives de ministère public s'évanouir. L'article 65 de la loi organique a institué un parquet près le tribunal de paix, constitué d'un premier substitut du procureur de la République auquel sont adjoints un ou plusieurs substituts du procureur de la République. Le ministère public a le devoir d'assister à toutes les

---

859 C.S.J., R.P.A. 27, App., matière répressive, le ministère public c/Kashemwa Nkundabanyanga, *Arrêt*, 25 mai 1974, *Bulletin des Arrêts de la cour suprême de justice* (1974), Kin., 1975, p. 166.

860 Art. 1er, Ordonnance-loi n° 70-012 du 10 mars 1970 relative aux infractions d'audience, *M.C.*, n° 10, 15 mai 1970, p. 289.

audiences du tribunal de paix[861], si bien qu'en cas de son défaut aucune audience ne peut se tenir au tribunal de paix.

B.9. La sommation

La sommation verbale est un mode saisine qui peut remplacer la citation à prévenu ou la citation directe, dans la mesure où la peine attachée à l'infraction ne dépasse pas cinq ans d'emprisonnement ou ne consiste qu'en une amende. La sommation est faite à personne, par l'officier du ministère public ou par le greffier de la juridiction qui doit connaître de l'affaire, d'avoir à comparaître devant le tribunal à tel lieu et à tel moment[862].

Au regard de l'évolution des principes qui gouvernent la procédure pénale, notamment le procès équitable, la sommation verbale est un mode de saisine désuet et inadapté. Dans la pratique judiciaire, le ministère public y recourt en urgence lorsqu'il s'agit de faire comparaître un témoin, une partie lésée ou un civilement responsable dont la présence est constatée dans la salle d'audience[863].

B.10. La traduction immédiate devant la barre du tribunal

Toute personne arrêtée à la suite d'une infraction intentionnelle flagrante ou réputée telle, sera aussitôt déférée au parquet et traduite sur-le-champ à l'audience du tribunal. S'il n'est point tenu d'audience, le tribunal siégera spécialement le jour même ou au plus tard le lendemain[864].

Paragraphe quatrième : La texture d'une citation

L'agencement interne d'une citation dépend de sa qualité physique, perceptible par le toucher ou par la vue. Bien plus qu'une simple qualité physique, une citation répond à un certain nombre de conditions pour la recevabilité de l'affaire ou la saisine du tribunal.

---

861 Art. 66, al. 5, loi organique portant organisation, fonctionnement et compétences des juridictions de l'ordre judiciaire.

862 Art. 66, code de procédure pénale.

863 Tribunal de paix de Kasongo (Maniema), R.P. 480/483, *Le ministère public et la partie civile MUSELEMU YUMU c/ le prévenu Florent MASUDI MINJE.*

864 Art. 1er, ordonnance-loi n°78-001 du 24 février 1978 relative à la répression des infractions flagrantes, *J.O.*, n°6, 15 mars 1978, p. 15.

La loi impose au ministère public l'obligation de pourvoir à la citation du prévenu, de la personne civilement responsable et de toute personne dont l'audition lui paraît utile à la manifestation de la vérité. De son côté, le greffier de la juridiction compétente pourvoit à la citation des personnes que la partie lésée ou le prévenu désire faire citer. A cet effet, ceux-ci lui fournissent tous les éléments nécessaires à la citation. Si le requérant sait écrire, il remet au greffier une déclaration signée[865]. Par ailleurs, la citation indique à la requête de qui elle est faite. Elle énonce les nom, prénoms et demeure du cité, l'objet de la citation, le tribunal devant lequel la personne citée doit comparaître, le lieu et le moment de la comparution. Elle indique la qualité de celui qui l'effectue et la façon dont elle est effectuée. La citation à prévenu contient, en outre, l'indication de la nature, de la date et du lieu des faits dont il aura à répondre[866]. A cet effet, il a été jugé que la citation saisit la juridiction répressive des faits qu'elle énonce, du moment que cette énonciation est suffisante pour que les droits de la défense ne soient pas lésés[867]. Par conséquent, la citation qui ne permet pas de connaître la nature exacte de différents faits dont le prévenu doit répondre et qui oblige la juridiction de premier degré, pour essayer de circonscrire sa saisine, de se baser à tort sur des éléments étrangers à la citation, viole l'article 57 du code de procédure pénale et entraîne l'absence régulière de saisine[868]. Il a en outre été jugé que l'indication dans l'exploit de citation des textes de la loi sur lesquels la poursuite est fondée n'est prescrite par aucune disposition légale[869].

Paragraphe cinquième : L'instrumentation d'une citation

Dans le jargon judiciaire, instrumenter une citation consiste à porter à la connaissance du prévenu un acte de procédure qui contient des accusations portées contre sa personne et lui demander de comparaître devant le juge compétent pour présenter ses moyens de défense. C'est la procédure de notification ou de signification[870]. Cette procédure est

---

865 Art. 56, code de procédure pénale.

866 Art. 57, code de procédure pénale.

867 Léo., 7 octobre 1941, *R.J.C.B.*, 1943, p. 23 ; Ière Inst., Cost., 29 mars 1950, *J.T.O.*, 1953, p. 24 avec notes.

868 C.S.J., R.P.A. 27, App., matière répressive, le ministère public c/ Kashemwa Nkundabanyanga, *Arrêt*, 25 mai 1974, *Bulletin des Arrêts de la cour suprême de justice* (1974), Kin., 1975, p. 166.

869 Elis., 13 août 1925, *Jur. Katanga*, 1925, p. 172 ; Léo., 25 août 1955, *J.T.O.*, 1957, p. 39.

870 Serge GUINCHARD et Thierry DEBARD (*dir.*), op. cit., pp. 584 et 802.

l'œuvre du greffier ou d'huissier de justice de la juridiction devant laquelle la cause doit être introduite[871].

Au regard de la loi[872], la citation est signifiée par un huissier. Elle peut l'être aussi par l'officier du ministère public ou par le greffier. Il existe cinq formes de signification d'une citation :

A. La signification à personne[873]

La signification à personne dont parle l'article 61, alinéa 3 du code de procédure pénale, c'est rigoureusement la signification à la personne même de la partie citée. L'huissier de justice rencontre personnellement le prévenu ou le civilement responsable et lui remet l'exploit de procédure contre accusé de réception, à condition que ce prévenu ou ce civilement responsable se trouve sur le territoire congolais[874].

B. La signification à résidence ou à domicile[875]

A la résidence ou au domicile, la citation est signifiée en parlant à un parent ou allié, au maître ou à un serviteur[876]. A défaut de l'un d'eux, elle est signifiée à un voisin ou au chef d'une circonscription territoriale. Si l'huissier de justice ne trouve pas la partie citée à son domicile, il a l'obligation de suivre l'ordre successif de signification prévu par la loi[877]. La mention de la qualité de la personne à laquelle l'huissier de justice a parlé au domicile du signifié est une forme substantielle de l'exploit de signification à la résidence ou à domicile[878]. Sa violation entraîne la nullité

---

871 Elis., 16 octobre 1948, *R.J.C.B.*, 1948, p. 212.

872 Art. 58, code de procédure pénale.

873 Art. 61, al. 3, code de procédure pénale.

874 R.J.C.B., 1936, p. 88.

875 Art. 59, code de procédure pénale.

876 Pour la jurisprudence, un serviteur est une personne qui rend service au signifié (1ère Inst., Elis., 27 septembre 1951, *R.J.C.B.*, 1952, p. 176) ou une personne qui est dans la dépendance du cité, dans la mesure où les devoirs de son état lui imposent de prendre les intérêts de celui-ci et de lui remettre fidèlement les papiers qui lui sont destinés. Telle est la situation d'un agent commercial à l'égard de son directeur (Léo., 22 juillet 1943, *R.J.C.B.*, 1944, p. 74), ou d'un employé de l'entreprise que dirige le prévenu (Elis., 1er juin 1948, *R.J.C.B*, 1948, p. 134), ou d'un serviteur du père du prévenu chez lequel celui-ci est domicilié (Elis., 3 juin 1953, *R.J.C.B.*, 1952, p. 225). Cependant, un mandataire n'est pas un serviteur (Ière Inst., Léo., 26 décembre 1924, *Jur. Kat.*, 1924, III, p. 169).

877 R.U., App., 18 mars 1952, *R.J.C.B.*, 1952, p. 157.

878 C.S.J., R.P. 1090, Cass., matière répressive, D. c/ Ministère public et csrts, *Arrêt*, 22 décembre 1987, *Revue Juridique du Zaïre, n°1-3*, 1989, p. 45.

de l'exploit. C'est ainsi qu'il a été jugé qu'est fondé pour violation de l'article 59 du code de procédure pénale le moyen qui reproche au juge d'appel de n'avoir pas corrigé le premier juge en ce que celui-ci avait déclaré valable l'exploit signifié au voisin dénommé sans mentionner que l'huissier n'avait trouvé au domicile du signifié ni parent, ni allié, ni maître, ni serviteur[879]. L'exploit d'huissier est aussi nul s'il a été signifié au neveu d'un justiciable sans indication que ce neveu serait voisin ou se serait déclaré parent ou mandataire[880]. De même, il a été jugé qu'est nul l'acte de signification qui porte que l'huissier l'a remis au fils du signifié, sans constater que l'huissier s'est présenté au domicile de celui-ci[881]. La jurisprudence rend également irrégulière la signification de l'exploit faite au bureau de la Commune sans indication des motifs de la non signification au domicile connu du prévenu car, par cette procédure, les articles 58 et 59 du code de procédure pénale ont été violés, le prévenu n'ayant pas pu comparaître à l'audience ni s'y faire assister[882].

Il est important de relever que c'est au prévenu assigné là où il est établi qu'il était domicilié qu'il appartient de prouver que, depuis les faits pour lesquels il est poursuivi, il a changé de domicile[883].

C. La signification par voie postale ou par messager ordinaire[884]

La loi dispose que la citation peut également être signifiée par l'envoi d'une copie de l'exploit, sous pli fermé mais à découvert, soit recommandé à la poste avec avis de réception, soit remis par un messager ordinaire contre récépissé, daté et signé, par le cité ou par un parent ou allié, un maître ou un serviteur ou un voisin, avec indication éventuelle de ses rapports de parenté, d'alliance, de sujétion ou de voisinage avec le cité. L'article 60 du code de procédure pénale ajoute que même dans le cas où le récépissé n'est pas signé par la personne qui a reçu le pli ou si ce récépissé ne porte pas qu'elle est une de celles auxquelles le pli pouvait être remis, ou s'il existe des doutes quant à sa

---

879 C.S.J., R.P. 275, Cass., matière répressive, Bernard Danloy c/ Ministère public et Veuve Tego Gracia, née Pauline Panda, *Arrêt*, 30 octobre 1979, *Bulletin des Arrêts de la cour suprême de justice* (1979), Kin., 1984, pp. 320-323.

880 Stan., Ière Inst., 20 août 1954, *J.T.O.*, 1955, p. 121.

881 Elis., 22 juillet 1953, *J.T.O.*, 1954, p. 69.

882 C.S.J., R.P. 1628, Cass., matière répressive, Kalonji Kaja et csrts c/ Ministère public et Mukuna Bwanga et csrts, *Arrêt*, 18 février 1998, *Bulletin des Arrêts de la cour suprême de justice* (1990-1999), Kin., 2003, p. 336.

883 Elis., 3 juin 1952, *R.J.C.B.*, 1952, p. 225.

884 Art. 60, code de procédure pénale.

qualité pour le recevoir, la citation est néanmoins valable si, des déclarations assermentées du messager ou d'autres éléments de preuve, le juge tire la conviction que le pli a été remis conformément à la loi. La date de la remise peut être établie par les mêmes moyens. C'est dans cet esprit qu'il a été jugé que la signification par voie postale est nulle si l'exploit ne parvient pas au signifié ou à l'une des personnes qualifiées pour en prendre possession en son nom. Il appartient, dans ce cas, au requérant de fournir la preuve de la régularité et de la date de la remise de l'exploit[885]. La preuve de cette remise peut résulter de la signature de l'avis par l'agent des postes ; la signature du destinataire n'est pas requise[886].

D. La signification à l'étranger (résidence ou domicile connu)[887]

Si la personne citée n'a pas de résidence connue au Congo mais en a une qui est connue à l'étranger, une copie de la citation est affichée à la porte principale du tribunal qui doit connaître de l'affaire et une autre copie est immédiatement expédiée à la personne que l'exploit concerne, sous pli fermé mais à découvert recommandé par la poste. C'est la signification par *édit et missive.* Dans la signification par édit et missive la date de l'exploit est celle à laquelle l'huissier accomplit les formalités substantielles de l'affichage et de l'envoi d'un double de l'exploit par voie postale[888]. En cas de signification à l'étranger, lorsque la formalité de l'affichage a été omise et que seule la voie de la missive a été employée, la date de l'exploit n'est pas celle à laquelle l'huissier a accompli les formalités[889].

E. La signification à résidence ou à domicile inconnu[890]

Si la personne citée n'a ni résidence ni domicile connus, une copie de la citation est affichée à la porte principale du tribunal qui doit connaître de l'affaire et un extrait en est envoyé pour publication au journal officiel, ainsi que, sur décision du juge, dans tel autre journal qu'il déterminera. C'est la signification par *édit et publication.* La jurisprudence autorise également le recours à la procédure d'édit et publication lorsqu'après toutes les démarches entreprises par le greffe pour signifier

[885] Léo., 17 février 1948, *R.J.C.B.*, 1952, p. 22.
[886] Léo., 29 avril 1952, *R.J.C.B.*, 1952, p. 153.
[887] Art. 61, al. 1er, code de procédure pénale.
[888] Cass., 26 mai 1955, *J.T.*, 1955, p. 568.
[889] Cass., 26 mai 1955, *R.J.C.B.*, 1955, p. 311.
[890] Art. 61, al. 2, code de procédure pénale.

la citation à l'adresse donnée par le prévenu, il est apparu que cette adresse était inexistante[891].

Paragraphe sixième : Les délais de citation et leur computation

Certaines formalités de la vie juridique, les actes et formalités de la procédure doivent normalement être accomplis dans le cadre de certains délais, dont l'inobservation peut entraîner des conséquences de gravité variable selon les cas. Il peut s'agir de la prescription, la forclusion, la déchéance ou la caducité[892]. En matière de citation, l'inobservance de délai entraîne la non-saisine du tribunal.

A. Délai ordinaire

Le code de procédure pénale a prévu un délai ordinaire de huit jours francs à respecter entre la citation et la comparution du prévenu et du civilement responsable[893]. Au regard de la loi, un délai est franc lorsque son point de départ, *dies a quo*, et le point d'arrivée, c'est-à-dire le jour auquel se termine le délai, *dies ad quem,* ne sont pas comptés dans le calcul[894].

B. Délai de distance, à l'intérieur du territoire national

Eu égard à l'étendue du territoire national, le délai ordinaire de huit jours est augmenté d'un jour par cent kilomètres de distance[895]. C'est le délai de distance, c'est-à-dire le délai que la loi accorde à une personne pour accomplir une formalité à raison de la distance qui sépare son domicile du lieu d'accomplissement de cette formalité[896]. Le délai de distance à ajouter au délai ordinaire doit être calculé suivant la longueur de la voie à parcourir entre la résidence du cité et le lieu où siège la juridiction devant laquelle il doit se rendre et non pas suivant la longueur d'une ligne idéale entre deux points entre lesquels il n'existe aucun moyen de communication[897].

---

891 CSJ, RPA 41, 16 janvier 1976, *Bulletin des arrêts de la cour suprême de justice*, 1977, p. 7.
892 Serge GUINCHARD et Thierry DEBARD (dir.), op. cit., p. 281.
893 Art. 62, al. 1er, code de procédure pénale.
894 Art. 195. 1°, code de procédure civile.
895 Art. 62, code de procédure pénale.
896 R.J.C.B., 1936, p. 88.
897 Léo., 31 octobre 1944, *R.J.C.B.,* 1945, p. 108 et note.

C. Délai de distance, à l'étranger

En outre, l'article 62 du code de procédure pénale a prévu un délai de trois mois lorsque la citation doit être signifiée à une personne qui n'a ni domicile ni résidence en République démocratique du Congo. Cependant, lorsque cette personne est trouvée sur le territoire congolais, la citation n'emporte que le délai ordinaire de huit jours francs.

D. L'abréviation de délai

Par ailleurs, dans les cas qui requièrent célérité, le juge, par décision motivée dont connaissance sera donnée avec la citation au prévenu et, le cas échéant, à la partie civilement responsable, peut abréger le délai de huit jours francs, à la condition que la peine prévue par la loi ne dépasse pas cinq ans d'emprisonnement ou ne consiste qu'en une amende[898].

Enfin, lorsque la citation est signifiée par la poste ou par messager, le délai commence à courir du jour où décharge a été donnée à la poste ou au messager. Lorsque la citation est faite par édit et missive ou par édit et publication, le délai commence à courir le jour de l'affichage[899].

Section II. Les débats à l'audience

Paragraphe premier : Comparution et représentation des parties

Principe et exception.

Aux termes de l'article 71, alinéa 1er du code de procédure pénale, le prévenu comparaît en personne. Toutefois, ajoute la loi, dans les poursuites relatives à des infractions à l'égard desquelles la peine d'emprisonnement prévue par la loi n'est pas supérieure à deux ans, le prévenu peut comparaître par un avocat porteur d'une procuration spéciale ou par un fondé de pouvoir spécial agréé par le juge. Cette dernière condition est assouplie par la jurisprudence, qui exige de l'avocat, non par une procuration spéciale, mais la preuve qu'il vient porter la parole pour le prévenu. Il suffit dans ce cas qu'il soit muni des pièces de procédure, comme par exemple la citation. Par ailleurs, étant donné que les avocats ont obtenu le monopole de représentation des

---

898 Art. 63, code de procédure pénale.
899 Art. 65, code de procédure pénale.

parties en justice[900], le juge n'admet pas la présence d'un fondé de pouvoir en lieu et place du prévenu.

En ce qui concerne la partie civilement responsable et la partie civile, la loi n'impose pas en terme de principe leur comparution. Elles peuvent donc dans tous les cas comparaître en personne ou être représentées par un avocat muni des pièces[901].

Le tribunal vérifie la régularité de sa saisine.

La régularité de la saisine du tribunal est tributaire de l'observance des règles prescrites en matière de signification de citation.

Paragraphe deuxième : Les artifices de procédure

L'usage raisonnable, parfois abusif ou dilatoire des prescriptions procédurales peut l'emporter sur le traitement du fond de litige. S'ils sont directement intéressés par un triomphe formel, les avocats, surtout ceux de la défense, chercheraient à éviter un débat redouté sur le fond en soulevant des exceptions.

Dans la pratique des cours et tribunaux, les artifices de procédure sont regardés en terme générique tantôt comme des moyens ou des arguments, tantôt comme des exceptions, tantôt enfin comme des fins de non-recevoir[902]. S'il ne fait l'ombre d'un doute que ces concepts sont différents dans la pratique tant par leur objet que par leur finalité, il demeure cependant vrai que la défense y recourt pour anéantir l'accusation apportée par le ministère public. A cet effet, un autre terme générique est utilisé, l'exception. La doctrine définit une exception comme un moyen par lequel la défense tend à faire déclarer la procédure irrégulière ou éteinte, ou à en suspendre le cours, indépendamment de tout examen du fond du droit. La défense demande au juge, soit de refuser d'examiner la prétention du demandeur parce que l'instance a été mal engagée (incompétence du tribunal, irrégularité d'un acte de procédure), soit de surseoir à statuer jusqu'à l'accomplissement d'un

---

900 Art. 1er, ordonnance-loi n°79-028 du 28 septembre 1979 portant organisation du barreau, du corps des défenseurs judiciaires et du corps des mandataires de l'Etat, *J.O.*, n°19, 1er octobre 1979, p. 4.

901 Art. 71, al. 4, code de procédure pénale.

902 Willy WENGA ILOMBE, *Compréhension du concept « Moyen » en instance de cassation*, Kin., éd. Observatoire Congolais de la Vie Judiciaire, 2015, 206 pages.

devoir de procédure[903]. Une exception est donc dirigée contre la procédure, et n'atteint pas l'action[904].

La doctrine retient trois formes d'exceptions : l'exception dilatoire, l'exception déclinatoire et l'exception péremptoire.

A. L'exception dilatoire

L'exception dilatoire est un moyen de droit soulevé par une partie au procès en vue de gagner du temps. Il empêche momentanément le tribunal de suivre la procédure, mais dès que cette situation juridique aura cessé, l'instance pourra reprendre[905]. Le moyen dilatoire peut être licite. Mais, le plus souvent, le procédé dilatoire est répréhensible, car il n'a d'autre fin que de ralentir abusivement le cours du procès.

Une question préjudicielle est une exception dilatoire.

Dans le cadre de la procédure pénale, une question préjudicielle est une exception dilatoire, c'est-à-dire en fait une fin de non-recevoir qui empêche de saisir la juridiction répressive de l'action publique accessoirement de l'action privée tant que certaines questions que la loi réserve à la juridiction civile, questions sur lesquelles la poursuite pénale pourrait réagir, n'ont pas reçu de solution définitive[906].

Différentes sortes de question préjudicielle.

En procédure pénale on distingue les questions préjudicielles à l'action qui empêchent le déclenchement de l'action publique, dans l'attente d'une décision judiciaire, et les questions préjudicielles au jugement qui suspendent la procédure jusqu'à la résolution de la difficulté juridique par le juge compétent[907]. Pour obliger le juge pénal à surseoir à statuer, il faut que l'exercice des poursuites heurte une

---

903 Serge GUINCHARD et Thierry DEBARD (dir.), op. cit., p. 382.

904 Bruno MBIANGO KEKESE, *Les fins de non-recevoir en droit judiciaire privé*, Kin., CDPS, 2011, p. 7.

905 Emmanuel J. LUZOLO Bambi Lessa et Nicolas-Abel BAYONA Ba MEYA, op.cit., p. 410.

906 KATWALA KABA KASHALA, *L'action publique à travers les jurisprudences et doctrine congolaise, belge et française*, Kin., éd. Batena Ntambua, 2004, pp. 36-37 ; Bernard BOULOC, *Procédure pénale*, Paris, 20ème éd., Dalloz, 2006, p. 512.

907 Gaston STEFANI et Georges LEVASSEUR, *Procédure pénale*, Paris, Dalloz, 10ème éd., n°425.

question juridique étrangère au droit pénal dont la solution détermine un des éléments constitutifs de l'infraction[908].

La question préjudicielle extra-pénale devant le juge pénal.

Le plus souvent, la question préjudicielle est extra-pénale, c'est-à-dire d'ordre civil, commercial ou administratif. Elle est soulevée devant un juge pénal et l'oblige à surseoir à statuer jusqu'à la soumettre à la juridiction compétente. Le juge pénal saisi pour statuer sur les infractions de trahison ou d'espionnage peut se buter à une question préjudicielle civile qui tient à la nationalité du prévenu. Alors que ces deux infractions mettent en jeu la sûreté extérieure de l'Etat[909], la qualification à retenir dépendra de la nationalité du délinquant, la trahison étant le fait de nationaux pendant que l'espionnage ne peut être reproché qu'à un étranger. Dans cette hypothèse, si devant le juge pénal la question de nationalité du prévenu est posée dans l'optique de la remise en cause de la qualification pénale retenue, le juge pénal a le devoir de surseoir à statuer jusqu'à obtenir des précisions du juge civil sur cette question de nationalité. De ce point de vue, le civil va tenir le pénal en état.

La question préjudicielle pénale devant le juge pénal.

Mais l'exception préjudicielle peut aussi être une question de nature pénale posée devant le juge pénal, mais à laquelle ce juge ne peut répondre parce qu'il n'en est pas compétent. L'exemple le plus frappant et qui est prévu par la loi est celui du procès-verbal dressé par un agent de la Douane. Au regard de la loi, ce procès-verbal, auquel la loi attache une force probante particulière, lie le juge jusqu'à ce que fausseté en soit prouvée, en tant qu'il relate des opérations ou des constatations faites par le verbalisateur[910]. Techniquement, une personne poursuivie pour fraude douanière ne peut se libérer que si elle démontre, à l'occasion d'une autre instance pénale, que le procès-verbal sur lequel se fonde son accusation est un faux en écriture. Cette dernière instance pénale tient celle de fraude douanière en état. L'on ne peut s'empêcher d'affirmer, en l'occurrence, que le pénal tient le pénal en état. La pratique judiciaire

---

[908] C.S.J., R.P. 014/CR, matière répressive, Ministère public c/ Eugène Diomi Ndongala, *Arrêt*, 26 mars 2014, *Les Analyses Juridiques*, n°29, pp. 62-70.

[909] Art. 181-185, code pénal.

[910] Art. 361, ordonnance-loi n°10/002 du 20 août 2010 portant code des douanes, *J.O.*, 51ème année, n°spécial, 26 décembre 2010 ; art. 92, ordonnance-loi n°007/2012 du 21 septembre 2012 portant code des accises, *J.O.*, n°spécial, 18 octobre 2012, pp. 5-34.

peut révéler d'autres hypothèses qui vont dans le même sens. Bernard Bouloc nous en donne plusieurs, tout en reconnaissant que ces exceptions sont fort peu nombreuses. En cas de dénonciation calomnieuse[911] par exemple, le dénonciateur poursuivi ne peut pas être jugé tant que la fausseté du fait qu'il a dénoncé n'a pas été établie, soit par l'acquittement de la personne dénoncée, soit par une décision de classement sans suite. De même, le juge répressif a la faculté de surseoir à statuer si la preuve d'une infraction dont il est saisi, résulte d'un écrit, argué de faux et dont l'auteur est pénalement poursuivi[912]. La victime prétendue d'un stellionat[913] peut faire l'objet de poursuite pour faux et usage de faux par le prévenu qui se trouve en instance de stellionat. Dans ce cas précisément, l'instance pénale instituée pour statuer sur le faux et son usage tiendra en état celle qui a été instituée pour stellionat.

Par contre, une question préalable n'est pas une exception dilatoire.

A l' opposé de la question préjudicielle, il existe la question préalable, celle que le juge doit examiner pour vérifier si certaines des conditions requises pour l'existence de la question principale sont réunies. En droit de procédure, la question préalable, à la différence de la question préjudicielle, relève de la compétence du juge saisi de la question principale[914], le juge de l'action étant en effet le juge de l'exception.

B. L'exception déclinatoire

L'exception déclinatoire est celle qui consiste à contester la saisine du tribunal ou sa compétence. Cette exception ne permet pas la recevabilité de l'action publique. Dans ce cas, le tribunal est dessaisi soit provisoirement, soit définitivement[915].

Une partie conteste la compétence d'un tribunal lorsque celui-ci connaît d'une affaire que la loi a réservée à un autre et qu'il n'a pas qualité pour juger, d'après les règles de la compétence d'attribution ou de la compétence territoriale[916]. La violation par le juge des règles de

---

911 Art. 76, code pénal.

912 Bernard BOULOC, op. cit., pp. 515-516.

913 Art. 96, code pénal.

914 Art. 143, Loi organique portant organisation, fonctionnement et compétences des juridictions de l'ordre judiciaire, 11 avril 2013.

915 Emmanuel J. LUZOLO Bambi Lessa et Nicolas-Abel BAYONA Ba Meya, loc. cit..

916 Willy WENGA ILOMBE, op. cit., p. 151.

compétence entraîne annulation de sa décision par le juge supérieur. Bien entendu, l'exception d'incompétence soulevée par une partie au procès est préalable à toute exception d'irrecevabilité, car en statuant sur la recevabilité de l'action le juge a implicitement examiné sa compétence[917].

C. L'exception péremptoire

L'exception péremptoire est celle qui écarte ou qui met définitivement fin à l'action publique. C'est le cas de toute cause d'extinction de l'action publique, notamment le décès du prévenu, la prescription de l'action publique.

Paragraphe troisième : L'ordre légal de l'instruction à l'audience

Au regard de l'article 74 du code de procédure pénale, l'audience pénale se déroule dans l'ordre suivant :

- Les procès-verbaux de constat, s'il y en a, sont lus par le greffier ;
- Les témoins à charge et à décharge sont entendus s'il y a lieu et les reproches, proposés et jugés ; le prévenu est interrogé ;
- La partie civile, s'il en est une, prend ses conclusions ;
- Le tribunal ordonne toute mesure d'instruction complémentaire qu'il estime nécessaire à la manifestation de la vérité ;
- Le ministère public résume l'affaire et fait ses réquisitions ;
- Le prévenu et la personne civilement responsable, s'il y en a, proposent leur défense ;
- Les débats sont déclarés clos.

Section III. La question centrale des débats : la preuve pénale

Parce qu'elle permet de statuer sur la culpabilité du prévenu, la preuve revêt une importance toute particulière en procédure pénale. Question centrale du procès pénal, la preuve confronte le juge pénal au prévenu soupçonné d'avoir accompli un ou plusieurs forfaits. De bonne guerre, le prévenu au procès mettra tout en œuvre pour maquiller les faits qui lui sont reprochés. Rappelons que ce prévenu bénéficie parallèlement de la présomption d'innocence, ce qui oblige le juge, au-delà de tout doute

---

[917] C.S.J., R.P. 2966, Cass., matière répressive, Paluku Wa Muthethi c/ Banque Internationale de Crédit, *Arrêt*, 28 novembre 2008, *Bulletin des Arrêts de la cour suprême de justice* (2004-2009), Kin., 2010, pp. 103-108.

raisonnable, de se fonder sur une preuve sans faille rapportée par l'accusation[918].

Paragraphe premier : Définition de la preuve

Alors que nous avions présenté le juge comme étant cet organe qui se positionne au milieu de deux thèses - celle de l'Accusation et celle de la Défense- pour arbitrer un litige déterminé, sans aller à la recherche d'autres preuves que celles apportées devant lui, il nous semble important de préciser que dans le système de notre procédure pénale, le juge est toujours à la recherche d'une vérité et ne peut condamner qu'en ayant recours à son intime conviction. Pour ce faire, le juge est appelé à jouer un rôle actif dans la recherche des preuves en vue de parvenir à l'établissement de la vérité, qui résulte par ailleurs de la contradiction au cours des débats. A cet effet, le juge ne tranche pas entre les deux thèses, il ne doit valider la thèse de l'Accusation que si celle-ci parvient à établir une forte probabilité de culpabilité[919].

Ainsi donc, la preuve peut être définie comme étant la démonstration de la véracité d'un fait[920] ou la démonstration d'une vérité, en vue de persuader le juge[921]. En droit pénal, la preuve consiste à déterminer l'existence de certains faits pénalement répréhensibles par une personne identifiée qui a eu l'intention de les commettre[922].

Paragraphe deuxième : Administration de la preuve

L'administration de la preuve pénale consiste en la présentation d'une preuve et à sa discussion devant le juge pénal.

A. La charge de la preuve incombe au Ministère public

Il est de principe en droit pénal que la charge de la preuve de l'infraction incombe au ministère public[923]. Ainsi, lorsqu'un juge fonde sa

---

918 Géraldine DANJAUME, « Le principe de la liberté de la preuve en procédure pénale », in *Recueil Dalloz*, 1996, Chron., p. 153.

919 Geneviève GIUDICELLI-DELAGE (dir.), *Les transformations de l'administration de la preuve pénale. Perspectives comparées,* Paris, société de législation Comparée, 2006, p. 21.

920 Géraldine DANJAUME, loc. cit.

921 Denis ALLAND et Stéphane RIALS (dir.), op. cit., p. 1195.

922 Gérard LOPEZ et Stamatios TZITZIS (dir.), op. cit., p. 736.

923 Ière Inst., Léo., 22 mai 1939, *R.J.C.B.*, 1940, p. 116 ; C.S.J., R.P.A. 26, App., matière répressive, le ministère public c/ Boji Ntole et csrts, *Arrêt*, 04 mai 1974, *Bulletin des Arrêts de la cour suprême de justice* (1974), Kin., 1975, p. 74.

conviction sur la circonstance que le prévenu ne fournit pas la preuve de ses dénégations des faits qui lui sont reprochés, il viole le principe mettant le fardeau de la preuve à charge de l'accusateur. Une telle décision doit être annulée[924].

Le principe *actori incumbit probatio* résulte d'un autre grand principe, celui de la présomption d'innocence, qui impose que la charge de la preuve incombe à l'Accusation, c'est-à-dire la partie poursuivante : *actori incumbit probatio.* Quiconque affirme quelque chose doit le prouver. Le ministère public a donc la charge de prouver l'élément légal de l'infraction, c'est-à-dire l'existence d'un texte de loi qui punit les agissements reprochés ; il a encore la charge de prouver la réunion des éléments matériels de l'infraction ou sa matérialité et l'élément moral de ladite infraction. Le ministère public a en outre la charge de prouver l'imputation de l'infraction à la personne accusée. Il a enfin la charge de prouver l'absence de prescription de l'action publique[925].

B. La charge de la preuve peut être renversée et peser sur le prévenu

Dans la mesure où le prévenu invoque un moyen spécial de défense ou une exception, il devient pour ce moyen, comme un demandeur, et doit en démontrer l'existence : *reus in excipiendo fit actor.* Ainsi par exemple, il incombe au prévenu d'apporter la preuve de l'acte imposé par le besoin de la défense, c'est-à-dire la légitime défense, et généralement aussi tous faits justificatifs, qui sont des circonstances exceptionnelles dérogatoires qui ne se présument pas[926]. De même, dans la mesure où les procès-verbaux des Agents de la Douane font foi jusqu'à ce que fausseté en soit prouvée, en tant qu'ils relatent des opérations ou des constatations faites par les verbalisateurs[927], il appartient au prévenu d'apporter la preuve contraire d'inscription en faux. Cependant, lorsque le prévenu allègue une circonstance qui exclut sa culpabilité, et que cette allégation n'est pas démunie de tout élément permettant de lui accorder crédit, il incombe au ministère public d'en établir l'inexactitude[928].

---

[924] Kis., App., matière répressive, M.P. c/ O. et M., *Arrêt*, 2 août 1973, *Revue Juridique du Zaïre,* 1974, n°1, p. 56.
[925] Gérard LOPEZ et Stamatios TZITZIS (dir.), loc. cit.
[926] Jean PRADEL, op. cit., p. 324.
[927] Art. 361, ordonnance-loi n°10/002 du 20 août 2010 portant code des douanes, *J.O.*, 51ème année, n°spécial, 26 décembre 2010.
[928] Léo., 14 août 1952, *R.J.C.B.*, 1952, p. 292.

C. La liberté de la preuve

La preuve d'une infraction peut être apportée par tout mode de preuve, et le juge dispose de la liberté de se prononcer sur la valeur démonstrative de la preuve et de décider, d'après son intime conviction[929], si un fait est tenu ou non pour établi[930]. Le principe de la liberté de la preuve est ainsi posé. Sous d'autres cieux, ce principe est posé par la loi[931].

1. La liberté de la preuve induit l'absence de hiérarchisation formelle des preuves pénales

Contrairement au droit civil, le droit pénal n'admet pas la hiérarchie des preuves. A cet égard, lorsque le juge est convaincu de la culpabilité d'un délinquant, il peut prononcer une condamnation pénale sans avoir besoin de recourir à une quantité de preuves. Il dispose de la liberté d'accorder valeur probante à telle preuve plutôt qu'à telle autre.

2. La liberté de la preuve est renforcée par la jurisprudence

En République démocratique du Congo, la liberté de la preuve demeure un principe général de droit renforcé par la jurisprudence[932]. Il a été en effet jugé qu'en matière pénale le juge doit baser sa décision sur son intime conviction et peut rechercher la preuve des faits dans tous les éléments de la cause et notamment dans les renseignements inclus dans les procès-verbaux réguliers[933]. Il peut aussi fonder sa conviction de la culpabilité du prévenu sur les résultats de l'examen dactyloscopique des

---

929 Art. 353, al. 2, code de procédure pénale français : « La loi ne demande pas compte aux juges des moyens par lesquels ils se sont convaincus [...] ; elle leur prescrit de s'interroger eux-mêmes dans le silence et dans le recueillement et de chercher, dans la sincérité de leur conscience, quelle impression ont faite, sur leur raison, les preuves rapportées contre l'accusé, et les moyens de sa défense. La loi ne leur fait que cette seule question, qui renferme toute la mesure de leurs devoirs : 'Avez-vous une intime conviction ?' ».

930 Geneviève GIUDICELLI-DELAGE (dir.), op. cit., p. 67.

931 Lire par exemple l'article 427 du code de procédure pénale français.

932 C.S.J., R.P. 324, Cass., matière répressive, Kabamba Mupemba c/ le ministère public et Société Boukin, *Arrêt*, 07 octobre 1980, *Bulletin des Arrêts de la cour suprême de justice* (1980-1984), Kin., p.83] ; C.S.J., R.P. 324, Cass., matière répressive, Kabamba Mupemba c/le ministère public, *Arrêt*, 7 octobre 1980, *Bulletin des Arrêts de la cour suprême de justice* (2004-2009), T. II, Kin., 2010, p. 83.

933 Léo., 26 octobre 1937, *R.J.C.B.*, 1938, p. 111 ; Elis., 19 mars 1940, *R.J.C.B.*, 1940, p. 131.

empreintes relevées sur le lieu de vol[934], à la condition qu'il soit démontré que les empreintes en question sont celles de l'auteur de l'infraction[935].

3. Le domaine d'application de la liberté de la preuve

La liberté de la preuve et l'exploitation de la preuve.

La liberté de la preuve est un principe qui mérite d'être cantonné dans *la phase d'exploitation de la preuve*. A ce stade, la preuve recueillie fait l'objet d'une appréciation. Cela implique la mise à contribution de l'intime conviction du juge, ou le recours à la preuve morale, apparue comme le seul système rationnel pour aboutir à une certitude. La preuve morale permet au juge de recourir à toutes sortes de preuves, surtout lorsque celles-ci sont discordantes, les confronter, puis les apprécier librement[936]. Le juge a le devoir de se forger une conviction personnelle en vue d'aboutir à une meilleure décision.

1ère Limite à la liberté de la preuve : la transparence dans la recherche de la preuve.

Par contre, le droit de procédure pénale ne reconnaît pas la liberté de la preuve au stade de la recherche de la preuve. A ce stade précisément, la loi impose *l'exigence de la transparence*, au nom de laquelle les moyens de preuve sont minutieusement réglementés. C'est ainsi que pour en éviter la falsification et la détérioration, le code de procédure pénale impose la mise sous scellés des objets et documents saisis[937]. De même, le code de procédure pénale réglemente strictement le témoignage, en exigeant la prestation de serment du témoin[938], en empêchant la coalition ou la collusion des témoins en vue d'en assurer l'authenticité, non sans prévoir des sanctions à l'encontre d'un témoin récalcitrant[939]. Le code pénal assure même le relai du code de procédure pénale en prévoyant des peines à l'encontre de l'auteur d'un faux témoignage[940] ou à l'encontre du coupable de subornation de témoin[941]. Par ailleurs, le code de procédure pénale s'emploie à la transparence dans la désignation de l'expert, le

---

934 Ière Inst., Ruanda-Urundi, app., 11 octobre 1951, *R.J.C.B.*, 1952, p. 115.
935 *R.J.C.B.*, 1930, p. 157.
936 Géraldine DANJAUME, *passim*.
937 Art. 24 et 25, code de procédure pénale.
938 Art. 17 et 77, code de procédure pénale.
939 Art. 19 et 78, code de procédure pénale.
940 Art. 128, code pénal.
941 Art. 129, code pénal.

déroulement de l'expertise et la remise du rapport de l'expert[942]. Toutes ces exigences fondent autant qu'elles justifient la garantie de transparence.

2ème Limite à la liberté de la preuve : la loyauté dans la recherche de la preuve.

La recherche de la preuve s'accompagne également de *l'exigence de la moralité*, élément pondérateur contre les abus et dont le juge est le garant. La vérité, dit-on, est une belle chose qui ne peut pas être recherchée de n'importe quelle manière. A cet effet, le juge impose à la police et aux magistrats le respect d'une certaine déontologie et d'une certaine éthique. Pour tout dire, l'exigence de la moralité impose le respect du principe de la loyauté dans l'administration de la preuve.

La loyauté dans l'administration de la preuve est un principe admis en droit judiciaire selon lequel la preuve doit être recueillie et administrée en justice de manière loyale[943], c'est-à-dire le juge ne peut déclarer recevable un élément de preuve obtenu par des moyens qui entament fortement sa fiabilité. La question de la loyauté est développée différemment selon que l'on se trouve en droits français, congolais ou anglais.

La situation en droit français.

En droit français, la question est d'avantage développée par les interventions du législateur, de la jurisprudence et de la doctrine :

1° La solution au sujet de l'interrogatoire pratiqué sous narcose.

La jurisprudence française manifeste une hostilité vigoureuse à l'endroit de l'interrogatoire pratiqué sous narcose[944]. Par ailleurs, l'audition d'un témoin entendu sous hypnose[945], même avec son accord,

---

942 Art. 48-52, code de procédure pénale.

943 BOULOC Bernard, op. cit., n°115 ; GUINCHARD Serge et BUISSON Jacques, *Procédure pénale*, Paris, 4ème éd. Litec, 2008, n°549.

944 Crim., 12 décembre 2000, Bull. crim., n°369, *Dalloz*, 2001, p. 1340, note D. MAYER et Jean-François CHASSAING, in *JCP*, 2001, II, p. 10495 ; note C. PUIGELIER, in *Rev. Pénit.*, 2001, p. 590, obs., Hervé ASCENSIO, in *Rev. sc. Crim.*, 2001, p. 610.

945 En médecine, l'hypnose est un état de conscience spécifique provoqué par la suggestion, caractérisé par l'abolition partielle de la volonté et qui ne marque pas la mémoire.

en vue de réactiver sa mémoire, est nulle. La narco-analyse n'est admise qu'à des fins thérapeutiques.

2° La solution au sujet des écoutes téléphoniques.

Les écoutes téléphoniques existent dans le fait d'accéder à des conversations privées, non seulement en utilisant une dérivation, mais encore en employant tout procédé comme le fait d'approcher une radiocassette de l'écouteur. Il s'agit de l'interception, l'enregistrement et la transcription de correspondances émises par la voie des télécommunications. Cependant, ne constitue pas une « interception » le simple compte-rendu de propos entendus par des policiers au cours d'une conversation téléphonique qui s'est déroulée en leur présence, sans artifice ni stratagème. Il en est de même de la simple lecture et transcription par les policiers, sans artifices ni stratagème, de messages parvenus sur la bande d'un récepteur de messagerie unilatérale « Tatoo ». Intercepter signifie « prendre au passage ». Dès lors, intercepter des conversations, c'est les recueillir pendant qu'elles se font de sorte que l'interception suppose une préméditation, l'organisation d'un dispositif technique avant la tenue des conversations et en vue de les capter. Enfin, l'écoute téléphonique émane d'une autorité publique.

Le procédé technique des conversations échangées par téléphone soulève des difficultés sur sa fiabilité et l'atteinte aux droits de la défense.

La jurisprudence s'est prononcée positivement sur la question.

En droit français la licéité des écoutes fut proclamée pour la première fois par des juridictions du fond[946]. La cour de cassation emboîta timidement le pas aux juridictions du fond, en décidant que les actes utiles à la recherche de la vérité ne doivent souffrir en principe d'aucune restriction sinon celle du respect des droits de la défense[947]. Mais dans l'affaire Tournet, la cour de cassation se montre beaucoup plus décisive et nette en statuant expressément sur la validité des écoutes et en les validant. En l'espèce, un juge d'instruction avait donné réquisition d'information à un officier de police judiciaire afin que soit placée sous écoute la ligne téléphonique d'un inculpé qu'il venait de remettre en

---

[946] Trib. corr. Seine, 13 février 1957, *JCP*, 1957, II, p. 10069 ; Poitiers, 7 janvier 1960, *JCP*, 1960, II, p. 11599 ; Trib. corr. Seine, 30 octobre 1964, *Dalloz*, 1965, p. 423.

[947] Crim., 26 juin 1979, Bull. Crim., n° 227.

liberté. La jurisprudence Tournet a été confirmée par plusieurs arrêts postérieurs[948].

La doctrine demeurait encore partagée.

Dans la doctrine les opinions étaient partagées en ce qui concerne les écoutes destinées à intercepter des paroles. Certains auteurs étaient favorables aux écoutes[949], pendant que d'autres restaient irréductiblement hostiles[950], au motif que les écoutes téléphoniques portent atteinte à l'article 8 de la convention européenne des droits de l'homme relatif au secret de la vie privée.

L'intervention du législateur.

Rapidement le législateur intervient, après les efforts de la jurisprudence, qui a esquissé un régime des écoutes[951], pour légaliser les écoutes téléphoniques[952] sous réserve de deux limites. En effet, pour que les écoutes soient légales, deux conditions sont exigées :

1°Il ne doit exister aucun artifice ni stratagème.

L'artifice est déloyal lorsqu'il s'accompagne d'une provocation, menace, mensonge ou promesse fallacieuse et se pose alors un problème de loyauté dans la recherche de la preuve. En pratique, l'écoute est illicite lorsque l'officier de police judiciaire joue un rôle actif, soit en parlant lui-même tout en dissimulant sa qualité, soit en faisant parler l'interlocuteur de la personne mise en examen tout en lui dictant ses propos. La franchise doit en effet guider tout enquêteur.

---

948 Crim., 23 juillet 1985, Dalloz, 1986, Somm., p. 120 et obs. ; 4 novembre 1987, Dalloz, 1988, Somm., p. 195 et obs. ; Paris, 27 juin 1984, Dalloz, 1985, p. 93.

949 Georges LEVASSEUR, obs., Rev. science crim., 1980, p. 718 ; L. LAMBERT, Formulaire des officiers de police judiciaire, 2ème éd., 1979, p. 285 ; Jean PRADEL, T. II, n° 433.

950 Raymond GASSIN, *Rép. pénal Dalloz*, v° Vie privée, n°101 ; P. CHAMBON, « De la légalité des écoutes téléphoniques, concernant un inculpé, ordonnées par le juge d'instruction », *JCP*, 1981, I, p. 3029 ; et « Le statut des écoutes et enregistrements clandestins en procédure pénale », *Rapport*, au 8ème Congrès de l'Association française de droit pénal, Grenoble, 1985, in *Le droit criminel face aux technologies nouvelles de la communication*, 1986, p. 35

951 Crim., 15 mai 1990, Bull. crim., n°193 ; Jean PRADEL, « Les écoutes téléphoniques judiciaires : un statut en voie de formation », Revue Française de Droit Administratif, 1991, p. 83.

952 Loi du 10 juillet 1991 (art. 100 et ss., code de procédure pénale).

2°Les écoutes ne doivent pas porter une atteinte effective aux droits de la défense.

L'atteinte aux droits de la défense peut apparaître aussi à l'état pur, sans que le moindre stratagème ait été organisé. Ainsi en est-il lorsque l'écoute porte sur une conversation entre la personne mise en examen et son conseil. L'écoute ne peut alors être admise car elle porterait atteinte aux droits de la défense[953], car les rapports entre ces deux personnes restent systématiquement secrets, sauf à démontrer qu'à l'occasion de la commission d'une infraction la personne mise en cause était ou pouvait être complice de son avocat[954].

Au demeurant, le principe de la licéité des écoutes au cours de l'instruction préparatoire est affirmé en droit français. Au stade de l'enquête en revanche, il faut affirmer la solution inverse : l'exclusion de toute écoute, pressentie de longue date par la doctrine[955] a été magistralement consacrée par la jurisprudence[956].

3° La solution au sujet des enregistrements.

L'enregistrement, au titre de preuve pénale, effectué à l'insu d'une personne de ses conversations ou la mémorisation (par filmage ou par procès-verbal) de son comportement pose un problème de liberté et surtout de loyauté dans la recherche probatoire. Sans condamner dans le principe le procédé, la jurisprudence française se montre très prudente, sinon hésitante. Dans une affaire où un policier avait enregistré à son insu les propos qui lui ont été tenus par un avocat ayant désiré le rencontrer, la chambre criminelle a d'abord annulé la procédure[957], puis devant les résistances de la chambre d'accusation de renvoi, validé cette procédure[958], avec une motivation fondée sur le fait que le policier, objet

---

953 Crim., 12 décembre 2000, Bull. crim., n°309.

954 Crim., 15 janvier 1997, Bull. crim., n°14, *Dr. pén.*, 1997, Comm. 55, obs. A. MARON ; 8 novembre 2000, Bull. crim., n°335 ; 14 novembre 2001, Bull. crim., n°238.

955 A. CHAVANNE, « Les résultats de l'audio-surveillance comme preuve pénale, Rapport, au 12ème Congrès international de droit comparé, Sydney et Melbourne, 1986, Revue internationale de droit comparé, 1986, p.749.

956 Ass. plén. 24 novembre 1989, Bull. crim., n°440, *Dalloz*, 1990, p. 34 ; Crim. 4 septembre 1991, Bull. crim., n°312, *JCP* 1992, II, note Jean-Didier.

957 Crim., 16 décembre 1997, Bull. crim. n°427 ; *Dr. pénal*, 1998, com. 61 et obs. A. MARON ; D. 1998. 354, note J. PRADEL.

958 Crim., 19 janvier 1999, Bull. crim., n°9 ; *JCP*, 1999, II, 10156, note D. REBUT.

d'une tentative de corruption par l'avocat, pouvait se constituer une preuve des faits dont il était lui-même victime.

Mais il y a ensuite les particuliers eux-mêmes qui, d'initiative, veulent se réserver d'emblée une preuve. Très exactement, des personnes se prétendant victime d'une infraction se procurent toutes seules des preuves en recourant par exemple à des prises de vue par voie de caméra ou en enregistrant des conversations, parfois au prix de la commission de l'infraction d'atteinte à la vie privée. Puis elles remettent ces éléments de preuve entre les mains de la justice. Ces éléments sont-ils recevables ? Deux arrêts rendus en 1992 et en 1993, apportent une réponse affirmative, surtout le premier. Un troisième arrêt rendu en juin 2002 apporte une réponse aussi nette, et même d'autant plus nette que les circonstances étaient très particulières.

L'arrêt Carrefour.

Dans la première affaire les faits se présentent comme suit : la société Carrefour, ayant constaté une baisse importante du montant de ses encaissements en numéraire dans l'un de ses établissements, avait installé une caméra dans une bouche d'aération pour surprendre, le cas échéant, des employés à la caisse en train de s'emparer de sommes d'argent. Il apparut bientôt que plusieurs employés s'étaient emparé de numéraire et avaient en même temps détruit des tickets de caisse. La société déposa plainte pour abus de confiance et à l'appui de cette plainte, remit à la police les films accusateurs. Bientôt le juge d'instruction inculpa cinq employés qui d'ailleurs passèrent presque tous aux aveux. Mais la question de l'irrégularité des enregistrements se posa. La chambre d'accusation de Caen affirma la régularité de la procédure et la chambre criminelle de la Cour de cassation française, dans son arrêt rendu le 23 juillet 1992, approuva la juridiction d'appel. A l'appui de sa décision, la cour de cassation invoque trois arguments : (i) Il n'existe aucun texte de procédure qui interdit la production par le plaignant des pièces de nature à constituer des charges contre les personnes visées dans la plainte. Il n'y a pas des raisons de s'inquiéter des preuves qui ont pu être amassées par une victime « à chaud », avant le commencement de la procédure. On ne risque aucun conflit entre parties privées et organes officiels et, en outre, il est important d'amasser aussitôt que possible, voire pendant la commission de l'infraction, les premières preuves. L'argument avancé par la Cour de cassation n'est qu'une suite logique de sa propre jurisprudence. Elle avait en effet jugé dans une autre espèce antérieure que la victime d'appels téléphoniques répétés peut procéder d'office à leur enregistrement. En somme, quand un comportement est infractionnel (comme des persécutions), il est loisible à la victime d'en rapporter la preuve par un moyen lui-même réprimé (enregistrement des conversations). Car l'auteur des persécutions, en l'occurrence, ne saurait se faire un grief de l'enregistrement des paroles prononcées par lui, paroles qui sont elles-mêmes constitutives d'une infraction[959]. (ii) La chambre criminelle de la Cour de cassation française allègue en second lieu que les enregistrements effectués par la victime d'une infraction ne constituent pas des actes de procédure mais des pièces à conviction, donc non susceptibles d'annulation. Cet argument n'est plus d'actualité, car les articles 173 et 174 du code de procédure pénale français envisagent l'hypothèse des pièces de procédure qui peuvent être frappées de nullité. (iii) La chambre criminelle de la Cour de cassation française invoque le fait qu'il appartient aux juridictions répressives d'apprécier la valeur des enregistrements au regard des règles relatives à l'administration de la preuve des infractions. Ce dernier argument a l'avantage de supplanter tous les autres. En effet, même si l'on admet que le versement du film est irrégulier, la procédure française offre des garde-fous tirés de la procédure d'audience, à savoir l'examen contradictoire des preuves et l'intime conviction du juge.

L'arrêt infanticide.

Dans la deuxième affaire, deux époux, parents d'un enfant, vivent séparés de fait. L'enfant disparaît. Une information est ouverte du chef d'enlèvement de mineur. La mère de l'enfant disparu raconte au juge d'instruction que son mari lui a avoué, avec force détails, qu'il a assassiné l'enfant. Une inculpation d'assassinat est prononcée contre le père, inculpation fondée sur ces déclarations corroborées par des enregistrements de conversation entre les deux parents. Devant la chambre d'accusation, le père invoque la nullité des enregistrements. La chambre d'accusation rend cependant un arrêt de renvoi en cour d'assises que le père frappe aussitôt de pourvoi. Il soutient dans son pourvoi qu'il y a eu stratagème et atteinte à la vie privée et donc obtention d'une preuve à l'aide d'une infraction ; et par voie de conséquence, il y a violation du principe du procès équitable. La chambre criminelle rejette le pourvoi du père en invoquant divers arguments : (i) La Cour de cassation soutient que les cassettes d'enregistrement sont des pièces à conviction n'ayant que la valeur d'indices de preuve et ne constituent pas des actes de l'information susceptibles d'être annulés. (i)

---

959 Crim., 17 juillet 1984, *Bull. crim.*, n°259.

la Cour de cassation invoque le fait que le principe du procès équitable ne s'applique pas à l'instruction et ne concerne que les seules juridictions de jugement. Cette affirmation est tout à fait classique, mais contestable. Car, comme on l'a vu, le principe du procès équitable s'applique à toute la procédure pénale, l'instruction préparatoire y est intégrée.

L'arrêt d'avril 1993 a été suivi de plusieurs autres. La chambre criminelle de la cour de cassation a décidé, à diverses reprises, qu'il n'existe aucune disposition légale qui permet aux juges répressifs d'écarter les moyens de preuve produits par les parties au seul motif que ces moyens auraient été obtenus de manière illégale[960]. Pour la jurisprudence française, l'essentiel est donc que la preuve puisse être discutée contradictoirement, en fait à l'audience, dans le cadre d'un procès équitable. L'on ne saurait en effet exclure par principe et *in abstracto* l'admissibilité d'une preuve recueillie de manière illégale, l'important étant que le prévenu ait été tenu au courant de la preuve produite contre lui et ait pu la discuter[961].

L'arrêt du testing.

L'espèce jurisprudentielle produite par l'arrêt du 11 juin 2002 est extrêmement originale. En effet, L'association SOS Racisme soupçonnait des tenanciers de discothèques de n'accueillir que des clients non maghrébins. Elle organisa une opération dite de « testing », d'origine anglo-saxonne. Diverses personnes furent réparties en petits groupes composés les uns d'individus d'origine maghrébine et les autres d'individus d'origine européenne, et elles se présentèrent à l'entrée de diverses discothèques. Les tenanciers refusèrent l'entrée des personnes d'origine maghrébine. Le parquet lança des poursuites pour discrimination dans la fourniture d'un service à raison de l'origine raciale ou ethnique à l'encontre des tenanciers. Les juges du fond prononcèrent des relaxes pour illicéité du « testing », défaut de loyauté et atteinte aux droits de la défense. Par son arrêt du 11 juin 2002, la chambre criminelle de la cour de cassation française casse l'arrêt entrepris rendu le 5 juin 2001. Elle invoque classiquement l'indifférence de l'origine illicite ou

---

960 Crim., 15 juin 1993, Bull. crim. n°210, *Dalloz*, 1994, p. 623, note C. MASCALA 6 avril 1994, Bull. crim n°136, *GP*, 1994, II, p. 489, note J.P. DOUCET ; Crim., 30 mars 1999, Dalloz, 2000, p. 391, note T. GARE.

961 M. de KERKOVE, « La preuve en matière pénale dans la jurisprudence de la CEDH », in *Rev. Science Crim.*, 1992, pp. 1 et ss.

déloyale de la preuve et rappelle qu'il appartient au juge du fond d'en apprécier la valeur probante après débat contradictoire.

L'arrêt du *testing* a ceci d'original que la preuve n'est plus administrée par un particulier invoquant un préjudice direct et personnel, mais par une association défendant un intérêt collectif, une valeur générale, celle de la non-discrimination. La cour de cassation française va très loin, en faisant appel aux associations. Cette décision démontre par ailleurs, s'il en était besoin, l'attachement de la jurisprudence française à la recevabilité d'une preuve obtenue par un particulier, même de façon irrégulière. Néanmoins, cette preuve doit être encadrée par l'observance des conditions suivantes :

- La preuve illicite doit être obtenue par une personne privée, la loyauté étant plus strictement appréciée à l'égard des policiers[962].

- La violation commise par la personne privée ne doit pas être trop grave. A cet effet, la preuve extorquée par la violence n'est pas admise, car il importe que le délinquant garde sa liberté. La provocation n'est admissible que si elle ne détermine pas la commission de l'infraction par la suppression de la volonté du délinquant. Le raisonnement est le même que pour les violences policières[963].

- Le respect du principe du contradictoire. Les parties doivent pouvoir discuter, notamment à l'audience.

La situation en droit congolais.

Le droit congolais n'est pas aussi fouillé comme l'est le droit français, surtout dans le domaine de la narco-analyse, des écoutes téléphoniques et des enregistrements. Peut-être les affaires judiciaires ne sont-elles pas aussi développées comme dans ce dernier pays. Cependant, le principe demeure le même : la preuve doit être recueillie et administrée en justice de manière loyale. Il est donc interdit au juge de déclarer un élément de preuve recevable si son admission, allant à l'encontre d'une bonne administration de la justice, lui porterait gravement atteinte. Ainsi, le juge pourra exclure tout élément de preuve dont la valeur probante est largement inférieure à l'exigence d'un procès équitable, c'est-à-dire un

[962] Crim., 16 décembre 1997, Bull. crim., n°427, *Dalloz*, 1998, p. 354.

[963] P.Maistre du CHAMBON, « La régularité des provocations judiciaires, l'évolution de la jurisprudence », in *JCP*, 1989-I, p. 3422.

élément de preuve qui nuit à l'équité du procès. En définitive, au regard de l'article 75 du code de procédure pénale, la force probante d'un procès-verbal est évaluée librement par le juge de fond, qui en apprécie la pertinence ou l'admissibilité. C'est ainsi qu'il a été jugé que les constations faites au cours d'une visite domiciliaire illégale et les preuves recueillies ensuite de ces constatations ne peuvent fonder une condamnation[964]. Il a été aussi jugé que le caractère illégal des devoirs d'instruction enlève toute force probante aux constatations effectuées, ainsi qu'à l'aveu du prévenu, obtenu à la suite de l'illégalité commise[965]. De même, il a été encore jugé que si l'on doit considérer comme nulle la preuve obtenue par le témoignage d'un dépositaire de secret professionnel, cela ne peut s'entendre que dans l'hypothèse où le dépositaire du secret étant sous le serment et refusant de fournir des renseignements qu'il estime avoir appris sous le sceau du secret, se voit néanmoins contraint de les livrer[966].

La situation en droit anglais.

En droit anglais, les tribunaux sanctionnent parfois les comportements illégaux et déloyaux de la police dans la recherche des preuves en rejetant les preuves ainsi obtenues. L'article 76 du *Police and Criminal Evidence Act* (PACE) de 1984 oblige le tribunal à le faire pour tout aveu obtenu par *l'oppression.* L'article 78, en outre, accorde au tribunal le pouvoir discrétionnaire de rejeter toute preuve apportée par l'accusation s'il considère que l'admission de la preuve rendrait le procès inéquitable[967].

Paragraphe troisième : Les modes de preuve

Sur fond du principe de la liberté de la preuve, la science de la procédure pénale égraine plusieurs modes de preuve. Ainsi, la preuve d'une infraction peut résulter de :

---

964 Cass., 13 octobre 1952, *Pas.*, 1953, I, p. 52 ; Elis., 19 avril 1952, *J.T.O.*, 1953, p. 85.

965 Ière Inst., appel Coq., 10 juillet 1931, *R.J.C.B.*, 1931, p. 286.

966 C.S.J., App., R.P.A. 46, Matière répressive, M.P. c/ Dibaya Balekelayi, 19 mai 1977, *Bulletin des Arrêts de la Cour Suprême de Justice,* 1978, p. 40.

967 SPENCER John Rason, *La procédure pénale anglaise*, Paris, PUF, 1998, p. 31.

Les présomptions de droit ou de fait.

La preuve par présomption est admise lorsque les présomptions sont graves, précises et concordantes ou lorsque ces présomptions sont déduites de contradictions dans les explications du prévenu[968].

Le témoignage.

Le juge du fond peut se baser sur les déclarations d'un témoin pour condamner, à la condition qu'il soit établi que le témoin a prêté serment avant de faire sa déposition[969]. Il n'appartient qu'à ce juge, en toute souveraineté, d'apprécier les dépositions des témoins[970].

Les procès-verbaux.

En matière répressive, s'il est exact que la juridiction saisie statue d'après les seuls éléments versés aux débats publics à l'audience, il n'en reste pas moins que les procès-verbaux d'instruction préparatoire sont un de ces éléments. Ainsi, lorsqu'il résulte des débats devant le premier juge que ces procès-verbaux ont été longuement discutés en audience publique contradictoirement avec les prévenus, le juge est en droit d'y puiser sa conviction comme dans tous les autres éléments soumis à son appréciation[971].

L'aveu du délinquant.

L'aveu est une reconnaissance par le délinquant du ou des faits délictueux qui lui sont imputés[972]. Longtemps considéré comme la reine

---

968 C.S.J., R.P.A. 26, App., matière répressive, le ministère public c/ Boji Ntole et csrts, *Arrêt*, 04 mai 1974, *Bulletin des Arrêts de la cour suprême de justice* (1974), Kin., 1975, p. 75.

969 C.S.J., R.P. 107, Cass., matière répressive, Vloeberch Francine Hélène c/ le ministère public et Kabasu Dieudonné, *Arrêt*, 03 avril 1974, *Bulletin des Arrêts de la cour suprême de justice* (1974), Kin., 1975, p. 63 ; C.S.J., R.P. 64, cass., matière répressive, Larock Valère Léopold et le ministère public c/ Tarzia natale, *Arrêt*, 15 mai 1974, *Bulletin des Arrêts de la cour suprême de justice* (1974), Kin., 1975, p. 159.

970 C.S.J., R.P. 276, Cass., matière répressive, Vidal Pinheiro c/ le ministère public et Nzilenge Mpemebe, *Arrêt*, 13 mai 1980, *Bulletin des Arrêts de la cour suprême de justice* (1980-1984), Kin., p. 53 ; C.S.J., R.P. 64, cass., matière répressive, Larock Valère Léopold et le ministère public c/ Tarzia natale, *Arrêt*, 15 mai 1974, *Bulletin des Arrêts de la cour suprême de justice* (1974), Kin., 1975, p. 159.

971 Elis., 19 mars 1940, *R.J.C.B.*, 1940, p. 131.

972 Serge GUINCHARD et Thierry DEBARD (dir.), op. cit., p. 95 ; Geneviève GIUDICELLI-DELAGE (dir.), op. cit., p. 73.

des preuves ou la preuve par excellence[973], l'aveu ne lie plus le juge pénal. La doctrine estime que l'aveu n'est pas un moyen de preuve décisif, parce qu'en raison des circonstances, il peut s'avérer moins probant[974]. Tel est le cas de l'aveu extorqué par le fait de la torture, de l'aveu d'un malade mental, l'aveu de jactance, de désespoir, de complaisance, ou même de m'as-tu vu. La longueur d'un interrogatoire peut compromettre également la qualité intrinsèque d'un aveu. C'est pourquoi il est recommandé au juge de se montrer prudent et réservé face à un aveu, surtout lorsqu'il a des raisons plausibles de mettre en doute sa sincérité et sa véracité. Néanmoins, si l'aveu, même libre et spontané, ne constitue pas toujours une preuve absolue de culpabilité, il ne reste pas moins vrai qu'il constitue un élément moral de conviction pour le juge[975], qui est seul compétent et libre de faire une appréciation au sujet de l'aveu ou de la dénégation du prévenu[976]. C'est ainsi qu'il a été jugé qu'est équivalent à un constat d'adultère, le fait que l'amant, sa maîtresse étant en aveux, a reconnu avoir entretenu des relations coupables avec une femme mariée, même si à l'audience il s'est rétracté et s'est prévalu du fait qu'il n'a pas été surpris en flagrant délit[977].

La preuve biologique.

La preuve biologique ou l'analyse génétique(ADN) est devenue une arme quasi infaillible. Considérée désormais comme la nouvelle reine des preuves, l'analyse génétique est capable de réveiller les preuves endormies. L'on estime en effet que tout individu, à l'occasion de ses actions criminelles en un lieu donné, dépose et emporte à son insu des traces et des indices : sueur, sang, poussière, fibres, sperme, salive, poils, squames, terre. Qu'ils soient de nature physique, chimique ou biologique, ces indices, une fois passés au crible d'examens de plus en plus

---

973 Henri-D BOSLY et Damien VANDERMEERSCH, op. cit., p. 750.

974 Henri-D BOSLY et Damien VANDERMEERSCH, loc. cit.

975 Kin., App., matière répressive, M.P. c/ V.R., *Arrêt*, 16 juin 1966, *R.J.C.*, 1967, n°1, p. 28 ; Kin., App., matière répressive, M.P. c/ B.V., *Arrêt*, 29 août 1967, *R.J.C.*, 1968, n°1, p. 74.

976 C.S.J., R.P. 276, Cass., matière répressive, Vidal Pinheiro c/ le ministère public et Nzilenge Mpemebe, *Arrêt*, 13 mai 1980, *Bulletin des Arrêts de la cour suprême de justice* (1980-1984), Kin., p. 53.

977 Jad., 16 septembre 1950, *J.T.O.*, 1952, p. 26.

sophistiqués, parlent et livrent le récit du crime avant de permettre au lecteur-enquêteur de déchiffrer la signature de l'auteur coupable[978].

Néanmoins, la preuve génétique n'est pas toujours une preuve absolue. Certains auteurs pensent que le test ADN ne se substitue pas à l'enquête et qu'une confiance excessive en la preuve génétique est de nature à handicaper, dans certains cas, le déroulement de l'enquête, en raison de la perte de sens critique des enquêteurs[979].

La preuve cybernétique.

Les infractions contre les réseaux, un soutien à la preuve cybernétique. C'est le cas du *hacking* ou l'accès illégal à un système informatique, qui est une infraction qui porte atteinte à la sécurité, la confidentialité, l'intégrité et la disponibilité des données et systèmes informatiques. Les *abus de dispositifs* ou la possession, la production ou la mise à disposition de dispositifs ou de codes conçus pour permettre le hacking. Les infractions par les réseaux, un obstacle à la preuve cybernétique. C'est le cas des infractions se rapportant à la *pornographie enfantine*, les infractions relatives au racisme et à la xénophobie sur internet.

Autres modes de preuve.

Les écrits de la cause[980], les indices ou traces découverts peuvent fonder la conviction du juge sur la culpabilité du prévenu. Le juge peut par exemple recourir aux résultats de l'examen dactyloscopique des empreintes relevées sur le lieu de l'infraction pour condamner le prévenu[981]. Les expertises fournissent également des indications au juge[982]. Il en est ainsi aussi de l'interpellation du prévenu ; la commission rogatoire ; les mesures d'instruction complémentaire ; la visite des lieux ; la preuve technologique des interceptions des communications et surveillances électroniques, la preuve en cas de classement sans suite et de classement pour amende transactionnelle. A ce niveau, la recherche de

---

978 Yann PADOVA, « A la recherche de la preuve absolue. Réflexions sur l'utilisation de l'ADN en procédure pénale et sur le développement des fichiers d'empreintes génétiques », *Archives de politique criminelle*, 2004/1, n°26, p. 72.

979 Yann PADOVA, loc. cit.

980 Cass., 18 février 1957, *Pas.*, I, p. 736.

981 Ière Inst., R.U., 11 octobre 1951, *R.J.C.B.*, 1952, p. 115.

982 Art. 48, code de procédure pénale ; Gérard LOPEZ et Stamatios TZITZIS (dir.), loc. cit.

la vérité comme objectif du procès pénal est amené à un arrière-plan, soit en raison du besoin de célérité dans la procédure pénale, soit dans le but de concilier les parties d'un procès pénal, à la fois en utilisant des procédures abrégées, ou encore des procédures alternatives de règlement des conflits.

Paragraphe quatrième : La communication des preuves

La communication des preuves fait partie du droit de connaître l'accusation portée contre soi. Cela implique le droit de connaître le dossier de procédure ou de prendre connaissance de son contenu et de le consulter matériellement à tout moment et à chaque phase de l'instance. La personne accusée peut demander et obtenir l'autorisation de reproduire matériellement l'intégralité des pièces du dossier répressif en vue d'en prendre connaissance[983].

Section IV. La clôture et la réouverture des débats

La clôture des débats est déclarée de manière solennelle par le juge, qui accorde la parole en dernier au prévenu. Le plus souvent, le prévenu clame son innocence et sollicite que justice soit faite. C'est par ces mots que les débats sont clôturés et le juge prend la cause en délibéré pour son jugement être rendu dans le délai de la loi[984].

Après la clôture des débats, le tribunal répressif a le droit de rouvrir les débats pour autoriser les parties à soumettre des nouveaux éléments recueillis de nature à influer sur la décision du tribunal. La partie publique peut être autorisée à procéder à des investigations complémentaires, à la condition que les éléments ainsi recueillis fassent l'objet d'un débat public et contradictoire[985]. Le tribunal répressif a également le droit de rouvrir d'office les débats pour les mêmes raisons, ou dans toutes les hypothèses de changement intervenant dans sa composition. Le changement dans la composition d'un tribunal n'est valable que si le résumé des débats antérieurs a été acté à la feuille d'audience en procédant à la réouverture des débats[986]. Faute de procéder

983 Art. 157, arrêté d'organisation judiciaire du 20 août 1979.

984 En matière répressive, le délai est de dix jours (art. 43, loi organique n°13/011-B du 11 avril 2013 portant organisation, fonctionnement et compétences des juridictions de l'ordre judiciaire).

985 Cass., 19 décembre 1955, *J.T.*, 1956, p. 67 et *Pas.*, 1956, I, p. 382.

986 C.S.J., RP 78 et 86, 22 novembre 1972, *Bulletin des Arrêts de la cour suprême de justice*, 1973, p. 141 ; C.S.J., R.P. 113, Cass., matière répressive, Zima Jean-Samuel c/le

de la sorte, la décision doit être cassée d'office pour composition irrégulière[987]. La composition irrégulière du siège constitue un moyen de nullité d'ordre public que la haute juridiction peut soulever d'office et entraîne la cassation totale de la décision entreprise[988]. La jurisprudence justifie la réouverture des débats en cas de modification du siège par le principe général du droit selon lequel un jugement ne peut être rendu que par les juges qui ont assisté à toute l'instruction de la cause[989]. Ce principe assure en effet la protection de l'intérêt des parties et d'une bonne administration de la justice. La jurisprudence admet toutefois qu'est régulière au point de vue de la composition du siège la cause qui a été instruite et jugée par les mêmes juges lorsque les audiences composées d'un siège différent étaient des audiences de remise[990].

Section V. Le jugement

Paragraphe premier : Définition

Le jugement est un terme général pour désigner toute décision prise par un tribunal. On peut aussi l'appeler arrêt, dans la mesure où la décision est rendue par une cour. Il s'agit d'un acte de volonté émanant du juge[991] qui dit le droit pour un cas concret et particulier. Par sa décision, *le* juge passe à son corps défendant de la figure wébérienne du *paragraphen Automat,* à celle d'interprète de la loi puis de suppléance, soit que la loi reste muette sur les problèmes dont le juge est saisi, soit qu'elle contienne des normes contradictoires, soit encore qu'elle lui confie le soin d'arbitrer entre une mosaïque d'intérêt contradictoires[992]. A ce sujet, le juge remplit plusieurs fonctions dans son jugement : la résolution des litiges, la conciliation, la détermination de la loi, l'énonciation des normes sociales de comportements, l'authentification, le contrôle, la mise en œuvre des politiques sociales.

---

ministère public et Ansimbanda, *Arrêt*, 08 août 1974, *Bulletin des Arrêts de la cour suprême de justice* (1974), Kin., 1975, p. 209.

987 C.S.J., R.P. 213, Cass., matière répressive, le ministère public c/ Batafe, *Arrêt*, 21 août 1974, *Bulletin des Arrêts de la cour suprême de justice* (1974), Kin., 1975, p. 265.

988 C.S.J., RP 49, 26 juillet 1972, *Bulletin des Arrêts de la cour suprême de justice,* 1973, p. 141 ;

989 C.S.J., RP 92, 10 août 1974, *Bulletin des Arrêts de la cour suprême de justice,* 1975, p. 251 ;

990 C.S.J., RC 153, 31 août 1977, *Bulletin des Arrêts de la cour suprême de justice,* 1978, p. 90.

991 Même si la loi congolaise ne le prévoit pas expressément, il est admis comme un principe général de droit qu'une décision judiciaire ne peut être rendue que par les juges qui ont assisté à toute l'instruction de la cause, tant dans l'intérêt des parties elles-mêmes que dans celui d'une bonne justice (C.S.J., Cass., Matière répressive, *Arrêt*, 30 juillet 1969, *Revue congolaise de droit*, 1970, n°1, Jurisprudence, p. 11).

992 Denis ALLAND et Stéphane RIALS (dir.), op. cit., p. 863.

Paragraphe deuxième : Les délibérés et le prononcé du jugement

Une fois le débat terminé, les juges se retirent pour délibérer. Même si la loi congolaise ne le prévoit pas expressément, il est admis comme principe général de droit qu'une décision judiciaire ne peut être rendue que par les juges qui ont assisté à toute l'instruction de la cause[993]. C'est ainsi qu'il a été jugé que lorsque le premier juge n'a pas assisté à l'audience au cours de laquelle le prévenu a été interrogé, les témoins entendus et une expertise ordonnée, et n'a pas recommencé l'instruction, la procédure et le jugement doivent être déclarés nuls[994]. Les juges délibèrent dans le secret, en reproduisant et résumant le débat contradictoire qui a eu lieu en audience publique. Finalement, délibérer signifie confronter les opinions des juges pour aboutir à une décision-conséquence, c'est-à-dire le jugement.

Si l'on suit la conception des philosophes, décision de justice comprend deux finalités : *la finalité courte* du jugement suppose un acte qui départage les parties opposées et identifie les droits en présence. Le chaos du conflit est remplacé par l'attente du jugement. A la manière d'un gouvernail qui ne peut être disjoint du mouvement des vagues, le juge trace les frontières des prétentions des parties et son jugement tient ensemble la conflictualité sociale et la recherche de la norme applicable. Dans *la finalité longue* du jugement, le juge évolue du particulier au général, prépare le point de convergence des thèses contradictoires pour trouver l'argument acceptable par tous. Il énonce à ce sujet une décision universalisable. Le jugement permet donc de tisser un lien social à partir d'une écoute des antagonismes et ouvre sur une possible et mutuelle reconnaissance[995].

A ce sujet, il ressort de l'article 41 de la loi organique portant organisation, fonctionnement et compétences des juridictions de l'ordre judiciaire que les délibérés sont secrets. Le juge le moins ancien du rang le moins élevé donne son avis le premier, le président donne son avis le dernier. Au regard de l'article 42, les décisions sont prises à la majorité des voix. Toutefois, en matière répressive, s'il se forme plus de deux opinions dans le délibéré le juge qui a émis l'opinion la moins favorable au prévenu est tenu de se rallier à l'une des deux autres opinions.

---

993 C.S.J., Cass., matière répressive, *Arrêt*, 30 juillet 1960.

994 Elis., 1er juin 1943, *R.J.C.B.*, 1943, p. 188.

995 Paul RICOEUR, cité par Denis ALLAND et stéphane RIALS (dir.), op. cit., pp. 1241-1242.

Paragraphe troisième : Le délai légal requis pour prononcer un jugement

L'article 43 de la loi organique portant organisation, fonctionnement et compétences des juridictions de l'ordre judiciaire dispose que la chambre qui prend une cause en délibéré en indique la date du prononcé, qui doit intervenir au plus tard dans les dix jours. Ce délai peut être prorogé de cinq jours si le chef de la juridiction, par ordonnance motivée, l'y autorise, à la condition que la chambre saisie en formule expressément la demande ou en cas de force majeure dûment prouvée. La loi n'a pas prévu une sanction en cas de violation du délai légal de prononcé du jugement. Un grief formulé contre une décision rendu hors ce délai est fondé, mais demeure sans intérêt à cassation[996].

Néanmoins, l'on noterait avec intérêt une circulaire du premier président de la cour suprême de justice dans laquelle ce dernier, rappelant le respect du délai de prononcé des décisions judiciaires, a fustigé la léthargie de certains juges qui ne s'activent à rendre des décisions de justice qu'à l'annonce d'une inspection par la hiérarchie. Le premier président a relevé dans sa circulaire que les décisions de justice rendues dans la précipitation, à la suite de l'annonce d'une inspection, laissaient à désirer, et que dans bien des cas il ne s'agit que des décisions de réouverture des débats conçues pour couvrir le dépassement de délai. Il fait observer que la loi érige même en faute disciplinaire le dépassement non justifié du délai de prononcé par le juge[997].

Par contre, la loi a plutôt prévu la possibilité de faire engager la responsabilité personnelle d'un juge et obtenir sa condamnation au dommages-intérêts lorsqu'il est démontré que ce juge refuse de procéder au devoir de sa charge ou néglige de juger les affaires en état d'être jugées. C'est le déni de justice, qui est constaté par deux sommations faites par l'huissier et adressées au magistrat concerné à huit jours d'intervalle au moins[998].

---

[996] C.S.J., R.P. 1777, Cass., matière répressive, Siddique Patel c/le ministère public, Intshimi Munzimi, Munzimi Intshimi Laken, Munzimi Anto et Société Sociza Sprl, *Arrêt*, 17 juin 1997, *Bulletin des Arrêts de la cour suprême de justice* (1990-1999), Kin., 2003, p. 213.

[997] Note circulaire n°07 du 27 septembre 2011 sur le respect de délais de prononcé des décisions judiciaires.

[998] Art. 58, Loi Organique n°13/010 du 19 février 2013 relative à la procédure devant la cour de cassation.

Le déni de justice, résultant du refus par le juge de rendre sa décision dans le délai de la loi, participe de la lenteur de la justice congolaise. Les Etats Généraux de la Justice tenus à Kinshasa du 27 avril au 2 mai 2015 ont fustigé ce mal qui gangrène la justice congolaise, sans pour autant suggérer une recommandation appropriée sur la violation de l'article 43 de la loi organique portant organisation, fonctionnement et compétences des juridictions de l'ordre judiciaire[999]. Alors qu'à l'époque la violation de cette disposition légale ne pouvait être soupçonnée que dans le chef des juridictions inférieures, aujourd'hui même la plus haute juridiction du pays n'échappe plus aux travers habituels de la justice pénale. Il suffit, pour s'en convaincre, de recourir aux extraits de rôle de la cour suprême de justice en matière pénale. Par exemple, dans une affaire portée à sa connaissance au second degré[1000] et qui a connu plus de dix remises pour son instruction, la cour suprême de justice a reçu le réquisitoire du ministère public et les plaidoiries des parties un certain 21 avril 2014 ; le jour là même, la haute cour a clôturé les débats avec une promesse ferme faite aux parties de rendre son arrêt dans le délai de dix jours prévu par la loi. Pendant plus de vingt mois, la cour suprême de justice a peiné à rendre un arrêt d'acquittement ou de condamnation, se complaisant plutôt dans les arrêts avant dire droit. L'article 43 ci-dessus visé a perdu tout son sens et ne trouve plus application devant la haute juridiction du pays, celle-là même qui a reçu mission constitutionnelle d'assurer le contrôle de toutes les juridictions de l'ordre judiciaire[1001].

Paragraphe quatrième : Les parties d'un jugement

Un jugement comprend trois parties : le préambule, la motivation et le dispositif.

A. Le préambule

C'est la partie préliminaire d'un jugement, précédant le dispositif, et contenant notamment l'énumération des parties au procès, l'exposé des faits et l'objet de la cause, les rétroactes de la procédure avec les différentes remises qu'une cause a connues. Le préambule d'un jugement est rédigé par un greffier.

---

999 Nyabirungu Mwene Songa, *Rapport Général des Etats Généraux de la Justice en République démocratique du Congo,* août 2015, p. 18.

1000 C.S.J., R.P.A. 468, App., matière répressive, ministère public et partie civile c/ Dikango Bituki et csrts.

1001 Art. 153, constitution.

B. La motivation

La motivation est l'ensemble de motifs ou raisons qui constituent le soutien rationnel de l'argumentation développée par le juge dans son jugement. Il est en effet d'une bonne justice que celui qui est condamné prenne connaissance des arguments qui ont déterminé la décision du juge. Rédigée par le juge et obligatoire dans tout jugement[1002], la motivation permet ou facilite le contrôle juridique d'un jugement par les juridictions supérieures, notamment la cour de cassation[1003].

Motivation double, en fait comme en droit.

La motivation du jugement est double : en fait comme en droit.

1. La motivation en fait

La motivation en fait consiste à reconstituer les faits. Après instruction de la cause et au regard de son intime conviction, le juge pénal a la charge de reconstituer le fait. C'est la motivation en fait. A cet effet, le juge procède souverainement à une évaluation subjective et personnelle des faits, en s'appuyant néanmoins sur des éléments qui apportent à sa motivation une conclusion cohérente, rigoureuse et logique[1004].

2. La Motivation en droit

a. Motiver en droit c'est d'abord relever les éléments constitutifs de l'infraction

Après l'établissement des faits, le juge a la charge d'analyser chacun des éléments constitutifs d'une infraction, les appliquer aux faits de la cause et donner à ces faits une qualification pénale appropriée. Cet exercice intellectuel lui permet de ressortir une motivation claire et précise, d'analyser et relever les éléments matériels de l'infraction et de la

---

1002 Art. 21, constitution ; art. 87, code de procédure pénale ; C.G., appel, 22 mai 1896, *Jur. Etat*, I, p. 8 ; Elis., 8 février 1938, *R.J.C.B.*, 1938, p. 188.

1003 C.S.J., R.P. 2, 7 et 9, Cass., Matière répressive, *Arrêt*, Ministère public c/Kini et csrts, Kibwe c/ Ministère public, et Blindschdler c/ Ministère public, 8 octobre 1969, *Revue congolaise de droit*, 1970, n°1, Jurisprudence, p. 18 ; *Nimy Mayidika Ngimbi, Essai critique de jurisprudence. Analyse d'arrêts de la cour suprême de justice* (1969-1972), Kin., 1973, p. 289.

1004 C.S.J., R.P. 40, Cass., Matière répressive, *Arrêt*, Zola c/ Ministère public Ngwete, 7 février 1973, *Bulletin des arrêts de la cour suprême de justice* (1973), Kin., 1974, pp. 38-43.

culpabilité du prévenu[1005]. Dans le même contexte, le juge a la charge de relever l'élément moral nécessaire à la réalisation de l'hypothèse légale[1006]. C'est la motivation en droit. Ainsi, en matière d'abus de confiance par exemple, le juge a le devoir de relever à suffisance les conditions juridiques nécessaires et préalables régissant la détention d'un bien et la gestion de celui-ci telle que confiée au délinquant, mais également l'obligation de rendre compte, sans oublier la démonstration de l'intention frauduleuse sur le déficit constaté[1007]. De même, l'intention de nuire étant requise pour l'établissement de la dénonciation calomnieuse, le juge a le devoir de préciser cet élément moral par l'imputation non établie des faits faux à charge de la personne poursuivie[1008]. Cette dénonciation doit par ailleurs être faite spontanément aux autorités judiciaires, le juge devant le démontrer suffisamment, non sans relever que le délinquant avait connaissance de la fausseté du fait dénoncé[1009]. Dans le même esprit, le juge ne peut pas retenir l'infraction d'extorsion sans avoir relevé la réunion de tous les éléments constitutifs de cette infraction, notamment la violence et/ou les menaces auxquelles le prévenu a recouru ainsi que la remise forcée de la somme litigieuse[1010]. Les infractions d'injures publiques et d'imputations dommageables exigeant la publicité comme élément particulier, le juge saisi de ces faits doit ressortir desdits faits cet élément capital[1011]. En matière de

---

1005 C.S.J., R.P. 109, Cass., matière répressive, Justin Kalala c/ le ministère public, Augustin Kassanda et Marie-Louise Ndaya, *Arrêt*, 06 mars 1974, *Bulletin des Arrêts de la cour suprême de justice* (1974), Kin., 1975, p. 53-55.

1006 C.S.J., R.P. 82, Cass., matière répressive, Kapamba et Marcel De Groote c/ le ministère public, *Arrêt*, 10 août 1974, *Bulletin des Arrêts de la cour suprême de justice* (1974), Kin., 1975, p. 241-245.

1007 C.S.J., R.P. 2, 7 et 9, Cass., Matière répressive, *Arrêt*, Ministère public c/Kini et csrts, Kibwe c/ Ministère public, et Blindschdler c/ Ministère public, 8 octobre 1969, *Revue congolaise de droit*, 1970, n°1, Jurisprudence, p. 18 ; *Nimy Mayidika Ngimbi, Essai critique de jurisprudence. Analyse d'arrêts de la cour suprême de justice* (1969-1972), Kin., 1973, p. 289.

1008 C.S.J., R.P. 226, Cass., matière répressive, Kalonji Mulopwe c/ le ministère public et Badibanga Ntita, *Arrêt*, 26 février 1977, *Bulletin des Arrêts de la cour suprême de justice* (1977), Kin., 1978, pp. 16-20.

1009 C.S.J., R.P. 355, Cass., matière répressive, Padua Fausta c/ le ministère public et Anose Anany, *Arrêt*, 17 août 1982, *Bulletin des Arrêts de la cour suprême de justice* (1980-1984), Kin., 2001, pp. 321-327.

1010 C.S.J., R.P. 396, Cass., matière répressive, Mangumbe Elonga c/ le ministère public et Monkina Bonkobo, *Arrêt*, 7 octobre 1980, *Bulletin des Arrêts de la cour suprême de justice* (1980-1984), Kin., 2001, pp. 91-94.

1011 C.S.J., R.P. 1083, Cass., matière répressive, Tekadiomona Kapitao c/ le ministère public et Phanzu Nianga Di Manzanza, *Arrêt*, 26 juin 1990, *Bulletin des Arrêts de la cour suprême de justice* (1990-1999), Kin., 2003, pp. 27-29.

confiscation spéciale, le juge a la charge de démontrer que les conditions de l'article 14 du code pénal sont réunies et d'énumérer dans son dispositif le bien devant faire l'objet de confiscation spéciale[1012]. Dans la mesure où le juge a retenu la participation criminelle dans le chef des personnes mises en cause, il doit en isoler le mode de commission (complicité ou coactivité) tout en démontrant comment chaque délinquant a agi[1013]. En d'autres termes, le juge a la charge préciser à quel titre ou par quel acte chaque prévenu a participé à l'infraction[1014].

b. Motiver en droit c'est encore et enfin rencontrer les moyens de droit développés par les parties

La motivation en droit oblige également le juge à rencontrer tout chef de demande relatif à l'allocation des dommages-intérêts[1015] ou tout moyen de défense formellement exprimé par le prévenu ou le civilement responsable[1016]. C'est ainsi qu'il a été jugé que n'est pas légalement motivée la décision de condamnation qui ne rencontre pas un moyen de défense présenté dans des conclusions régulières[1017]. Le juge a la charge de rencontrer tout autre moyen d'ordre public soulevé par une partie et portant par exemple sur la composition irrégulière du siège[1018], ou tout moyen de suspicion au sujet de la sincérité et de l'objectivité d'une

---

1012 C.S.J., R.P. 14, Cass., Matière répressive, *Arrêt*, Ekila Marie-Gertrude c/ Auditeur général près la cour militaire de Kinshasa, 7 avril 1970, *Revue congolaise de droit*, 1971, n° 1, Jurisprudence, pp. 16-18.

1013 C.S.J., R.P. 212, Cass., matière répressive, Kayoka Ilunga c/ le ministère public et Ntetula Mwamba, *Arrêt*, 7 octobre 1980, *Bulletin des Arrêts de la cour suprême de justice* (1980-1984), Kin., 2001, pp. 80-83.

1014 C.S.J., R.P. 833, Cass., matière répressive, Mayaki Nkumu, Makembi Mobuka et Iyele Mazongo Mata Maketa c/ le ministère public et Gbongia Mosaka, *Arrêt*, 17 juin 1986, *Bulletin des Arrêts de la cour suprême de justice* (1985-1989), Kin., 2002, pp. 164-168.

1015 C.S.J., R.P. 72, Cass., matière répressive, Djock et Nzolantima c/ le ministère public, *Arrêt*, 06 février 1974, *Bulletin des Arrêts de la cour suprême de justice* (1974), Kin., 1975, p. 25.

1016 C.S.J., R.P. 42/43, Cass., matière répressive, Emmanuel Tadeo c/ le ministère public et Hubert Maviya, et José Antonio Matheus c/ Ministère public et Hubert Maviya, *Arrêt*, 05 avril 1972, *Bulletin des Arrêts de la cour suprême de justice* (1972), Kin., 1973, pp. 37-44.

1017 Cass., 31 janvier 1949, *Pas.*, I, 93, cité par *Belg ; col.*, 1950, p. 9.

1018 C.S.J., R.P. 145, Cass., matière répressive, Samuel Kini c/ le ministère public et Union Zaïroise de Banque, *Arrêt*, 18 mars 1975, *Bulletin des Arrêts de la cour suprême de justice* (1975), Kin., 1976, pp. 73-77.

personne à la cause pour informer le juge à quelque titre que ce soit[1019], ou d'indiquer dans son jugement la raison qui l'a déterminé à fixer les dommages-intérêts *ex aequo et bono*[1020], en lieu et place des vrais éléments d'appréciation du dommage subi.

c. La motivation en droit se fonde sur l'intime conviction du juge

En gros, le juge qui rend sa décision doit s'assurer qu'il a répondu à toutes les conclusions régulièrement prises par les parties au procès[1021], sans perdre de vue que toute sa motivation tient en ceci qu'elle se fonde sur sa seule intime conviction[1022], cette voix qui résonne ou qui retentit dans le fort intérieur du juge, qui forge sa conviction au-delà de tout doute raisonnable et qui libère sa décision.

d. Motivation ambigüe, contradictoire ou insuffisante

L'étendue de l'obligation de motiver un jugement varie selon la nature de la décision et doit s'analyser à la lumière des circonstances de chaque espèce. C'est ainsi qu'il a été jugé qu'à l'absence totale de motivation il faut assimiler l'ambiguïté dans la motivation, la motivation sans rapport avec le dispositif ou en contradiction avec lui, la constatation insuffisante ou imprécise des éléments matériels de la qualification empêchant la cour suprême d'exercer son contrôle[1023].

C. Le dispositif

C'est la partie d'un jugement contenant la solution du litige ou la décision-conséquence et à laquelle est attachée l'autorité de la chose jugée.

1019 C.S.J., R.P. 161, Cass., matière répressive, Salvator Chianese c/ le ministère public et Jacques Codron, *Arrêt*, 18 mars 1975, *Bulletin des Arrêts de la cour suprême de justice* (1975), Kin., 1976, pp. 90-97.

1020 C.S.J., R.P. 51, Cass., matière répressive, Kanyama Marie c/ le ministère public et Makoso Pierre, *Arrêt*, 05 juillet 1972, *Bulletin des Arrêts de la cour suprême de justice* (1972), Kin., 1973, pp. 119-123.

1021 C.S.J., R.P. 94, Cass., matière répressive, Robert Melick c/ le ministère public et Jean-Pierre Medie, *Arrêt*, 20 février 1975, *Bulletin des Arrêts de la cour suprême de justice* (1975), Kin., 1976, pp. 38-40.

1022 C.S.J., R.P. 104, Cass., matière répressive, Office de Transport en Commun du Zaïre c/ le ministère public, Paul Nsingi et csrts, *Arrêt*, 18 mars 1975, *Bulletin des Arrêts de la cour suprême de justice* (1975), Kin., 1976, pp. 79-83.

1023 C.S.J., Cass., Matière répressive, *Arrêt*, 8 octobre 1969, *Revue congolaise de droit*, 1970, n°1, Jurisprudence, p. 18.

Paragraphe cinquième : Le contenu d'un jugement

Il ressort de l'article 87 du code de procédure pénale que le jugement indique le nom des juges qui l'ont rendu et, s'ils ont siégé dans l'affaire, celui de l'officier du ministère public, du greffier et des assesseurs, l'identité du prévenu, de la partie civile et de la partie civilement responsable[1024]. Le jugement contient l'indication des faits mis à charge du prévenu, un exposé sommaire des actes de poursuite[1025] et de procédure à l'audience, les conclusions éventuelles des parties, les motifs et le dispositif. Le jugement est signé par le président ou par le juge, ainsi que par le greffier, s'il était présent, lorsque le jugement a été prononcé.

Paragraphe sixième : Les catégories d'un jugement

En procédure pénale, l'on oppose le plus souvent le jugement avant dire droit au jugement définitif ; le jugement contradictoire au jugement par défaut ; le jugement en premier ressort et le jugement en dernier ressort ; le jugement revêtu de l'autorité de la chose jugée au jugement coulé en force de chose jugée.

A. Le jugement avant dire et le jugement définitif

Un jugement avant dire droit ou avant faire droit est une décision prise en cours d'instance, soit pour aménager une situation provisoire, soit pour ordonner ou organiser une mesure d'instruction complémentaire. Un jugement avant dire droit ne dessaisit pas le juge et n'a pas d'autorité de la chose jugée au principal. Dans la mesure où un avant dire droit préjuge du fond, il est appelé jugement interlocutoire. Tel est le cas, en matière de destruction méchante, d'un jugement avant dire droit qui désigne un expert pour évaluer le bien détruit par le prévenu. L'on comprend dans cette hypothèse que la condamnation aux dommages-intérêts pointe à l'horizon, car le juge veut se faire une idée sur la valeur du bien détruit.

1024 C.S.J., R.P. 72, Cass., matière répressive, Djock et Nzolantima c/ le ministère public, *Arrêt*, 06 février 1974, *Bulletin des Arrêts de la cour suprême de justice* (1974), Kin., 1975, p. 25. Il a été jugé dans cette espèce jurisprudentielle que si l'article 87, alinéa 1er du code de procédure pénale exige que le jugement reprenne l'identité des parties, il suffit pour que cette obligation légale soit respectée que toute partie soit identifiée dans des énonciations de la décision rendue écartant toute confusion avec d'autre partie.

1025 Elis., 19 juillet 1941 : « le jugement qui ne constate pas que le ministère public a été entendu dans ses réquisitions viole les formes substantielles exigées par la loi et doit être annulé » (*R.J.C.B.*, 1941, p. 178).

Dans le cas contraire, l'avant dire droit est préparatoire. Par exemple, la décision prise par le juge de joindre une exception au fond est un avant dire droit préparatoire[1026]. La haute juridiction considère même qu'un tel jugement est une mesure administrative d'ordre judiciaire non susceptible de recours[1027] et dépourvue de l'autorité de la chose jugée[1028].

L'intérêt de distinction entre l'interlocutoire et le préparatoire réside dans le fait qu'un jugement interlocutoire peut être attaqué directement en appel sans attendre un jugement définitif. Par contre, un jugement préparatoire ne peut, à lui seul, être attaqué en appel. Au regard de sa prématurité, le juge d'appel a le devoir de ne pas recevoir un appel formé contre un préparatoire ni en invoquer sans motivation la cause[1029]. Cependant, lorsqu'un jugement est partiellement définitif, partiellement préparatoire, il devient appelable pour le tout[1030].

Par contre, *un jugement définitif* est celui qui tranche une contestation principale ou incidente, mais qui reste sujet aux voies de recours. Dans un cas, il s'agit d'un jugement définitif sur le fond, parce qu'il statue en principe sur tout ou partie de la question litigieuse, objet du procès ; dans un autre cas, il s'agit d'un jugement définitif sur incident. A la différence d'un jugement avant dire droit, un jugement définitif a autorité de la chose jugée.

1026 C.S.J., R.P. 1695, Cass., matière répressive, Lufukutuimba c/le ministère public et Ikuma Ando, *Arrêt*, 27 février 1996, *Bulletin des Arrêts de la cour suprême de justice* (1990-1999), Kin., 2003, p. 148 ; C.S.J., R.P. 1782, Cass., matière répressive, Ipekwo Ndjovu c/Ministère public, Luigi Marconi et Office National de Transport, *Arrêt*, 22 août 1997, *Bulletin des Arrêts de la cour suprême de justice* (1990-1999), Kin., 2003, p. 241.

1027 C.S.J., R.P. 2609, Cass., matière répressive, le ministère public c/Muamba Ntita, *Arrêt*, 15 décembre 2004, *Bulletin des Arrêts de la cour suprême de justice* (2004-2009), T. I, Kin., 2010, p. 68.

1028 C.S.J., R.P. 2630, Cass., matière répressive, Kasango Kalala c/le ministère public, *Arrêt*, 27 juillet 2005, *Bulletin des Arrêts de la cour suprême de justice* (2004-2009), T. I, Kin., 2010, p. 133.

1029 C.S.J., R.P. 1695, Cass., matière répressive, Lufukutuimba c/le ministère public et Ikuma Ando, *Arrêt*, 27 février 1996, *Bulletin des Arrêts de la cour suprême de justice* (1990-1999), Kin., 2003, p. 148 ; C.S.J., R.P. 1782, Cass., matière répressive, Ipekwo Ndjovu c/Ministère public, Luigi Marconi et Office National de Transport, *Arrêt*, 22 août 1997, *Bulletin des Arrêts de la cour suprême de justice* (1990-1999), Kin., 2003, p. 241.

1030 Léo., 11 octobre 1949, *J.T.O.*, 1950, p. 48.

B. Le jugement contradictoire et le jugement par défaut

Un jugement contradictoire est celui qui est rendu à l'issue d'une procédure au cours de laquelle les parties ont comparu, assisté aux débats et fait valoir leurs prétentions ou leurs moyens de défense[1031], encore qu'au jour du prononcé elles n'ont pas comparu[1032]. La loi n'autorise pas aux parties de former opposition contre ce jugement, sinon l'appel.

Par contre, *un jugement par défaut* est celui qui est rendu dans le cadre d'une procédure au cours de laquelle une partie n'a pas comparu ou n'a pu présenter ses moyens de défense. C'est le cas lorsqu'après avoir comparu, une partie au procès s'abstient de se présenter à l'audience fixée pour la plaidoirie et les réquisitions du ministère public. Le jugement rendu dans ces conditions est prononcé par défaut, le défaillant n'ayant pas pu faire valoir ses moyens de défense[1033]. C'est aussi le cas d'un jugement rendu contre une partie qui a été représentée par un avocat non porteur d'une procuration spéciale[1034]. La loi reconnaît à cette partie le droit de former opposition[1035].

Une catégorie intermédiaire existe entre le jugement contradictoire et le jugement par défaut : le *jugement réputé contradictoire*. A vrai dire il s'agit d'un jugement rendu par défaut, mais auquel la loi applique toutefois le régime d'un jugement contradictoire. En conséquence, il est interdit à la partie ayant fait défaut de former opposition, sinon interjeter appel. Tel est le cas du jugement rendu par défaut en matière d'infraction intentionnelle flagrante[1036].

1031 C.S.J., Cass., matière répressive, Ministère public c/ Générale Congolaise des Minerais, *Arrêt*, 8 janvier 1970.

1032 C.S.J., RP 3, Cass., matière répressive, Ministère public c/ Gilbert KAYEMBE, *Arrêt*, 8 janvier 1970, in *Nimy Mayidika Ngimbi, Essai critique de jurisprudence. Analyse d'arrêts de la cour suprême de justice* (1969-1972), Kin., 1973, p. 275.

1033 C.S.J., R.P.A. 4, App., matière répressive, Ministère public et Kinduadi Philippe et csrts c/ Luya Pascal et Tuluka Désiré, *Arrêt*, 22 juin 1972, *Bulletin des Arrêts de la cour suprême de justice* (1972), Kin., 1973, pp. 94-100.

1034 C.S.J., R.P. 72, Cass., matière répressive, Ministère public et Malunga c/ Djock et Nzolantima, *Arrêt*, 6 février 1974, *Bulletin des Arrêts de la cour suprême de justice* (1974), Kin., 1975, pp. 25-40.

1035 Art. 88, code de procédure pénale.

1036 Art. 10, ordonnance-loi du 24 février 1978.

C. Le jugement en premier ressort et le jugement en dernier ressort

Par *jugement rendu en premier ressort* il faut entendre celui contre lequel un appel ou une opposition peut être interjeté. C'est le jugement du premier degré.

Par contre, *un jugement rendu en dernier ressort* est celui contre lequel aucun appel ne peut être interjeté. Il demeure cependant possible à la partie mécontente de se pourvoir en cassation ou en révision.

D. Le jugement revêtu de l'autorité de chose jugée et le jugement revêtu de la force de chose jugée ou coulé en force de chose jugée

Dans la mesure où il est rendu conformément à la loi et sert de fondement à l'exécution d'un droit judiciairement établi, un jugement a autorité de la chose jugée. Il est regardé comme contenant une vérité judiciaire (*res judicata pro veritate habetur*) et fait obstacle à ce qui est déjà jugé d'être à nouveau porté devant un juge (*non bis in idem*). Par contre, un jugement est coulé en force de chose jugée lorsqu'il est devenu irrévocable, laissant les parties dans l'impossibilité de former une quelconque voie de recours. Tout jugement coulé en force de chose jugée a toujours autorité de la chose jugée, l'inverse pas forcément.

Paragraphe septième : Les questions de droit examinées dans un jugement

Trois questions principales font l'objet d'un examen approfondi par le juge pénal : la responsabilité pénale, la responsabilité civile et l'imputation des frais et paiement des droits proportionnels.

A. La question de la responsabilité pénale

Le tribunal a la charge de se prononcer sur la culpabilité du prévenu. Cette décision n'est possible que si le juge estime, en âme et conscience et au vu des faits de la cause, que l'action du ministère public est fondée. Dans ce cas, il déclare établie en fait comme en droit l'infraction pour laquelle le prévenu est poursuivi et prononce une condamnation pénale[1037]. Dans l'hypothèse contraire, le juge a le devoir d'acquitter le prévenu et le renvoyer de toutes fins de poursuite. Il découle de la décision d'acquittement que si le prévenu était en état de détention

[1037] Art. 81, code de procédure pénale.

préventive au moment du jugement, le juge doit le mettre immédiatement en liberté, nonobstant appel[1038].

En droit congolais, les peines applicables aux infractions sont les suivantes[1039] : la mort, les travaux forcés, la servitude pénale, l'amende, la confiscation spéciale, l'obligation de s'éloigner de certains lieux ou d'une certaine région, la résidence imposée dans un lieu déterminé, la mise à la disposition de la surveillance du gouvernement.

1. La peine de mort

Au regard de l'article 6 du code pénal congolais, le condamné à mort est exécuté suivant le mode déterminé par le Président de la République.

L'existence incontestée de la peine de mort en droit congolais.

La question du maintien ou non de la peine de mort dans l'arsenal répressif congolais devient de plus en plus controversée et met aux prises abolitionnistes et rétentionnistes. Au-delà des différents discours de justification de l'abolition de la peine de mort, peine taxée d'irréversible et d'inutile, une constance mérite d'être dégagée au sujet de l'existence légale de la peine de mort en droit congolais. L'article 5 du code pénal prévoit la peine de mort comme l'une des peines applicables aux infractions jugées par les juridictions congolaises. La toute dernière loi pénale du pays, celle qui a modifié le code pénal, punit de mort le génocide, les crimes contre l'humanité et les crimes de guerre[1040].

Maintien ou abolition de la peine de mort.

Comme relevé plus haut, la question du maintien ou non de la peine de mort dans l'arsenal répressif congolais devient de plus en plus controversée. Cette question met aux prises rétentionnistes et abolitionnistes, ces derniers estimant que la peine de mort de mort est à la fois irréversible et inutile. Evoquant les articles 16 et 61.1 de la constitution, les abolitionnistes pensent que la peine de mort est déjà abolie. A notre avis, les dispositions constitutionnelles évoquées, qui disposent d'une part, que la vie humaine est sacrée, et de l'autre, qu'en

---

1038 Art. 83, code de procédure pénale.

1039 Art. 5, code pénal congolais, livre 1er.

1040 Art. 221 *in fine*, 222 *in fine* et 223 *in fine*, loi n°15/022 du 31 décembre 2015 modifiant et complétant le décret du 30 janvier 1940 portant code pénal, *J.O.*, n°spécial, 57ème année, 29 février 2016.

aucun moment il ne peut être dérogé au droit à la vie, ne se suffisent pas pour affirmer que la peine de mort est abolie en droit congolais. Ça serait manquer de rigueur dans l'interprétation d'une règle de droit. Ces dispositions de la constitution ne peuvent pas non plus être utilisées comme un subterfuge ou un moyen ingénieux pour échapper à une situation embarrassante. L'abolition d'une peine, quelle qu'elle soit, est un acte de volonté exprimée clairement par le législateur dans le cadre d'une loi ordinaire abrogeant expressément la peine en cause. A notre sens, abolir la peine de mort nécessiterait un préalable, précisément une étude socio-anthropologique mais aussi psycho-philosophique du sens de la vie - et de la mort - dans l'imaginaire du congolais moyen pour atteindre le résultat voulu ou recherché par les abolitionnistes. Dans le cas contraire, nous ne manquerons pas de fustiger le mimétisme qui gangrène l'*intelligentsia* congolaise et l'activisme de certaines organisations non gouvernementales en quête de financement extérieur.

2. La peine de travaux forcés

La peine de travaux forcés est d'un an au minimum et de vingt ans au maximum. Les condamnés aux travaux forcés subissent leur peine conformément au règlement fixé par l'ordonnance du Président de la République. L'exécution de la peine de travaux forcés ne peut être assimilée, ni confondue avec la peine de servitude pénale. Toutefois, toute détention subie avant la condamnation définitive par suite de l'infraction qui donne lieu à cette condamnation, sera imputée, pour la totalité, sur la durée de la peine de travaux forcés prononcée[1041].

3. La peine de servitude pénale[1042]

La servitude pénale est au minimum d'un jour d'une durée de vingt-quatre heures. Les condamnés à la servitude pénale subissent leur peine dans les prisons déterminées par le Président de la République. Ils sont employés, soit à l'intérieur de ces établissements, soit au dehors, à l'un des travaux autorisés par les règlements de l'établissement ou déterminés par le Président de la République, à moins qu'ils n'en soient dispensés par le Président de la République dans des cas exceptionnels. Toute détention subie avant que la condamnation soit devenue irrévocable, par suite de l'infraction qui donne lieu à cette condamnation, sera imputée, pour la totalité, sur la durée de servitude pénale prononcée.

1041 Art. 6*bis*, code pénal congolais, livre 1er.
1042 Art. 7-9, code pénal congolais, livre 1er.

La condamnation à la peine de servitude pénale peut s'accompagner d'une clause d'arrestation immédiate ordonnée par le juge et exécutée au jour du prononcé du jugement. Le juge pénal a la charge de motiver sa décision[1043], en indiquant les circonstances graves et exceptionnelles qui exigent cette mesure ou en indiquant que la mesure est réclamée par la sécurité publique ou que le juge a des raisons de craindre la fuite du condamné. L'arrestation immédiate est prononcée à la condition que la peine prononcée soit de trois mois de servitude pénale au moins[1044].

4. La peine d'amende[1045]

L'amende est de un francs congolais au moins. Les amendes sont perçues au profit de la République. L'amende est prononcée individuellement contre chacun des condamnés à raison d'une même infraction. A défaut de paiement dans le délai de huitaine qui suit la condamnation devenue irrévocable et, dans le cas d'un jugement immédiatement exécutoire, dans la huitaine qui suit le prononcé du jugement, l'amende peut être remplacée par une servitude pénale dont la durée sera fixée par le jugement de condamnation, d'après les circonstances et le montant de l'amende infligée au condamné. La durée de la servitude pénale subsidiaire n'excède jamais six mois. Dans tous les cas, le condamné peut se libérer de cette servitude en payant l'amende. Il ne peut se soustraire aux poursuites sur ses biens en offrant de subir la servitude pénale.

On a beaucoup discuté sur les caractères qui distinguent les deux catégories d'amende : les amendes civiles et les amendes pénales. Cette distinction est une pure création de la doctrine, car nulle part le législateur congolais n'emploie le terme d'amende civile, pas plus qu'il n'emploie le terme d'amende transactionnelle. L'amende civile et l'amende pénale se distinguent par l'autorité qui les prononce. L'amende est pénale lorsqu'elle est prononcée par les tribunaux répressifs ; elle devient civile lorsqu'elle est prononcée par toute autre autorité, tels que les tribunaux civils, les juridictions disciplinaires, les autorités administratives[1046]. De toute façon, le critérium de distinction paraît très artificiel. En effet, de même que la loi a reconnu aux juridictions pénales

---

1043 Elis., 1er septembre 1936, *R.J.C.B.*, 1937, p. 189.

1044 Art. 85, code de procédure pénale ; Lire rapport du Conseil de Législation sous l'article 85, code de procédure pénale (Pierre PIRON et Jacques DEVOS, op. cit., p. 54).

1045 Art. 10-13, code pénal congolais, livre 1er.

1046 *Pandectes belges*, v° amende en général, n° 9.

le pouvoir de prononcer les condamnations civiles[1047], il n'est pas exclu que les juridictions civiles prononcent à leur tour les condamnations pénales. Tel est le cas de condamnation d'un témoin récalcitrant dans le cadre d'une procédure civile[1048]. Ce qui importe c'est qu'une amende n'est une peine que dans la mesure où elle obéit au principe de la légalité des délits et des peines.

5. La confiscation spéciale[1049]

La confiscation spéciale s'applique uniquement aux choses formant l'objet de l'infraction et à celles qui ont servi ou qui ont été destinées à la commettre. Il importe peu que ces choses dont s'est ainsi servi le délinquant condamné ne soient pas sa propriété[1050]. La confiscation spéciale s'applique aussi aux choses qui ont été produites par l'infraction. La confiscation spéciale est prononcée pour toute infraction dont l'existence est subordonnée à l'intention délictueuse. Elle n'est prononcée, pour les autres infractions, que dans les cas déterminés par le législateur.

6. L'obligation de s'éloigner de certains lieux ou d'une certaine région ou d'habiter dans un lieu déterminé[1051]

Lorsque l'infraction est punissable d'une peine de servitude pénale principale de six mois au minimum ou lorsque la peine méritée ne doit pas dépasser six mois en raison des circonstances, les cours et tribunaux peuvent substituer à la servitude pénale, l'obligation de s'éloigner de certains lieux ou d'une certaine région ou celle de résider dans un lieu déterminé pendant une durée maximum d'un an. Outre la peine de servitude pénale, les mêmes peines peuvent être prononcées, à charge de quiconque a commis, depuis dix ans au moins deux infractions qui ont entraîné chacune une servitude pénale d'au moins six mois. Les peines ainsi prononcées prennent cours soit à la date fixée par le jugement, soit à la date à laquelle le condamné est libéré, soit définitivement, par expiration ou remise de la peine de servitude pénale, soit

1047 Art. 107-108, Loi organique du 11 avril 2013 portant organisation, fonctionnement et compétences des juridictions de l'ordre judiciaire

1048 Art. 35, code de procédure civile ; Ière Inst., Elis., 19 janvier 1939, *R.J.C.B.*, 1939, p. 79.

1049 Art. 14, code pénal congolais, livre 1er.

1050 Elis., 20 juin 1950, *R.J.C.B.*, 1950, p. 175.

1051 Art. 14 a-c), code pénal congolais, livre 1er.

conditionnellement. La réincarcération du condamné, pour quelque cause que ce soit, n'entraîne pas prolongation de la durée de ces peines.

7. La mise à la disposition du gouvernement[1052]

Quiconque ayant commis depuis dix ans, au moins trois infractions qui ont entraîné chacune une servitude pénale d'au moins dix mois, présente en outre une tendance persistante à la délinquance peut, par l'arrêt ou le jugement de condamnation, être mis à la disposition du Gouvernement, pour un terme de cinq à dix ans après l'expiration de la peine de servitude pénale. Les procédures relatives aux condamnations servant de base à la mise à la disposition du Gouvernement sont jointes au dossier de la poursuite et les motifs de la décision sont spécifiés dans celle-ci par l'indication des circonstances qui établissent la tendance persistante à la délinquance. Lorsqu'un condamné a été mis à la disposition du Gouvernement par deux décisions successives pour des infractions non concurrentes, si la mise à la disposition du Gouvernement prononcée par la décision première en date n'a pas atteint son terme à l'expiration de la peine de servitude pénale prononcée par la seconde décision, la seconde mise à la disposition du Gouvernement ne prend cours qu'à l'expiration de la première. Lorsque le condamné est libéré conditionnellement, la peine de mise à la disposition du Gouvernement prend cours à la date de la libération conditionnelle. Son exécution est suspendue en cas de révocation de la libération conditionnelle à partir de l'arrestation. Lorsque, pendant l'exécution de la mise à la disposition du Gouvernement, le condamné est arrêté même préventivement, en vertu d'une décision judiciaire, l'exécution de la peine de la mise à la disposition du Gouvernement est suspendue pendant la durée de la détention. Le délinquant d'habitude mis à la disposition du Gouvernement est interné s'il y a lieu dans un établissement désigné par le Président de la République. A l'expiration de la peine principale, le Gouverneur de province dans le ressort de laquelle le condamné est détenu, décide s'il est mis en liberté ou interné. S'il est mis en liberté, il peut pour cause d'inconduite, être interné par décision du Commissaire de District du ressort où a eu lieu l'inconduite. Le Commissaire de District prend avis du ministère public. L'"intéressé peut introduire un recours contre cette décision devant le Gouverneur de province. Les formes de ce recours sont déterminées par le Président de la République. Le délinquant d'habitude mis à la disposition du Gouvernement peut demander à être relevé des effets de cette décision.

1052 Art. 14 d-k), code pénal congolais, livre 1er.

A cette fin, il adresse sa demande au Procureur Général près la Cour d'Appel, dans le ressort de laquelle siège la juridiction qui a prononcé la mise à la disposition du Gouvernement. Le Procureur Général prend toutes les informations qu'il estime nécessaires, les joint au dossier qu'il soumet à la Cour, avec ses réquisitions. La Cour statue par arrêt motivé, l'intéressé entendu ou dûment cité. La demande ne peut être introduite que trois ans après l'expiration de la peine principale. Elle peut ensuite être renouvelée de trois en trois ans.

B. La question de la responsabilité civile et la réparation

En même temps qu'il examine l'action publique, le juge pénal a le droit d'examiner l'action en réparation du dommage causé par une infraction. Il en est de même des demandes de dommages-intérêts formées par le prévenu contre la partie civile ou contre les co-prévenus[1053]. Saisi de l'action publique, le juge répressif a le droit de prononcer d'office les dommages-intérêts et réparations, dans la mesure où la victime n'a pas pris en charge la défense de ses intérêts[1054]. Dans toutes ces différentes hypothèses, le juge pénal doit dire si la demande civile est recevable et fondée, en établissant la faute d'une personne et le lien de causalité entre cette faute et le préjudice qui en est résulté[1055]. Une simple négligence ou une simple imprudence peut consister en une faute constitutive du préjudice[1056].

La demande civile en réparation du dommage peut être effectuée par toute personne lésée par une infraction. Il faut et il suffit que la victime démontre que le dommage résulte directement et immédiatement de l'infraction et consiste dans la violation d'un droit[1057]. Dans la mesure où

1053 Art. 107, loi organique portant organisation, fonctionnement et compétences des juridictions de l'ordre judiciaire.

1054 Art. 108, loi organique portant organisation, fonctionnement et compétences des juridictions de l'ordre judiciaire.

1055 C.S.J., R.P. 87, Cass., matière répressive, Ngonde Michel et Société Comectrick c/ Ministère public et Tshilumba, *Arrêt*, 11 avril 1973, *Bulletin des Arrêts de la cour suprême de justice* (1973), Kin., 1974, pp. 103-109.

1056 C.S.J., R.P. 1/213, Cass., matière répressive, Ministère public c/ Batafe Loleko, *Arrêt*, 13 mai 1976, *Bulletin des Arrêts de la cour suprême de justice* (1976), Kin., 1977, pp. 134-144.

1057 Boma, 10 octobre 1911, *Jur. Congo*, 1913, p. 9 ; Elis., 10 février 1912, *Jur. Congo*, 1914-1919, p. 65 ; Elis., 8 août 1941, *R.J.C.B.*, p. 101 ; Léo., 24 février 1944, *R.J.C.B.*, 1945, p. 58 ; Elis., 19 février 1949, *R.J.C.B.*, p. 133 ; 1ère Inst., Léo., 27 juin 1952, *J.T.O.*, 1953, p. 165 ; Léo., 24 juin 1952, *R.J.C.B.*, p. 235 ; Elis., 19 avril 1949, *R.J.C.B.*, p. 133.

la faute n'est que la cause médiate d'un dommage, elle n'entraîne la responsabilité de son auteur que s'il est démontré que le lien qui unit la faute au dommage revête un caractère de nécessité, c'est-à-dire que, sans la faute, le dommage, tel qu'il se présente *in concreto* ne serait pas réalisé[1058].

Après avoir déclaré la demande civile recevable et fondée, le juge prononce une condamnation consistant en une réparation civile. A ce sujet, il a été jugé que dans l'évaluation de l'indemnité à allouer pour la réparation du préjudice causé par une infraction, il ne peut être tenu compte des événements postérieurs, étrangers à cette infraction ou au dommage lui-même, événements qui auraient amélioré ou aggravé la situation de la victime[1059]. Par ailleurs, il est recommandé au juge d'ordonner de préférence la réparation en nature, lorsque celle-ci est encore possible, par équivalent en argent[1060]. De même, lorsque le juge constate qu'il n'y a pas d'éléments précis d'évaluation d'un dommage, il lui est recommandé d'évaluer légalement celui-ci *ex aequo et bono*[1061].

Par ailleurs, dans la mesure où la jurisprudence admet que l'action civile portée devant le juge répressif est accessoire à l'action publique, il résulte les conséquences suivantes :

1° En cas d'acquittement sur l'action publique pour absence de preuve, le juge pénal se déclare incompétent pour statuer sur l'action civile. Il ne peut pas dire l'action civile non fondée[1062] ;
2° Lorsque l'action publique s'éteint par le décès du prévenu, le juge pénal reste compétent pour statuer sur l'action civile, moyennant reprise d'instance par les héritiers du défunt[1063] ;
3° La prescription de l'action publique n'entraîne pas celle de l'action civile ; lorsque la partie civile s'est constituée avant que ne soit

---

1058 Cass., 11 mai 1956, *pas.*, I, 1956, p. 962 ; léo., Ière Inst., 27 juin 1952, *J.T.O.*, 1953, p. 165.

1059 Cass., 29 septembre 1948, *R.J.C.B.*, 1949, p. 86 ; Cass., 31 mars 1952, *J.T.*, p. 362.

1060 Léo., 27 juin 11950, *J.T.O.*, 1952, p. 6.

1061 C.S.J., R.P. 994, cass., *Arrêt*, 28 juillet 1987, *Kalongo Mbikayi, Code civil et commercial congolais*, Centre de Recherche et de Diffusion Juridiques, Kin., 1997, p. 113 ; C.S.J., R.P.A. 324, App., Ministère public c/ Lombaye et Tshibange, *Arrêt*, 9 août 2006, *Les Analyses Juridiques*, n° 13-14, pp. 48-54 ; Cass., 5 septembre 1957, *Pas.*, I, p. 1384.

1062 Elis., 19 avril 1949, *R.J.C.B.*, 1949, p. 133.

1063 Ière Inst., Usa, 29 novembre 1951, *R.J.C.B.*, 1952, p. 120.

prescrite l'action publique, le tribunal reste compétent pour statuer sur l'action civile[1064] ;

4° Si l'action civile portée devant le juge pénal est déclarée irrecevable, la partie ainsi déboutée peut la porter devant le juge civil[1065].

C. La question des frais et droits proportionnels

Tout jugement de condamnation rendu contre le prévenu et contre les personnes civilement responsables les condamnera aux frais avancés par le Trésor et à ceux exposés par la partie civile[1066]. Sont compris dans ces frais, les droits, taxes, redevances ou émoluments perçus par les secrétariats des juridictions ou l'administration des impôts ; les indemnités des témoins[1067] ; la rémunération des techniciens ; les débours tarifés ; les émoluments des officiers publics ou ministériels ; les frais occasionnés par la notification des actes de procédure ; les frais d'interprétariat et de traduction.

La détermination des frais varie selon l'appréciation du juge. Ainsi, lorsqu'un prévenu a été mis en prévention de plusieurs chefs distincts et qu'il n'est condamné que pour une partie de ces chefs, il ne peut être tenu qu'au paiement des frais qui ont été occasionnés par les faits dont il a été reconnu coupable[1068]. Lorsque par contre il y a plusieurs prévenus, le juge apprécie et fixe souverainement d'après les éléments de l'instruction, la quotité de frais à laquelle il convient de condamner chacun d'eux[1069]. Par contre, la partie civile qui a déserté l'audience sans conclure doit être condamnée à la partie de frais relatifs à son action en première instance[1070]. Il appartient au greffier de dresser l'état des frais. S'il y a une partie civile, cet état indique les frais à retenir sur les sommes consignées par elle et ceux à percevoir directement contre le condamné. L'état des frais est vérifié et visé par le juge[1071].

Aux côtés de frais de justice, il est dû un droit proportionnel de 6% sur toute somme ou valeur mobilière allouée à titre de dommages-intérêts par un jugement passé en force de chose jugée. Les intérêts

---

1064 Léo., 10 juillet 1947, *R.J.C.B.*, 1948, p. 56, 1954, 316 ; *J.T.O.*, 1956, p. 3.
1065 Elis., 28 février 1956, *J.T.O.*, 1958, p. 93, n°74.
1066 Art. 81 et 130, code de procédure pénale.
1067 Frais frustratoires.
1068 Elis., 30 mars 1912, *Jur. Congo,* 1913, p. 266.
1069 Boma, 7 juin 1904, *Jur. Etat,* I, p. 348.
1070 Léo., 25 avril 1946, *R.J.C.B.*, 1946, p. 212.
1071 Art. 125, code de procédure pénale.

moratoires échus au jour de la décision sont joints au principal pour le calcul de ce droit[1072].

Au regard de l'article 132 du code de procédure pénale, le droit proportionnel est dû par la personne condamnée aux dommages-intérêts ou par la personne déclarée civilement responsable, qui le paye entre les mains du greffier dans le mois qui suit la date où la condamnation civile est passée en force de chose jugée. À leur défaut, le droit est payé par la personne au profit de qui la condamnation a été prononcée, sauf le droit pour elle d'en poursuivre le recouvrement contre la personne qui doit le supporter. Les poursuites en recouvrement du droit proportionnel sont exercées en vertu d'un exécutoire, délivré par le juge ou par le président de la juridiction qui a rendu le jugement donnant lieu à la perception du droit, après un commandement resté infructueux, de payer dans les trois jours, sans préjudice aux saisies conservatoires à opérer dès le jour de l'exigibilité du droit, avec l'autorisation du juge[1073].

Paragraphe huitième : La délivrance et la signification d'un jugement

Un jugement peut être délivré sous plusieurs formats[1074] :

1° La minute de jugement est l'original d'un jugement conservé au greffe et revêtu de la signature du président et du greffier.

2° La grosse de jugement est l'expédition d'un jugement revêtue de la formule exécutoire.

3° L'expédition de jugement est la copie du jugement détenu en minute au greffe, délivrée par le greffier à une partie.

4° L'extrait de jugement est la reproduction partielle d'un jugement.

5° La copie certifiée conforme de jugement est une simple copie du jugement affirmée identique à la minute délivrée par le greffier en chef et non munie de la formule exécutoire.

1072 Art. 129, code de procédure pénale ; Arrêté interministériel n°243/CAB/MIN/J&DH/2010 et n°043/CAB/MIN/FINANCES/10 portant fixation des taux des droits, taxes et redevances à percevoir à l'initiative du Ministère de la Justice et Droits Humains, 4 mai 2010, *J.O.*, n°spécial, 51ème année, 29 mai 2010.

1073 Art. 133, code de procédure pénale.

1074 Art. 134, code de procédure pénale.

L'obtention de ces différents formats de jugement nécessite le paiement préalable du droit proportionnel. Cependant, en cas d'indigence constatée par le juge ou par le président de la juridiction qui a rendu le jugement, la grosse, l'expédition, l'extrait ou la copie de jugement peut être délivré en débet[1075]. Mention de la délivrance en débet est faite au pied du document délivré[1076].

Par ailleurs, la signification d'un jugement répressif se fait selon les mêmes modalités que celles des citations, modalités limitativement fixées par les articles 58 à 61 du code de procédure pénale, à l'exclusion de la signification à domicile élu, propre à la procédure civile. Dès lors, est nulle la signification d'un jugement répressif au domicile du prévenu élu chez son conseil[1077].

[1075] Serge GUINCHARD et Thierry DEBARD (dir.), op. cit., p. 266 : « Le débet est un terme de comptabilité publique, désignant la situation d'un comptable public ou d'un particulier, dans certains cas, qui a été constitué débiteur d'une personne publique par une décision administrative (« arrêté de débet ») ou juridictionnelle (« jugement, ou arrêt, de débet »), après l'examen de ses comptes. La personne en débet peut bénéficier d'une remise gracieuse (« remise de débet ») ».

[1076] Art. 135, code de procédure pénale.

[1077] C.S.J., R.P. 137, Cass., matière répressive, Ministère public et Charlotte Bruce Emilia c/ Eduardo De Rubeis, *Arrêt*, 25 juin 1979, *Bulletin des Arrêts de la cour suprême de justice* (1979), Kin., 1984, pp. 130-134.

CHAPITRE 3
L'INSTANCE AU SECOND DEGRE

Sommaire

1. Introduction
2. La prestation ou l'exercice d'une voie de recours

- Les voies de recours ordinaires
  - ➢ L'opposition
    - ✓ Le défaut
    - ✓ Les parties en une instance sur opposition
    - ✓ Les délais
    - ✓ La déclaration d'opposition
    - ✓ La procédure sur opposition
  - ➢ L'appel
    - ✓ Les jugements susceptibles d'appel
    - ✓ Les parties en une instance d'appel
    - ✓ Les formes d'appel
    - ✓ Les délais
    - ✓ La saisine
    - ✓ Les frais de justice
    - ✓ Les effets d'appel
    - ✓ La procédure d'appel
- Les voies de recours extraordinaires
  - ➢ Le pourvoi en révision

- ✓ Définition
- ✓ Cas d'ouverture du pourvoi
- ✓ Les requérants
- ✓ La forme et le délai
- ✓ Les effets
- ✓ La procédure en révision

➢ Le pourvoi en cassation

- ✓ Définition
- ✓ Cas d'ouverture du pourvoi
- ✓ Les requérants
- ✓ Le délai
- ✓ La forme
- ✓ Les effets
- ✓ La procédure
- ✓ L'arrêt

3. L'abstention ou le refus d'exercer une voie de recours

Former un recours contre un jugement est un droit garanti à tous. Il est exercé dans les conditions fixées par la loi[1078]. Le droit à l'exercice d'une voie de recours se justifie par une simple raison. C'est que l'œuvre du juge, qui ne porte que des appréciations humaines, est nécessairement sujette à discussion. Il parait important d'offrir au jugement rendu toutes les garanties d'une décision qui, au bout de la chaîne judiciaire, aura subi, à force de critiques et de débats contradictoires, des améliorations qui tiennent compte d'un point de vue qui rencontre le vécu collectif juridiquement fondé et socialement acceptable. Telle est la raison fondamentale d'un droit à une voie de recours.

Compris comme un droit subjectif, c'est-à-dire une prérogative attribuée dans son intérêt à un individu et qui lui permet de jouir d'une chose, d'une valeur ou d'exiger d'autrui une prestation[1079], le droit de former un recours comprend justement la prestation ou l'exercice du droit de recours (section 1) et l'abstention ou le refus d'exercer son recours, d'acquiescer ou se désister (section 2).

Section I. La prestation ou l'exercice d'une voie de recours

Le code de procédure pénale, auquel s'est associée la loi relative à la procédure devant la cour de cassation, reconnaît à toute partie au procès les moyens procéduraux d'obtenir un nouvel examen du procès ou de faire valoir les irrégularités observées dans le déroulement de la procédure. Les voies de recours font l'objet d'une distinction classique en voies de recours ordinaires (opposition et appel) et extraordinaires (pourvoi en révision et pourvoi en cassation), en voies de rétractation (opposition), de réformation (appel) et d'annulation (pourvoi en révision et pourvoi en cassation).

Paragraphe premier : Les voies de recours ordinaires

A. L'opposition

L'opposition est une voie de recours ordinaire, de rétractation ouverte au plaideur contre lequel a été rendue une décision par défaut, lui permettant de saisir le tribunal qui a déjà statué, en lui demandant de juger à nouveau l'affaire[1080]. L'opposition n'est pas à confondre avec la tierce opposition. Cette dernière voie de recours n'est pas prévue en

---

1078 Art. 21, al. 2, constitution du 18 février 2006.

1079 GUINCHARD Serge et DEBARD Thierry (dir.), op. cit., 2014, p. 350.

1080 Serge GUINCHARD et Thierry DEBARD (dir.), op. cit., p. 601.

procédure pénale, bien que le droit de former un recours contre un jugement soit garanti à tous[1081].

A. 1. L'opposition exige un préalable : le défaut[1082]

L'opposition n'est possible que contre un jugement rendu par défaut. Faire défaut en procédure pénale signifie n'est pas comparaître ou être absent à l'ouverture de l'audience, alors qu'on a été régulièrement cité à comparaître. La jurisprudence renchérit que lorsque, après avoir comparu à toutes les audiences d'instruction de la cause, les prévenus se sont abstenus de comparaître en personne à l'audience fixée pour les plaidoiries et réquisitions du ministère public, le jugement rendu est prononcé par défaut, les prévenus n'ayant pas pu faire valoir leurs moyens de défense[1083]. De même, doit être déclaré par défaut, le jugement prononcé à l'encontre de la partie civile qui n'a pas reçu notification de la date d'audience conformément aux dispositions des articles 54, 56 et suivants du code de procédure pénale[1084]. Dans le même esprit, la jurisprudence ajoute encore qu'est une décision rendue par défaut, celle qui a été rendue contre une partie représentée par un avocat non porteur d'une procuration spéciale[1085]. La procédure pénale congolaise ne reconnaît que le défaut faute de comparaître. Il s'ensuit que lorsqu'une affaire est appelée à une date à laquelle elle n'avait pas été fixée et que le prévenu ne comparaît pas, le défaut ne peut pas être adjugé. Dans le cas contraire, la jurisprudence constante admet que le jugement intervenant sur cette procédure doit être déclaré nul[1086].

1081 C.S.J., R.P. 002/45/CR, Cass., matière répressive, Baramoto Kpama Tosa c/le ministère public, Jean-Baptiste Mangwanda Gifundu et csrts, *Arrêt*, 12 janvier 2005, *Bulletin des Arrêts de la cour suprême de justice* (2004-2009), T. I, Kin., 2010, p. 71.

1082 Art. 88, code de procédure pénale.

1083 C.S.J., R.P.A. 4, App., matière répressive, Luya et Tuluka c/le ministère public et les parties citantes, *Arrêt*, 22 juin 1972, *Bulletin des Arrêts de la cour suprême de justice* (1972), p. 95.

1084 C.S.J., R.P. 53, Cass., matière répressive, Bienga c/le ministère public et Dihele, *Arrêt*, 08 mars 1973, *Bulletin des Arrêts de la cour suprême de justice* (1973), Kin., 1974, p. 47.

1085 C.S.J., R.P. 72, Cass., matière répressive, Djock et Nzolantima c/ le ministère public, *Arrêt*, 06 février 1974, *Bulletin des Arrêts de la cour suprême de justice* (1974), Kin., 1975, p. 25.

1086 Elis., 13 novembre 1951, *R.J.C.B.*, 1952, p. 17.

A. 2. Les parties qui peuvent faire défaut

Dans un procès pénal, seules les parties privées peuvent faire défaut. Il s'agit du prévenu[1087], de la partie civile et du civilement responsable[1088]. En aucun moment le ministère public peut faire défaut, car aucune audience ne peut se tenir sans officier du ministère public[1089].

Il est important de relever qu'un jugement par défaut qui prononce l'acquittement du prévenu et le renvoie de toutes fins de poursuite ne peut faire l'objet d'une opposition par ledit prévenu, car la prévention étant dite non établie à sa charge, le prévenu n'a aucun grief à formuler contre un tel jugement. Il en découle que le prévenu est sans intérêt à y faire opposition[1090].

A.3. Les délais pour former opposition[1091]

Le condamné par défaut peut faire opposition au jugement dans les dix jours qui suivent celui de la signification à personne, outre les délais de distance. Lorsque la signification n'a pas été faite à personne, l'opposition peut être faite dans les dix jours, outre les délais de distance, qui suivent celui où l'intéressé aura eu connaissance de la signification. S'il n'a pas été établi qu'il en a eu connaissance, il peut faire opposition jusqu'à l'expiration des délais de prescription de la peine quant aux condamnations pénales et jusqu'à l'exécution du jugement, quant aux condamnations civiles. En ce qui concerne la partie civile et la partie civilement responsable, le délai de dix jours commence à courir à dater de la signification, outre les délais de distance[1092].

Par ailleurs, le jugement par défaut rendu par le tribunal de commerce peut être attaqué sur opposition dans un délai de huit jours[1093]. La réduction du délai d'exercice de l'opposition rencontre l'idée de célérité que le législateur a voulu imprimer à la procédure déférée devant le juge de commerce.

1087 Art. 89, code de procédure pénale.

1088 Art. 90, code de procédure pénale.

1089 Art. 66, al. 5, code de procédure pénale.

1090 Léo., 7 octobre 1941, *R.J.C.B.*, 1943, p. 23.

1091 Art. 89, code de procédure pénale.

1092 Art. 90, code de procédure pénale.

1093 Art. 36, loi n°002-2001 du 3 juillet 2001 portant création, organisation et fonctionnement des tribunaux de commerce, *J.O.*, n°14, 15 juillet 2001, p. 4.

A. 4. La déclaration d'opposition[1094]

L'opposition peut être faite, soit par déclaration en réponse au bas de l'original de l'acte de signification, soit par déclaration au greffe du tribunal qui a rendu le jugement, soit par lettre missive adressée au greffier du même tribunal. La date de la réception de la lettre missive par le greffier détermine la date à laquelle l'opposition doit être considérée comme faite. Le jour même où il reçoit la lettre missive, le greffier y inscrit la date où il l'a reçue et la fait connaître à l'opposant. Le greffier avise immédiatement le Ministère public de l'opposition.

La déclaration d'opposition a pour effet de surseoir à l'exécution du jugement par défaut jusqu'à l'expiration du délai légal et, en cas d'opposition, jusqu'au jugement sur ce recours. Il est de même sursis à la poursuite de la procédure en appel engagée par le Ministère public, la partie civilement responsable ou la partie civile contre un jugement de condamnation prononcé par défaut à l'égard du prévenu. Lorsque le jugement n'est par défaut qu'à l'égard de la partie civilement responsable ou de la partie civile, l'opposition de ces dernières ne suspend pas l'exécution du jugement contre le prévenu[1095].

A.5. La procédure sur opposition

Par son opposition, la partie défaillante demande à être entendue par le tribunal qui s'est prononcé sans l'avoir entendu. Ainsi donc, la procédure sur opposition se déroule de la même manière que toute procédure ordinaire. Le président ou le juge fixe le jour où l'affaire sera appelée, en tenant compte des délais pour les citations. Le greffier fait citer l'opposant, les témoins dont l'opposant ou le Ministère public requiert l'audition et, le cas échéant, la partie civile et la partie civilement responsable.

Cependant, la procédure sur opposition n'a pas pour effet d'anéantir le jugement par défaut ou de faire considérer ce jugement comme inexistant au point qu'un autre tribunal pourrait être saisi à nouveau de la même infraction[1096]. Néanmoins, par suite de l'opposition, la condamnation prononcée par défaut est non avenue, et les débats non contradictoires qui ont précédé cette condamnation sont dépourvus de

---

1094 Art. 91, code de procédure pénale.

1095 Art. 94, code de procédure pénale.

1096 Cass., 22 juin 1936, *R.J.C.B.*, 1936, pp. 209 et 305 ; *Doc. Jur. Col.*, 1936, p. 31.

toute force probante et doivent recommencer *ab initio*[1097]. En outre, l'opposition ne ressaisit le juge que des dispositions contre lesquelles le recours est formé. Si celui-ci est limité à l'action publique, le jugement entrepris subsiste avec ses effets à l'égard de la partie civile[1098]. Ainsi, l'opposition formée par le prévenu n'a d'effet qu'en ce qui concerne les condamnations prononcées à sa charge, cette voie de recours ne pouvant en aucun cas lui nuire[1099]. Par ailleurs, au regard de la loi, si l'opposant ne comparaît pas, son opposition est déclarée non avenue. Dans ce cas, l'opposant ne peut ni la renouveler ni faire opposition au jugement sur opposition, car *opposition sur opposition ne vaut*[1100]. L'opposant est tenu de comparaître en personne dans le cas où il y était déjà tenu avant le jugement par défaut ou lorsque le jugement par défaut en fait une condition de recevabilité de l'opposition[1101].

B. L'appel

Comme l'opposition, l'appel est une voie de recours ordinaire, mais de réformation par laquelle une partie porte le procès devant une juridiction immédiatement supérieure en vue d'un nouvel examen du procès.

B.1. Les jugements susceptibles d'appel[1102]

En principe, tout jugement pénal rendu au premier degré est susceptible d'appel. Il peut s'agir *d'un jugement contradictoire ou d'un jugement rendu par défaut.* Il en découle que face à un jugement rendu par défaut, deux voies de recours sont possibles : l'appel et l'opposition[1103]. Le condamné par défaut a le droit de choisir entre l'opposition et l'appel laquelle des voies il peut mettre en mouvement. Son choix fait, il ne peut le modifier. S'il a fait opposition, son appel subséquent doit être dit non recevable à moins que le premier juge, saisi de l'opposition, déclare celle-ci non recevable[1104].

1097 Art. 95, code de procédure pénale ; Boma, 17 janvier 1911, *Jur. Congo,* 1912, p. 77 ; Elis., 22 novembre 1913, *Jur. Col.,* 1924, p. 98.

1098 Art. 95, code de procédure pénale ; Léo., 2 juillet 1953, *J.T.O.*, 1954, p. 53.

1099 Elis., 22 novembre 1913, *Jur. Col.,* 1924, p. 98 ; Stan., 1ère Inst., 21 février 1928, *R.J.C.B.*, 1930, p. 114.

1100 Art. 93, al. 1er, code de procédure pénale.

1101 Art. 93, al. 2, code de procédure pénale.

1102 Art. 97, code de procédure pénale.

1103 Elis., 14 juillet 1914, *Doc. Jur. Col.,* 1925, p. 80.

1104 Elis., 25 janvier 1958, *R.J.C.B.*, 1958, p. 226.

Par ailleurs, lorsqu'un prévenu est condamné par défaut et que le ministère public interjette appel, il y a lieu, le prévenu ne comparaissant pas devant le juge d'appel, de surseoir à statuer sur cet appel jusqu'à expiration des délais d'opposition, délais fixe et de distance, qui courront à partir de la signification du jugement au prévenu défaillant[1105].

Il est important de relever aussi que le *jugement rendu sur opposition* est appelable. Dans ce cas, quand l'opposition formée contre un jugement rendu par défaut est déclaré irrecevable, le juge d'appel ne peut examiner le fond de l'affaire[1106]. Enfin, l'opposition n'étant pas admise contre un *jugement réputé contradictoire*, seul l'appel peut être initié contre un tel jugement. Ainsi, mérite cassation la décision d'un juge d'appel qui dit recevable l'opposition formée contre un jugement qualifié de contradictoire, car l'auteur de l'opposition n'avait pas comparu à l'audience à laquelle la cause avait été instruite et prise en délibéré sur remise contradictoire et le jugement rendu étant réputé contradictoire à son égard, n'était pas susceptible d'opposition[1107]. Il importe de relever aussi que la jurisprudence s'oppose, en le rendant irrecevable, à l'appel formé contre une décision préparatoire, telle celle qui a ordonné la jonction des exceptions au fond[1108]. Cette décision de justice implique que l'appel est possible contre un *jugement interlocutoire*.

B.2. Les parties qui peuvent former appel[1109]

Le droit d'interjeter appel a un caractère strictement personnel et individuel, il ne doit être formé que par l'intéressé lui-même ou celui qui est muni d'une procuration spéciale[1110]. Aussi, au regard de l'article 96 du

---

1105 Elis., 26 janvier 1952, *R.J.C.B.*, 1952, p. 104.

1106 Elis., 19 avril 1952, *R.J.C.B.*, 1952, p. 220.

1107 C.S.J., R.P. 1685, Cass., matière répressive, Kande Tshiaba c/Ministère public et Mulula Mungukulu, *Arrêt*, 30 décembre 1997, *Bulletin des Arrêts de la cour suprême de justice* (1990-1999), Kin., 2003, p. 294.

1108 C.S.J., R.P. 1695, Cass., matière répressive, Lufukutuimba c/Ministère public et Ikuma Ando, *Arrêt*, 27 février 1996, *Bulletin des Arrêts de la cour suprême de justice* (1990-1999), Kin., 2003, p. 148-150 ; C.S.J., R.P.A. 307, App., matière répressive, Ministère public et Munavuar Mohamed Mushi c/ Mongbondo Djumambele Gaston, *Arrêt*, 16 février 2005, *Bulletin des Arrêts de la cour suprême de justice* (2004-2009), Kin., 2010, pp. 75-79.

1109 Art. 96, code de procédure pénale.

1110 Boma, 20 juillet 1914, *Doc. Jur. Col.*, 1925, p. 87 ; Elis., 10 décembre 1940, *R.J.C.B.*, 1941, p. 21 ; 1ère Inst., L'Shi, 21 août 1967, *R.J.C.*, 1968, n°3 et 4, p. 276 ; C.S.J., R.P. 84, Cass., matière répressive, Nsimba et Bimwala c/le Ministère public et Nzuzi,

code de procédure pénale, la faculté d'interjeter appel appartient à toute personne qui a été partie au premier degré[1111], de sorte que viole la loi le juge d'appel qui condamne une personne au degré d'appel alors qu'il est démontré que cette personne est citée pour la première fois à cette instance[1112]. Les parties en appel sont les suivantes : (a) Le prévenu ; (b) La personne déclarée civilement responsable ; (c) La partie civile ou les personnes auxquelles des dommages et intérêts ont été alloués d'office, quant à leurs intérêts civils seulement ; (d) Le Ministère public.

a. L'appel du Ministère public

L'appel du Ministère public se limite à l'action publique.

Le Ministère public ne peut former appel que dans la mesure où il n'est pas satisfait de la suite réservée à l'action publique, ou pour s'assurer du respect de l'intérêt de la loi[1113]. Dans ce contexte, le ministère public a le devoir d'exercer son recours à toutes fins utiles, toutes les fois que le prévenu aura été condamné à la peine de mort ou d'emprisonnement à perpétuité[1114]. De même, il tenu d'exercer son recours, toutes les fois qu'il estime que la peine prononcée n'est pas proportionnée au caractère grave ou pas grave reconnu aux faits de la cause[1115].

Par contre, il est interdit au ministère public de former son appel contre la décision portant sur l'action civile, qui ne vise que les intérêts privés. Un tel appel mérite d'être déclaré irrecevable pour défaut de

---

Arrêt, 10 janvier 1973, *Bulletin des Arrêts de la cour suprême de justice* (1973), Kin., 1974, p. 14.

1111 C.S.J., R.P. 1709/94, Cass., matière répressive, Linyuka J'Onsefo c/le ministère public et Lompole Yolongo, *Arrêt*, 23 mai 1995, *Bulletin des Arrêts de la cour suprême de justice* (1990-1999), Kin., 2003, p. 118.

1112 C.S.J., R.P.A. 5, App., matière répressive, Tuluka c/le ministère public et Boekwa Jean et csrts, *Arrêt*, 22 juin 1972, *Bulletin des Arrêts de la cour suprême de justice* (1972), p. 101 ; C.S.J., R.P. 82, Cass., matière répressive, Kapamba et De Groote Marcel c/le ministère public, *Arrêt*, 10 août 1974, *Bulletin des Arrêts de la cour suprême de justice* (1974), Kin., 1975, p. 241.

1113 Léo., 25 octobre 1956, *R.J.C.B.*, 1957, p. 91.

1114 Art. 175, Arrêté d'organisation judiciaire n°299/79 du 20 août 1979 portant règlement intérieur des cours, tribunaux et parquets.

1115 Art. 176, Arrêté d'organisation judiciaire n°299/79 du 20 août 1979 portant règlement intérieur des cours, tribunaux et parquets.

qualité[1116], car il ne peut nuire à la partie civile[1117]. Cependant, lorsque l'appel a été formé par le ministère public seul, la partie civile doit être maintenue à la cause, alors même qu'elle serait complètement désintéressée[1118].

L'appel du Ministère public ne se forme pas au cours des débats.

La jurisprudence, à la suite de l'article 100 du code de procédure pénale, n'autorise pas le ministère public à interjeter appel au cours des débats devant la juridiction supérieure. Il ne peut donc se servir de ses réquisitions à l'audience pour introduire un appel. Un tel appel doit être déclaré irrecevable[1119]. En d'autres termes, l'appel du ministère public est toujours un appel principal, et comme tel, il doit être formé dans le délai légal pour être recevable[1120].

L'appel du Ministère public a un effet général et absolu.

Lorsqu'il est formé, l'appel du ministère public produit un effet général[1121] et absolu. Il permet au juge d'appel d'examiner de nouveau tous les aspects du premier jugement (action publique et action civile), avec la conséquence d'aggraver la situation du prévenu[1122]. Par contre, en raison de l'absence d'appel du ministère public, la situation du prévenu ne pourra être aggravée[1123]. Dans la pratique des cours et tribunaux, il

---

1116 Léo., 8 juin 1933, *R.J.C.B.*, 1934, p. 71 ; C.S.J., R.P.A. 67, App., matière répressive, le ministère public et Ntoto Aley Angu c/ Mutombo Nyema, *Arrêt*, 28 août 1981, *Bulletin des Arrêts de la cour suprême de justice* (1980-1984), Kin., p.248.

1117 Elis., 8 février 1938, *R.J.C.B.*, 1938, p. 188.

1118 Elis., 26 octobre 1937, *R.J.C.B.*, 1943, p. 81.

1119 C.S.J., R.P. 61, Cass., matière répressive, Mutamba Paul c/le ministère public et Eolo Baudouin, *Arrêt*, 26 juillet 1972, *Bulletin des Arrêts de la cour suprême de justice* (1972), Kin., 1973, p. 134 .

1120 Kis., App., matière répressive, M.P. c/ B., *Arrêt*, 26 octobre 1972, *Revue Juridique du Zaïre,* 1974, n° 1, Dibunda K., Obs., p. 46.

1121 C.S.J., RPA 112, 20 novembre 1985, inédit, in DIBUNDA KABUINJI MPUMBUAMBUJI, *Répertoire général de jurisprudence de la cour suprême de justice, 1969-1985,* Kin., éd. CPDZ, 1990, p. 18. Il faut cependant noter qu'un appel peut être par ailleurs considéré général lorsque des doutes subsistent sur son étendue ou sa limitation (Léo., 31 mars 1949, *R.J.C.B.*, 1950, p. 13) ou lorsque le ministère public introduit son appel par déclaration qu'il suit l'appel quand bien même ce dernier n'a été formé que par certains prévenus (C.S.J., RPA 112, 20 novembre 1985, inédit, in DIBUNDA KABUINJI MPUMBUAMBUJI, loc. cit.

1122 Art. 104, al. 2, code de procédure pénale.

1123 C.S.J., App., matière répressive, ministère public c/ Alphonse-Devos BANGALA, *Arrêt*, 8 août 1969, *Revue Congolaise de Droit*, 1970, n° 1, Jur., p. 17.

semble improbable que le juge d'appel inflige au prévenu une peine supérieure à celle prononcée par le premier juge[1124]. Le juge d'appel a souvent tendance, à défaut d'adoucir la peine du prévenu, à garder la peine prononcée par le premier juge.

b. L'appel du prévenu

Le prévenu conteste l'action publique et/ou l'action civile.

Le prévenu peut interjeter appel, soit par lui-même, soit par son avocat, qui doit être muni au préalable d'une procuration spéciale à cette fin[1125]. Dans le cas contraire, l'appel formé par un avocat non porteur d'une procuration spéciale entraîne son irrecevabilité[1126]. Dans son appel, le prévenu conteste la décision du premier juge sur l'action publique et/ou sur l'action civile. Lorsque le prévenu, seul en appel, limite son appel aux intérêts civils, le juge d'appel ne peut, sous peine d'excès de pouvoir, modifier les condamnations pénales[1127]. Le seul appel du prévenu limite l'examen du juge d'appel aux faits pour lesquels il a été condamné[1128]. Le prévenu peut aussi contester la décision du juge quant aux frais et droits proportionnels.

Le prévenu ne peut pas souffrir de son appel.

En cas d'appel du prévenu, seul en appel, et en application du principe de l'interdiction de la *reformatio in pejus*, il est interdit au juge d'appel d'aggraver la situation de ce prévenu[1129]. De même, le juge d'appel n'aggrave pas la situation du prévenu, appelant d'un jugement qui l'a condamné à une peine d'emprisonnement principal, d'amende et de

---

1124 Elis., 16 février 1943, *R.J.C.B.*, 1943, p. 85.

1125 Trib., app., Ruanda-Urundi, 12 février 1952, *R.J.C.B.*, 1952, p. 112.

1126 C.S.J., R.P.A. 8, App., matière répressive, Lofono c/ Lubamba, *Arrêt*, 4 juin 1971, in *Nimy Mayidika Ngimbi, Essai Critique de Jurisprudence. Analyse d'arrêts de la cour suprême de justice* (1969-1972), Kin., 1973, p. 288.

1127 C.S.J., R.P. 51, Cass., matière répressive, Kanyanga Marie c/le ministère public et Makoso Pierre, *Arrêt*, 05 juillet 1972, *Bulletin des Arrêts de la cour suprême de justice* (1972), p. 120.

1128 C.S.J., RPA 41, 16 janvier 1976, *Bulletin des Arrêts de la cour suprême de justice*, Kin., 1977, p. 7, *Revue juridique du Zaïre,* 1978, p. 82.

1129 Léo., 17 août 1939, *R.J.C.B.*, 1940, p. 60 ; Kin., 16 décembre 1966, *R.J.C.*, 1967, n°1, p. 58 ; C.S.J., App., matière répressive, ministère public c/ Alphonse-Devos BANGALA, *Arrêt,* 8 août 1969, *Revue Congolaise de Droit*, 1970, n°1, Jur., p. 17 ; C.S.J., R.P.A. 26, App., matière répressive, le ministère public c/ Boji Ntole et csrts, *Arrêt*, 04 mai 1974, *Bulletin des Arrêts de la cour suprême de justice* (1974), Kin., 1975, p. 76.

déchéance du droit de conduire un véhicule, s'il a supprimé l'emprisonnement et condamné le prévenu à une amende plus forte. L'aggravation de la situation de la partie privée, seule en appel, est constitutive d'excès de pouvoir, susceptible de faire l'objet d'un pourvoi en cassation[1130].

c. L'appel de la partie civile

L'appel de la partie civile se limite à l'action civile.

Il est de jurisprudence constante qu'une partie privée, en l'occurrence la partie civile, ne peut diriger son appel que contre une décision qui lui a fait grief ou, tout au moins, qui est de nature à lui faire grief[1131]. Il en découle que la partie civile n'initie son appel qu'en vue du réexamen de l'action civile. Son droit d'appel est indépendant de celui du ministère public et ne peut s'exercer qu'à l'égard des condamnations civiles qu'elle a postulées[1132]. En conséquence, l'appel de la partie civile ne peut en aucun moment avoir pour effet soit de remettre en cause l'action publique et la condamnation pénale[1133], soit de décharger le prévenu des condamnations à sa charge sur l'action publique[1134]. Cette jurisprudence ne peut avoir pour effet d'empêcher la partie civile de former appel de poursuivre au second degré ses prétentions civiles, dont le contenu ne peut remettre en cause la décision sur l'action civile[1135]. Dans la même logique, saisi du seul appel des parties civiles, le juge d'appel, qui statue sur l'action publique et prononce des peines d'emprisonnement, verra son œuvre cassée car son action doit se limiter aux conséquences civiles

1130 C.S.J., Cass., RP 42 et 43, matière répressive, ministère public et Hubert MAVIYA c/ TADEO Emmanuel ; ministère public et Hubert MAVIYA c/ Matheus José Antonio, *Arrêt*, 5 avril 1972.

1131 C.S.J., R.P.A. 208, App., matière répressive, Lukoki c/ ministère public, Nsimba et Mbuyi, Arrêt, 6 juin 1996, in *Revue Analytique de Jurisprudence du Congo*, Vol. I, 1996, pp. 23-24.

1132 Léo., 15 janvier 1952, *R.J.C.B.*, 1952, p. 99 ; Elis., 29 septembre 1951, *R.J.C.B.*, 1951, p. 209.

1133 C.S.J., RP 211, 26 février 1977, *Bulletin des Arrêts de la cour suprême de justice*, 1978, p. 16 ; *Revue Juridique du Zaïre*, 1979, p. 85.

1134 Cass., 17 juin 1957, *Pas.*, I, 1957, p. 1241.

1135 C.S.J., RP 310, 6 août 1980, inédit, in DIBUNDA KABUINJI MPUMBUAMBUJI, *Répertoire général de jurisprudence de la cour suprême de justice, 1969-1985*, Kin., éd. CPDZ, 1990, p. 16.

des infractions visées dans l'acte de saisine[1136]. Dans cet esprit, et en conséquence de cause, si la partie civile n'a pas fait appel, la juridiction d'appel saisie d'une demande d'augmentation des dommages et intérêts ne peut faire droit à celle-ci sans violer les principes généraux du droit issus de l'autorité de la chose jugée et de l'effet dévolutif d'appel[1137]. De même, lorsque la partie civile a seule formé appel contre un jugement qui a acquitté le prévenu, saisie des seuls intérêts civils, la juridiction d'appel n'a pas à appliquer la disposition de l'article 24 du code pénal relative à la prescription de l'action publique et ne peut donc pas la violer[1138].

Il découle de tout ce qui précède que la partie civile peut se désister de son appel, et la juridiction d'appel a le devoir de décréter le désistement[1139]. Cependant, malgré ce désistement, la partie civile doit, sur appel du ministère public, être maintenue à la cause pour y répondre des frais en cas d'acquittement du prévenu[1140].

d. L'appel du civilement responsable

En vertu de l'article 96 du code de procédure pénale, la personne civilement responsable peut interjeter appel. Elle peut agir elle-même ou par un fondé de pouvoir à qui a été donné une procuration spéciale[1141]. Dans son appel, la partie civilement responsable vise à contester non seulement qu'elle est civilement responsable, mais aussi que le prévenu a commis le fait dommageable dont le premier juge l'a déclaré coupable[1142].

B.3. Les formes d'appel : appel principal et appel incident

L'on peut comprendre par-là que face à un jugement rendu au premier degré, quatre appels principaux sont possibles. Ces différents appels sont forcément introduits et contenus dans un acte d'appel reçu

---

1136 C.S.J., R.P. 26/TSR, Cass., matière répressive, Ministère public c/ Mboyo Mpela, kasilembo Wa Nduma et Yela Mbwa Boili, *Arrêt*, 30 décembre 1997, *Bulletin des Arrêts de la cour suprême de justice* (1990-1999), Kin., 2003, p. 297.

1137 C.S.J., R.P.A. 18, App., matière répressive, Kabuya c/ Ministère public et Abibu Selemani, *Arrêt*, 28 mars 1973, *Bulletin des Arrêts de la cour suprême de justice* (1973), Kin., 1974, pp. 81-88.

1138 C.S.J., RP 473, 23 février 1982, *Revue juridique du Zaïre*, 1983, p. 46 avec note).

1139 Léo., 20 mai 1943, *R.J.C.B.*, 1944, p. 69

1140 Elis., 31 janvier 1950, *R.J.C.B.*, 1950, p. 62.

1141 C.S.J., R.P. 38, Cass., matière répressive, Jean Bottis c/Ministère public, *Arrêt*, 3 novembre 1971, *Bulletin des Arrêts de la cour suprême de justice* (1971), Vol. I, Fascicule I, Kin., 1972 ; *Revue Zaïroise de Droit*, 1972, n°1, pp. 26-27.

1142 Cass., 4 octobre 1954, *Pas.*, I, 1955, p. 70.

au greffe du tribunal. En cas de pluralité de recours en appel contre un même jugement le juge d'appel peut ordonner la jonction des recours pour que ceux-ci soient examinés dans le cadre d'une même instance, ceci en vue d'assurer une bonne administration de la justice[1143]. Néanmoins, malgré la jonction des appels ordonnée par le juge d'appel, chaque appel conserve son autonomie et peut recevoir une solution différente de celle réservée à l'autre appel[1144].

La loi permet à une partie qui n'a pas formé un recours par un acte d'appel de faire appel incident par voie de conclusions prises à l'audience[1145]. Contrairement à l'appel principal, un appel incident ne peut porter que sur des intérêts civils en cause et dans l'hypothèse où l'action civile est portée devant le juge d'appel. Le juge d'appel ne peut donc recevoir en son instance un appel incident formé par une partie citée au premier degré qui n'a pas pu obtenir des dommages-intérêts pour procès téméraire et vexatoire[1146].

B.4. Les délais pour former appel

Les délais ordinaires.

Au regard de la loi[1147] et de la jurisprudence[1148], l'appel doit, à peine de déchéance, être interjeté dans un délai de dix jours. Néanmoins, le jugement rendu par le tribunal de commerce peut être attaqué en appel dans un délai de huit jours[1149]. La réduction du délai d'exercice d'appel rencontre l'idée de célérité que le législateur a voulu imprimer à la procédure déférée devant le juge de commerce.

1143 Kis., App., matière répressive, M.P. c/ A. et csrts, *Arrêt*, 2 septembre 1973, *Revue Juridique du Zaïre*, 1974, n°1, p. 71.

1144 C.S.J., R.P.P. 35, Associés C/N, M, T et République du Zaïre, *Arrêt*, 22 septembre 1994, *Revue Juridique du Zaire*, n°1-2-3, 1995, pp. 51-52.

1145 Art. 98, code de procédure pénale.

1146 C.S.J., R.P.A. 5, App., matière répressive, Tuluka Désiré c/ le ministère public et Boekwa Jean et csrts, *Arrêt*, 22 juin 1972, *Bulletin des Arrêts de la cour suprême de justice* (1972), Kin., 1973, pp. 100-110.

1147 Art. 97, code de procédure pénale.

1148 C.S.J., R.P.A. 359, App., matière répressive, le ministère public et Partie civile Chola Kabamba c/Ndondji Kawaya et csrts, *Arrêt*, 22 octobre 2008, *Bulletin des Arrêts de la cour suprême de justice* (2004-2009), T. II, Kin., 2010, p. 94.

1149 Art. 40, loi n°002-2001 du 3 juillet 2001 portant création, organisation et fonctionnement des tribunaux de commerce, *J.O.*, n°14, 15 juillet 2001, p. 4.

Le délai de distance.

Le délai d'appel est augmenté des délais de distance[1150], d'un jour par cent kilomètres, sans qu'il puisse, en aucun cas, dépasser quarante-cinq jours. La distance à prendre en considération pour le calcul du délai est celle qui sépare la résidence de l'appelant du greffe où se fait la déclaration d'appel, lorsque le jugement est contradictoire, et celle qui sépare le lieu de la signification du même greffe, lorsque le jugement est par défaut[1151].

Le délai extraordinaire du Ministère public.

Il doit toutefois être noté qu'en ce qui concerne le ministère public près la juridiction d'appel, la loi lui reconnaît un délai extraordinaire de trois mois pour interjeter appel[1152]. Ce délai, qui se calcule de quantième à quantième[1153], ne s'applique guère lorsque le ministère public a formé appel contre une partie civilement responsable[1154]. Dans le même esprit, ayant remis en cause l'action publique à l'égard de toutes les parties et sur tous les chefs de demande, l'appel extraordinaire du ministère public permet au prévenu de former régulièrement appel incident conformément à l'article 98 du code de procédure pénale, uniquement quant aux intérêts civils en cause par voie des conclusions prises à l'audience[1155].

1150 Dans le calcul du délai de l'appel interjeté par la partie lésée, l'omission de tenir compte du délai de distance viole la loi, et l'irrecevabilité qui résulte de la non prise en compte de ce délai de distance est une violation de l'article 97 du code de procédure pénale [C.S.J., R.P. 213, Cass., matière répressive, le ministère public c/ Batafe, *Arrêt*, 21 août 1974, *Bulletin des Arrêts de la cour suprême de justice* (1974), Kin., 1975, p. 266].

1151 Léo., 27 janvier 1938, *R.J.C.B.*, 1938, p. 181 ; Léo., 25 avril 1939, *R.J.C.B.*, 1939, p. 192.

1152 Art. 99, al. 2, code de procédure pénale ; C.S.J., RP 176, 15 avril 1975, *Bulletin des Arrêts de la cour suprême de justice*, 1976, p. 132.

1153 Elis., 17 mai 1952, *R.J.C.B.*, 1952, p. 154.

1154 Ière Inst., Kas., App., *R.J.C.B.*, 1952, p. 32.

1155 C.S.J., R.P. 032/TSR, Cass., matière répressive, ministère public c/ Bosako Eseta et Munganga Bin Ramazani, *Arrêt*, 23 décembre 1997, *Bulletin des Arrêts de la cour suprême de justice* (1990-1999), Kin., 2003, p. 284.

La computation de délai.

Le délai d'appel commence à courir le jour qui suit le prononcé du jugement[1156] ou sa signification, selon qu'il est contradictoire ou par défaut. Dans la computation de ce délai, il est important de prendre en considération le prescrit de l'article 137 du code de procédure pénale, qui dispose que si le jour où le délai vient à expirer est un dimanche, l'appel peut être valablement interjeté le lendemain. La jurisprudence constante approuve cette position du législateur[1157].

Repenser la déchéance en matière de délai.

La conséquence directe qui résulte de l'inobservance du délai légal pour former appel est la déchéance ou l'irrecevabilité de l'appel formé[1158]. Néanmoins, alors même qu'elle a formé son appel hors délai, une partie peut être relevée de sa déchéance dès lors qu'il est établi qu'elle a apporté la preuve d'un cas de force majeure qui ne lui a pas permis d'interjeter son appel dans le délai[1159]. Le cas de force majeure peut résulter de la quasi-impossibilité de s'informer du jugement rendu à la charge de l'appelant[1160], c'est notamment le cas lorsque, en état de détention, l'appelant n'a pas été amené au tribunal le jour du prononcé et n'a pas été averti du jugement rendu[1161]. La force majeure peut consister aussi au fait que le premier juge a prononcé sa décision à une date autre que celle fixée initialement[1162] et à l'insu des parties[1163], ou que la décision est

---

1156 En ce qui concerne le ministère public (art. 99, code de procédure pénale ; C.S.J., R.P. 2487, Cass., matière répressive, Freddy Ntale et Tshikolasoni c/ le ministère public et Microcom, *Arrêt*, 21 décembre 2005, *Les Analyses Juridiques*, n°8/2006, pp. 77-79).

1157 C.S.J., R.P. 16, Cass., matière répressive, Kalemba David c/ Procureur Général près la Cour d'appel de Kinshasa, *Arrêt*, 2 avril 1970, *Revue Congolaise de Droit,* 1971, n°1, pp. 8-9 ; *Revue Juridique du Congo*, 1970, pp. 122-123.

1158 Art. 97, code de procédure pénale.

1159 C.S.J., R.P.A. 310, App., matière répressive, le ministère public et la succession Kabaswangani Gérard c/Mukuna Kabongo et Sakibanza Nioka, *Arrêt*, 7 septembre 2007, *Bulletin des Arrêts de la cour suprême de justice* (2004-2009), T. II, Kin., 2010, p. 15.

1160 C.S.J., R.P. 289, Cass., matière répressive, Kalala Ilebo Belura c/ le ministère public et Kanyinda Wa Kanyinda, *Arrêt*, 30 octobre 1979, *Bulletin des Arrêts de la cour suprême de justice* (1979), Kin., 1984, pp. 316-319.

1161 Léo., 19 septembre 1963, *R.J.C.*, 1966, p. 121.

1162 C.S.J., R.P. 338, Cass., matière répressive, BC. c/ le ministère public et K., *Arrêt*, 7 octobre 1980, *Revue Juridique du Zaïre*, n°1-3, 1986, p. 40.

1163 C.S.J., R.P. 289, Cass., matière répressive, Kalala Ilebo Belura c/ le ministère public et Kanyinda Wa Kanyinda, *Arrêt*, 30 octobre 1979, *Bulletin des Arrêts de la cour suprême de justice* (1979), Kin., 1984, pp. 316-319 ; C.S.J., R.P. 1675, Cass., matière répressive,

rendue hors délai légal et hors présence des parties et la signification étant intervenue plus tard[1164].

B.5. La saisine du juge d'appel et la déclaration d'appel[1165]

En matière répressive au second degré, le juge est régulièrement saisi par l'acte d'appel de la partie appelante et non par une requête aux fins de fixation d'audience[1166]. L'acte d'appel, qui saisit le juge d'appel, est un acte authentique dont la force probante ne peut être ébranlée que par une preuve contraire[1167].

L'appel peut être fait, soit par déclaration en réponse au bas de l'original de l'acte de signification, soit par déclaration au greffe de la juridiction qui a rendu le jugement ou de la juridiction qui doit connaître de l'appel, soit par lettre missive adressée au greffier de l'une ou l'autre de ces juridictions. La date de la réception de la lettre missive par le greffier détermine, dans ce dernier cas, la date à laquelle l'appel doit être considéré comme fait[1168]. Le jour même où il reçoit la lettre missive, le greffier y inscrit la date où il l'a reçue et la fait connaître à l'appelant. L'appel est notifié par les soins du greffier aux parties qu'il concerne[1169].

B.6. Les frais de justice au second degré

Fondement légal.

Par application de l'article 122 du code de procédure pénale, l'appel de la partie civilement responsable des dommages-intérêts, de même que l'appel de la partie civile ne sont recevables que si ces parties ont consigné entre les mains du greffier une somme représentant les frais de

---

Kwamba Mabayi c/ le ministère public et Booto Mbaka, *Arrêt*, 15 juin 1995, *Revue Analytique de Jurisprudence du Congo*, Vol. II, 1997, p. 45.

1164 C.S.J., R.P. 2029, Cass., matière répressive, Mangalibi Nkolo Mbongo Catherine c/ le ministère public, Mayembo Mbongo et Malimbisa Monga Moindo, *Arrêt*, 14 avril 2004, *Bulletin des Arrêts de la cour suprême de justice* (2004-2009), T. I, Kin., 2010, pp. 5-12.

1165 Art. 100, code de procédure pénale.

1166 C.S.J., R.P.A. 307, App., matière répressive, le ministère public et Munavuar Mohamed Mushi c/Mongondo Djumbambele Gaston, *Arrêt*, 16 février 2005, *Bulletin des Arrêts de la cour suprême de justice* (2004-2009), T. I, Kin., 2010, p. 75.

1167 C.S.J., R.P. 241, Cass., matière répressive, B.C. c/ ministère public et les époux N., *Arrêt*, 22 novembre 1978, *Revue Juridique du Zaïre*, 1979, pp. 88-90.

1168 C.S.J., R.P. 158, Cass., matière répressive, Justin Mbangu c/ Ministère public, *Arrêt*, 9 mars 1977, *Bulletin des Arrêts de la cour suprême de justice* (1977), Kin., 1978, pp. 24-27.

1169 Ière Inst., Ruanda-Urundi, app., 29 novembre 1951, *R.J.C.B.*, 1952, p. 121.

justice. L'appelant acquitte à tout le moins le coût de l'acte, ou produise une dispense de consignation. Il en résulte que l'acte dressé en contravention à l'article 122 du code de procédure pénale est reçu irrégulièrement. C'est le cas de la consignation d'une somme inférieure au minimum légal requis, qui équivaut à l'absence de consignation[1170]. Il est important de relever que les frais de justice fixés par le code de procédure pénale (150 zaïres au premier degré et 300 zaïres au second degré) ont été actualisés et fixés en dollars par l'arrêté interministériel n° 243/cab/min/j&dh/2010 et n° 043/cab/min/ finances/10 du 04 mai 2010 portant fixation des taux des droits, taxes et redevances à percevoir à l'initiative du Ministère de la Justice et Droits Humains[1171]. Désormais, les frais de justice à payer sont de sept (07) dollars américains au premier degré et le double de ce taux pour le second degré. S'il est permis d'approuver le côté pragmatique de cet acte réglementaire, l'on ne peut manquer de relever son inconstitutionnalité au regard de l'article 122.6 de la constitution qui dispose que la procédure pénale est une matière qui relève du domaine législatif. Cet arrêté interministériel porte aussi atteinte à l'article 170 de la constitution qui fait du franc congolais la seule unité monétaire à pouvoir libératoire sur le territoire national.

Le Débiteur légal.

L'article 122 du code de procédure pénale a déterminé avec précision les parties au procès qui doivent consigner les frais de justice. Il s'agit de la partie civilement responsable des dommages-intérêts et la partie civile.

La loi n'exige pas du prévenu la consignation des frais d'appel pour que son appel soit déclaré recevable. La jurisprudence est allée dans le même sens en jugeant que l'obligation de consigner les frais d'appel n'incombant pas au prévenu, le moyen qui lui en fait reproche n'est pas fondé[1172]. Par contre, la jurisprudence frappe d'irrecevabilité l'appel de la partie lésée qui s'est constituée partie civile en appel sans consigner les

---

[1170] C.S.J., R.P. 530, Cass., matière répressive, Kharim Dhanany et Shayda Dhanany c/ le ministère public, Gatariki Kalinda et Veuve Rops Warlanti, *Arrêt*, 7 mai 1985, *Bulletin des Arrêts de la cour suprême de justice* (1985-1989), Kin., 2002, pp. 27-30.

[1171] *J.O.*, 29 mai 2010.

[1172] C.S.J., R.P. 50, Cass., matière répressive, Roger Faya c/ le ministère public, République du Zaïre, Samuel Ntoya et Madeleine Lokani, *Arrêt*, 29 mai 1974, *Bulletin des Arrêts de la cour suprême de justice* (1974), Kin., 1975, pp. 170-173 ; C.S.J., R.P. 381, Cass., matière répressive, Mpanda Zandu c/ le ministère public, Kiesolo Meso et Sonas, *Arrêt*, 8 janvier 1985, *Bulletin des Arrêts de la cour suprême de justice* (1985-1989, Kin., 2002, pp. 7-11.

sommes prévues à l'article 122 du code de procédure pénale[1173]. La jurisprudence ajoute que la non consignation des frais d'appel est une question préalable et d'ordre public qui peut être soulevée d'office en tout état de cause par le juge[1174]. Toutefois, elle ne détermine pas le moment auquel la consignation des frais doit être faite[1175], ni n'oblige que celle-ci soit préalable aux débats[1176]. L'appel reste en effet recevable si la consignation des frais présumés de l'instance d'appel est faite pour la première audience à laquelle la cause est appelée[1177], à toute étape de la procédure et ce jusqu'à la clôture des débats[1178].

B.7. Les effets de l'appel. L'appel produit en effet plusieurs effets

a. L'effet suspensif d'appel

La déclaration d'appel a pour effet de surseoir à l'exécution du jugement jusqu'à l'expiration du délai légal et, en cas d'appel, jusqu'à la décision sur ce recours. En d'autres termes, le délai d'appel a pour vocation de suspendre l'exécution d'un jugement rendu au premier degré. Il en est ainsi aussi de l'exercice effectif de l'appel[1179]. Cependant, le prévenu qui était en état de détention au moment du jugement ou dont l'arrestation immédiate a été ordonnée par le jugement, demeure en

---

1173 C.S.J., R.P.A. 5, App., matière répressive, Tuluka Désiré c/ le ministère public et Boekwa Jean et csrts, *Arrêt*, 22 juin 1972, *Bulletin des Arrêts de la cour suprême de justice* (1972), Kin., 1973, pp. 100-110 ; C.S.J., R.P.A. 16, App., matière répressive, le ministère public et Parties civiles Veuve Eale et csrts c/ Manzikala Madrakini Jean Foster, *Arrêt*, 12 mai 1972, *Bulletin des Arrêts de la cour suprême de justice* (1972), Kin., 1973, pp. 64-79.

1174 C.S.J., R.P.A. 326, Cass., matière répressive, Ikoko Ndjaliesio N'Ilanga Basuku c/ le ministère public et Mwadi Mopepe, *Arrêt*, 23 mai 1979, *Bulletin des Arrêts de la cour suprême de justice* (1979), Kin., 1984, pp. 108-112.

1175 C.S.J., R.P.313, Cass., matière répressive, Malu c/ Diampoka, Société Afrima et la Sonas, *Arrêt*, 17 mai 1983, *Revue Analytique de Jurisprudence du Congo*, Vol. II, 1997, p. 38.

1176 C.S.J., R.P.313, Cass., matière répressive, Malu c/ Diampoka, Société Afrima et la Sonas, *Arrêt*, 17 mai 1983, *Revue Analytique de Jurisprudence du Congo*, Vol. II, 1997, p. 38.

1177 Elis., 15 octobre 1938, M.P. c/ R. et csrts, *R.J.C.B.*, 1939, p. 22.

1178 C.S.J., R.P. 313, Cass., matière répressive, Malu c/ Diampoka, Société Afrima et la Sonas, *Arrêt*, 17 mai 1983, *Revue Analytique de Jurisprudence du Congo*, Vol. II, 1997, p. 38 ; C.S.J., R.P.A. 67, App., matière répressive, Ministère public et Ntoto Aley Angu c/ Mutombo Nyema, *Arrêt*, 28 août 1981, *Bulletin des Arrêts de la cour suprême de justice* (1980-1984), Kin., 2001, pp. 248-252.

1179 Art. 102, al. 1er, code de procédure pénale.

cet état nonobstant son appel[1180]. De même, l'appel extraordinaire du ministère public près la juridiction d'appel n'emporte pas sursis à l'exécution. Il en est ainsi aussi de l'appel interjeté quant aux intérêts civils, lequel ne fait pas obstacle à l'exécution des condamnations pénales[1181].

b. L'effet dévolutif de l'appel

L'appel produit un effet dévolutif, en ce sens qu'il limite l'action du juge d'appel dans ce qui est demandé par l'appelant dans son acte d'appel. Celui-ci détermine les points de la décision du premier juge qui sont soumis à la juridiction d'appel. Il en découle que quels que soient les liens de connexité de ces points avec les autres chefs du jugement ou leur caractère subsidiaire, ces derniers sont soustraits à la connaissance de la juridiction d'appel[1182]. La mesure de la dévolution dépend de la mesure d'appel : *tantum devolutum quantum appellatum.* La jurisprudence sanctionne en effet d'annulation la décision du juge d'appel qui, statuant sur le seul appel du prévenu limité aux intérêts civils, a modifié les condamnations pénales. En décidant de la sorte, le juge d'appel a dépassé l'étendue de sa saisine[1183], car le seul appel du prévenu limite l'examen de la juridiction d'appel aux faits pour lesquels il a été condamné[1184]. Cependant, l'appel du ministère public limité à certains des faits retenus comme constitutifs d'une infraction unique n'a pas pour effet de limiter la saisine du juge d'appel à ces seuls faits. La seule connexité des faits infractionnels suffirait déjà à proroger sa compétence, lorsqu'il est avéré que cette prorogation est nécessaire pour éviter le danger de contradictions de jugements[1185].

1180 Art. 103, code de procédure pénale.

1181 Art. 102, al. 2, code de procédure pénale.

1182 Léo., 18 avril 1929, *R.J.C.B.*, 1930, p. 27.

1183 C.S.J., R.P. 51, Cass., matière répressive, Kanyanga Marie c/ ministère public et Makosso Pierre, *Arrêt*, 5 juillet 1972, *Bulletin des Arrêts de la cour suprême de justice* (1972), Kin., 1973, pp. 119-123.

1184 C.S.J., R.P.A. 41, App., matière répressive, ministère public c/ Kanyinda Biangandu, *Arrêt*, 16 janvier 1976, *Bulletin des Arrêts de la cour suprême de justice* (1976), Kin., 1977, pp. 7-12.

1185 Trib., app., Ruanda-Urundi, 11 mars 1952, *R.J.C.B.*, 1952, p. 236.

c. L'évocation

La juridiction d'appel qui réforme la décision entreprise pour un motif autre que la saisine irrégulière ou l'incompétence du premier juge, connaît du fond de l'affaire[1186].

Définition.

L'article 107 du code de procédure pénale nous permet de définir l'évocation comme étant une obligation faite au juge d'appel de statuer au fond chaque fois qu'il annule un jugement du premier degré. La disposition de l'article 107 du code de procédure pénale a en effet une portée générale et oblige le juge d'appel à évoquer la cause dans son intégralité même s'il n'est saisi par l'effet dévolutif que d'un recours limité à certaines dispositions de la décision querellée[1187]. Le juge d'appel a le devoir de substituer au jugement entrepris un autre.

Préalable à l'évocation : annulation du jugement a quo.

Il découle de la considération de l'article 107 du code de procédure pénale que l'évocation exige préalablement l'annulation du jugement *a quo*, et non sa confirmation[1188], et consiste à rendre un jugement de substitution, débarrassé désormais de tout déchet judiciaire qui a été constaté dans le jugement entrepris. En d'autres termes, évoquer c'est s'emparer de l'ensemble d'une affaire pour connaître de l'entier dossier de la procédure et exercer son pouvoir de revisitation du fond. Par exemple, lorsqu'un tribunal rend un jugement alors que son siège était irrégulièrement composé ou irrégulièrement modifié, le juge d'appel a le devoir d'annuler d'office la décision rendue. Par application de l'article 107 du code de procédure pénale, ce juge d'appel s'empare de toute

---

1186 Art. 107, code de procédure pénale ; C.S.J., R.P.A. 5, App., matière répressive, Tuluka c/le ministère public et Boekwa Jean et csrts, *Arrêt*, 22 juin 1972, *Bulletin des Arrêts de la cour suprême de justice* (1972), p. 102 ; C.S.J., R.P. 2037, Cass., matière répressive, Ndola Mabela et Bayamaka Kadivioki c/le ministère public et Muke Ngampana, *Arrêt*, 16 août 2002, *Bulletin des Arrêts de la cour suprême de justice* (2000-2003), Kin., 2004, p. 189.

1187 C.S.J., R.P.A. 5, App., matière répressive, Tuluka Désiré c/ ministère public et Boekwa Jean et csrts, *Arrêt*, 22 juin 1972, *Bulletin des Arrêts de la cour suprême de justice* (1972), Kin., 1973, pp. 100-110.

1188 C.S.J., R.P. 2037, Cass., matière répressive, Ndola Mabela et Bayamaka Kadivioki c/le ministère public et Muke Ngampana, *Arrêt*, 16 août 2002, *Bulletin des Arrêts de la cour suprême de justice* (2000-2003), Kin., 2004, p. 189.

l'affaire et statue au fond[1189]. Dans le jargon judiciaire, l'expression utilisée par le juge d'appel pour traduire l'évocation est « … *annule le jugement a quo, et faisant ce qu'aurait dû faire le premier juge…* ».

Limites de l'évocation : incompétence et saisine irrégulière.

Cependant, le juge d'appel n'a pas reçu de la loi un pouvoir absolu d'évocation. L'article 107 du code de procédure pénale lui impose deux limites. Le juge d'appel n'évoque pas quand il annule un jugement du premier degré pour incompétence. Dans ce cas de figure, le juge d'appel, qui annule, renvoie les parties à se pourvoir comme de droit. Ce juge d'appel n'a même pas le pouvoir de désigner aux parties en cause un juge compétent. Cela implique la création par la partie intéressée (le ministère public ou la partie civile) d'une nouvelle affaire et d'une nouvelle instance devant un autre juge différent de celui qui avait rendu le jugement contesté. Cependant, lorsqu'il se révèle que le juge du premier degré s'était à tort déclaré incompétent, le juge d'appel qui annule cette dernière décision a le devoir d'évoquer par application de l'article 107 du code de procédure pénale[1190].

Le juge d'appel n'évoque pas non plus quand il annule un jugement du premier degré pour saisine irrégulière. Dans ce cas de figure, il appartient à la partie intéressée de retourner devant le même juge du premier degré pour régulariser la procédure de saisine et reprendre l'affaire *ab ovo*. L'affaire autrefois enrôlée devant le juge du premier degré reprend avec le même numéro, mais la composition du tribunal peut changer.

L'inconvénient de l'évocation : atteinte au double degré de juridiction.

L'évocation peut porter atteinte à la règle du double degré de juridiction, dans l'hypothèse où le juge d'appel est saisi contre un jugement avant dire droit interlocutoire. L'annulation de ce jugement au second degré donne droit ou, disons le bien, fait obligation au juge d'appel de s'emparer totalement de l'affaire, l'évocation ayant une portée

---

1189 C.S.J., R.P.A. 17, App., matière répressive, Anangame Marcel c/ ministère public, *Arrêt*, 26 juillet 1972, *Bulletin des Arrêts de la cour suprême de justice* (1972), Kin., 1973, pp. 144-149.

1190 C.S.J., R.P. 8, Cass., matière répressive, Likila Bernard c/ ministère public, Djemba Jean et Yambe Ernestine, *Arrêt*, 3 juin 1971, *Revue Juridique du Congo*, Kin., 1971, pp. 22-24.

générale. Au contraire du jugement interlocutoire, la jurisprudence n'admet pas d'évocation en cas d'annulation d'un jugement préparatoire. S'il est déjà interdit de porter à la connaissance du juge d'appel un jugement préparatoire, l'on ne peut imaginer une décision d'annulation dudit jugement au second degré[1191].

B.8. La procédure d'appel[1192] : citation et notification d'appel

La procédure d'appel se déroule de la même manière que toute procédure ordinaire. Le président de la juridiction d'appel fixe le jour de l'audience. La juridiction d'appel peut statuer sur la seule notification par les soins du greffier, aux parties en instance d'appel, de la date à laquelle l'affaire sera appelée, pourvu que les délais entre cette notification et la date de l'audience soient égaux à ceux des citations. Il est de jurisprudence constante que la juridiction d'appel statue sur la simple notification lorsque l'infraction dont elle est saisie ne peut entraîner la peine capitale[1193]. Le recours à la notification d'appel entraîne comme conséquence que la décision rendue sur appel sera contradictoire, même si le prévenu ne comparaît pas[1194].

Toutefois, si la juridiction d'appel estime que la situation du prévenu pourrait être aggravée ou s'il s'agit d'une infraction pouvant entraîner la peine capitale, il ne sera statué, au risque de violer les droits de la défense, qu'après citation du prévenu et, le cas échéant, de la partie civilement responsable de l'amende et des frais[1195]. A moins que la juridiction d'appel n'ait ordonné la comparution personnelle du prévenu, ou à moins qu'il ne s'agisse d'une infraction pouvant entraîner la peine capitale, le prévenu pourra également et en toute hypothèse, comparaître par un fondé de pouvoir agréé par le président de la juridiction d'appel. La décision sur appel est réputée contradictoire, sauf lorsque, ayant reçu une citation à prévenu, la partie ne comparaît pas. Dans cette dernière hypothèse, le défaut peut être retenu à charge de ce prévenu, qui dispose désormais du droit à former opposition contre la décision du juge d'appel. Néanmoins, dans le cas d'une citation superflue, c'est-à-dire celle

---

1191 C.S.J., R.P. 1695, Cass., matière répressive, Lufukutuimba c/ ministère public et Ikuma Ando, *Arrêt*, 27 février 1996, *Bulletin des Arrêts de la cour suprême de justice* (1990-1999), Kin., 2003, pp. 148-150.

1192 Art. 104, code de procédure pénale.

1193 Léo., 17 août 1939, *R.J.C.B.*, 1940, p. 60.

1194 Léo., 27 février 1940, *R.J.C.B.*, 1940, p. 214.

1195 CSJ, RP 117, 26 février 1975, *Bulletin des arrêts de la cour suprême de justice*, 1976, p. 60.

à laquelle le greffier a recouru alors qu'une simple notification était suffisante, le défaut retenu à charge du prévenu est non avenu, la procédure est contradictoire et la juridiction d'appel, malgré l'absence du prévenu, statue contradictoirement[1196].

A la demande de l'officier du ministère public près la juridiction d'appel ou de l'une des parties, les témoins peuvent être entendus à nouveau et il peut en être entendu d'autres[1197].

Paragraphe deuxième : Les voies de recours extraordinaires

A. Le pourvoi en révision

A.1. Définition

Les demandes en révision relèvent de la compétence de la cour de cassation[1198]. Le pourvoi en révision peut également être formé devant la haute cour militaire[1199], dans la mesure où le jugement attaqué en révision a été rendu par une juridiction militaire[1200]. C'est le cas de l'arrêt rendu le 22 juillet 2011 par la haute cour militaire dans une cause qui a opposé l'auditeur général des forces armées congolaises au jugement ayant condamné le Prophète Simon Kimbangu et ses consorts le 3 octobre 1921. Dans cette affaire, le conseil de guerre de Thysville (aujourd'hui Mbanza Ngungu) avait condamné le Prophète Simon Kimbangu à la peine de mort et ses consorts à diverses peines d'emprisonnement pour atteinte à la sûreté de l'Etat et à la tranquillité publique, infractions prévues et punies par les articles 31 et 32 du décret du 8 novembre 1917 sur la justice militaire. Le 28 septembre 2010, l'auditeur général des forces armées de la République démocratique du Congo introduit une requête en révision contre le jugement du conseil de guerre de Thysville. La haute cour militaire s'est déclarée compétente pour examiner la requête de l'auditeur général, qu'elle a déclarée par la suite recevable et fondée. En conséquence, la haute cour militaire a annulé le jugement entrepris et, par conséquent, toutes les condamnations qui avaient été

1196 Léo., 17 août 1939, *R.J.C.B.*, 1940, p. 60.

1197 Art. 106, code de procédure pénale.

1198 Art. 98, Loi organique du 11 avril 2013 portant organisation, fonctionnement et compétences des juridictions de l'ordre judiciaire.

1199 Art. 124, Loi n°023-2002 du 18 novembre 2002 portant code judiciaire militaire.

1200 Art. 310, Loi n°023-2002 du 18 novembre 2002 portant code judiciaire militaire ; H.C.M., Révision, matière répressive, l'auditeur général c/ le jugement ayant condamné Simon KIMBANGU et csrts, *Arrêt*, 22 juillet 2011, *Bulletin des arrêts de la Haute Cour Militaire*, n°spécial, Kin., 2011, pp. 24-25.

prononcées en 1921 contre le Prophète Simon Kimbangu et ses consorts. Elle a par ailleurs a décidé de décharger la mémoire des personnes condamnées.

La procédure en révision est une procédure particulière, par ailleurs très rare dans le vécu judiciaire congolais. Elle permet de passer outre au caractère définitif d'une décision de condamnation afin de faire rejuger l'affaire, notamment lorsque vient à se produire ou à se révéler un fait nouveau ou un élément inconnu de la juridiction au jour du procès, de nature à faire naître un doute sur la culpabilité du condamné[1201].

A.2. Cas d'ouverture du pourvoi en révision[1202]

Le pourvoi en révision vise à corriger les erreurs de fait contenues dans une décision de justice revêtue pourtant de l'autorité de la chose jugée[1203]. Le pourvoi en révision est initié contre une condamnation coulée en force de chose jugée, quelles que soient la juridiction qui a statué et la peine qui a été prononcée. Ce pourvoi n'est possible que dans des cas suivants :

1° Après une condamnation, un nouvel arrêt ou un jugement condamne, pour les mêmes faits, un autre prévenu, et que, les deux condamnations ne pouvant se concilier, leur contradiction est la preuve de l'innocence de l'un ou de l'autre condamné ;
2° Postérieurement à la condamnation, un des témoins entendus a été poursuivi et condamné pour faux témoignage contre le prévenu ;
3° Après une condamnation pour homicide, il existe des indices suffisants propres à faire croire à l'existence de la prétendue victime de l'homicide ;
4° Après une condamnation, un fait vient à se révéler ou des pièces inconnues lors des débats sont présentées et que ce fait ou ces pièces sont de nature à établir l'innocence du condamné[1204]. Dans son arrêt rendu dans l'affaire Simon KIMBANGU et ses consorts, la haute cour militaire a illustré le fait nouveau, qu'elle définit comme tout

---

1201 Serge GUINCHARD et Thierry DEBARD (dir.), op. cit., p. 772.

1202 Art. 67, Loi organique n°13/010 du 19 février 2013 relative à la procédure devant la cour de cassation ; art. 310, Loi n°023-2002 du 18 novembre 2002 portant code judiciaire militaire.

1203 Bernard BOULOC, op. cit., p. 939.

1204 H.C.M., Révision, matière répressive, l'auditeur général c/ le jugement ayant condamné Simon KIMBANGU et csrts, *Arrêt*, 22 juillet 2011, *Bulletin des arrêts de la Haute Cour Militaire*, n° spécial, Kin., 2011.

nouvel élément d'information tendant à prouver un fait qui n'a pas été soulevé lors de la procédure en instance ou en appel, peu importe que ce fait nouveau ait été survenu avant ou pendant la procédure initiale[1205]. Pour la doctrine, un fait nouveau est tout fait qui n'était pas connu des premiers juges ou toute pièce nouvelle de nature à innocenter le condamné[1206].

A.3. Les requérants en révision[1207]

Le droit de demander la révision devant la cour de cassation appartient : (i) au Ministre de la Justice ; (ii) au condamné ou, en cas d'incapacité, à son représentant, après la mort ou l'absence déclarée du condamné, à son conjoint, à ses descendants, à ses ascendants, à ses ayants-droit et à ses légataires universels. La cour de cassation est saisie par le procureur général en vertu de l'injonction du Ministre de la justice, ou par la requête du condamné ou, en cas d'incapacité, de son représentant, après la mort ou l'absence déclarée du condamné, de son conjoint, ses descendants, ses ascendants, ses ayants-droit et à ses légataires[1208].

Le droit de demander la révision devant la haute cour militaire appartient : (i) à l'auditeur général des forces armées, ce dernier pouvant agir d'office ou sur injonction du Ministre de la Justice ou de la Défense Nationale ; (ii) au Ministre de la Justice ou au Ministre de la Défense Nationale, d'office, après avoir pris l'avis de l'auditeur général des forces armées ou à la requête du condamné ou, en cas d'incapacité, à son représentant légal, à son conjoint en cas d'absence déclarée ou de mort ; (iii) au condamné ou, en cas d'incapacité, à son représentant légal, à son conjoint en cas d'absence déclarée ou de mort.

A.4. La forme et le délai de la demande en révision

La loi n'impose ni une forme ni un délai au requérant pour introduire sa demande en révision. Néanmoins, sauf lorsqu'elle émane du ministère

---

1205 H.C.M., Révision, matière répressive, l'auditeur général c/ le jugement ayant condamné Simon KIMBANGU et csrts, *Arrêt*, 22 juillet 2011, *Bulletin des arrêts de la Haute Cour Militaire*, n°spécial, Kin., 2011, p. 43.

1206 Bernard BOULOC, op. cit., p. 942.

1207 Art. 68, Loi organique n°13/010 du 19 février 2013 relative à la procédure devant la cour de cassation ; art. 311, Loi n°023-2002 du 18 novembre 2002 portant code judiciaire militaire.

1208 Art. 69, Loi organique n°13/010 du 19 février 2013 relative à la procédure devant la cour de cassation.

public, la requête introductive de pourvoi est signée, sous peine d'irrecevabilité, par un avocat à la cour de cassation. La requête ainsi signée doit être datée et mentionne : (i) le nom, s'il y a lieu, le prénom du requérant ; (ii) la qualité, la demeure ou le siège de la partie requérante ; (iii) l'objet de la demande ; (iv) s'il échet, le nom, le prénom, la qualité, la demeure ou le siège de la partie adverse ; (v) l'inventaire des pièces formant le dossier[1209].

A.5. Les effets d'une action en révision

En principe, le pourvoi en révision ne suspend pas l'exécution d'une condamnation pénale. Mais le juge saisi en révision peut, si la condamnation n'est pas encore exécutée, décider de la suspension du jugement qui porte cette condamnation[1210]. A ce sujet, le code judiciaire militaire paraît beaucoup plus énergique que la loi portant procédure devant la cour de cassation. L'article 312 de la loi n°023-2002 du 18 novembre 2002 portant code judiciaire militaire autorise une suspension de plein droit du jugement attaqué dès le moment où l'auditeur général des forces armées a formulé sa demande.

A.6. La procédure en révision

La procédure en révision se déroule en deux phases : le *rescindant* et le *rescisoire*. Dans la première phase, le juge examine les questions de forme relatives à la compétence du juge de statuer sur la demande en révision, la recevabilité et l'admission de la requête en révision. En ca de recevabilité, si l'affaire n'est pas en état, le juge procède directement, ou par commission, à toutes enquêtes sur les faits, confrontations, reconnaissance d'identité et devoirs propres à la manifestation de la vérité[1211]. Dans la deuxième phase, le juge aborde le fond de l'affaire et la juge. Et si la requête en révision est déclarée fondée, le juge annule la condamnation entreprise, ou la rejette s'il l'estime non fondée[1212].

1209 Art. 2, Loi organique n°13/010 du 19 février 2013 relative à la procédure devant la cour de cassation.

1210 Art. 69, al. 2, Loi organique n°13/010 du 19 février 2013 relative à la procédure devant la cour de cassation.

1211 Art. 70, al. 1er, Loi organique n°13/010 du 19 février 2013 relative à la procédure devant la cour de cassation ; art. 313, Loi n°023-2002 du 18 novembre 2002 portant code judiciaire militaire.

1212 Art. 70, al. 2, Loi organique n°13/010 du 19 février 2013 relative à la procédure devant la cour de cassation ; art. 313, al. 2, Loi n°023-2002 du 18 novembre 2002 portant code judiciaire militaire.

Le juge saisi en révision déclare la requête fondée, il annule la condamnation prononcée et apprécie l'opportunité de procéder à des nouveaux débats contradictoires. Si tel est le cas, il renvoie les parties devant une autre juridiction de même ordre et de même degré que celle dont émane la décision entreprise mais autrement composée. Dans le cas contraire, notamment en cas de décès, de démence, de défaut d'un ou de plusieurs condamnés, d'irresponsabilité pénale ou d'excuse, de prescription de l'action publique ou de la peine, il statue sur le fond en présence des parties civiles, s'il y en a au procès[1213].

Lorsque le juge en révision statue au fond, il n'annule que les condamnations qui ont été injustement prononcées. Il décharge, s'il y a lieu, la mémoire des morts[1214]. L'arrêt d'où résulte l'innocence d'un condamné peut, sur sa demande, lui allouer les dommages-intérêts en raison du préjudice que lui a causé la condamnation[1215]. Si la victime de l'erreur judiciaire est décédée, le droit de demander des dommages-intérêts appartient, dans les mêmes conditions, à son conjoint, ses descendants ainsi qu'à ses ascendants et ses ayants-droit. La demande en dommages-intérêts est recevable en tout état de cause de la procédure en révision[1216]. Les dommages-intérêts sont à la charge de l'Etat, sauf son recours contre la partie civile, les dénonciateurs ou les faux témoins par la faute desquels la condamnation a été prononcée[1217].

B. Le pourvoi en cassation

B.1. Définition

Les demandes en cassation formées contre les arrêts et jugements rendus en dernier ressort par les cours et tribunaux civils et militaires

---

1213 Art. 70, al. 3, Loi organique n°13/010 du 19 février 2013 relative à la procédure devant la cour de cassation ; art. 313, al. 3, Loi n°023-2002 du 18 novembre 2002 portant code judiciaire militaire.

1214 Art. 70, al. 5, Loi organique n°13/010 du 19 février 2013 relative à la procédure devant la cour de cassation ; art. 313, al. 5, Loi n°023-2002 du 18 novembre 2002 portant code judiciaire militaire.

1215 Art. 71, al. 1er, Loi organique n°13/010 du 19 février 2013 relative à la procédure devant la cour de cassation.

1216 Art. 71, al. 2, Loi organique n°13/010 du 19 février 2013 relative à la procédure devant la cour de cassation.

1217 Art. 71, al. 3, Loi organique n°13/010 du 19 février 2013 relative à la procédure devant la cour de cassation

relèvent de la compétence de la cour de cassation[1218]. Contrairement aux pourvois en révision, les pourvois en cassation tendent à faire corriger les erreurs de droit contenues dans les arrêts et jugements rendus en dernier ressort.

B.2. Les erreurs de droit, cas d'ouverture du pourvoi en cassation[1219]

Contrairement au pourvoi en révision, le pourvoi en cassation vise à corriger les erreurs de droit contenues dans une décision de justice rendue en dernier ressort[1220]. La Cour de Cassation ne peut recevoir un pourvoi en cassation que dans la mesure où elle est convaincue que la décision entreprise est rendue en dernier ressort, c'est-à-dire prononcée par un juge d'appel. Dans le cas contraire, le pourvoi en cassation sera déclaré irrecevable[1221]. Il arrive parfois que la haute cour instaure des contradictions dans sa jurisprudence. En effet, dans une autre décision de même espèce, la cour suprême de justice s'était déclarée plutôt incompétente pour statuer sur un pourvoi en cassation formé contre une décision rendue en premier ressort[1222]. En mon sens, la sanction appropriée dans le cas d'espèce est l'irrecevabilité, car la décision d'incompétence laisserait subsister le litige qui serait, en ce moment-là, soumis à un autre juge compétent.

Par ailleurs, le recours en cassation contre les jugements avant dire droit n'est ouvert qu'après le jugement définitif ; mais l'exécution même volontaire de tel jugement ne peut être, en aucun cas, opposée comme fin de non-recevoir[1223].

Précisément, l'erreur de droit consiste en la violation de la loi ou de la coutume et comprend :

1218 Art. 153, al. 2, constitution ; art. 95, Loi organique du 11 avril 2013 portant organisation, fonctionnement et compétences des juridictions de l'ordre judiciaire.

1219 Art. 96, Loi organique du 11 avril 2013 portant organisation, fonctionnement et compétences des juridictions de l'ordre judiciaire.

1220 Bernard BOULOC, op. cit., p. 939.

1221 CSJ, RC 1681, 24 juillet 1998.

1222 C.S.J., R.P. 59, Cass., matière répressive, le ministère public et Nkembi Philomène c/ Zéphirin Kalutu et la société Colimpex, *Arrêt*, 7 juin 1972, *Bulletin des Arrêts de la cour suprême de justice* (1972), Kin., 1973, p. 82.

1223 Art. 35, al. 2, Loi organique n°13/010 du 19 février 2013 relative à la procédure devant la cour de cassation.

a. L'incompétence

L'incompétence peut être définie comme un défaut d'aptitude d'une juridiction à connaître d'une demande introductive d'instance, d'une question préjudicielle ou d'une demande incidente[1224].

b. L'excès de pouvoirs des cours et tribunaux

Une juridiction de l'ordre judiciaire commet un excès de pouvoir lorsqu'elle empiète sur les attributions du pouvoir législatif ou du pouvoir exécutif ou lorsqu'elle s'arroge des compétences qu'elle n'a pas. L'excès de pouvoir est sanctionné par un pourvoi en cassation[1225]. C'est ainsi qu'il a été jugé que l'omission de notifier la date d'audience à une partie et de statuer à son égard constitue une violation des droits de la défense en même temps qu'une violation d'un principe général de droit faisant obligation à toute juridiction saisie de vider sa saisine et ce à peine d'excès de pouvoir. Un tel moyen soulevé devant le juge de cassation est fondé et entraîne cassation totale de la décision entreprise[1226]. L'excès de pouvoir peut également être retenu dans la mesure où le juge d'appel, sur le seul appel du prévenu, supprime le bénéfice du sursis à l'exécution de cette mesure accordée par le premier juge au prévenu[1227]. De même, constitue un excès de pouvoir et entraîne cassation sans renvoi, l'absence complète de saisine de la juridiction par rapport à une partie qui fut néanmoins condamné[1228].

c. La fausse application ou la fausse interprétation de la loi

Le juge de cassation avait jugé qu'en déclarant d'une part, recevable l'appel formé contre un jugement préparatoire et, en évoquant la cause sans motivation d'autre part, pour autres motifs que la saisie irrégulière et l'incompétence du premier juge, la juridiction d'appel a violé les

---

1224 Serge GUINCHARD et Thierry DEBARD (dir.), op. cit., p. 460.

1225 Serge GUINCHARD et Thierry DEBARD (dir.), op. cit., p. 384.

1226 C.S.J., R.P. 120, Cass., matière répressive, le ministère public et la Sonas c/ Simon FENASSE, *Arrêt*, 4 juillet 1975, *Bulletin des Arrêts de la cour suprême de justice* (1975), Kin., 1976, p. 178.

1227 C.S.J., R.P. 42 et 43, Cass., matière répressive, le ministère public et Hubert Maviya c/ Tadeo Emmanuel et José Antonio Matheus, *Arrêt*, 5 avril 1972, *Bulletin des Arrêts de la cour suprême de justice* (1972), p. 37.

1228 C.S.J., R.P. 142, Cass., matière répressive, Sulu Thérèse c/ le ministère public et Mavinga, *Arrêt*, 03 avril 1974, *Bulletin des Arrêts de la cour suprême de justice* (1974), Kin., 1975, p. 69.

dispositions légales invoquées au moyen, c'est-à-dire les articles 87 et 107 du code de procédure pénale[1229].

d. La non-conformité aux lois ou à l'ordre public de la coutume

Il a été jugé que mérite cassation, l'arrêt d'une cour d'appel signé par un conseiller qui avait déjà siégé dans la même affaire quand il était juge au premier degré et que, dans ces conditions, il ne s'est pas déporté conformément à la loi[1230].

e. La violation des formes substantielles ou prescrites à peine de nullité

Les illustrations sont nombreuses à ce niveau :

La composition régulière du siège est une forme substantielle ou prescrite à peine de nullité.

En effet, un jugement rendu par des juges qui n'ont pas assisté à toutes les audiences contrevient au principe général d'après lequel pour une bonne administration de la justice et dans l'intérêt des parties, une affaire ne peut être jugée que par les juges qui auront assisté à toute l'instruction de la cause. Aussi, le tribunal qui modifie son siège sans que les débats antérieurs soient repris ou qu'un résumé en soit fait et acté au plumitif d'audience, a violé ce principe général. Le juge de cassation réserve à une telle décision de justice la sanction de nullité[1231].

La motivation d'un jugement est une forme substantielle ou prescrite à peine de nullité.

L'article 87 du code de procédure pénale impose la motivation de toute décision de justice. C'est ainsi qu'il a été jugé que l'omission de rencontrer un moyen de défense formellement exprimé par une partie au procès constitue une violation de l'article 87 du code de procédure

---

1229 C.S.J., R.P. 1695, Cass., matière répressive, le ministère public et Ikuma Ando c/ Lufukutuimba, *Arrêt*, 27 février 1986 inédit.

1230 C.S.J., Cass., matière répressive, le ministère public c/ Clément PANZU, *Arrêt*, 2 février 1972, *Bulletin des Arrêts de la cour suprême de justice* (1972), Kin., 1973, p. 16.

1231 C.S.J., Cass., matière répressive, le ministère public c/ Alphonse ITWA, *Arrêt*, 30 juillet 1969, *Revue Congolaise de Droit*, 1970, n°1, Jurisprudence, p. 10 ; C.S.J., R.P. 107, Cass., matière répressive, Vloeberch Francine Hélène c/ le ministère public et Kabasu Dieudonné, *Arrêt*, 03 avril 1974, *Bulletin des Arrêts de la cour suprême de justice* (1974), Kin., 1975, p. 63.

pénale[1232]. Le moyen de défense dont il s'agit peut consister en une exception de litispendance qui tend à ordonner la jonction de deux causes qui sont pendantes devant deux juridictions distinctes, portant sur le même objet et opposant les mêmes parties[1233]. Dans le même esprit, n'est pas motivée la décision d'un juge qui condamne le prévenu en tant qu'auteur intellectuel ou instigateur de l'infraction sans que sa participation criminelle ait été démontrée[1234] ; ou n'est pas légalement motivé et doit être cassé, l'arrêt d'une cour d'appel qui, sur recours du prévenu, se borne, pour confirmer le jugement rendu par le tribunal de première instance, à adopter la motivation émise par le premier juge en s'abstenant de répondre aux moyens développés pour la première fois dans les conclusions de l'appelant et sans donner à l'appui de sa décision, des motifs suffisants pour permettre le contrôle sur la légalité des condamnations intervenues[1235]. De même est fondé, partant entraîne cassation totale de la décision entreprise sans renvoi, le moyen faisant grief au juge d'appel de n'avoir pas motivé les éléments constitutifs des infractions d'injures publiques et d'imputations dommageables, notamment la publicité[1236] ou l'élément moral desdites infractions[1237], en l'occurrence l'intention de nuire dans le chef des prévenus[1238]. Une décision qui retient l'infraction d'extorsion sans avoir relevé la réunion de tous les éléments constitutifs de cette infraction, notamment la violence et/ou les menaces auxquelles le prévenu a recouru ainsi que la remise forcée de la chose convoitée, n'est pas motivée et justifie la

1232 C.S.J., R.P. 42 et 43, Cass., matière répressive, le ministère public et Hubert Maviya c/ Tadeo Emmanuel et José Antonio Matheus, *Arrêt*, 5 avril 1972

1233 C.S.J., R.P. 1962, Cass., matière répressive, Lopala Opanga et Bilolo Kakole c/le ministère public et Masewu Mbimbasala, *Arrêt*, 09 mars 2005, *Bulletin des Arrêts de la cour suprême de justice* (2004-2009), T. I, Kin., 2010, p. 92.

1234 C.S.J., R.P. 212, Cass., matière répressive, Kayoka Ilunga c/ le ministère public et Ntentula Mwamba et son épouse, *Arrêt*, 07 octobre 1980, *Bulletin des Arrêts de la cour suprême de justice* (1980-1984), Kin., p. 81.

1235 C.S.J., R.P. 25, Cass., matière répressive, le ministère public et Onatra c/ Molangi Louis Serge, *Arrêt*, 3 mai 1972, *Bulletin des Arrêts de la cour suprême de justice* (1972), Kin., 1973, p. 54.

1236 C.S.J., R.P. 1083, Cass., matière répressive, Tekadiomona c/ Ministère public et Phanzu Nianga Di Mazanza, *Arrêt*, 26 juin 1990, *Bulletin des Arrêts de la cour suprême de justice* (1990-1999), Kin., 2003, p. 27.

1237 C.S.J., R.P. 396, Cass., matière répressive, Mangumbe Elonga c/ le ministère public et Mokina Bonkobo, *Arrêt*, 07 octobre 1980, *Bulletin des Arrêts de la cour suprême de justice* (1980-1984), Kin., p.92.

1238 C.S.J., R.P. 210, Cass., matière répressive, Kayoya Ilunga et Tshibangu c/ le ministère public et N'Zazi Mulenda Nkuba, *Arrêt*, 23 février 198é, *Bulletin des Arrêts de la cour suprême de justice* (1980-1984), Kin., p.280.

procédure en cassation[1239]. Une décision qui acquitte un prévenu en invoquant le doute sera cassée si elle acquitte dans les mêmes conditions un co-prévenu sans motivation aucune[1240].

L'insuffisance de motivation, l'ambigüité dans la motivation et la contradiction de la motivation valent absence de motivation.

La haute juridiction assimile à l'absence de motivation l'insuffisance de motivation[1241], dès lors que le jugement entrepris n'a pas relevé l'élément moral de l'infraction[1242]. Valent aussi absence de motivation l'ambigüité dans la motivation ou la contradiction de la motivation avec le dispositif dès lors que le jugement entrepris déclare au même moment dans sa motivation l'appel de la partie civile recevable, car formé dans le délai et irrecevable puisque formé hors délai légal[1243].

Le respect des droits de la défense est une forme substantielle ou prescrite à peine de nullité.

Il a été jugé que viole les droits de la défense et, partant, mérite cassation le jugement qui n'est pas motivé sur un chef relatif à l'allocation des dommages-intérêts accordés à une des parties d'une part et qui, d'autre part, s'abstient de répondre aux conclusions de l'une des parties sur le même point[1244]. Dans le même esprit, le juge d'appel qui

---

1239 C.S.J., R.P. 396, Cass., matière répressive, Mangumbe Elonga c/ le ministère public et Mokina Bonkobo, *Arrêt*, 07 octobre 1980, *Bulletin des Arrêts de la cour suprême de justice* (1980-1984), Kin., p.92.

1240 C.S.J., R.P. 1746, Cass., matière répressive, Ehetshe Mpala Pikabel c/ le ministère public et Shako Ehadi et csrts, *Arrêt*, 23 août 2000, *Bulletin des Arrêts de la cour suprême de justice* (2000-2003), Kin., 2004, p. 37.

1241 C.S.J., R.P. 2298, Cass., matière répressive, Kashama Kankolongo c/le ministère public et Kankolongo Mukulu Mbayi, *Arrêt*, 18 mai 2006, *Bulletin des Arrêts de la cour suprême de justice* (2004-2009), T. I, Kin., 2010, p. 246.

1242 C.S.J., R.P. 395, Cass., matière répressive, Nyengele Kamunga Kantudi Ntudi c/ le ministère public, *Arrêt*, 8 juin 1982, *Bulletin des Arrêts de la cour suprême de justice* (1980-1984), Kin., p.296.

1243 C.S.J., R.P. 2029, Cass., matière répressive, Mangalibi Nkolo Mbongo Catherine et Loteka François c/le ministère public, Mayembo Mbongo et Malimbasa Monga Moindo, *Arrêt*, 14 avril 2004, *Bulletin des Arrêts de la cour suprême de justice* (2004-2009), T. I, Kin., 2010, p. 6.

1244 C.S.J., R.P. 72, Cass., matière répressive, Djock et Nzolantima c/ le ministère public, *Arrêt*, 06 février 1974, *Bulletin des Arrêts de la cour suprême de justice* (1974), Kin., 1975, p. 26.

décide de majorer les dommages-intérêts alloués par le premier juge sans justifier cette majoration a violé la loi et son œuvre mérite cassation[1245].

Les réquisitions du Ministère public, préalables à la décision du juge, sont une forme substantielle ou prescrite à peine de nullité.

Est également fondé et entraîne cassation totale de la décision entreprise, le moyen pris […] en ce que le juge d'appel a rendu sa décision sans que le ministère public ait requis, en violation des formes substantielles, lorsqu'il résulte de la feuille d'audience, à laquelle la cause a été prise en délibéré, que le ministère public n'a pas requis et qu'il s'est limité à demander la communication du dossier ou la remise de la cause aux fins de ses réquisitions[1246].

B.3. Les requérants en cassation[1247]

Le droit de se pourvoir en cassation devant la cour de cassation appartient à toute personne, qui a été partie à la décision entreprise, ainsi qu'au procureur général près la cour de cassation[1248]. Il est important de noter que le procureur général près la cour de cassation ne peut se pourvoir en toute cause et nonobstant l'expiration des délais que sur injonction du Ministre de la Justice ou dans le seul intérêt de la loi. Dans ce dernier cas, la décision de la cour ne peut ni profiter ni nuire aux parties, sauf en ce qui concerne la personne condamnée, uniquement pour les condamnations pénales[1249]. Lorsque le procureur général se pourvoit sur injonction Ministre de la Justice, le greffier notifie ses réquisitions aux parties qui peuvent se faire représenter à l'instance et y

---

1245 C.S.J., R.P. 2343, Cass., matière répressive, Société Nationale d'Assurances c/le ministère public et Mukanda Gabriel, *Arrêt*, 08 février 2006, *Bulletin des Arrêts de la cour suprême de justice* (2004-2009), T. I, Kin., 2010, p. 192.

1246 C.S.J., R.P. 34/TSR, Cass., matière répressive, le ministère public c/ Kanda Mukebayi et INSS, *Arrêt*, 23 décembre 1997, *Bulletin des Arrêts de la cour suprême de justice* (1990-1999), Kin., 2003, p. 289.

1247 Art. 45, Loi organique n°13/010 du 19 février 2013 relative à la procédure devant la cour de cassation.

1248 Art. 35, al. 1er, Loi organique n°13/010 du 19 février 2013 relative à la procédure devant la cour de cassation. Il peut s'agir du prévenu condamné, de la partie civile, de la partie civilement responsable et du ministère public. C.S.J., R.P. 1628, Cass., matière répressive, Kalonji Kaja et csrts c/ Ministère public et Mukuna Bwanga et csrts, *Arrêt*, 18 février 1998, *Bulletin des Arrêts de la cour suprême de justice* (1990-1999), Kin., 2003, p. 335.

1249 Art. 36, al. 2, Loi organique n°13/010 du 19 février 2013 relative à la procédure devant la cour de cassation.

prendre des conclusions[1250]. L'injonction du Ministre de la Justice doit être donnée dans le délai de prescription de l'action qui y donne lieu et être subordonnée à un excès de pouvoir dans la décision entreprise ou à un mal jugé certain[1251]. Cette injonction est motivée et mentionne le ou les moyens que le procureur général peut, s'il échet, invoquer à l'appui de son réquisitoire[1252]. L'arrêt rendu suite à un pourvoi introduit sur injonction du Ministre de la Justice est toujours opposable aux autres parties, que celles-ci se soient fait ou non représenter à la cause et y aient pris ou non des conclusions[1253].

B.4. Le délai de la demande en cassation

Le délai pour se pourvoir en cassation est de quarante jours francs à dater du prononcé de l'arrêt ou du jugement rendu contradictoirement[1254]. La cour suprême de justice s'est prononcée abondamment sur la question du délai en matière de pourvoi en cassation. Elle sanctionne d'irrecevabilité tout pourvoi formé hors ce délai légal[1255].

1250 Art. 36, al. 3, Loi organique n°13/010 du 19 février 2013 relative à la procédure devant la cour de cassation.

1251 Art. 36, al. 4, Loi organique n°13/010 du 19 février 2013 relative à la procédure devant la cour de cassation.

1252 Art. 36, al. 5, Loi organique n°13/010 du 19 février 2013 relative à la procédure devant la cour de cassation.

1253 Art. 36, al. 6, Loi organique n°13/010 du 19 février 2013 relative à la procédure devant la cour de cassation ; C.S.J., R.P. 135, Cass., matière répressive, le ministère public c/Mancini Marcello et csrts, *Arrêt*, 17 mars 1973, *Bulletin des Arrêts de la cour suprême de justice* (1973), Kin., 1974, p. 50.

1254 Art. 45, al. 1er, Loi organique n°13/010 du 19 février 2013 relative à la procédure devant la cour de cassation.

1255 C.S.J., R.P. 96, Cass., matière répressive, Figueiredo Rodriguez José c/ le ministère public, les Etablissements Fredissa et csrts, *Arrêt*, 06 février 1974, *Bulletin des Arrêts de la cour suprême de justice* (1974), Kin., 1975, p. 44 ; C.S.J., R.P. 201, Cass., matière répressive, Unibra c/ le ministère public et Batshu Masikini, *Arrêt*, 25 mars 1980, *Bulletin des Arrêts de la cour suprême de justice* (1980-1984), Kin., p. 33 ; C.S.J., R.P. 1469, Cass., matière répressive, Mavuzi Mankenda et csrts c/ le ministère public et Kunsevi Lusala et csrts, *Arrêt*, 4 septembre 1990, *Bulletin des Arrêts de la cour suprême de justice* (1990-1999), Kin., 2003, p. 35 ; C.S.J., R.P. 1943, Cass., matière répressive, Andimi Emina c/le ministère public, Kayembe Mbwebwe et Banque du Zaïre, *Arrêt*, 27 mai 1997, *Bulletin des Arrêts de la cour suprême de justice* (1990-1999), Kin., 2003, p. 199 ; C.S.J., R.P. 1985, Cass., matière répressive, Société Spex c/Ministère public, Lufungula Mebweng et Sprl Shaba Farm, *Arrêt*, 10 décembre 1997, *Bulletin des Arrêts de la cour suprême de justice* (1990-1999), Kin., 2003, p. 282 ; C.S.J., R.P. 1628, Cass., matière répressive, Kalonji Kaja et csrts c/ Ministère public et Mukuna

La force majeure et la déchéance.

Cependant, le juge de cassation a la charge de relever de la déchéance encourue un requérant en cassation qui n'a pu introduire son pourvoi dans le délai légal à raison d'un cas de force majeure. La force majeure est entendue comme étant un événement imprévisible et insurmontable qui empêche un plaideur d'accomplir un acte dans le délai imparti par la loi, donc d'origine externe, en ce sens que le fait doit être étranger à la personne du plaideur[1256].

Circonstance exceptionnelle, la force majeure est prouvée par le requérant lui-même[1257]. La force majeure, qui entraîne relèvement de la déchéance, peut résulter de l'impossibilité dans laquelle le requérant a été placé de connaître la date du prononcé du jugement malgré les démarches faites par lui pour connaître cette date au greffe de la juridiction qui avait rendu la sentence[1258]. La force majeure, qui entraîne relèvement de la déchéance, peut aussi résulter du défaut de signification d'un jugement qui n'a pu être prononcé dans le délai légal de 10 jours à dater de la clôture des débats et hors la présence des parties, sans que la date du prononcé soit notifié aux parties[1259]. La force majeure, qui

---

Bwanga et csrts, *Arrêt*, 18 février 1998, *Bulletin des Arrêts de la cour suprême de justice* (1990-1999), Kin., 2003, p. 336 ; C.S.J., R.P. 2155, Cass., matière répressive, Mokando Manzomba c/le ministère public et Marie-José Ifili, *Arrêt*, 16 février 2000, *Bulletin des Arrêts de la cour suprême de justice* (2000-2003), Kin., 2004, p. 5.

1256 C.S.J., R.P. 1959, Cass., matière répressive, Nzimbu Lumbu c/le ministère public et Mujinga Yambo et Nkilou Djoppy, *Arrêt*, 13 décembre 2000, *Bulletin des Arrêts de la cour suprême de justice* (2000-2003), Kin., 2004, p. 59.

1257 C.S.J., R.P. 111, Cass., matière répressive, Kabangu Louis Roger c/ le ministère public, *Arrêt*, 03 avril 1974, *Bulletin des Arrêts de la cour suprême de justice* (1974), Kin., 1975, p. 66 ; C.S.J., R.P. 2155, Cass., matière répressive, Mokando Manzomba c/le ministère public et Marie-José Ifili, *Arrêt*, 16 février 2000, *Bulletin des Arrêts de la cour suprême de justice* (2000-2003), Kin., 2004, p. 5.

1258 C.S.J., Cass., R.P. 149, Matière répressive, Wamfuba Edouard c/ M.P. et Mulamba Tshitumbi, 4 juillet 1975, *Bulletin des Arrêts de la Cour Suprême de Justice*, 1976, p. 179.

1259 C.S.J., R.P. 1777, Cass., matière répressive, Siddique Patel c/le ministère public, Intshimi Munzimi, Munzimi Intshimi Laken, Munzimi Anto et Société Sociza Sprl, *Arrêt*, 17 juin 1997, *Bulletin des Arrêts de la cour suprême de justice* (1990-1999), Kin., 2003, p. 212 ; C.S.J., R.P. 2029, Cass., matière répressive, Mangalibi Nkolo Mbongo Catherine et Loteka François c/le ministère public, Mayembo Mbongo et Malimbasa Monga Moindo, *Arrêt*, 14 avril 2004, *Bulletin des Arrêts de la cour suprême de justice* (2004-2009), Kin., 2010, p. 5 ; C.S.J., R.P. 2076, Cass., matière répressive, Alain Kamba et csrts c/le ministère public, Mundadi Kalala et csrts, *Arrêt*, 20 octobre 2004, *Bulletin des Arrêts de la cour suprême de justice* (2004-2009), Kin., 2010, p. 49.

entraîne relèvement de la déchéance, peut encore résulter de la désignation tardive d'un avocat chargé d'assister un prévenu condamné, alors que sa requête avait été adressée au Bâtonnier national dans le délai du pourvoi, et que l'avocat désigné n'a eu connaissance de sa désignation qu'à l'expiration du délai prévu pour se pourvoir en cassation[1260].

Le délai extraordinaire pour se pourvoir en cassation.

Le procureur général près la cour d'appel et l'auditeur militaire supérieur disposent toutefois d'un délai fixe de trois mois à partir du prononcé du jugement ou de l'arrêt[1261]. Lorsque l'arrêt ou le jugement a été rendu par défaut, le pourvoi n'est ouvert et le délai ne commence à courir à l'égard du condamné que du jour où l'opposition n'est plus recevable[1262]. Pour la partie civile et la partie civilement responsable, le délai prend cours le dixième jour qui suit la date de la signification de l'arrêt ou du jugement[1263].

B.5. La forme de la demande en cassation

Sauf lorsqu'elle émane du Ministère public, la requête introductive du pourvoi doit être signée, sous peine d'irrecevabilité, par un avocat à la Cour de cassation[1264]. La requête est datée et mentionne : (i) le nom, s'il y a lieu, les prénoms, qualité et demeure ou siège de la partie requérante ; (ii) l'objet de la demande ; (iii) s'il échet, les noms, prénoms, qualité et demeure ou siège de la partie adverse ; (iv) l'inventaire des pièces formant le dossier[1265].

Le pourvoi en cassation contre les arrêts ou les jugements rendus par les juridictions répressives peut être formé par une déclaration verbale ou

---

1260 C.S.J., R.P. 032/TSR, Cass., matière répressive, ministère public c/ Bosako Eseta et Munganga Bin Ramazani, *Arrêt*, 23 décembre 1997, *Bulletin des Arrêts de la cour suprême de justice* (1990-1999), Kin., 2003, p. 284.

1261 Art. 45, al. 2, Loi organique n°13/010 du 19 février 2013 relative à la procédure devant la cour de cassation.

1262 Art. 45, al. 3, Loi organique n°13/010 du 19 février 2013 relative à la procédure devant la cour de cassation.

1263 Art. 45, al. 4, Loi organique n°13/010 du 19 février 2013 relative à la procédure devant la cour de cassation.

1264 Art. 2, Loi organique n°13/010 du 19 février 2013 relative à la procédure devant la cour de cassation ; C.S.J., R.P. 2028/2027, Cass., matière répressive, le ministère public et la société Utradi c/ Carlier Marc-Georges, *Arrêt*, 30 décembre 1998, inédit.

1265 Art. 2, Loi organique n°13/010 du 19 février 2013 relative à la procédure devant la cour de cassation.

écrite des parties au greffe de la juridiction qui a rendu la décision entreprise. La déclaration sera verbale par la seule indication de l'intention de former un pourvoi et par la désignation de la décision entreprise. Le condamné en état de détention peut faire la déclaration devant le directeur de l'établissement pénitentiaire où il est incarcéré ; le directeur dresse procès-verbal de la déclaration et le remet sans délai au greffier de la juridiction qui a rendu le jugement. Le greffier dresse acte de la déclaration. Il délivre copie de cet acte au déclarant et au Ministère public près la juridiction qui a rendu la décision entreprise. Il transmet immédiatement une expédition de cet acte au greffier de la Cour de cassation en y joignant le dossier judiciaire de l'affaire.

Néanmoins, le pourvoi en cassation formé par déclaration au greffe de la juridiction qui a rendu le jugement doit, sous peine d'irrecevabilité, être confirmé dans les 3 mois par une requête[1266]. C'est dans ce contexte qu'il a été jugé qu'est irrecevable, le pourvoi dont la déclaration n'a pas été confirmée dans les trois mois prévus par l'article 51 de la procédure devant la Cour suprême de justice[1267]. La sanction d'irrecevabilité frappe également le pourvoi formé par l'officier du ministère public non confirmé par requête[1268]. Les moyens repris à la requête formant pourvoi en cassation indiqueront les textes législatifs dont la violation est indiquée[1269].

B.6. Les effets d'une action en cassation

Le délai pour se pourvoir en cassation et l'exercice effectif dudit pourvoi ont pour effet de suspendre l'exécution de la décision entreprise

1266 Art. 49, Loi organique n°13/010 du 19 février 2013 relative à la procédure devant la cour de cassation.

1267 C.S.J., R.P. 127, Cass., matière répressive, Mayala Ntonto c/ le Ministère public, *Arrêt*, 09 janvier 1974, *Bulletin des Arrêts de la cour suprême de justice* (1974), Kin., 1975, p. 5 ; C.S.J., R.P. 63, Cass., matière répressive, Mastake Hélène c/ le ministère public, *Arrêt*, 03 avril 1974, *Bulletin des Arrêts de la cour suprême de justice* (1974), Kin., 1975, p. 59 ; C.S.J., R.P. 1841, Cass., matière répressive, le ministère public et Kasuku Tuambilangana c/ Ngalula Bandingisha Ntumba, *Arrêt*, 28 mai 1996, *Bulletin des Arrêts de la cour suprême de justice* (1990-1999), Kin., 2003, p. 153 ; C.S.J., R.P. 2060, Cass., matière répressive, Eglise Evangélique Libre d'Afrique c/le ministère public et Senga Bululu, *Arrêt*, 23 février 2000, *Bulletin des Arrêts de la cour suprême de justice* (2000-2003), Kin., 2004, p. 7.

1268 C.S.J., R.P. 692, Cass., matière répressive, le ministère public c/ Kanzi Zenga, *Arrêt*, 5 octobre 1982, *Bulletin des Arrêts de la cour suprême de justice* (1980-1984), Kin., p.331.

1269 Art. 50, Loi organique n°13/010 du 19 février 2013 relative à la procédure devant la cour de cassation.

à l'égard de toutes les parties[1270]. Le condamné qui se trouvait en détention préventive ou dont l'arrestation immédiate a été prononcée par la juridiction d'appel sera toutefois maintenu en cet état jusqu'à ce que la détention subie ait couvert la servitude pénale principale prononcée par la décision entreprise[1271]. En outre, lorsqu'il y a des circonstances graves et exceptionnelles qui le justifient ou lorsqu'il y a des indices sérieux laissant croire que le condamné pourra tenter de se soustraire par la fuite à l'exécution de la servitude pénale, le Ministère public près la juridiction d'appel qui a rendu la sentence peut ordonner, par ordonnance motivée, son incarcération pendant le délai et l'exercice du pourvoi. Cette incarcération est maintenue jusqu'à ce que la détention subie ait couvert la servitude pénale principale prononcée par la décision entreprise[1272]. Le Ministère public qui a ordonné l'incarcération du condamné a la charge de transmettre, dans les 48 heures, sa décision au procureur général près la cour de cassation par lettre recommandée avec accusé de réception[1273]. Toutefois, le condamné qui se trouvait en état de détention préventive ou dont l'arrestation a été ordonnée par la juridiction d'appel ou par le Ministère public près cette juridiction peut introduire devant la cour de cassation une requête de mise en liberté ou de mise en liberté provisoire avec ou sans cautionnement[1274]. Si le condamné n'est pas présent ou s'il n'y est pas représenté par un avocat porteur d'une procuration spéciale, la cour statue sur pièces[1275], toutes affaires cessantes, dans les vingt-quatre heures à partir de l'audience à laquelle le Ministère public a fait ses réquisitions[1276].

1270 Art. 47, al. 1er, Loi organique n°13/010 du 19 février 2013 relative à la procédure devant la cour de cassation ; C.S.J., R.P. 324, Cass., matière répressive, Kabamba Mupemba c/ le ministère public et Société Boukin, *Arrêt*, 07 octobre 1980, *Bulletin des Arrêts de la cour suprême de justice* (1980-1984), Kin., p.84.

1271 Art. 47, al. 2, Loi organique n°13/010 du 19 février 2013 relative à la procédure devant la cour de cassation.

1272 Art. 47, al. 3, Loi organique n°13/010 du 19 février 2013 relative à la procédure devant la cour de cassation.

1273 Art. 47, al. 4, Loi organique n°13/010 du 19 février 2013 relative à la procédure devant la cour de cassation.

1274 Art. 47, al. 5, Loi organique n°13/010 du 19 février 2013 relative à la procédure devant la cour de cassation.

1275 Art. 47, al. 6, Loi organique n°13/010 du 19 février 2013 relative à la procédure devant la cour de cassation.

1276 Art. 47, al. 7, Loi organique n°13/010 du 19 février 2013 relative à la procédure devant la cour de cassation.

B.7. La procédure en cassation

La procédure en cassation commence par la mise en état de la cause, c'est-à-dire la préparation poussée de l'affaire en vue de la rendre prête à venir à l'audience pour être plaidée. Ainsi, dès réception de la requête, le greffier de la cour réclame au greffier de la juridiction qui a rendu le jugement le dossier judiciaire et l'expédition de la décision entreprise, si ces pièces ne lui ont pas été remises avec la déclaration de pourvoi;[1277]. Dès la réception de l'expédition de l'acte du pourvoi formé au greffe de la juridiction qui a rendu la décision entreprise, le greffier de la cour en avise le procureur général près la cour de cassation[1278]. A la réception de la requête formant le pourvoi, le greffier en fait la notification à toutes les parties ainsi qu'au procureur général près la cour de cassation[1279]. A dater de la signification de la requête, les parties disposent de trente jours pour déposer un mémoire[1280].

Après un délai de vingt jours à compter du jour où a été faite la dernière notification des mémoires en réponse, la cause est réputée en état d'être jugée. Le greffier transmet le dossier au procureur général près la cour de cassation, qui rédige ses réquisitions et dépose ensuite le dossier au greffe aux fins de fixation[1281].

Dès que les productions des parties sont faites ou que les délais pour produire sont écoulés ou, dans le cas où la loi le prévoit, dès que le réquisitoire ou le rapport du procureur général est déposé, le greffier transmet le dossier au premier président de la cour de cassation aux fins de désignation d'un conseiller rapporteur. Celui-ci rédige un rapport sur les faits de la cause, sur la procédure en cassation, sur les moyens invoqués et propose la solution qui lui paraît devoir être réservée à la cause. Il transmet ensuite le dossier, dans les trente jours de sa désignation, au premier président qui le soumet, pour avis, à l'assemblée plénière des magistrats de la cour de cassation. Lorsque l'avis de

---

1277 Art. 51, Loi organique n°13/010 du 19 février 2013 relative à la procédure devant la cour de cassation.

1278 Art. 52, al. 1er, Loi organique n°13/010 du 19 février 2013 relative à la procédure devant la cour de cassation.

1279 Art. 52, al. 2, Loi organique n°13/010 du 19 février 2013 relative à la procédure devant la cour de cassation.

1280 Art. 53, Loi organique n°13/010 du 19 février 2013 relative à la procédure devant la cour de cassation.

1281 Art. 54, Loi organique n°13/010 du 19 février 2013 relative à la procédure devant la cour de cassation.

l'assemblée plénière a été donné, le premier président fixe la date à laquelle la cause sera appelée à l'audience[1282]. Le greffier notifie l'ordonnance de fixation aux parties et au procureur général huit jours au moins avant la date d'audience[1283]. Au moins trois jours avant l'audience, le greffier affiche au greffe et à l'entrée du local des séances le rôle des affaires fixées. Cet extrait du rôle porte la mention du numéro du rôle et du nom des parties[1284].

Les audiences de la cour sont publiques à moins que cette publicité ne soit dangereuse pour l'ordre public ou les bonnes mœurs. Dans ce cas, la cour ordonne le huis clos par un arrêt motivé[1285]. Les débats se déroulent de la façon suivante : à l'appel de la cause, un conseiller résume les faits et les moyens et expose l'état de la procédure ; les avocats des parties peuvent présenter des observations orales ; il ne peut être produit à l'audience d'autres moyens que ceux développés dans la requête ou les mémoires ; chaque partie n'a la parole qu'une fois, sauf s'il y a lieu de conclure sur un incident ; le Ministère public donne son avis ; le président de l'audience prononce la clôture des débats et la cause est prise en délibéré. Le greffier du siège dresse procès-verbal de l'audience[1286]. La cour se prononce sur les moyens présentés par les parties et par le Ministère public. Aucun moyen autre que ceux repris aux requêtes et mémoires déposés dans les délais prescrits ne peut être reçu. Toutefois, la cour peut soulever tout moyen d'ordre public[1287]. En ce cas, elle invite les parties à conclure sur ce moyen[1288]. Avant la clôture des débats, la cour invite les parties à conclure sur un incident ou sur les moyens d'ordre public soulevés d'office. De même, après la clôture des débats, la cour ordonne leur réouverture pour permettre aux parties de

---

1282 Art. 10, Loi organique n°13/010 du 19 février 2013 relative à la procédure devant la cour de cassation.

1283 Art. 11, Loi organique n°13/010 du 19 février 2013 relative à la procédure devant la cour de cassation.

1284 Art. 12, Loi organique n°13/010 du 19 février 2013 relative à la procédure devant la cour de cassation.

1285 Art. 14, Loi organique n°13/010 du 19 février 2013 relative à la procédure devant la cour de cassation.

1286 Art. 15, Loi organique n°13/010 du 19 février 2013 relative à la procédure devant la cour de cassation.

1287 C.S.J., R.P. 19, Cass., matière répressive, le ministère public c/ Jean-Pierre Lasete et csrts, *Arrêt*, 7 juin 1972, *Bulletin des Arrêts de la cour suprême de justice* (1972), Kin., 1973, p. 80.

1288 Art. 16, Loi organique n°13/010 du 19 février 2013 relative à la procédure devant la cour de cassation.

conclure sur un incident ou sur les moyens d'ordre public soulevés d'office[1289].

B.8. L'arrêt en cassation

En principe, la cour de cassation ne connaît pas du fond des affaires. Elle juge le jugement. Ainsi, si après cassation, il reste quelque litige à juger, la cour renvoie la cause pour examen au fond à la même juridiction autrement composée ou à une juridiction de même rang et de même ordre qu'elle désigne. Toutefois, dans le cas où la décision entreprise est cassée pour incompétence, la cause est renvoyée à la juridiction compétente que la cour elle-même désigne. La juridiction de renvoi ne peut décliner sa compétence. Elle est tenue de se conformer à la décision de la Cour sur le point de droit jugé par elle. Lorsque la cause lui est renvoyée par les chambres réunies, dans une affaire qui a déjà fait l'objet d'un premier pourvoi, ou dans une affaire qui a fait l'objet d'un pourvoi formé par le procureur général sur injonction du Ministre de la Justice, la cour statue sur le fond[1290].

Section II. L'abstention ou le refus d'exercer une voie de recours

L'abstention est une attitude qui consiste à ne pas exercer un droit. Il s'agit précisément dans le cas d'espèce d'un acte par lequel une partie au procès renonce spontanément à son droit d'exercer son recours, soit parce qu'elle est convaincue de la décision du premier juge dont il faudrait exécuter les termes, soit parce qu'il y a un motif qui porte à croire que le juge saisi sur recours confirmera l'œuvre du premier juge. En principe, l'abstention ou le refus d'exercer un recours entraîne le non déclenchement de la procédure.

Cependant, plusieurs espèces jurisprudentielles renseignent que l'abstention se traduit aussi par le déclenchement de la procédure ; celle-ci n'étant pas arrivée à son terme, la partie requérante y renonce. Le désistement ou la renonciation à une voie de recours se justifie dans la mesure où il est admis qu'une voie de recours est un droit personnel et individuel[1291]. C'est ainsi qu'en cas d'appel du prévenu seul, si celui-ci se

---

[1289] Art. 17, Loi organique n°13/010 du 19 février 2013 relative à la procédure devant la cour de cassation.

[1290] Art. 37, Loi organique n°13/010 du 19 février 2013 relative à la procédure devant la cour de cassation.

[1291] Boma, 20 juillet 1914, *Doc. Jur. Col.*, 1925, p. 87 ; Elis., 10 décembre 1940, *R.J.C.B.*, 1941, p. 21.

désiste de son appel, la juridiction d'appel décrète le désistement, surtout lorsque ce désistement n'est pas de nature à porter atteinte aux droits de l'intimé[1292]. Le juge donne aussi à la partie civile acte de son désistement d'appel lorsqu'il n'est pas de nature à porter atteinte aux droits du prévenu[1293]. Même le ministère public peut bénéficier du donner acte de son désistement, qui demeure valable pour tout appel du ministère public en vertu de son unicité et de son indivisibilité[1294]. Dans tous les cas où le désistement est décrété, il dessaisit le juge du recours[1295] dans le respect de la dévolution dudit recours.

1292 C.S.J., R.P.A. 58, App., matière répressive, le ministère public et Tshiani Mwadia Kalenga c/ Kalala Mpumbwe, *Arrêt*, 2 juin 1980, *Bulletin des Arrêts de la cour suprême de justice* (1980-1984), Kin., 2001, pp. 60-61.

1293 C.S.J., R.P.A. 160, App., matière répressive, le ministère public et Wafwana Kutambi c/ Kalonji Tshikala et csrts, *Arrêt*, 10 novembre 1989, *Bulletin des Arrêts de la cour suprême de justice* (1985-1989), Kin., 2002, pp. 523-524.

1294 C.S.J., R.P.A. 350, App., matière répressive, le ministère public et Regideso c/ Katembera Rukengwa, *Arrêt*, 24 juin 2009, *Bulletin des Arrêts de la cour suprême de justice* (2004-2009), T. II, Kin., 2010, pp. 201-204.

1295 C.S.J., R.P.A. 143, App., matière répressive, le ministère public, Rbels et Yowa Kazadi c/ Kapia Mukadi, *Arrêt*, 7 avril 1989, *Bulletin des Arrêts de la cour suprême de justice* (1985-1989), Kin., 2002, pp. 480-482.

PARTIE 3
L'EXECUTION DU JUGEMENT

Sommaire

1. Introduction

2. Les modes d'exécution de la sentence du juge

3. La mise à exécution de la sentence du juge

4. Les obstacles légaux à l'exécution

L'exécution d'un jugement, précisément l'exécution d'une condamnation pénale prononcée par un juge, est la troisième et dernière phase du procès pénal. Cette phase fait immédiatement suite au prononcé de la condamnation pénale et s'étend jusqu'à la phase de son exécution concrète et complète. Elle est prise en charge par les autorités nommément désignées par la loi et qui œuvrent en matière d'application des peines[1296]. Le code de procédure pénale consacre tout un chapitre à l'exécution des jugements. Ce chapitre est composé de treize dispositions.

S'il n'est pas contesté qu'il appartient à la partie condamnée d'exécuter la décision du juge, coulée en force de chose jugée, de la manière dont la loi l'exige (chapitre I), il ne demeure pas vrai que la question fondamentale est de désigner l'organe chargé de suivre l'exécution de la condamnation prononcée par le juge (chapitre II), si cette condamnation ne rencontre pas des obstacles légaux dans son exécution (chapitre III).

[1296] Martine HERZOG-EVANS, *Droit de l'exécution des peines*, Paris, 3ème éd., Dalloz, 2007, n°0.11-0.12.

CHAPITRE 1
LES MODES D'EXECUTION DE LA SENTENCE DU JUGE

Sommaire

1. L'exécution de la peine de mort
2. L'exécution de la peine de prison et de travaux forcés
3. L'exécution de la peine d'amende
4. L'exécution de la confiscation spéciale
5. L'exécution des condamnations aux restitutions, dommages-intérêts et frais

Section I. L'exécution de la peine de mort

Il ressort de l'article 6 du code pénal congolais que le condamné à mort est exécuté suivant le mode déterminé par le président de la République.

Toutes les fois que le prévenu aura été condamné à la peine de mort, l'officier du Ministère public a l'obligation d'exercer, à toutes fins utiles, un recours en grâce présidentielle[1297]. La peine de mort prononcée en dernier ressort ne pourra pas être exécutée tant que ce préalable n'est pas rempli ou n'a pas trouvé de réponse.

L'exécution de la peine de mort se fait par la pendaison pour les civils, par les armes pour les militaires[1298]. L'exécution capitale a lieu dans la localité déterminée par l'officier du Ministère public, mais à l'endroit choisi par l'autorité administrative du lieu de l'exécution. L'officier du Ministère public détermine aussi la date et l'heure de l'exécution. Sauf le cas où il en serait décidé autrement par le gouverneur de la province, l'exécution capitale n'a pas lieu publiquement. Toutefois l'autorité administrative invite à y assister les autorités indigènes du lieu de l'exécution et s'il échet celle du lieu où l'infraction a été commise[1299]. Lorsqu'il est vérifié qu'une femme condamnée à mort est enceinte, il ne sera procédé à son exécution qu'après sa délivrance[1300]. Au lieu d'exécution, le condamné sera assisté d'un ministre du culte, présent dans la localité où a lieu l'exécution, dont il aura réclamé ou admis le ministère[1301].

Il faut par ailleurs préciser qu'il est interdit de procéder, au moyen d'appareils photographiques quelconques, à la prise de vues d'une exécution capitale[1302]. Dans un rayon de 150 mètres autour du lieu de l'exécution et jusqu'au moment où toute trace de celle-ci a été enlevée, le port des appareils photographiques est interdit sur la voie publique ainsi qu'en tous endroits d'où une prise de vue de ce lieu est possible[1303].

1297 Art. 175, arrêté d'organisation judiciaire du 20 août 1979.

1298 Art. 1er, Arrêté du Gouverneur général, 9 avril 1898, *R.M.*, 1898, p. 59.

1299 Art. 2, Arrêté du Gouverneur général, 9 avril 1898, *R.M.*, 1898, p. 59.

1300 Art. 3, Arrêté du Gouverneur général, 9 avril 1898, *R.M.*, 1898, p. 59.

1301 Art. 4, Arrêté du Gouverneur général, 9 avril 1898, *R.M.*, 1898, p. 59.

1302 Art. 1er, ordonnance n° 86/Cont. Du 3 août 1936, *B.A*, 1936, p. 329.

1303 Art. 2, ordonnance n° 86/Cont. Du 3 août 1936, *B.A*, 1936, p. 329.

Section II. L'exécution de la peine de prison et de travaux forcés

Au regard de la loi[1304], un condamné à la servitude pénale subit sa peine dans une prison déterminée par le président de la République. Il est employé, soit à l'intérieur de cet établissement, soit au dehors, à l'un des travaux autorisés par les règlements de l'établissement ou déterminés par le président de la République, à moins qu'il n'en soit dispensé par le président de la République dans des cas exceptionnels. Si le jugement ne prononce pas l'arrestation immédiate, le Ministère public avertit le condamné à la servitude pénale qu'il aura à se mettre à sa disposition dans la huitaine qui suivra la condamnation devenue irrévocable[1305]. Le Ministère public fait remettre le condamné au gardien de l'établissement où la peine doit être purgée. Celui-ci délivre une attestation de la remise[1306].

En ce qui concerne la peine de travaux forcés, son exécution ne peut être assimilée ni confondue avec la peine de servitude pénale. Cependant, par défaut de régime juridique approprié, cette peine est confondue dans la pratique à la peine de prison, si bien que toute détention subie avant la condamnation définitive par suite de l'infraction qui donne lieu à cette condamnation, sera imputée, pour la totalité, sur la durée de la peine de travaux forcés prononcée[1307].

Section III. L'exécution de la peine d'amende

L'amende est prononcée individuellement contre chacun des condamnés à raison d'une même infraction[1308]. A défaut de paiement dans le délai de huitaine qui suit la condamnation devenue irrévocable et, dans le cas d'un jugement immédiatement exécutoire, dans la huitaine qui suit le prononcé du jugement, l'amende peut être remplacée par une servitude pénale dont la durée sera fixée par le jugement de condamnation, d'après les circonstances et le montant de l'amende infligée au condamné[1309]. La durée de la servitude pénale subsidiaire n'excède jamais six mois. Dans tous les cas, le condamné peut se libérer

---

1304 Art. 8, code pénal congolais livre I.
1305 Art. 110, code de procédure pénale.
1306 Art. 112, code de procédure pénale.
1307 Art. 5 *bis*, code pénal congolais livre I.
1308 Art. 11, code pénal congolais livre I.
1309 Art. 12, code pénal congolais livre I ; art. 117, code de procédure pénale.

de cette servitude en payant l'amende. Il ne peut se soustraire aux poursuites sur ses biens en offrant de subir la servitude pénale[1310].

Section IV. L'exécution de la confiscation spéciale

La confiscation spéciale, en tant que peine, n'est jamais qu'une peine accessoire qui ne peut être encourue seule et ne saurait être prononcée à défaut d'une peine principale[1311].

Le greffier de chaque juridiction fait vendre aux enchères publiques les choses dont la confiscation a été prononcée par son tribunal lorsque la sentence a acquis force de chose jugée. Il sera dressé procès-verbal de la vente[1312]. Toutefois, les choses dangereuses pour la sûreté, la santé et l'honnêteté publiques sont, lorsque la sentence est devenue irrévocable, détruites ou enfouies par ordre du greffier qui dressera procès-verbal de l'opération. Les liquides alcooliques à base d'absinthe sont traités comme choses nuisibles à la santé publique. Les autres liquides alcooliques sont vendus, mais sous réserve des restrictions apportées à la vente des spiritueux par les dispositions légales sur la matière. Ceux d'entre eux qui ne trouveront pas acquéreurs seront traités comme des liquides à base d'absinthe, à moins qu'ils ne puissent être utilisés dans les pharmacies et laboratoires de l'Etat, auquel cas ils seront remis par le greffier contre décharge aux fonctionnaires qui dirigent ces établissements[1313]. Les armes et munitions dont la détention est interdite d'une façon absolue seront remises par le greffier à l'administration des Forces armées contre bonne et valable décharge. Les autres armes seront vendues aux enchères publiques. Toutefois celles des armes et munitions dont la détention n'est autorisée que moyennant une autorisation administrative ne pourront être remises aux acquéreurs qu'après obtention par ceux-ci de ladite autorisation. Si celle-ci n'est pas produite dans le délai d'un mois à dater de la vente, l'adjudication sera résolue de plein droit par l'expiration de ce terme et les objets seront remis en vente. Les armes qui n'auront pas trouvé acquéreur seront rendues inutilisables comme telles et remises en vente comme fer brut; les munitions seront remises à l'administration des Forces armées.

1310 Art. 13, code pénal congolais livre I.

1311 Garraud, *Précis de droit criminel*, Fasc., 1, n°159, p. 209 ; *R.J.C.B.*, 1930, p. 146.

1312 Art. 1er, ordonnance du 24 août 1916 relative à la destination à donner aux objets frappés de confiscation judiciaire, *B.A.C.*, 1916, p. 1118.

1313 Art. 2, ordonnance du 24 août 1916 relative à la destination à donner aux objets frappés de confiscation judiciaire, *B.A.C.*, 1916, p. 1118.

Section V. L'exécution des condamnations aux restitutions, dommages-intérêts et frais

L'exécution des condamnations aux restitutions, aux dommages-intérêts et aux frais peut être poursuivie par la voie de la contrainte par corps[1314]. Cette condamnation, qui ne peut profiter qu'à la partie civile[1315], n'est pas automatique et ne peut être prononcée pour le recouvrement des dommages-intérêts que si la partie civile l'a postulée expressément[1316], avec comme finalité d'en garantir l'exécution[1317]. La durée de la contrainte par corps est déterminée par le jugement. Elle ne peut excéder six mois. Le condamné qui justifiera de son insolvabilité est mis en liberté après avoir subi sept jours de contrainte. La contrainte par corps est assimilée, pour son exécution, à la servitude pénale[1318].

La partie civile qui désire faire exécuter la contrainte par corps prononcée à son profit adresse sa demande au Ministère public. Elle est tenue préalablement de consigner, entre les mains du greffier, la somme nécessaire à la détention du débiteur. Le Ministère public ne fait saisir le débiteur que sur la production du reçu de cette somme[1319].

[1314] Art. 16, code pénal congolais livre I.
[1315] Elis., 28 mars 1952, *R.J.C.B.*, 1953, p. 81.
[1316] Ière Inst., Coq., 10 novembre 1943, *R.J.C.B.*, 1944, p. 146.
[1317] Boma, 17 octobre 1911, *Jur. Congo*, 1912, p. 228.
[1318] Art. 17, code pénal congolais livre I.
[1319] Art. 121, code de procédure pénale.

CHAPITRE 2
LA MISE A EXECUTION DE LA SENTENCE DU JUGE

La mise à exécution des sentences pénales consiste à désigner l'organe chargé de poursuivre l'exécution de la condamnation prononcée par le juge.

Aux termes de l'article 109 du code de procédure pénale, l'exécution d'un jugement répressif est poursuivie par trois personnes différentes :

1° Le Ministère public a la charge de poursuivre l'exécution du jugement qui prononce les condamnations suivantes :

- La peine de mort ;
- La peine de servitude pénale ;
- Les dommages-intérêts prononcés d'office conformément à l'article 108 de la loi organique portant organisation, fonctionnement et compétences des juridictions de l'ordre judiciaire ;
- La contrainte par corps[1320]. L'exécution des condamnations aux restitutions, aux dommages et intérêts et aux frais peut être poursuivie par la voie de la contrainte par corps[1321]. Cette sanction ne peut être ordonnée d'office pour assurer l'exécution de la condamnation prononcée en faveur de la partie civile[1322]. La durée de la contrainte par corps est déterminée par le jugement; elle ne peut excéder six mois. Le condamné qui justifiera de son insolvabilité est mis en liberté après avoir subi sept jours de contrainte. La contrainte par corps est assimilée, pour son exécution, à la servitude pénale[1323]. Pour la jurisprudence, la contrainte par corps est une peine qui permet de

---

1320 La contrainte par corps n'est pas une peine mais une modalité d'exécution des condamnations civiles et des condamnations aux frais prononcées par un juge pénal (C.S.J., RP 228, 11 juillet 1977, in *Bulletin des arrêts de la cour suprême de justice,* 1978, p. 76 ; C.S.J., RP 251, 11 mars 1980, inédit, in DIBUNDA KABUINJI MPUMBUAMBUJI, *Répertoire Général de Jurisprudence de la Cour Suprême de Justice, 1969-1985,* éd. CPDZ, 1990, p. 52). Le juge pénal a la liberté d'apprécier l'opportunité de prononcer cette décision et d'en fixer d'office la durée dans son jugement en cas de non-paiement des dommages-intérêts (C.S.J., RP 228, 11 juillet 1977, in *Bulletin des arrêts de la cour suprême de justice,* 1978, p. 76). Il en découle que le juge pénal peut prononcer la contrainte par corps à charge de la personne physique civilement responsable, en cas de non-exécution de la condamnation encourue (C.S.J., RP 28, 29 juillet 1971, in *Revue Zaïroise de Droit*, 1972, II, p. 11 et p. 40).

1321 Art. 16, code pénal, livre II.

1322 Ière Inst., Ruanda-Urundi, app., 24 janvier 1952, *R.J.C.B.*, 1952, p. 125.

1323 Art. 17, code pénal, livre II.

régler la créance de la partie civile ou celle de l'Etat pour frais, au point de vue de leur recouvrement. La condamnation au paiement de l'une comme l'autre de ces créances peut être exécutée par la contrainte en vertu même de la loi et sans qu'il soit besoin d'une réquisition de la partie publique devant le tribunal ou d'une demande de la partie civile. Le rôle du tribunal se borne à déterminer la durée de la contrainte et cette détermination est obligatoire pour le tribunal et doit être fait d'office tant pour les restitutions et dommages-intérêts que pour les frais dus au trésor public[1324] ;

- La mainlevée de la saisie[1325].

2° La partie civile a la charge de poursuivre l'exécution du jugement pénal qui prononce les dommages-intérêts prononcés à sa requête conformément à l'article 69 du code de procédure pénale.

3° Le greffier a la charge de poursuivre l'exécution d'un jugement pénal en ce qui concerne le recouvrement des amendes, des frais et du droit proportionnel.

[1324] Léo., 8 novembre 1928, *R.J.C.B.,* 1930, p. 5.
[1325] Léo., 14 mai 1935, *R.J.C.B.*, 1935, p. 130.

CHAPITRE 3
LES OBSTACLES LEGAUX A L'EXECUTION D'UNE CONDAMNATION PENALE

Sommaire

6. La prescription des peines

- Notions
- Délais de prescription

Le pouvoir de pardonner une offense ou de faire preuve d'indulgence vis-à-vis d'un coupable peut se révéler important en droit judiciaire, car, l'autorité qui en use met le coupable bénéficiaire, à des degrés divers, à l'abri des poursuites ou de l'exécution de sa condamnation pénale. Il s'agit précisément de la clémence, qui fait obstacle à l'exécution d'une condamnation pénale et dont la vertu, dit Shakespeare[1326], descend comme la douce pluie du ciel sur ce bas monde, apportant double bénédiction, tant à celui qui la donne qu'à celui qui la reçoit, brandissant, par son sceptre, le pouvoir temporel, comme un attribut de majesté redoutable, où résident à la fois crainte et terreur des rois. Lorsqu'elle est saisie par le droit, la clémence devient une vertu judiciaire qui se traduit en plusieurs institutions : le sursis, la libération conditionnelle, la grâce présidentielle, la réhabilitation, la prescription et l'amnistie.

1326 Shakespeare, *Le marchand de Venise*, Acte IV, Sc. 1, in RUIZ FABRI Hélène et alliis (dir.*), La clémence saisie par le droit. Amnistie, prescription et grâce en droit international et comparé*, Paris, Société de législation comparée, 2007, p. 15.

Section I : Le sursis

Paragraphe premier : Notions

Le sursis, abusivement appelé par le législateur la condamnation conditionnelle[1327], est une mesure de clémence accordée par le juge au délinquant, consistant à la suspension de l'exécution de sa condamnation et dont le bénéfice est soumis à révocation en cas d'une nouvelle condamnation. Ce qui est conditionnel dans le sursis ce n'est pas la condamnation mais plutôt l'exécution de la condamnation.

Paragraphe deuxième : Autorité compétente d'octroi du sursis

L'article 42 du code pénal congolais reconnaît au juge qui a prononcé la condamnation le pouvoir d'octroyer le sursis. Cette décision du juge est prise dans le même jugement de condamnation. La loi dispose que le juge doit motiver cette décision. Les circonstances atténuantes retenues en faveur d'un délinquant, plus particulièrement le fait pour un condamné d'être un délinquant primaire et en vue de l'administration d'une justice saine et efficace, peuvent justifier l'octroi d'un sursis, qui contribue par ailleurs à l'amendement de la personne condamnée[1328].

Paragraphe troisième : Conditions d'octroi du sursis

L'octroi du sursis est subordonné aux conditions suivantes :

1° Le sursis n'est possible que lorsque la condamnation prononcée par le juge ne dépasse pas une année d'emprisonnement. Il découle de cette condition que l'octroi du sursis dépend de la mansuétude du juge, qui peut, au regard de la fourchette légale d'une peine attachée à l'infraction, se déterminer à faire bénéficier ou non à un délinquant le droit au sursis.

2° Le condamné ne doit pas avoir été condamné antérieurement, du fait d'une infraction, à une peine d'emprisonnement de plus de deux mois.

3° Pendant la durée de mise à l'épreuve, qui ne peut excéder cinq ans, le bénéficiaire du sursis ne doit pas commettre des nouvelles infractions.

1327 Art. 42, code pénal congolais.

1328 C.S.J., RPA 18, 28 mars 1973, Kabuya c/ ministère public et Abibu Selemani, in *Bulletin des arrêts de la cour suprême de justice* (1973), Kin., 1974, pp. 81-88.

Paragraphe quatrième : Conséquence du sursis

Dès lors qu'il est prononcé, le sursis suspend l'exécution de l'arrêt ou du jugement portant condamnation. Pendant la durée de mise à l'épreuve, si le bénéficiaire du sursis commet une nouvelle infraction, le sursis est révoqué et la peine dont l'exécution a été suspendue sera appelée en cumul matériel à celle de la nouvelle infraction.

Section 2 : La libération conditionnelle

Paragraphe premier : Notions

La libération conditionnelle est une mesure de clémence qui permet au condamné entrain d'exécuter sa peine d'emprisonnement de sortir de la prison avant le terme de sa condamnation, s'il manifeste des efforts sérieux de réadaptation sociale. Inscrite dans le cadre de la réalisation d'une meilleure politique criminelle, dont le but est de permettre une exécution plus individualisée de la peine et mieux orientée vers la resocialisation du délinquant[1329], la libération conditionnelle favorise l'exécution de la peine en milieu libre[1330]. Le condamné peut en effet s'améliorer rapidement que le juge ne l'avait supposé et qu'il est inopportun de prolonger la détention dudit condamné qui s'est rapidement réadapté[1331].

Paragraphe deuxième : Autorité compétente

L'article 38 du code pénal ordinaire donne au Ministre de la justice le pouvoir d'accorder la libération conditionnelle à un condamné des juridictions civiles, quelle que soit la qualité de ce délinquant. En ce qui concerne les condamnés des juridictions militaires, l'article 13 du code pénal militaire reconnaît ce pouvoir au Ministre de la Défense. Dans tous les deux cas, la décision de libération conditionnelle est prise après avis du parquet ou de l'auditorat militaire. Le code pénal ordinaire exige aussi l'avis préalable du directeur de l'établissement pénitentiaire, exigence qui n'apparaît pas dans le code pénal militaire. Cet oubli peut étonner, dans la mesure où le directeur de l'établissement pénitentiaire, dans lequel est logé le délinquant en exécution de la condamnation pénale, est seul bien

---

1329 NYABIRUNGU Mwene SONGA, *Traité de Droit pénal général congolais*, D.E.S., Kinshasa, 2001. p. 435

1330 J. LARGUIER, *Droit pénal général*, 18ème éd., Paris, Dalloz, 2001, p. 237.

1331 J. FORTIN, et L. VIAU, *Traité de droit pénal général*, Québec, Thémis, 1982, p. 402.

disposé à apporter au Ministre de la Défense un éclairage suffisant sur les efforts sérieux d'adaptation du pensionnaire.

Par ailleurs, le choix porté par le législateur sur la personne d'un membre de l'exécutif peut aussi étonner. L'intervention du Ministre de la Justice ou de la Défense ne viole-t-elle pas le principe de la séparation des pouvoirs de l'Etat. Comment comprendre qu'une décision prise par un organe judiciaire, le juge, soit anéantie par un organe non judiciaire ? Il semble à notre avis judicieux et logique de reconnaître plutôt au juge la compétence d'accorder la libération conditionnelle.

Paragraphe troisième : Conditions légales de la libération conditionnelle

La libération conditionnelle ne peut être accordée à une personne condamnée que si elle remplit les conditions suivantes :

1° Le condamné sollicite ou demande la faveur de la libération conditionnelle en adressant sa requête au Ministre compétent qui statue par voie d'arrêté.

2° Le requérant doit avoir été condamné à une peine d'emprisonnement.

3° Le condamné requérant doit faire preuve d'amendement pendant le temps passé en incarcération. Pour apprécier si le condamné s'est amendé en prison, l'administration pénitentiaire tient compte de ses antécédents, des causes de la condamnation qu'il a encourue, de ses dispositions morales et des moyens d'existence dont il disposera à sa sortie de prison.

4° Le condamné requérant doit avoir exécuté le quart de sa peine, pourvu que la durée de l'incarcération déjà subie dépasse trois mois. En ce qui concerne le condamné à la peine d'emprisonnement à perpétuité, le quart de la peine équivaut à cinq ans d'emprisonnement au moins[1332]. La durée de l'incarcération exigée par la loi peut être réduite lorsqu'il est justifié qu'une incarcération prolongée peut mettre en péril la vie du condamné.

[1332] Art. 35, code pénal.

Paragraphe quatrième : Procédure de la libération conditionnelle

La procédure qui régit la libération conditionnelle est organisée par l'ordonnance de 1965 portant régime pénitentiaire. En effet, le gardien de l'établissement pénitentiaire (Directeur de prison), président de la commission de libération conditionnelle[1333], dresse immédiatement, les propositions de libération formulées par la commission, à l'inspecteur territorialement compétent chargé de la direction de la section d'inspection des services pénitentiaires, en y annexant la feuille de renseignements relatifs à chacun des condamnés[1334]. Sauf si la prison ou le camp de détention est situé sur le territoire de la ville de Kinshasa, l'inspecteur transmet dans le plus bref délai, ces propositions au gouverneur de province en y joignant ses avis motivés[1335]. Le gouverneur

---

1333 Il existe au sein de chaque établissement pénitentiaire, une commission de libération conditionnelle composée du gardien de l'établissement (président), et son adjoint, des surveillants, des instructeurs et du médecin ou infirmier de l'établissement. Cette commission se réunit, sous la présidence du gardien (directeur de prison), dans les dix premiers jours de chaque mois, en vue d'examiner les titres à la libération conditionnelle des détenus se trouvant dans les conditions requises pour l'obtenir. Elle formule les propositions de libération conditionnelle en faveur des détenus qu'elle en juge dignes par leurs dispositions morales et la situation dans laquelle ils se trouveront à leur libération. A cet effet, elle ne peut tenir compte de la gravité ou de la nature des faits qui ont motivé la condamnation qu'au seul point de vue des probabilités d'amendement (Voir. Art. 91 de l'ordonnance N°344 du 17 septembre 1965, portant organisation du régime pénitentiaire). Cependant, il importe de faire remarquer, surtout en ce qui concerne les établissements pénitentiaires de la ville de Kinshasa, que la commission de libération conditionnelle siège très rarement. Un constat amer peut être fait à ce propos dans la pratique, celui du recours à des commissions *ad hoc* de libération conditionnelle pour examiner les dossiers des candidats à la libération conditionnelle (Voir : Arrêté d'organisation judiciaire n°028/CAB/MIN/J/2006 du 07 mars 2006 portant mesure de libération conditionnelle, *exposé des motifs* ; Arrêté d'organisation judiciaire n°029/CAB/MIN/J&DH/2011 du 11 février 2011 portant mesure de libération conditionnelle, *exposé des motifs).* Bien plus, la plupart des dossiers des candidats à la libération conditionnelle ne contiennent pas les éléments relatifs aux antécédents et aux causes de condamnation encourues (Œ.-J. LUZOLO BAMBI LESSA et N.-A. BAYONA Ba MEYA, op.cit, p. 562). D'ailleurs, tous les candidats à la libération conditionnelle ne sont pas nécessairement examinés, la libération conditionnelle étant devenue une faveur réservée aux condamnés mieux nantis en raison des relations qu'ils entretiennent avec les personnels pénitentiaires et les autorités de décision.

1334 Art.94. Al. 5, ordonnance N°344 du 17 septembre 1965, portant organisation du régime pénitentiaire

1335 Art. 94. Al. 6, ordonnance N°344 du 17 septembre 1965, portant organisation du régime pénitentiaire

de province ou son délégué retransmet à l'inspecteur, dans le plus bref délai, ces propositions accompagnées de ses avis motivés[1336]. L'inspecteur transmet immédiatement le dossier à l'officier du Ministère public près le tribunal ou la cour qui a prononcé la condamnation[1337]. L'officier du Ministère public transmet, dans le plus bref délai, les propositions au ministre de la justice du gouvernement central (autorité de décision) en y joignant ses observations, pour que ce dernier prenne un arrêté de libération conditionnelle[1338].

Toutefois, le ministre de la justice peut prendre lui-même l'initiative d'une proposition de libération conditionnelle en faveur d'un condamné[1339]. A cet effet, il invite à l'intervention du ministère public, la commission de libération conditionnelle à formuler ses avis qui seront transmis suivant la même procédure exposée ci-dessus[1340]. Mais dans l'hypothèse où le condamné n'a pas réuni les conditions légales relatives à la durée de son incarcération, la commission de libération conditionnelle ajourne l'envoi de ses avis et le gardien, qui en est le président, informe le ministère public[1341].

Cependant, cette procédure est non seulement longue mais aussi très lourde, vu la cascade d'échelons d'avis qu'il faut recueillir pour prendre enfin une mesure de libération conditionnelle. Cette lourdeur fait en sorte que cette mesure soit d'application rare dans la pratique du droit congolais. Ceci crée un désintéressement de la part des condamnés qui comptent plus sur des mesures collectives de grâce présidentielle et même d'amnistie, très fréquentes[1342].

1336 Art. 94. Al. 7, ordonnance N°344 du 17 septembre 1965, portant organisation du régime pénitentiaire

1337 Art. 94. Al. 8, ordonnance N°344 du 17 septembre 1965, portant organisation du régime pénitentiaire

1338 Art. 94. Al. 9, ordonnance N°344 du 17 septembre 1965, portant organisation du régime pénitentiaire

1339 Art. 95 Al. 1, ordonnance N°344 du 17 septembre 1965, portant organisation du régime pénitentiaire.

1340 Art. 95. Al. 2 et 3, ordonnance N°344 du 17 septembre 1965, organisation du portant régime pénitentiaire.

1341 Art. 95, al. 4, ordonnance N°344 du 17 septembre 1965, portant organisation du régime pénitentiaire.

1342 E.-J. LUZOLO BAMBI LESSA et N.-A. BAYONA Ba MEYA, *op.cit*, p. 562.

Paragraphe cinquième : L'arrêté de libération conditionnelle

L'arrêté de libération conditionnelle énonce les conditions spéciales que le libéré aura à observer, indépendamment de la condition générale prévue à l'article 36 du code pénal (révocation pour cause d'inconduite)[1343]. La nature et l'objet de ces conditions spéciales dépendent des circonstances particulières dans lesquelles le condamné se trouve et des causes de la condamnation[1344]. L'interdiction de séjour ou la résidence assignée sont des conditions spéciales prévues par l'ordonnance de 1965[1345].

Une fois que l'arrêté est pris, une ampliation de celui-ci est transmise au gardien de l'établissement pénitentiaire (Directeur de prison), qui en donne lecture à l'intéressé (bénéficiaire) en attirant spécialement son attention sur les conditions qu'il aura à observer à sa sortie de prison[1346]. A cet effet, le condamné devra déclarer, dans un procès-verbal[1347], qu'il accepte ces conditions et faire connaître le lieu où il compte résider, si une résidence ne lui est pas assignée[1348]. Ce procès-verbal d'acceptation des conditions spéciales de libération conditionnelle est signé par le gardien et par l'intéressé. Au cas où ce dernier ne pourrait signer, il en sera fait mention au procès-verbal[1349].

Paragraphe sixième : Le permis de libération

Le permis de libération est un document remis au libéré conditionnel, au moment de sa mise en liberté, après avoir accepté les conditions lui imposées dans l'arrêté de libération conditionnelle et après avoir fait connaitre le lieu où il compte se fixer à sa sortie de prison[1350]. Ce permis

---

1343 Art. 96, ordonnance N°344 du 17 septembre 1965, portant organisation du régime pénitentiaire.

1344 Art. 96, ordonnance N°344 du 17 septembre 1965, portant organisation du régime pénitentiaire.

1345 Art. 96, ordonnance N°344 du 17 septembre 1965, portant organisation du régime pénitentiaire.

1346 Art. 97, al. 1, ordonnance N°344 du 17 septembre 1965, portant organisation du régime pénitentiaire.

1347 Art. 97, al. 3, ordonnance N°344 du 17 septembre 1965, portant organisation du régime pénitentiaire.

1348 Art. 97, al. 2, ordonnance N°344 du 17 septembre 1965, portant organisation du régime pénitentiaire.

1349 Art. 97, al. 3, ordonnance N°344 du 17 septembre 1965, portant organisation du régime pénitentiaire.

1350 Art. 98, ordonnance N°344 du 17 septembre 1965, portant organisation du régime pénitentiaire.

est délivré par l'administration pénitentiaire. Mais il y a lieu de signaler ici la contradiction qui existe entre l'ordonnance de 1965 et le code pénal en ce qui concerne la forme de ce permis. Si pour l'ordonnance ce permis doit avoir la forme d'un livret[1351], pour le code pénal la forme de ce permis est déterminée par le président de la république[1352].

Le permis de libération contient l'identité du libéré, la peine par lui encourue et les causes de la condamnation, la durée de l'incarcération subie et la date à laquelle la libération définitive sera éventuellement acquise. Il contient en outre, une ampliation de l'arrêté de libération et du procès-verbal d'acceptation des conditions spéciales de libération conditionnelle[1353] ainsi que le texte des articles 100 et 102 de l'ordonnance de 1965, qui organisent la procédure par laquelle le libéré conditionnel doit faire viser son permis au bourgmestre ou administrateur du territoire du lieu de son établissement ou du changement de résidence[1354].

Paragraphe septième : Conséquences de la libération conditionnelle

Le condamné qui bénéficie de la libération conditionnelle est immédiatement remis en liberté. Cette faveur devient définitive et est acquise au condamné si la libération conditionnelle n'est pas révoquée avant l'expiration d'un délai égal au double du terme d'incarcération que le condamné avait encore à subir à la date à laquelle la mise en liberté a été ordonnée en sa faveur[1355]. Il en découle que pendant la durée de mise à l'épreuve, l'inconduite du condamné ou la violation par lui des conditions qui lui ont été imposées dans le permis de libération peut déterminer l'autorité ayant accordé la libération conditionnelle de la révoquer de plein droit, après avis du parquet. La révocation de la libération conditionnelle entraîne la réintégration pour l'achèvement du

1351 Art. 99, al. 1, ordonnance N°344 du 17 septembre 1965, portant organisation du régime pénitentiaire.

1352 Art. 41, code pénal congolais.

1353 Procès-verbal visé à l'article 97, al. 3 de l'ordonnance N°344 du 17 septembre 1965, portant organisation du régime pénitentiaire.

1354 Art. 99, al. 2, ordonnance N°344 du 17 septembre 1965, portant organisation du régime pénitentiaire.

1355 Art. 37, code pénal.

terme d'incarcération que l'exécution de la peine portait encore à la date de la libération[1356].

Section III : La grâce présidentielle

Paragraphe premier : Notions

Le Président de la République exerce le droit de grâce. A cet effet, dit l'article 87 de la constitution, il peut remettre, commuer ou réduire une peine. Le condamné est donc dispensé de subir tout ou une partie de sa peine ou doit exécuter une sanction plus douce que celle qui a été initialement prononcée.

Institution de clémence par excellence, parce qu'elle dépend de la seule volonté d'un homme, la grâce peut être décidée par le Président de la République sans consultation préalable, sans une quelconque mesure de précaution et sans obligation de motivation ou de justification. C'est l'expression de son pouvoir régalien, qui porte néanmoins atteinte au principe constitutionnel de séparation des pouvoirs.

Paragraphe deuxième : Conditions légales

A première vue, la constitution ne pose aucune condition en matière de grâce. Cependant, la formulation de l'article 87 de la constitution indique qu'il ne peut y avoir grâce que :

1° Lorsque la décision de condamnation est devenue irrévocable.

2° La personne condamnée n'est pas tenue d'adresser une requête à ce sujet.

3° Le Président de la République statue par voie d'ordonnance.

Paragraphe troisième : Conséquences de la grâce présidentielle

Dans la mesure où le Président de la République ne peut accorder sa grâce que sur les peines prononcées, cette mesure ne peut en aucune façon agir sur les condamnations civiles. La décision du Président de la République ne peut avoir pour effet de porter atteinte aux droits que les particuliers ont acquis dans une décision de justice en leur qualité de victime. Ainsi, la mesure de grâce ordonnée par le Président de la

---

1356 Art. 38, al. 3, code pénal.

République agit uniquement sur la peine, qu'il peut remettre, commuer ou réduire.

1° La remise de peine consiste à dispenser une personne condamnée de l'exécution totale de sa peine. Si la personne condamnée était en prison pour l'exécution de sa peine, elle est remise immédiatement en liberté ; si elle n'est pas encore en état d'arrestation pour sa prison, elle ne le sera plus.

2° La commutation de peine consiste à remplacer une peine par une autre, d'une autre nature. La peine de mort peut être commuée en peine de prison à temps ou à perpétuité ; une peine de prison peut être commuée en peine d'amende.

3° la réduction de peine sert à raccourcir la durée d'une peine privative de liberté temporaire.

Paragraphe quatrième : Limite légale au recours en grâce

Il importe d'observer que la loi a interdit au Président de la République d'accorder la faveur de la grâce à l'auteur d'un génocide, d'un crime contre l'humanité ou d'un crime de guerre[1357].

Section IV : La réhabilitation

Paragraphe premier : Notions

A proprement parler, la réhabilitation ne constitue pas un obstacle à l'exécution d'une condamnation. Il s'agit plutôt d'une mesure d'effacement de la condamnation obtenue en vue de faire cesser pour l'avenir toutes incapacités qui peuvent en résulter. Ainsi, un individu condamné à une peine d'emprisonnement pour abus de confiance ou escroquerie peut être déclaré incapable d'exercer le commerce. De même, une personne condamnée pour des agissements contraires à l'honneur, à la probité et aux bonnes mœurs ne peut exercer la profession d'avocat, alors même qu'elle détient le titre en ce requis[1358]. L'unique parade judiciaire imaginée pour permettre à la personne condamnée de prétendre à cette profession c'est la réhabilitation.

[1357] Art. 34 bis, code pénal (modification portée par la loi n°15/022 du 31 décembre 2015, J.O., n°spécial, 57ème année, 29 février 2016).

[1358] Art. 7, ordonnance-loi n°79-028 du 28 septembre 1979 portant organisation du barreau, du corps des défenseurs judiciaires et du corps des mandataires de l'Etat, J.O., n°19, 1er octobre 1979, p. 4.

Paragraphe deuxième : Conditions de réhabilitation

Le décret du 21 juin 1937, qui organise la réhabilitation des condamnés, impose les conditions suivantes :

1° Le condamné doit avoir exécuté totalement sa peine, ou en être dispensé par l'effet de la grâce ou du sursis.

2° Le condamné doit avoir exécuté ses condamnations civiles et aux frais.

3° La requête en réhabilitation est introduite cinq ans après l'exécution de la condamnation.

4° Le condamné doit démontrer, à la date de sa requête, de sa bonne conduite et d'une résidence certaine.

5° Le condamné doit n'avoir pas déjà joui du bénéfice de la réhabilitation.

Paragraphe troisième : Autorité compétente et procédure Judiciaire

La cour d'appel est compétente pour statuer sur une demande de réhabilitation.

La procédure en vue d'obtenir l'effacement de la condamnation est prévue par les articles 2 et suivants du décret du 21 juin 1937. Le condamné adresse sa demande en réhabilitation au procureur général près la Cour d'appel qui, à l'époque de la requête, a dans son ressort la localité où la condamnation a été prononcée. Si l'impétrant a été condamné par plusieurs juridictions, le lieu de la dernière condamnation détermine la cour à laquelle la demande doit être adressée. Le requérant fait connaître dans sa demande la date de la ou des condamnations et les lieux où il a résidé depuis lors. II y joint un extrait de son casier judiciaire et les attestations des autorités faisant connaître l'époque et la durée de sa résidence dans chaque lieu, sa conduite et ses moyens d'existence pendant le même temps. Ces attestations doivent contenir la mention expresse qu'elles ont été rédigées en vue de la demande de réhabilitation[1359]. Le procureur général joint au dossier, en même temps que les données de toutes informations qu'il aura jugées nécessaires, une

[1359] Art. 2.

expédition de l'arrêt ou du jugement de condamnation et, éventuellement, une copie de la fiche pénitentiaire du condamné, certifiée conforme par le gardien de la prison[1360]. Dans les six mois de la réception de la demande, le procureur général soumet la procédure, avec ses réquisitions, à la Cour d'appel. Celle-ci fixe le jour pour entendre le procureur général et le condamné. Sur citation qui lui est donnée à la requête du procureur général, le condamné comparaît en personne ou par un fondé de procuration spéciale dans les délais prévus par le code de procédure pénale. Toutefois, la cour peut ordonner sa comparution personnelle. Il peut toujours être assisté d'un conseil[1361]. La cour peut, en raison des circonstances particulières de la cause et quant au temps passé à l'étranger, décharger l'impétrant de produire les pièces prévues à l'article 2.2 et exiger de lui tout élément de preuve en tenant lieu[1362]. Si la cour juge une enquête nécessaire, elle désigne les témoins et fixe le jour pour leur audition. S'il s'agit d'informations ne requérant point la déposition de témoins, elle renvoie l'affaire à une date ultérieure, en chargeant le procureur général de compléter le dossier. Les témoins sont appelés à la diligence du procureur général. Leur comparution, leur audition et leurs indemnités sont réglées comme en matière pénale[1363]. Si le condamné fait défaut sans justifier d'une excuse légitime, la cour rejette sa demande. S'il justifie d'une pareille excuse, la cour passe outre après, le cas échéant, l'audition du conseil, ou remet la cause[1364]. Si la cour rejette la demande, celle-ci ne peut être renouvelée avant l'expiration de deux années depuis la date de l'arrêt. Si la cour prononce la réhabilitation, elle ordonne qu'un extrait de l'arrêt soit, à la diligence du procureur général, transcrit en marge des arrêts ou jugements définitifs prononcés à charge du condamné. Le réhabilité peut, sans frais, se faire délivrer une expédition de l'arrêté de réhabilitation[1365]. Les frais de la procédure en réhabilitation sont à charge du Trésor public. Ils sont réglés comme en matière pénale. Toutefois, si la cour rejette la demande, elle pourra mettre les frais en tout ou en partie à la charge du condamné.

1360 Art. 3.
1361 Art. 4.
1362 Art. 4 *bis*.
1363 Art. 5.
1364 Art. 6.
1365 Art. 7.

Paragraphe quatrième : Conséquences de la réhabilitation

La réhabilitation fait cesser pour l'avenir, dans la personne du condamné, tous les effets de la condamnation, sans préjudice des droits acquis aux tiers.

Section V : La prescription des peines

Paragraphe premier : Notions

Le droit de ne plus être soumis à l'exécution d'une peine est prévu par la loi. Cette hypothèse existe lorsqu'une peine n'a pas été mise à exécution dans un délai fixé par le code pénal.

Paragraphe deuxième : Délais de prescription des peines

Le code pénal congolais prévoit cinq délais de prescription des peines. Ces différents délais commencent à courir à compter de la date du jugement qui est rendu en dernier ressort ou à compter du jour où le jugement rendu en premier ressort ne peut plus être attaqué par la voie d'appel. Si le condamné qui subissait sa peine venait à s'évader, la prescription commence à courir du jour de l'évasion. Les délais de prescription sont les suivants :

1° Les peines d'amende de moins de cinq cents francs congolais se prescrivent par deux ans révolus[1366] ;
2° Les peines d'amende de cinq cents francs congolais et plus se prescrivent par quatre ans révolus[1367] ;
3° Les peines de prison de dix ans ou moins se prescrivent par un délai double de la peine prononcée, sans que le délai puisse être inférieur à deux ans[1368] ;
4° Les peines de prison de plus de dix ans se prescrivent par vingt ans[1369] ;
5° La peine de prison à perpétuité se prescrit par vingt-cinq ans[1370].

1366 Art. 27, code pénal.
1367 Art. 27, code pénal.
1368 Art. 28, code pénal.
1369 Art. 29, code pénal.
1370 Art. 29, code pénal.

Interruption et suspension de la prescription des peines.

Il ressort de l'article 33 du code pénal que la prescription de la peine est interrompue par l'arrestation du condamné. La loi n'ayant pas parlé des causes de suspension de la prescription des peines, l'on peut relever qu'au regard de l'article 40 du code pénal que la prescription des peines ne court pas pendant que le condamné se trouve en liberté, en vertu d'un ordre de libération qui n'a pas été révoqué.

BIBLIOGRAPHIE

I. Textes juridiques

- Constitution du 18 février 2006, *J.O.*, 47ème année, n°spécial, 18 février 2006.
- Décret relatif à l'extradition, 12 avril 1886, *B.O.*, 1886, p. 46.
- Décret du 30 janvier 1940 portant code pénal, *B.O.*, 1940, p. 193.
- Décret 6 août 1959 portant code de procédure pénale, *B.O.*, 1959, p. 1934.
- Ordonnance-loi n°70-012 du 10 mars 1970 relative aux infractions d'audience, *M.C.*, n°10, 15 mai 1970, p. 289.
- Ordonnance-loi n°78-001 du 24 février 1978 relative à la répression des infractions flagrantes, *J.O.*, n°6, 15 mars 1978, p. 15.
- Ordonnance-loi n°79-028 du 28 septembre 1979 portant organisation du barreau, du corps des défenseurs judiciaires et du corps des mandataires de l'Etat, *J.O.*, n°19, 1er octobre 1979, p. 4.
- Loi n° 87-010 du 1er août 1987 portant Code de la Famille, *J.O.*, n°spécial, 1er août 1987.
- Loi n°002-2001 du 3 juillet 2001 portant création, organisation et fonctionnement des tribunaux de commerce, *J.O.*, n°14, 42ème année, 15 juillet 2001, p. 4.
- Loi n°023-2002 du 18 novembre 2002 portant code judiciaire militaire.
- Loi n°024-2002 du 18 novembre 2002 portant code pénal militaire.
- Décret-loi n°003-2003 du 11 janvier 2003 portant création et organisation de l'Agence nationale de renseignement.
- Loi n°04/016 du 19 juillet 2004 portant lutte contre le blanchiment des capitaux et le financement du terrorisme, *J.O.*, 45ème année, n°spécial, 4 août 2004.
- Loi n°09/001 du 10 janvier 2009 portant protection de l'enfant, *J.O.*, n°spécial, 25 mai 2009.
- Loi organique n°13/010 du 19 février 2013 relative à la procédure devant la cour de cassation, *J.O.*, 54ème année, numéro spécial, 20 février 2013.
- Loi organique n°13/11-B du 11 avril 2013 portant organisation, fonctionnement et compétences des juridictions de l'ordre judiciaire, *J.O.*, 54ème année, numéro spécial, 04 mai 2013.

- Loi organique n°13/026 du 15 octobre 2013 portant organisation et fonctionnement de la cour constitutionnelle, *J.O.*, 54ème année, numéro spécial, 18 octobre 2013.
- Loi n°15/022 du 31 décembre 2015 modifiant et complétant le décret du 30 janvier 1940 portant code pénal, *J.O.*, 57ème année, numéro spécial, 29 février 2016.
- Loi n°15/023 du 31 décembre 2015 modifiant la loi n°024-2002 du 18 novembre 2002 portant code pénal militaire, *J.O.*, 57ème année, numéro spécial, 29 février 2016.
- Loi n°15/024 du 31 décembre 2015 modifiant et complétant le décret du 6 août 1959 portant code de procédure pénale, *J.O.*, 57ème année, numéro spécial, 29 février 2016.
- Ordonnance du 24 août 1916 relative à la destination à donner aux objets frappés de confiscation judiciaire, *B.A.C.*, 1916, p. 1118.
- Ordonnance n°11-171 du 26 mars 1959 relative à la destination à donner aux objets saisis périssables ou de conservation dispendieuse, *B.A.*, 1959, p. 1017.
- Ordonnance n°78-179 du 26 avril 1978 portant réglementation de l'autopsie scientifique, *J.O.*, n°9, 1er mai 1978, p. 26.
- Ordonnance n°78-289 du 3 juillet 1978 relative à l'exercice des attributions d'officiers et agents de police judiciaire près les juridictions de droit commun, *J.O.*, n°15, 1er août 1978, p. 7.
- Arrêté d'organisation judiciaire n°299/79 du 20 août 1979 portant règlement intérieur des cours, tribunaux et parquets.
- Circulaire n°01/008/IM/PGR/2011 du 18 février 2011 relative à l'ordonnance-loi n°82/020 du 31 mars 1982 telle que modifiée à ce jour portant code de l'organisation et de la compétence judiciaires.

II. Doctrine

1. Ouvrages

AKELE ADAU (Pierre) (dir.), *La réforme du code pénal congolais, T.III, Options axiologiques et techniques fondamentales*, Vol. I, Kinshasa, éd. CEPAS, 2009, 236 pages.

ALLAND (Denis) et RIALS (Stéphane) (dir.), *Dictionnaire de la culture juridique*, Paris, P.U.F., 2003, 1649 pages.

ASCENSIO (Hervé), DECAUX (Emmanuel) et PELLET (Alain) (dir.), *Droit international pénal*, Paris, Pédone, 2000, 1053 pages.

BENILLOUCHE (Mikaël), *Le secret dans la phase préliminaire du procès pénal en France et en Angleterre*, Aix-en-Provence, Presse universitaire d'Aix-Marseille, 2004, 457 pages.

BOITARD (Joseph-Edouard), *Leçons sur les codes pénal et d'instruction criminelle*, Paris, 7ème éd., Cotillon, 1856, 805 pages.

BORGHI (Alvaro), *L'immunité des dirigeants politiques en droit international*, Bruxelles, Bruylant, 2003, 560 pages.

BOSLY (Henri) et VANDERMEERSCH (Damien), *Droit de la procédure pénale*, Brugge, La Charte, 1999, 837 pages.

BOULOC (Bernard), *Droit pénal général*, Paris, 20ème éd., Dalloz, 2007, 710 pages.

- *L'acte d'instruction*, Paris, L.G.D.J., 1965.
- *Procédure pénale*, Paris, 20ème éd., Dalloz, 2006, 1034 pages.
- *Procédure pénale*, Paris, 21ème éd., Dalloz, 2008, 1055 pages.
- *Procédure pénale*, Paris, 22ème éd., Dalloz, 2010, 1074 pages.
- *Droit pénal général*, Paris, 21ème éd., Dalloz, 2009, 722 pages.

BOUZAT et PINATEL, *Traité de droit pénal et de criminologie*, T.II, Paris, 2ème éd., Dalloz, 1979, p. 1138.

BRAAS A., *Précis d'instruction criminelle ou procédure pénale*, Bxl., Bruylant, 1932.

BUFFETEAU P., *Le décès du délinquant*, Thèse dactyl., Besançon, 1990.

CADIET (Loïc), NORMAND (Jacques) et AMRANI MEKKI (Soraya), *Théorie générale du procès*, Paris, 1ère éd., P.U.F., 2010, 993 pages.

CARBASSE (Jean-Marie), *Histoire du droit pénal et de la justice criminelle*, Paris, 2ème éd., PUF, 2006.

CARBONNIER (Jean), *Essais sur les lois*, Paris, 2ème éd., Desfrénois, 1995, 336 pages.

- *Flexible droit. Pour une sociologie du droit sans rigueur*, Paris, 10ème éd., L.G.D.J., 2001, 493 pages.

CONTE (Philippe) et Du CHAMBON (Patrick Maistre), *Procédure pénale*, Paris, 3ème éd., Arman Colin, 2001, 426 pages.

CORNU (Gérard), *Vocabulaire juridique*, Paris, 8ème éd., P.U.F., 2007, 986 pages.

DANTI-JUAN (Michel) (dir.), *La pénalisation des responsables politiques en droit interne et en droit international*, Paris, Cujas, 2008, 245 pages.

DEBOVE (Frédéric) et FALLETI (François), *Précis de droit pénal et de procédure pénale*, Paris, 2ème éd., P.U.F., 2006, 721 pages.

DECLERCQ (Raoul), *Eléments de procédure pénale*, Bruxelles, Bruylant, 2006, 1245 pages.

DEFARGES (Philippe Moreau), *La gouvernance*, Paris, Que sais-je ?, 3ème éd., PUF, 127 pages.

DELMAS-MARTY (Mireille) (dir.), *Procédures pénales d'Europe*, Paris, P.U.F., 1995, 638 pages.

DESPORTES (Frédéric) et LAZERGES-COUSQUER (Laurence), *Traité de procédure pénale*, Paris, Economica, 2009, 2166 pages.

DESPORTES (Frédéric) et Le GUNEHEC (Francis), *Droit pénal général*, Paris, 16ème éd., Economica, 2009, 1248 Pages.

DUBOIS (Jean), MITTERAND (Henri) et DAUZAT (Albert), *Dictionnaire étymologique*, Paris, Larousse, 2007, 893 pages.

FAVOREU (Louis) et PHILIP (Loïc), *Les grandes décisions du conseil constitutionnel*, Paris, 14ème éd., Dalloz, 2007, 1035 pages.

FOFE DJOFIA MALEWA (Jean-Pierre), *Justice pénale et réalités sociétales : de l'analyse du modèle R.D. Congo à la formulation d'une politique criminelle participative*, Paris, l'Harmattan, 2007.

FRANCHIMONT Michel et alliis, *Manuel de procédure pénale*, Liège, Collection scientifique de la Faculté de Droit de Liège, 1989.

GIUDICELLI-DELAGE (Geneviève) (dir.), *Les transformations de l'administration de la preuve pénale. Perspectives comparées*, Paris, société de législation Comparée, 2006.

GUINCHARD (Serge) et BUISSON (Jacques), *Procédure pénale*, Paris, 3ème éd., Litec, 2005, 1098 pages.

- *Procédure pénale*, Paris, 4ème éd., Litec, 2008, 1228 pages.

GUINCHARD (Serge) et BUISSON (Jacques), *Procédure pénale*, Paris, 5ème éd., Litec, 2009, 1292 pages.

GUINCHARD (Serge) et DEBARD (Thierry) (dir.), *Lexique des termes juridiques*, Paris, 19ème éd., Dalloz, 2012, 918 pages.

- *Lexique des termes juridiques*, Paris, 21ème éd., Dalloz, 2014, 993 pages.

HELIE (Faustin), *Pratique criminelle des cours et tribunaux, Première partie, Code d'instruction criminelle*, Paris, 3ème éd., Imprimerie et Librairie Générale de Jurisprudence, 1920, 819 pages.

- *Traité de l'instruction criminelle ou théorie du code d'instruction criminelle*, T.I, Paris, 2ème éd., Henri Plon, 1866.

JOLOWICZ (John Anthony) (dir.), *Droit anglais*, Paris, 2ème éd., Dalloz, 1992, 487 pages.

KALUBA DIBWA (Dieudonné), *La justice constitutionnelle en République démocratique du Congo*, Kin., éd. Eucalyptus, 2013, 652 pages.

KATUALA KABA KASHALA, *L'action publique à travers les jurisprudences et doctrine congolaise, belge et française*, Kin., Batena Ntambua, 2004.

KERNALEGUEN (Francis), *Institutions judiciaires*, Paris, Litec, 2008, 270 pages.

KINDER-GEST (Patricia), *Droit anglais. Institutions politiques et judiciaires*, Paris, 3ème éd., L.G.D.J., 1997, 622 pages.

KUTY (Franklin), *Justice pénale et procès équitable*, Vol. I, Bxl., Larcier, 2006.

LARGUIER (Jean), *Procédure pénale*, Paris, 20ème éd., Dalloz, 2004, 310 pages.

LAZERGES (Christine) et GIUDICELLI DELAGE (Geneviève), *La victime sur la scène pénale en Europe*, Paris, P.U.F., 2008, 290 pages.

Le POITTEVIN (Gustave), *Code d'instruction criminelle annoté*, T.I, Paris, Léon TENIN, 1911.

LEVASSEUR (Alain A.), *Le droit américain*, Paris, Dalloz, 2004, 162 pages.

LOPEZ (Gérard) et TZITZIS (Stamatios) (dir.), *Dictionnaire des sciences criminelles*, Paris, Dalloz, 2007, 1013 pages.

LUKOMBE GHENDA, *Le règlement du contentieux commercial, T.I, Les tribunaux de commerce*, Kin., Pfduc, 2005.

LUZOLO Bambi Lessa (Emmanuel J.) et BAYONA Ba MEYA (Nicolas-Abel), *Manuel de procédure pénale*, Kinshasa, PUC, 2011, 810 pages.

MATHIAS (Eric), *Le ministère public : des magistrats pour partie ? (une approche historique et comparative de l'impartialité du ministère public en France et en Allemagne)*, Thèse pour le doctorat en droit, 1997, 535 pages.

MBIANGO KEKESE (Bruno), *Les fins de non-recevoir en droit judiciaire privé*, Kin., CDPS, 2011, 166 pages.

MERLE (Roger) et VITU (André), *Traité de droit criminel, vol. 1, Problèmes généraux de la science criminelle, droit pénal général*, Paris, 7ème éd., Cujas, 1997, 1068 pages.

- *Traité de droit criminel, vol. 2, Procédure pénale*, Paris, 2ème éd., Cujas, 1973, 836 pages.

MURPHY (Peter) & STOCKDALE (Eric) (eds.), *Blackstone's Criminal Practice*, Oxford, Oxford University Press, 2006, 3062 pages.

NSUMBU KABU (Odon), *Cour Suprême de Justice. Héritage de demi-siècle de jurisprudence*, Kin., Les Analyses juridiques, 2015, 1087 pages.

NZUNDU NZALALEMBA (Jules Eminence), *Les tribunaux de paix et les juridictions coutumières en milieu rural. De la substitution à la survivance*, Mémoire de D.E.S., Droit pénal, 2011-2012, Université de Kinshasa, 174 pages.

OPPETIT (Bruno), *Philosophie du droit*, Paris, 1ère éd., Dalloz, 1999, 156 pages.

OTTENHOF (Reynald) (dir.), *L'individualisation de la peine. De SALEILLES à aujourd'hui*, Ramonville Saint-Agne, éd. Erès, 2001, 286 pages.

PERRODET (Antoinette), *Etude comparée des ministères publics anglais et gallois, écossais, français et italien*, Thèse pour le doctorat en droit, Paris I, 1997, 420 pages.

PERROT (Roger), *Institutions judiciaires*, Paris, 11ème éd., Montchrestien, 2004.

PIRON (Pierre) et DEVOS (Jacques), *Codes et Lois du Congo Belge*, T.II, *Organisation administrative et judiciaire*, Bxl., Larcier, 1960.

PRADEL (Jean) et VARINARD (André), *Les grands arrêts de la procédure pénale*, Paris, 6ème éd., Dalloz, 2009, 428 pages.

- *Les grands arrêts du droit pénal général*, Paris, 7ème éd., Dalloz, 2009, 685 pages.

PRADEL (Jean), *Droit pénal général*, Paris, 17ème éd., Cujas, 2008, 836 pages.

- *Procédure pénale comparée dans les systèmes modernes : rapports de synthèse des colloques de l'ISISC*, Toulouse, Erès, 1998, 147 pages.

- *Procédure pénale*, Paris, 14ème éd., Cujas, 2008, 1010 pages.

RASSAT (Michèle-Laure), *Droit pénal général*, Paris, 2ème éd., Ellipses, 2006, 635 pages.

- *Traité de procédure pénale*, Paris, 1ère éd., PUF, 2001, 892 pages.

RICOEUR (Paul), *Le Juste 2*, Paris, éd. Esprit, 2001, 297 pages.

ROBERT (Jacques-Henri), *Droit pénal général*, Paris, 6ème éd., PUF, 2005, 564 pages.

RUBBENS Antoine, *Le droit judiciaire congolais, T.III, L'instruction criminelle et la procédure pénale*, Brux., Larcier, 1965.

SAAS (Claire), *L'ajournement du prononcé de la peine. Césure et recomposition du procès pénal*, Thèse, Paris, Dalloz, 2004, 367 pages.

SAINT-PIERRE François, *Le guide de la défense pénale*, Paris, 4ème éd., Dalloz, 2005.

SALAS (Denis) et CARSTOIU (Andrea), *La justice*, Paris, Le Cavalier Bleu, 2008, 127 pages.

SITA Muila Akele (Angélique), *La protection pénale de la famille et de ses membres. Comment la famille et ses membres sont-ils protégés par la loi pénale ?*, Kinshasa, éd. O.D.F., 2003, 124 pages.

SPENCER (John Rason), *La procédure pénale anglaise*, Paris, 1ère éd., P.U.F., Que sais-je ?, 1998, 127 pages.

STEFANI (Gaston), LEVASSEUR (Georges) et BOULOC (Bernard), *Droit pénal général*, Paris, 18ème éd., Dalloz, 2003, 682 pages.

TREILLARD (Jacques), *Les caractères de l'instruction préparatoire en procédure pénale*, Bordeaux, Imprimerie Bière, 1959, 22 pages.

VINCENT (Jean) et GUINCHARD (Serge), *Procédure civile,* Paris, 24ème éd., Dalloz, 1996, 1046 pages.

VINCENT (Jean), GUINCHARD (Serge), MONTAGNIER (Gabriel) et VARINARD (André), *Institutions judiciaires. Organisation, juridictions, gens de justice*, Paris, 5ème éd., Dalloz, 1999, 748 pages.

2. Articles et autres contributions

BOULOC (Bernard), « Procédure pénale : la loi n° 2000-516 du 15 juin 2000 renforçant la protection de la présomption d'innocence et les droits des victimes », in *Revue de Science Criminelle,* n° 1, 2001, Chroniques, pp. 193-198.

- « Procédure pénale : la loi n° 2000-516 du 15 juin 2000 renforçant la protection de la présomption d'innocence et les droits des victimes », *Revue de Science Criminelle,* n° 1, 2001, Chr., pp. 193-198.

BUSSY (F.), L'erreur judiciaire, *Dalloz*, 2005, p. 2561, n° 43.

CAMMARET (Dominique-Noëlle), « Point de départ du délai de prescription : des palliatifs jurisprudentiels, faute de réforme législative d'ensemble », *Revue de Science Criminelle*, 2004, Chr., p. 897.

CANIVET (Guy) et JOLY-HURARD (Julie), « La responsabilité des juges, ici et ailleurs », in *Revue Internationale de Droit Comparé*, n°4, 2006, pp. 1049-1093.

CHIAVARIO (Mario), « Les modes alternatifs de règlement des conflits en droit pénal », *Revue Internationale de Droit Comparé,* n° 2, 1997, pp. 427-435.

COLLIARD (Claude-Albert), « la convention de Vienne sur les relations diplomatiques », *Annuaire Français de Droit International*, Vol. 7, 1961.

DANET Jean, « Le droit pénal et la procédure pénale sous le paradigme de l'insécurité », *Archives de politique criminelle*, Paris, éd. Pedone, n°25, 2003, pp.37-39.

DANJAUME (Géraldine), « Le principe de la liberté de la preuve en procédure pénale », *Receuil Dalloz*, 1996, Chron., p. 153.

De VITA (Anna), « Aperçu comparatif », *R.I.D.C.*, Vol. 50, n° 3, Juillet-septembre, 1998.

DINTILHAC (Jean-Pierre), « Rôle et attributions du Procureur de la République », *Revue de science criminelle*, 2002, Chr., p. 35.

- « L'égalité des armes dans les enceintes judiciaires », Cour de cassation, *Rapport*, 2003-II, Etudes et documents, Documentation française, 2003.

FAGET (Jacques), « La fabrique de la décision pénale. Une dialectique des asservissements et des émancipations », *Champ pénal*, Vol V, 2008.

FERRAND Frédérique, « Le principe contradictoire et l'expertise en droit comparé européen », *Revue Internationale de droit Comparé*, Vol. 52, n° 2, Avril-juin, 2000, pp. 346 et ss.

GASSIN (Raymond), « L'audience du tribunal », *Recueil Dalloz*, 1995, Actualité législative Dalloz, p. 103.

GIUDICELLI (Catherine), « Regards croisés sur la direction de l'enquête dans les procédures pénales, in *Pénal,* Paris, Dalloz, Novembre 2008, pp. 439-445.

LAMY (Emile), « Les structures judiciaires de la République démocratique du Congo », *Revue Congolaise de Droit*, n°1, 1970, Doctrine, pp. 46-84.

LAZERGES (Christine), « Le projet de loi renforçant la protection de la présomption d'innocence et les droits des victimes », in *Revue de Science Criminelle,* 1999, Chroniques, pp. 166-177.

- « La dérive de la procédure pénale », *Revue de science criminelle*, n°3, 2003, pp. 644-654.
- « La présomption d'innocence en Europe », *Archives de politique criminelle*, n° 26, 2004-1, p. 131.

LEGRAND (Pierre), « Comparer », in *Revue internationale de droit comparé,* Vol. 48, n°2, 1996, pp. 279-318.

LEVY (René), « Une particularité française : les grâces et amnisties à répétition », *Questions Pénales*, XIX.2, Mars 2006, pp. 2 et s.

MASSIAS (Florence), « Jurisprudence 2001 relative à la présomption d'innocence », in *Revue de Science Criminelle,* n°2, 2002, Chroniques, pp. 408-420.

- « Jurisprudence 2001 relative à la présomption d'innocence », *Revue de Science Criminelle,* n°2, 2002, Chr., p. 408.

MERCADAL (Barthélemy), « La légitimité du juge », *R.I.D.C.*, Vol. 54, n°2, Avril-juin, 2002, pp. 277 et ss.

MONCONDUIT (F.), « La fonction d'enquête et d'instruction », in *Revue des droits de l'Homme*, 1969, pp. 180-218.

NADJA (Capus), « Le droit pénal et la souveraineté partagée », in *Revue de Science Criminelle*, n°2, 2005, pp. 251-263.

PADOVA (Yann), « A la recherche de la preuve absolue. Réflexions sur l'utilisation de l'ADN en procédure pénale et sur le développement des fichiers d'empreintes génétiques », *Archives de politique criminelle*, 2004/1, n° 26.

PRADEL Jean, « Les personnes suspectes ou poursuivies après la loi du 15 juin 2000. Evolution ou révolution ? », *Recueil Dalloz*, n° 13, 2001, Chr., p. 1039 ;

- « Les principes constitutionnels du procès pénal », *Les Cahiers du Conseil constitutionnel*, n° 14, 2003, Etudes et doctrine, p. 115.

ROTH (R.), « Le principe de l'opportunité de la poursuite », in *Revue de Droit Suisse*, 1989, II, pp. 169-319.

VERIN (Jacques), « L'expertise dans le procès pénal », in *Revue de science criminelle et de droit pénal comparé*, n°4, 1980, pp. 1022-1030.

WINANTS (Alain), « Le ministère public et le droit pénal international », in *Revue de Droit Pénal et de Criminologie*, n°1, janvier, 2002, pp. 5-34.

3. Rapports

DELMAS-MARTY, LASVIGNES Serge *et al.*, La mise en état des affaires pénales, Rapport, Commission justice pénale et droits de l'homme, *Documentation française*, Paris, 1991.

ERDMAN Fred et de LEVAL Georges, « Les dialogues Justice », *Rapport de synthèse*, à la demande de Laurette ONKELINX, Vice-Première Ministre et Ministre de la Justice, Bxl., Juillet 2004.

III. Jurisprudence

- Cass., 11 mai 1956, *pas.*, I, 1956, p. 962 ;
- 1ère inst., Elis., 8 septembre 1943, *R.J.C.B.*, 1944, p. 144 ;
- 1ère Inst., Léo., 27 juin 1952, *J.T.O.*, 1953, p. 165 ;
- Boma, 10 octobre 1911, *Jur. Congo*, 1913, p. 9 ;
- Boma, 10 octobre 1911, *Jur. Congo*, 1913, p. 9 ; Elis, 10 février 1912, *Jur. Congo*, 1914-1919, p. 65 ; Elis., 8 août 1941, *R.J.C.B.*, 1941, p. 101 ;
- Boma, 7 juin 1904, *Jur. Etat*, I, p. 348 ;
- Boma, 17 janvier 1911, *Jur. Congo*, 1912, p. 77 ;
- Boma, 19 septembre 1911, *Jur. Congo*, 1912, p. 353 avec note ;
- Boma, 20 juillet 1914, *Doc. Jur. Col.*, 1925, p. 87 ;
- C.G., appel, 22 mai 1896, *Jur. Etat*, I, p. 8 ;

- C.S.J., 18 décembre 1998, D.19/RMP/1296/MKB, RP. 2072 ;
- C.S.J., App., matière répressive, ministère public c/ Alphonse-Devos BANGALA, *Arrêt*, 8 août 1969, *Revue Congolaise de Droit*, 1970, n°1, Jur., p. 17 ;
- C.S.J., App., matière répressive, ministère public c/ Alphonse-Devos BANGALA, *Arrêt*, 8 août 1969, *Revue Congolaise de Droit*, 1970, n°1, Jur., p. 17 ;
- C.S.J., Cass., matière répressive, *Arrêt*, 30 juillet 1960 ;
- C.S.J., Cass., Matière répressive, *Arrêt*, 30 juillet 1969, *Revue congolaise de droit*, 1970, n°1, Jurisprudence, p. 11 ;
- C.S.J., Cass., Matière répressive, *Arrêt*, 8 octobre 1969, *Revue congolaise de droit*, 1970, n°1, Jurisprudence, p. 18.
- C.S.J., Cass., Matière répressive, *Arrêt*, 8 octobre 1969, *Revue congolaise de droit*, 1970, n°1, Jurisprudence, p. 18.
- C.S.J., Cass., matière répressive, le ministère public c/ Alphonse ITWA, *Arrêt*, 30 juillet 1969, *Revue Congolaise de Droit*, 1970, n°1, Jurisprudence, p. 10 ;
- C.S.J., Cass., matière répressive, le ministère public c/ Clément PANZU, *Arrêt*, 2 février 1972, *Bulletin des Arrêts de la cour suprême de justice* (1972), Kin., 1973, p. 16 ;
- C.S.J., Cass., matière répressive, Ministère public c/ Générale Congolaise des Minerais, *Arrêt*, 8 janvier 1970.
- C.S.J., Cass., matière répressive, Ministère public c/ Gilbert KAYEMBE, *Arrêt*, 8 janvier 1970 ;
- C.S.J., R.P. 120, Cass., matière répressive, le ministère public et la Sonas c/ Simon FENASSE, *Arrêt*, 4 juillet 1975, *Bulletin des Arrêts de la cour suprême de justice* (1975), Kin., 1976, p. 178 ;
- C.S.J., R.P. 1695, Cass., matière répressive, le ministère public et Ikuma Ando c/ Lufukutuimba, *Arrêt*, 27 février 1986 inédit ;
- C.S.J., R.P. 1727, M.P. c/ Mwamba Munanga Nozy et csrts, *Arrêt*, 13 décembre 2000 ;
- C.S.J., R.P. 1841, Cass., matière répressive, le ministère public et Kasuku Tuambilangana c/ Ngalula Bandingisha Ntumba, *Arrêt*, 28 mai 1996, inédit ;
- C.S.J., R.P. 19, Cass., matière répressive, le ministère public c/ Jean-Pierre Lasete et csrts, *Arrêt*, 7 juin 1972, *Bulletin des Arrêts de la cour suprême de justice* (1972), Kin., 1973, p. 80 ;

- C.S.J., R.P. 2028/2027, Cass., matière répressive, le ministère public et la société Utradi c/ Carlier Marc-Georges, *Arrêt*, 30 décembre 1998, inédit ;
- C.S.J., R.P. 25, Cass., matière répressive, le ministère public et Onatra c/ Molangi Louis Serge, *Arrêt*, 3 mai 1972, *Bulletin des Arrêts de la cour suprême de justice* (1972), Kin., 1973, p. 54 ;
- C.S.J., R.P. 42 et 43, Cass., matière répressive, le ministère public et Hubert Maviya c/ Tadeo Emmanuel et José Antonio Matheus, *Arrêt*, 5 avril 1972 ;
- C.S.J., R.P. 42 et 43, Cass., matière répressive, le ministère public et Hubert Maviya c/ Tadeo Emmanuel et José Antonio Matheus, *Arrêt*, 5 avril 1972 ;
- C.S.J., R.P. 59, Cass., matière répressive, le ministère public et Nkembi Philomène c/ Zéphirin Kalutu et la société Colimpex, *Arrêt*, 7 juin 1972, *Bulletin des Arrêts de la cour suprême de justice* (1972), Kin., 1973, p. 82 ;
- C.S.J., R.P.A. 46, le ministère public c/ Dibaya Balekelayi, *Appel*, 19 mai 1977, *Bulletin des Arrêt de la cour suprême de justice* (1977), Kin., 1978, p. 40. ;
- C.S.J., Section judiciaire, 13 décembre 2000, R.P. 1727. ;
- Cass., 13 octobre 1952, *Pas.*, 1953, I, p. 52 ; Elis., 19 avril 1952, *J.T.O.*, 1953, p. 85 ;
- Cass., 17 juin 1957, *Pas.*, I, 1957, p. 1241 ;
- Cass., 19 décembre 1955, *J.T.*, 1956, p. 67 et *Pas.*, 1956, I, p. 382.
- Cass., 22 juin 1936, *R.J.C.B.*, 1936, pp. 209 et 305 ; *Doc. Jur. Col.*, 1936, p. 31 ;
- Cass., 29 septembre 1948, *R.J.C.B.*, 1949, p. 86 ;
- Cass., 29 septembre 1948, *R.J.C.B.*, 1949, p. 86, et 31 mars 1952, *J.T.*, 1952, p. 362 ;
- Cass., 31 janvier 1949, *Pas.*, I, 93, cité par *Belg ; col.*, 1950, p. 9 ;
- Cass., 31 mars 1952, *J.T.*, p. 362 ;
- Cass., 4 octobre 1954, *Pas.*, I, 1955, p. 70 ;
- Cass., 5 septembre 1957, *Pas.*, I, 1957, p. 1384 ;
- Cass., 5 septembre 1957, *Pas.*, I, p. 1384 ;
- Cass., 8 mai 1952, *J.T.*, 1952, p. 348 ;
- Civ. Liège, 8 avril 1957, *J.T.*, 1957, p. 551 ;
- District, Léo., 1er juin 1937, *R.J.C.B.*, 1938, p. 36 ;

- Elis., 10 décembre 1940, *R.J.C.B.*, 1941, p. 21 ;
- Elis., 10 février 1912, *Jur. Congo*, 1914-1919, p. 65 ;
- Elis., 13 août 1925, *Jur. Katanga*, 1925, p. 172 ; Léo., 25 août 1955, *J.T.O.*, 1957, p. 39 ;
- Elis., 19 avril 1949, *R.J.C.B.*, 1949, p. 133 ;
- Elis., 19 avril 1949, *R.J.C.B.*, 1949, p. 133 ;
- Elis., 19 avril 1949, *R.J.C.B.*, p. 133 ;
- Elis., 19 février 1949, *R.J.C.B.*, p. 133 ;
- Elis., 19 juillet 1941, *R.J.C.B.*, 1941, p. 178 ;
- Elis., 1er juin 1948, *R.J.C.B*, 1948, p. 134 ;
- Elis., 1er septembre 1936, *R.J.C.B.*, 1937, p. 189 ;
- Elis., 22 novembre 1913, *Jur. Col.,* 1924, p. 98 ;
- Elis., 22 novembre 1913, *Jur. Col.,* 1924, p. 98 ;
- Elis., 25 janvier 1958, *R.J.C.B.*, 1958, p. 226 ;
- Elis., 28 février 1956, *J.T.O.,* 1958, p. 93, n° 74 ;
- Elis., 28 février 1956, *J.T.O.*. 1958, p. 93, n° 74.
- Elis., 28 mars 1952, *R.J.C.B.*, 1953, p. 81 ;
- Elis., 29 septembre 1951, *R.J.C.B.,* 1951, p. 209 ;
- Elis., 3 juin 1953, *R.J.C.B.*, 1952, p. 225 ;
- Elis., 30 mars 1912, *Jur. Congo,* 1913, p. 266 ;
- Elis., 8 août 1941, *R.J.C.B.,* p. 101 ;
- Elis., 8 février 1938, *R.J.C.B.*, 1938, p. 188 ;
- H.C.M., Révision, matière répressive, l'auditeur général c/ le jugement ayant condamné Simon KIMBANGU et csrts, *Arrêt*, 22 juillet 2011, *Bulletin des arrêts de la Haute Cour Militaire*, n° spécial, Kin., 2011, pp. 24-25 ;
- Ière Inst., appel Coq., 10 juillet 1931, *R.J.C.B.*, 1931, p. 286 ;
- Ière Inst., Coq., 10 novembre 1943, *R.J.C.B.*, 1944, p. 146 ;
- Ière Inst., Kasaï, 7 février 1957, *J.T.O.,*1959, p. 7 ;
- Ière Inst., Léo., 26 décembre 1924, *Jur. Kat.,* 1924, III, p. 169 ;
- Ière Inst., Léo., 27 juin 1952, *J.T.O.,* 1953, p. 165, avec note ;
- Ière Inst., R.U., 11 octobre 1951, *R.J.C.B.*, 1952, p. 115 ;
- Ière Inst., Usa, 29 novembre 1951, *R.J.C.B.,* 1952, p. 120 ;
- Ière Inst., Usa, 29 novembre 1951, *R.J.C.B.*, 1952, p. 120 ;
- Kin., R.C.A. 6860, 26 juin 1974, AMISI LINDOMBE c/ République du Zaïre ;

- Léo., 10 juillet 1947, *R.J.C.B.*, 1948, p. 56 ; Léo., 12 août 1954, *R.J.C.B.*, 1954, p. 316 ; Léo., 7 octobre 1954, *J.T.O.*, 1956, p. 3, avec note ;
- Léo., 10 juillet 1947, *R.J.C.B.*, 1948, p. 56, 1954, 316 ;
- Léo., 14 mai 1935, *R.J.C.B.*, 1935, p. 130 ;
- Léo., 15 janvier 1952, *R.J.C.B.*, 1952, p. 99 ;
- Léo., 2 juillet 1953, *J.T.O.*, 1954, p. 53 ;
- Léo., 20 mai 1943, *R.J.C.B.*, 1944, p. 69 ;
- Léo., 22 juillet 1943, *R.J.C.B.*, 1944, p. 74 ;
- Léo., 24 février 1944, *R.J.C.B.*, 1945, p. 58 ;
- Léo., 24 juin 1952, *R.J.C.B.*, p. 235 ;
- Léo., 25 avril 1946, *R.J.C.B.*, 1946, p. 212 ;
- Léo., 25 octobre 1956, *R.J.C.B.*, 1957, p. 91 ;
- Léo., 27 juin 11950, *J.T.O.*, 1952, p. 6 ;
- Léo., 27 juin 1950, *J.T.O.*, 1952, p. 6, avec note ;
- Léo., 7 octobre 1941, *R.J.C.B.*, 1943, p. 23 ; Ière Inst., Cost., 29 mars 1950, *J.T.O.*, 1953, p. 24 avec notes ;
- Léo., 8 juin 1933, *R.J.C.B.*, 1934, p. 71 ;
- Léo., Ière Inst., 27 juin 1952, *J.T.O.*, 1953, p. 165 ;
- Stan., 1ère Inst., 21 février 1928, *R.J.C.B.*, 1929, p. 114.

ANNEXES

Annexe I. Les phases du procès pénal

A. En résumé

- Enquête préliminaire ;
- Instruction préparatoire ;
- Fixation ;
- Instruction à l'audience ;
- Voies de recours ;
- Exécution du jugement.

B. Détail

- Ouverture d'une information judiciaire à la suite de la commission d'infraction :
  - *Recherche des infractions* : art. 67, loi organique n°13/011-B du 11 avril 2013 portant organisation, fonctionnement et compétences des juridictions de l'ordre judiciaire ; art. 2, code de procédure pénale ; art. 37, ordonnance n°78-289 du 3 juillet 1978 relative à l'exercice des attributions d'officier et agent de police judiciaire près les juridictions de droit commun.
  - *Recevoir plainte et dénonciation* : art. 67, loi organique n°13/011-B du 11 avril 2013 portant organisation, fonctionnement et compétences des juridictions de l'ordre judiciaire ; art. 38, ordonnance n°78-289 du 3 juillet 1978 relative à l'exercice des attributions d'officier et agent de police judiciaire près les juridictions de droit commun.
  - *Enquête et instruction* : art. 67, loi organique n°13/011-B du 11 avril 2013 portant organisation, fonctionnement et compétences des juridictions de l'ordre judiciaire ; art. 32 et suivants de l'ordonnance n°78-289 du 3 juillet 1978 relative à l'exercice des attributions d'officier et agent de police judiciaire près les juridictions de droit commun.
  - *Décision du ministère public sur la poursuite* : classement sans suite (art. 44, code de procédure pénale) ; classement pour amende transactionnelle (art. 9, code de procédure pénale) ; fixation ou dépôt du dossier répressif (art. 53, code de procédure pénale).
  - *Mesures préalables au jugement :* art. 67, code de procédure pénale.
  - *Instruction à l'audience* : art. 71-79, code de procédure pénale.
  - *Jugement au 1er degré* : art. 80-87, code de procédure pénale.

- *Recours (opposition et appel)* : art. 88-108, code de procédure pénale.
- *Recours (cassation et révision)* : Loi organique n° 13/010 du 19 février 2013 relative à la procédure devant la cour de cassation.
- *Exécution des jugements* : art. 109-121, code de procédure pénale.
- *Procédures spéciales* : le sursis (art. 42, code pénal) ; la libération conditionnelle (art. 35-39, code pénal) ; la grâce présidentielle (art. 87, constitution du 18 février 2006) ; la réhabilitation (décret du 21 juin 1937) ; l'extradition (décret du 12 avril 1886) ; la flagrance (ordonnance-loi n° 78-001 du 24 février 1978 relative à la répression des infractions flagrantes) ; l'amnistie (art. 122.9, constitution du 18 février 2006) ; le délit d'audience (ordonnance-loi n° 70-012 du 10 mars 1970) ; l'enfant en conflit avec la loi (loi n° 09/001 du 10 janvier 2009 portant protection de l'enfant).

*****

Annexe II. Les organes de la justice pénale

A. La police judiciaire

Organisation et fonctionnement : ordonnance n° 78-289 du 3 juillet 1978.

Attributions et procédure : ordonnance n°78-289 du 3 juillet 1978 ; art. 1er-10, code de procédure pénale ; art. 5-6, loi organique n° 13/011-B du 11 avril 2013 portant organisation, fonctionnement et compétences des juridictions de l'ordre judiciaire.

B. Le Ministère public

Organisation et fonctionnement : art. 1, 2, 65-84, loi organique n°13/011-B du 11 avril 2013 portant organisation, fonctionnement et compétences des juridictions de l'ordre judiciaire ; art. 73-178, arrêté d'organisation judiciaire n°299/79 du 20 août 1979.

Attributions et procédure : art. 66-67, loi organique n°13/011-B du 11 avril 2013 portant organisation, fonctionnement et compétences des juridictions de l'ordre judiciaire ; art. 11-54, 56, 74, 96, 99, 106, 109, 112 et 121 du code de procédure pénale.

C. Les cours et tribunaux

Organisation et fonctionnement : art. 1, 2, 6-64, loi organique n°13/011-B du 11 avril 2013 portant organisation, fonctionnement et compétences des juridictions de l'ordre judiciaire ; art. 1er-72, arrêté d'organisation judiciaire n° 299/79 du 20 août 1979.

Attribution et procédure: art. 85-109, loi organique n°13/011-B du 11 avril 2013 portant organisation, fonctionnement et compétences des juridictions de l'ordre judiciaire ; art. 71-87, code de procédure pénale.

*****

Annexe III. Action publique et action civile

A. Fondement

- *Base légale action publique :* Art. 67, al. 2, Loi organique n°13/011-B du 11 avril 2013 portant organisation, fonctionnement et compétences des juridictions de l'ordre judiciaire ; art. 53, code de procédure pénale.
- *Base légale action civile :* Art. 107-108, Loi organique n°13/011-B du 11 avril 2013 portant organisation, fonctionnement et compétences des juridictions de l'ordre judiciaire ; art. 53, code de procédure pénale ; art. 69, code de procédure pénale.
- *Action civile interdite devant la cour de cassation (principe)* : Art. 78, Loi organique n°13/010 du 19 février 2013 relative à la procédure devant la cour de cassation.
- *Action civile autorisée devant la cour de cassation (exception)* : Art. 70, al. 4, Loi organique n° 13/010 du 19 février 2013 relative à la procédure devant la cour de cassation.
- *Action civile interdite au parquet (principe)* : art. 69, code de procédure pénale.
- *Action civile autorisée au parquet (exception)* : Art. 9, al. 2, code de procédure pénale.

B. Jurisprudence

- *Sur le préjudice et ses rapports avec l'infraction* : Boma, 10 octobre 1911, *Jur. Congo*, 1913, p. 9 ; Elis., 10 février 1912, *Jur. Congo*, 1914-1919, p. 65 ; Elis., 8 août 1941, *R.J.C.B.*, p. 101 ; Léo., 24 février 1944, *R.J.C.B.*, 1945, p. 58 ; Elis., 19 février 1949, *R.J.C.B.*, p. 133 ; 1ère Inst., Léo., 27 juin 1952, *J.T.O.*, 1953, p. 165 ; Léo., 24 juin 1952, *R.J.C.B.*, p. 235 ; Elis., 19 avril 1949, *R.J.C.B.*, p. 133.
- *Sur la réparation du dommage* : Cass., 29 septembre 1948, *R.J.C.B.*, 1949, p. 86 ; Cass., 31 mars 1952, *J.T.*, p. 362 ; Léo., 27 juin 11950, *J.T.O.*, 1952, p. 6 ; Cass., 5 septembre 1957, *Pas.*, I, p. 1384.
- *Sur l'application de l'adage « electa una via »* : Elis., 28 février 1956, *J.T.O.*, 1958, p. 93, n°74.
- *Sur la mise en cause de la partie civilement responsable* : Léo., 24 septembre 1936, *R.J.C.B.*, 1937, p. 28 ; Léo., 9 mars 1944, *R.J.C.B.*, 1945, p. 5 ; 1ère Inst., Elis., 15 février 1929, *R.J.C.B.*, p. 82 ; Léo., 8 novembre 1955, *J.T.O.*, 1957, p. 13.

- *Sur le décès du prévenu* : 1ère Inst., Usa, 29 novembre 1951, *R.J.C.B.*, 1952, p. 120.
- *Sur la prescription de l'action publique* : Léo., 10 juillet 1947, *R.J.C.B.*, 1948, p. 56, 1954, 316 ; *J.T.O.*, 1956, p. 3.
- *Sur la saisine du tribunal* : Léo., 23 octobre 1952, *R.J.C.B.*, 1953, p. 19.
- *Sur le désistement de l'action publique* : Léo., 9 décembre 1954, *R.J.C.B.*, 1955, p. 164.

C. Objet de l'action publique et de l'action civile

- *Action publique* : Application des peines à l'auteur d'une infraction.
- *Action civile* : Réparation du dommage.

D. Exercice de l'action publique et de l'action civile

- *Action publique :* En principe, elle est exercée par le ministère public (art. 77, Loi organique n°13/011-B du 11 avril 2013 portant organisation, fonctionnement et compétences des juridictions de l'ordre judiciaire ; art. 54, code de procédure pénale) ; à titre exceptionnel, l'action publique est exercée par la partie lésée (art. 54, code de procédure pénale).
- *Action civile* : Elle est exercée par la partie lésée (art. 69, code de procédure pénale).

*****

Annexe IV. La compétence des juridictions répressives

A. Compétence matérielle

- *Tribunal de paix*: Infractions punissables au maximum de 5 ans d'emprisonnement et d'une amende, quel que soit son taux, ou une de ces peines seulement (art. 85, loi organique n°13/011-B du 11 avril 2013 portant organisation, fonctionnement et compétences des juridictions de l'ordre judiciaire).

- *Tribunal de grande instance* : Infractions punissables de la peine de mort et celles punissables d'une peine excédant 5 ans d'emprisonnement ; infractions commises par les conseillers urbains, les bourgmestres, les chefs de secteur, les chefs de chefferie et leurs adjoints ainsi que les conseillers communaux, les conseillers de secteur et les conseillers de chefferie ; appels formés contre les jugements rendus par les tribunaux de paix (art. 89, loi organique n° 13/011-B du 11 avril 2013 portant organisation, fonctionnement et compétences des juridictions de l'ordre judiciaire).

- *Tribunal de commerce* : Infractions à la législation économique et commerciale, quel que soit le taux de la peine de prison ou la hauteur de l'amende (art. 17, al. 2, Loi n°002-2001 du 3 juillet 2001 portant création, organisation et fonctionnement des tribunaux de commerce).

- *Cour d'appel* : appels formés contre les jugements rendus en premier ressort par les tribunaux de grande instance et les tribunaux de commerce ; elle juge au premier degré le génocide, les crimes de guerre et les crimes contre l'humanité commis par les personnes relevant de sa compétence et de celle des tribunaux de grande instance ; infractions commises par les membres de l'assemblée provinciale, les magistrats, les maires, les maires adjoints, les présidents des conseils urbains et les fonctionnaires des services publics de l'Etat et les dirigeants des établissements ou entreprise publique revêtus au moins du grade de directeur ou du grade équivalent (art. 91, loi organique n°13/011-B du 11 avril 2013 portant organisation, fonctionnement et compétences des juridictions de l'ordre judiciaire).

- *Cour de cassation* : en premier et dernier ressort, la cour de cassation juge les infractions commises par les membres de l'assemblée nationale et du sénat ; infractions commises par les membres du gouvernement autres que le Premier Ministre ; les infractions commises par les membres de la cour constitutionnelle et ceux du parquet près cette cour ; les infractions commises par les membres de la cour de cassation et ceux du parquet près cette cour ; infractions commises par les membres du conseil d'Etat et ceux du parquet près ce conseil ; les infractions commises par les membres de la cour des comptes et ceux du parquet près cette cour ; les infractions commises par les premiers présidents des cours d'appel et des cours administratives d'appel ainsi que les procureurs généraux près ces cours ; les infractions commises par les gouverneurs, les vice gouverneurs de province et les ministres provinciaux ainsi que les présidents des assemblées provinciales (art. 93, loi organique n°13/011-B du 11 avril 2013 portant organisation, fonctionnement et compétences des juridictions de l'ordre judiciaire). La Cour de cassation connaît aussi des appels formés contre les arrêts rendus au premier degré par les cours d'appel (art. 94, loi organique n°13/011-B du 11 avril 2013 portant organisation, fonctionnement et compétences des juridictions de l'ordre judiciaire). La cour de cassation connaît aussi des pourvois en cassation et des pourvois en révision (art. 95 et 98, loi organique n° 13/011-B du 11 avril 2013 portant organisation, fonctionnement et compétences des juridictions de l'ordre judiciaire).

- *Cour constitutionnelle* : infractions politiques de haute trahison, d'outrage au parlement, d'atteinte à l'honneur ou à la probité ainsi que les délits d'initié et les autres infractions de droit commun commises par le Président de la République et le Premier ministre dans l'exercice ou à l'occasion de l'exercice de leurs fonctions (art. 164, constitution du 18 février 2006 ; art. 73-79, Loi organique n° 13/026 du 15 octobre 2013 portant organisation et fonctionnement de la cour constitutionnelle).

B. Compétence territoriale

Sont compétents le juge du lieu où l'une des infractions a été commise, de la résidence du prévenu et celui du lieu où le prévenu aura été trouvé. Lorsque plusieurs personnes sont poursuivies conjointement comme coauteurs ou complices d'infractions connexes, le Tribunal compétent au point de vue territorial pour juger l'une d'elles est compétent pour juger toutes les autres (art. 104, loi organique n°13/011-B du 11 avril 2013 portant organisation, fonctionnement et compétences des juridictions de l'ordre judiciaire).

C. Prorogation de compétence

- *Pluralité d'infractions* : La juridiction ordinaire du rang le plus élevé, compétente en raison de l'une des infractions, l'est aussi pour connaître des autres (art. 99, loi organique n°13/011-B du 11 avril 2013 portant organisation, fonctionnement et compétences des juridictions de l'ordre judiciaire).

- *Pluralité de prévenus* : Lorsque plusieurs personnes justiciables des juridictions de nature ou de rang différents, sont poursuivies, en raison de leur participation à une infraction ou à des infractions connexes, elles sont jugées l'une et l'autre par la juridiction ordinaire compétente du rang le plus élevé (art. 100, loi organique n°13/011-B du 11 avril 2013 portant organisation, fonctionnement et compétences des juridictions de l'ordre judiciaire).

- *Litispendance* : Lorsque deux tribunaux compétents se trouvent saisis des mêmes faits, le tribunal de rang le moins élevé décline sa compétence (art. 102, loi organique n°13/011-B du 11 avril 2013 portant organisation, fonctionnement et compétences des juridictions de l'ordre judiciaire).

- *Besoin de célérité* : Si un tribunal saisi d'une infraction de sa compétence, constate que les faits constituent une infraction dont la compétence est attribuée à un tribunal inférieur, il statue sur l'action publique et éventuellement sur l'action civile et des dommages- intérêts à allouer d'office (art. 103, loi organique n°13/011-B du 11 avril 2013 portant organisation, fonctionnement et compétences des juridictions de l'ordre judiciaire).

D. Compétence internationale

- *La territorialité comme principe* : l'infraction commise sur le territoire de la République est punie conformément à la loi (art. 2, code pénal).

- *L'universalité comme exception* : une infraction commise hors du territoire congolais peut être jugée au Congo, moyennant observance de certaines conditions légales (art. 3, code pénal).

- *La personnalité passive (réalité) comme exception* : les infractions qui portent atteinte aux intérêts de l'Etat (contrefaçon, falsification et imitation des signes monétaires ; contrefaçon ou falsification des sceaux, timbres, poinçons, marques ; atteintes à la sûreté de l'Etat) seront toujours jugées au Congo, même si elles ont reçu jugement à l'étranger (art. 3, al. 4, code pénal).

- *La personnalité active comme exception* : Les juridictions militaires sont compétentes à l'égard de quiconque s'est rendu auteur, co-auteur ou complice des faits de leur compétence commis à l'étranger (art. 100, Loi n°023-2002 du 18 novembre 2002 portant code judiciaire militaire).

*****

Annexe V. Les principes généraux régissant le droit de la preuve

A. La charge de la preuve :

- La charge de la preuve des faits allégués incombe à l'accusation, c'est-à-dire au ministère public (*actori incumbit probatio*) ;
- Cependant, lorsque le prévenu soulève une exception comme moyen de défense, il lui appartient d'en apporter la preuve (*reus in excipiendo fit actor*).

B. La liberté des preuves :

- L'existence de plusieurs moyens de preuve ;
- La preuve est libre et non hiérarchisée ;
- Le système de l'intime conviction du juge est préféré à celui des preuves légales. L'intime conviction c'est la conviction intime ou intérieure ; c'est aussi la conviction raisonnée.

C. La force probante d'un procès-verbal

- Il appartient au juge seul d'apprécier la valeur probante qu'il convient d'attribuer à un procès-verbal (art. 75, code de procédure pénale) ;
- Certains procès-verbaux disposent d'une force probante particulière, si bien qu'ils lient le juge (les procès-verbaux établis par les officiers de police judiciaire de la Douane et ceux établis par les officiers de police judiciaire de l'office congolais de contrôle).

D. La présomption d'innocence

- La présomption d'innocence impose le fardeau de la preuve à l'accusation ;
- La présomption d'innocence interdit le renversement de la charge de la preuve ;
- La présomption d'innocence oblige le juge d'acquitter quand il ressort de son intime conviction quelque doute (*in dubio pro reo*) ;
- La présomption d'innocence impose la loyauté dans la recherche de la preuve. Le juge ne doit pas recourir à des preuves inexploitables, c'est-à-dire des preuves administrées en violation du droit.

*****

Annexe VI. Le témoignage

A. Fondement

- *Pendant l'enquête* : Art. 16-21, code de procédure pénale.

- *En cours d'audience* : Art. 76-79, code de procédure pénale.

B. Jurisprudence

- *Sur les voies de recours* : Elis., 30 mai 1942, *R.J.C.B.*, 1942, pp. 161 et 163.

C. La capacité d'être témoin

- *Personnes dispensées de témoigner* : Les dépositaires par état ou par profession des secrets qu'on leur confie (art. 16, al. 2, code de procédure pénale).

- *La levée du secret bancaire* : la dispense de témoigner n'est plus de mise dans le domaine bancaire, quand il s'agit de blanchiment d'argent ou du financement du terrorisme (art. 27, Loi du 19 juillet 2004).

- *Personnes entendues à titre de renseignements* : les personnes qui ont un lien ou sont en conflit avec une des parties au procès.

D. Les obligations du témoin

- *Comparaître en vertu d'une citation ou d'un mandat de comparution, prêter serment et déposer* : Art. 19 et 78, code de procédure pénale.

- Sanction en cas de refus de comparaître ou de prêter serment ou de déposer : Condamnation à une peine de prison d'un mois au maximum et/ou d'une amende (art. 19 et 78, code de procédure pénale). Mais le témoin peut être déchargé de sa peine, s'il produit des excuses légitimes : Art. 20 et 78, code de procédure pénale).

- *Dire la vérité* : Art. 17, al. 2, code de procédure pénale.

- Sanction en cas de mensonge : faux témoignage, faux serment, subornation de témoin (art. 128 et suivants, code pénal).

E. Le déroulement de l'audition d'un témoin

Préalables à l'audition (isolement du témoin, ordre de comparution, contrôle de l'identité du témoin), déposition et confrontation.

F. Allocation des indemnités aux témoins

- *Autorité compétente* : Le ministère public, pendant l'enquête, et le juge, pendant l'audience (art. 21, 126 et 127, code de procédure pénale).

- *Montant* : A fixer conformément aux instructions du procureur général.

*****

Annexe VII. L'interrogatoire

A. L'interrogatoire durant les phases de la procédure

- *Pendant l'enquête préliminaire* : Art. 2, al. 2, code de procédure pénale ; art. 41 et s., ordonnance n°78-289 du 3 juillet 1978 relative à l'exercice des attributions d'officier et agent de police judiciaire près les juridictions de droit commun.

- *Pendant l'instruction du parquet* : Art. 11 et s., code de procédure pénale ; art. 120 et s., arrêté d'organisation judiciaire n°299/79 du 20 août 1979.

- *Pendant l'audience* : Art. 74, code de procédure pénale ; art. 27 et s., arrêté d'organisation judiciaire n°299/79 du 20 août 1979.

B. L'objet de l'interrogatoire

Recueillir les explications de la personne accusée sur les faits qui lui sont imputables (art. 42, ordonnance du n°78-289 du 3 juillet 1978 relative à l'exercice des attributions d'officier et agent de police judiciaire près les juridictions de droit commun) :

- Prélever l'identité de la personne accusée ;
- S'instruire sur le fond du dossier, c'est-à-dire sur les faits mis à charge de l'accusé ;
- S'instruire sur la personnalité de la personne accusée ;
- Notifier à l'accusé les charges qui pèsent sur sa personne ;
- Donner à l'accusé l'information sur ses droits ;
- Organiser la confrontation entre les parties opposées ;
- Tout consigner dans un procès-verbal.

*****

Annexe VIII. L'expertise

A. Fondement

- Art. 48-52, code de procédure pénale

B. Règles communes applicables à l'expertise

- Conditions du recours à l'expertise ;
- Désignation de l'expert et définition de sa mission ;
- Récusation de l'expert ;
- Serment (art. 49, code de procédure pénale) ;
- Sanction en cas de refus d'obtempérer à la réquisition ou de prêter serment (art. 52, code de procédure pénale) ;
- Avance des frais d'expertise ;
- Exécution de l'expertise ;
- Contenu et forme du rapport d'expertise ;
- Sanction en cas de faux rapport d'expertise ;
- Allocation d'indemnités à l'expert (art. 51, code de procédure pénale) ;
- Appréciation de l'expertise ;
- Complément d'expertise ;
- Contre-expertise ;
- Prise de connaissance du rapport d'expertise ;
- Audition de l'expert et discussion.

C. Jurisprudence

- *Sur la valeur d'un rapport d'expert* : Cass., 7 novembre 1955, *Pas.*, 1956, I, p. 216 ;
- *Sur le contenu d'un rapport d'expert* : App., R.U., 11 juin 1957, *R.J.C.B.*, 1958, p. 67 ;
- *Sur les formalités d'une expertise* : Léo., 7 juillet 1955, *J.T.O.*, 1955, p. 130 ;
- *Sur le serment d'expert* : Elis., 31 juillet 1943, *R.J.C.B.*, 1944, p. 52.

*****

TABLE DES MATIERES

Questions juridiques aux éditions L'Harmattan

Dernières parutions

CONCILIATION ET MÉDIATION DEVANT LA JURIDICTION ADMINISTRATIVE
Actes du colloque du Conseil d'État du 17 juin 2015
Sous la direction de Jacques Biancarelli et Béatrice Blohorn-Brenneur
Voici près de 25 ans que le Conseil d'État, confronté à une judiciarisation croissante de la société, réfléchit aux modes alternatifs de règlement des différends afin de les pacifier et de rendre les justiciables davantage confiants en la justice administrative. Après avoir rappelé le contexte juridique et les enjeux d'une telle impulsion, un bilan comparatif des pratiques du juge administratif et du juge judiciaire a permis de mesurer combien il est nécessaire et urgent de compléter la boîte à outils dont dispose le premier. Voici une réflexion, les références et les outils nécessaires à la juridiction administrative.
(Coédition GEMME, 24.00 euros, 246 p.)
ISBN : 978-2-343-07270-8, ISBN EBOOK : 978-2-336-39774-0

L'ERREUR JUDICIAIRE
Apprendre à douter pour lutter contre les erreurs judiciaires
Sous la direction de Xavier Pin
L'erreur judiciaire hante autant qu'elle jalonne l'histoire de notre justice pénale. Nous avons tous en mémoire de retentissants procès ayant vu des individus accusés ou condamnés, avant d'être disculpés, graciés ou réhabilités. Le législateur y est sensible au point de réformer régulièrement la procédure pénale pour tenter d'éviter, de corriger ou de réparer, autant que possible, de telles erreurs. Une loi du 20 juin 2014 réforme les procédures de révision et de réexamen des condamnations pénales définitives : elle est l'occasion d'essayer de comprendre ces fiascos judiciaires.
(Coll. Droit privé et sciences criminelles, 15.00 euros, 126 p.)
ISBN : 978-2-343-07284-5, ISBN EBOOK : 978-2-336-39807-5

LE DROIT CONSTITUTIONNEL DE LA Vᵉ RÉPUBLIQUE
(Treizième édition)
Lascombe Michel, Toulemonde Gilles
Cet ouvrage s'adresse aux étudiants en droit, aux élèves des instituts d'études politiques et aux candidats aux concours administratifs. Il couvre l'essentiel du programme de droit constitutionnel, c'est-à-dire aussi bien les constitutions françaises depuis 1789 que l'actuel texte constitutionnel. Cette nouvelle édition tient compte des derniers développements induits par les changements politiques, des dernières réformes des règlements des assemblées et de la jurisprudence la plus récente.
(Coll. Logiques Juridiques, 42.00 euros, 506 p.)
ISBN : 978-2-343-07916-5, ISBN EBOOK : 978-2-336-39877-8

LA PROXIMITÉ EN DROIT INTERNATIONAL PRIVÉ DE LA FAMILLE
Bouyahia Sabrine Maya - Préface de Lotfi Chedly et Marie Goré
Parmi les méthodes proposées pour trancher les litiges présentant un élément d'extranéité, figure celle reposant sur le principe de proximité. L'étude porte sur deux systèmes de droit international privé de la famille différents (droit français et droit tunisien) pour mettre en exergue d'une

part l'adaptation de cette méthode aux spécificités de chaque ordre étatique et d'autre part son adéquation avec tous les différents systèmes de droit.
(Coll. Logiques Juridiques, 54.00 euros, 618 p.)
ISBN : 978-2-343-05464-3, ISBN EBOOK : 978-2-336-39866-2

QUARTIER-FEMMES ÉCROU 10970
Boh-Petit Dominique
Cellule 24 : une femme dit toute sa souffrance d'être enfermée. Elle a tué. Son histoire est à la rubrique des faits divers. La Cour d'assises la jugera. Bien des années plus tard, elle est libérée. La vie doit reprendre. Ce récit est parfaitement conforme à la réalité. Tout a existé et existe encore.
(Coll. La justice au quotidien, 15.00 euros, 130 p.)
ISBN : 978-2-343-07436-8, ISBN EBOOK : 978-2-336-39812-9

GABELOUS ET CONTREBANDIERS
Histoire des fermiers généraux de Dijon (1760-1780)
Evrard Sébastien - Préface de Marc Fradet
En exhumant un registre du personnel de la direction des fermes de Dijon, l'auteur retrace, entre 1760 et 1780, la vie méconnue de centaines d'agents au service du doit et de l'impôt. Ces derniers servaient un système protecteur (la retraite fait son apparition dès 1768), parfois très rémunérateur, mais qui s'avère aussi, sous certains aspects, une machine à broyer les hommes : le régime des sanctions que met en place la Ferme est d'une efficacité redoutable. En définitive, la Ferme présente un aspect mitigé.
(Coll. Mémoires des Douanes, 28.50 euros, 278 p.)
ISBN : 978-2-343-06683-7, ISBN EBOOK : 978-2-336-39845-7

DICTIONNAIRE OHADA
(3e édition)
Bitsamana Hilarion Alain
Ce dictionnaire spécial du droit des affaires OHADA propose une définition claire et précise, avec tous les compléments nécessaires, des principaux termes utilisés tous les jours se rapportant à l'OHADA. Un ouvrage de référence permettant de décoder l'OHADA, accessible à toute personne s'intéressant au monde des affaires en Afrique comme à l'étranger.
(39.00 euros, 398 p.)
ISBN : 978-2-343-07656-0, ISBN EBOOK : 978-2-336-39786-3

LA DÉJUDICIARISATION ET LES PROCÉDURES NON CONTENTIEUSES EN AFRIQUE
Amboulou Hygin Didace
La déjudiciarisation comprend l'ensemble des mécanismes de gestion des différends en rationalisant les moyens matériels et humains de la justice, afin de pallier les déficiences du système judiciaire et de limiter les surcharges des juridictions. Les institutions de nombreux pays sont analysées et les déjudiciarisations en droit public et en droit privé sont abordées.
(Coll. Études africaines, 17.50 euros, 156 p.)
ISBN : 978-2-343-06928-9, ISBN EBOOK : 978-2-336-39805-1

COMMENT RENFORCER L'INDÉPENDANCE DE LA MAGISTRATURE AU SÉNÉGAL ?
Ngom Babacar
Préface de Amadou Mahtar Mbow
L'ouvrage présente dans une première partie les garanties légales d'indépendance de la justice, notamment la règle de la séparation des pouvoirs, le principe de la soumission des juges à l'autorité de la loi et celui de l'inamovibilité du magistrat du siège. Après une analyse critique de ces dispositions, l'auteur formule des propositions de renforcement de l'indépendance de la magistrature.
(13.50 euros, 124 p.)
ISBN : 978-2-343-05158-1, ISBN EBOOK : 978-2-336-39837-2

LE DROIT PÉNAL DES AFFAIRES AU CAMEROUN
Djila Kouayi Kemajou Rose
Préface de Victor-Emmanuel Bokalli
Dans le domaine des affaires, la liberté d'entreprendre et d'investir comporte de nombreux risques, au rang desquels le risque pénal. La délinquance en col blanc n'étant plus réservée aux grandes sociétés commerciales, les moyens de lutte et de sécurisation des investisseurs nécessitent un droit pénal des affaires dont l'objectif est la recherche d'une éthique dans ce domaine.
(Coll. Études africaines, 35.50 euros, 350 p.)
ISBN : 978-2-343-07840-3, ISBN EBOOK : 978-2-336-39777-1

50 ANS DE MARIAGE
Réflexions d'un notaire sur l'évolution du couple ces cinquante dernières années
Dauptain Pierre
De la pilule contraceptive jusqu'au mariage pour tous, l'auteur nous propose une réflexion sur les lois qui ont accompagné l'évolution du couple au cours des cinquante dernières années. Il analyse cette évolution pour aborder les problématiques juridiques et morales qui font tant débat de nos jours. Il s'appuie sur des travaux de juristes ou de sociologues, des articles de presse, mais aussi sur les chansons et les films qui ont marqué ces années et qui témoignent de façon si éclairante des changements de mentalités.
(Éditions Pepper, 16.50 euros, 148 p.)
ISBN : 978-2-343-07677-5, ISBN EBOOK : 978-2-336-39690-3

MÉTHODOLOGIE ET ASPECTS FORMELS DE LA RECHERCHE
Petit manuel à l'usage des juristes
Marain Gaëtan
L'ouvrage propose un véritable apprentissage du formalisme qui doit permettre aux étudiants et aux professionnels confrontés à la rédaction d'une thèse ou d'un mémoire juridique d'aborder ce travail avec sérénité. L'auteur donne une méthode de recherche pour définir le sujet, trouver et compulser les références utiles, échafauder un plan. Il aborde également les thèmes des citations d'auteur, notes de bas de page, mise en page. Il traite enfin du travail de relecture et de l'épreuve de soutenance.
(19.00 euros, 178 p.)
ISBN : 978-2-343-07638-6, ISBN EBOOK : 978-2-336-39556-2

RISQUES, ACCIDENTS ET CATASTROPHES
Liber amicorum
En l'honneur de Madame le professeur Marie-France Steinlé-Feuerbach
Sous la direction Hervé Arbousset, Caroline Lacroix et Benoît Steinmetz
L'étude et l'analyse des risques sont au cœur des réflexions du Professeur Steinlé-Feuerbach. Ses nombreux écrits de doctrine sur la thématique des accidents et des catastrophes ont amené à ce que ses collègues et amis lui dédient cet ouvrage. Ces mélanges donnent une vue d'ensemble d'une matière devenue une véritable discipline transcendant le clivage droit public-droit privé.
(Coll. Sciences criminelles, 34.00 euros, 334 p.)
ISBN : 978-2-343-07169-5, ISBN EBOOK : 978-2-336-39677-4

ÉTAT, COLLECTIVITÉS TERRITORIALES ET DROITS SOCIAUX
Étude du droit comparé
Sous la direction d'Olivier Lecucq
Comment, selon leur organisation territoriale respective, La France, l'Espagne et l'Italie œuvrent à la satisfaction des droits sociaux. Quels sont les rôles de l'État en ce domaine ? Quelles sont les actions qui en découlent et comment se coordonnent-elles ? Quelles en sont les implications en termes d'égalité des citoyens et des territoires ? L'ouvrage tente de répondre à ces questions en interpellant la réalisation de l'État social dans un contexte de crise, de réduction des déficits et de maîtrise des dépenses.
(Coll. Bibliothèques de droit, 22.50 euros, 221 p.)
ISBN : 978-2-343-07585-3, ISBN EBOOK : 978-2-336-39683-5

LE PRINCIPE DE PRÉCAUTION
Au carrefour de la philosophie, du droit et des sciences
Calderaro Norbert
La notion de principe de précaution, qui donne lieu à beaucoup de controverses, nécessite de la part d'un juriste une analyse objective pour écarter ce qu'elle n'est pas et définir son contenu véritable. Après un aperçu des sources philosophiques, l'auteur réalise une synthèse du principe de précaution en droit international, européen, en droit comparé et en droit interne. Il intègre notamment les tout derniers développements de la jurisprudence du Conseil d'État.
(18.50 euros, 180 p.)
ISBN : 978-2-343-05457-5, ISBN EBOOK : 978-2-336-39452-7

LES COLLECTIVITÉS TERRITORIALES ET LA SPÉCULATION
Goasdoué Mélissa - Avant-propos de Michel Verpeaux
Préface de Julien Martin
L'ancien dispositif empêchant la conclusion d'opérations financières spéculatives par les collectivités locales ayant échoué, un nouveau dispositif fonctionnant au cas par cas a été mis en place. Après une étude des imperfections de la notion de spéculation puis des liens unissant ces imperfections à l'échec du précédent dispositif dans la protection des collectivités contre les risques spéculatifs, le présent ouvrage s'attache à démontrer comment et dans quelle mesure cette protection est désormais rendue possible.
(Coll. Droit des collectivités territoriales, série Travaux, 15.00 euros, 140 p.)
ISBN : 978-2-343-07619-5, ISBN EBOOK : 978-2-336-39520-3

LE DROIT DE LA GUERRE
Traité sur l'emploi de la force armée en droit international (3 volumes)
Cumin David
Aussi ancien que la guerre et que le droit international dont il constitue le cœur historique, le droit de la guerre existe. Croisant droit et polémologie, portant sur les conflits armés internationaux et internes, ce traité expose, explique et reconstruit l'ensemble du droit international contemporain relatif à l'emploi de la force armée - auteurs et acteurs de la belligérance, ses buts, moyens, théâtres, régimes - et propose une analyse critique de la responsabilité réparatrice et punitive.
Volume 1 (Coll. Droit comparé, 46.00 euros, 458 p.)
ISBN : 978-2-343-06498-7, ISBN EBOOK : 978-2-336-39588-3
Volume 2 (Coll. Droit comparé, 60.00 euros, 760 p.)
ISBN : 978-2-343-07707-9, ISBN EBOOK : 978-2-336-39589-0
Volume 3 (Coll. Droit comparé, 48.00 euros, 468 p.)
ISBN : 978-2-343-07708-6, ISBN EBOOK : 978-2-336-39590-6

LA RESPONSABILITÉ DE PROTÉGER
Nouvelle approche du droit international
Gandou D'Isseret Crépin Gyscard
Le droit d'ingérence humanitaire se comprend comme une éthique de détresse, une obligation de protéger les personnes en danger de mort. La responsabilité de protéger traduit en acte la nécessité impérative de prendre soin de l'homme, ou de la collectivité humaine en général, quand les conditions de son existence connaissent une détérioration significative ou quand elles sont sur le point de le devenir.
(Coll. Harmattan Congo, 16.50 euros, 152 p.)
ISBN : 978-2-343-06724-7, ISBN EBOOK : 978-2-336-39575-3

L'HARMATTAN ITALIA
Via Degli Artisti 15; 10124 Torino
harmattan.italia@gmail.com

L'HARMATTAN HONGRIE
Könyvesbolt ; Kossuth L. u. 14-16
1053 Budapest

L'HARMATTAN KINSHASA
185, avenue Nyangwe
Commune de Lingwala
Kinshasa, R.D. Congo
(00243) 998697603 ou (00243) 999229662

L'HARMATTAN CONGO
67, av. E. P. Lumumba
Bât. – Congo Pharmacie (Bib. Nat.)
BP2874 Brazzaville
harmattan.congo@yahoo.fr

L'HARMATTAN GUINÉE
Almamya Rue KA 028, en face
du restaurant Le Cèdre
OKB agency BP 3470 Conakry
(00224) 657 20 85 08 / 664 28 91 96
harmattanguinee@yahoo.fr

L'HARMATTAN MALI
Rue 73, Porte 536, Niamakoro,
Cité Unicef, Bamako
Tél. 00 (223) 20205724 / +(223) 76378082
poudiougopaul@yahoo.fr
pp.harmattan@gmail.com

L'HARMATTAN CAMEROUN
BP 11486
Face à la SNI, immeuble Don Bosco
Yaoundé
(00237) 99 76 61 66
harmattancam@yahoo.fr

L'HARMATTAN CÔTE D'IVOIRE
Résidence Karl / cité des arts
Abidjan-Cocody 03 BP 1588 Abidjan 03
(00225) 05 77 87 31
etien_nda@yahoo.fr

L'HARMATTAN BURKINA
Penou Achille Some
Ouagadougou
(+226) 70 26 88 27

L'HARMATTAN SÉNÉGAL
10 VDN en face Mermoz, après le pont de Fann
BP 45034 Dakar Fann
33 825 98 58 / 33 860 9858
senharmattan@gmail.com / senlibraire@gmail.com
www.harmattansenegal.com

L'HARMATTAN BÉNIN
ISOR-BENIN
01 BP 359 COTONOU-RP
Quartier Gbèdjromèdé,
Rue Agbélenco, Lot 1247 I
Tél : 00 229 21 32 53 79
christian_dablaka123@yahoo.fr

Achevé d'imprimer par Corlet Numérique - 14110 Condé-sur-Noireau
N° d'Imprimeur : 134701 - Dépôt légal : décembre 2016 - *Imprimé en France*

www.ingramcontent.com/pod-product-compliance
Lightning Source LLC
LaVergne TN
LVHW021151061026
849535LV00002B/426